高校教材和教师培训教材

从科学走向艺术

富有创意的课堂教学

张　超 ● 著

中国人民大学出版社
· 北京 ·

图书在版编目（CIP）数据

从科学走向艺术：富有创意的课堂教学 / 张超著
.--北京：中国人民大学出版社，2024.5
ISBN 978-7-300-31965-0

Ⅰ.①从… Ⅱ.①张… Ⅲ.①课堂教学－教学研究
Ⅳ.①G424.21

中国国家版本馆CIP数据核字（2023）第135787号

高校教材和教师培训教材
从科学走向艺术——富有创意的课堂教学
张　超　著
Cong Kexue Zouxiang Yishu——Fuyou Chuangyi de Ketang Jiaoxue

出版发行	中国人民大学出版社		
社　　址	北京中关村大街 31 号	邮政编码	100080
电　　话	010-62511242（总编室）		010-62511770（质管部）
	010-82501766（邮购部）		010-62514148（门市部）
	010-62515195（发行公司）		010-62515275（盗版举报）
网　　址	http:// www. crup. com. cn		
经　　销	新华书店		
印　　刷	天津鑫丰华印务有限公司		
开　　本	787 mm×1092 mm　1/16	版　　次	2024 年 5 月第 1 版
印　　张	22	印　　次	2024 年 5 月第 1 次印刷
字　　数	492 000	定　　价	69.00 元

PREFACE 前言

《从科学走向艺术——富有创意的课堂教学》一书，是由张超老师著述、由中国人民大学出版社出版发行的高校教材和教师培训教材，可供研究生、本科生，以及参加高等继续教育、中小学教师进修培训和继续教育等活动的读者作为培训教材参阅使用。

这是一部从理论到实践，开创性、系统地探究和总结教育教学科学性与艺术性规律及方法的专著。其主要特色是创新性、艺术性、系统性、借鉴性和可操作性。本书与其他教育教学书籍相比，无论是内容还是形式，都有较大的改进和提升。从具体内容到体例安排，本书都具有鲜明的个性和独创性：有深厚教学理论的阐述，有精妙教学艺术规律和方法的提炼总结，有精彩且富有创意的课例示范……即便是理论阐述，也不是抽象空洞的理论，而是结合大量新颖、典型、生动的案例，给读者深广的启发和借鉴。此书是作者对四十余年教学生涯的理论和实践的独到思考和总结，书中很多内容都是其他同类书籍中见不到的，独具特色的，是作者独到的教学实践、教育感悟和研究成果，不但内容发前人所未发，达到新的广度、高度和深度，而且教学理念、教学思路和教学设计，也别开生面，耳目一新，独树一帜。可以说，本书对各层次的教师和高校学生，在理论和实践上都具有较大的参考价值和启发意义。

本书内容分为密切关联的三大部分：

一、教学创新

本部分主要探索和总结教育教学创新的理论及实施策略，展示教学创新生动案例，富有较强的启发性和借鉴性。行动背后站着观念，教育教学理念具有纲举目张的指导性和引领性。教育教学，首先需要教师转变陈旧落后的教育理念，树立先进科学的教学理念，树立培养学生创新精神、想象能力和创造能力的教育思想，掌握开展教学创新的方法和技巧；需要通过大量生动、鲜活的事例，学习如何培养学生想象力、创造力。本部分的绝大多数篇章在一些核心期刊发表过，有的被收入《人大复印报刊资料》。

二、教学艺术

本部分对教学中一些基本要素和环节，如提问艺术、暂歇艺术、高潮艺术、结课艺术、板书艺术、语言艺术、应变艺术、幽默艺术、拓展艺术等，以及教学评价和教学成长等问题，做出了个性化的、深层次探讨和规律性总结。作者在本部分探索和总结如何使教学有味、高效、充满艺术激情和魅力，使教师会教、乐教，使学生会学、乐学，为广大教师尽快步入教学艺术殿堂，提供了一条可参考的便捷之路。“教亦多术矣！”（孟子语）教学首先是科学，终究是艺术，是从科学走向艺术，以科学为基础、为前提，以艺术为巅峰、为境界。质量稳定的课堂，需要教学的科学性来保障；高效精彩的课堂，需要教学的艺术性来发挥和创造。教学艺术是“一切艺术中最渊博、最复杂、最高和最必需的艺术”（乌申斯基语），需要用毕生的精力不懈地追求、完善和提高。我们要努力使自己成为一名教育家、艺术家，而不仅仅是当一名教书匠。本部分中绝大多数篇章在一些核心期刊发表过，部分被收入《人大复印报刊资料》。

三、教学课例

本部分主要精选自作者参加全国教学大赛，包括教育部、中央教科所、中国教育电视台等组织的全国课堂大赛、全国精品课等大赛中获“特等奖”“一等奖”的教学实录，在全国各大名刊、核心期刊上发表过的教学实录或教学设计，出版发行过的教学实录光盘，参编的教育部新课标教材高中《语文》和粤港澳大湾区教材《中国语文》中的教学设计，以及在全国和各省市开设的多门远程和面授课程，如成为中国教育电视台CETV-1课程、北京师范大学专场课程、广州市优秀课程的“课堂教学艺术”中的课例，作者被邀请在全国各地讲座、报告和上公开课两百余场中的教学实录，以及作者几十年教学实践与教学研究的优秀课例等。本部分具有较高的参考性、借鉴性和可操作性。

本书既有深透独到的理论阐述，也有借鉴性很强的课例操作，其中很多课例读者可以直接借鉴使用。

教学实践，铺就教师人生之路的长度；教学研究，扩展教师人生之路的宽度，增强亮度，提升高度，引导教师在教学征途上跨过一个个“里程碑”，达到更高的教学层次和境界。而一个教师所能达到的教学层次和境界，都取决于教师为自己设立的理想和目标，取决于一个教师希望达到什么样的高度和境界，并为此付出了多少努力和探索。

西方有句谚语：“向天空中的星星射击，总比向矮树射击打得远些。”教师应该把“不当教书匠，要做教育家”当作自己的理想和目标，去奋斗，去追求，努力使自己成为一名研究型、写作型、创新型教师——“路漫漫其修远兮，吾将上下而求索”。

张　超

2024年3月于广州

CONTENTS 目录

教学创新

教学艺术

教学课例

教学创新

教学的科学性与艺术性

一、科学与艺术

科学和艺术都是人类活动的结晶，是人类认知链条上的两极，代表着人类对世界两种不同的认识和表现形式，是最能体现人类本质特性——创新精神和创造能力的劳动成果。美籍华裔物理学家、诺贝尔奖获得者李政道认为："科学和艺术是不可分割的……它们共同的基础是人类的创造力，它们追求的目标都是真理的普遍性。""艺术和科学事实上是一枚硬币的两面。它们源于人类活动最高尚的部分，都追求着深刻性、普遍性、永恒和富有意义。"

科学，主要运用逻辑思维，彰显理性的力量，认识事物的本质和发展规律，有规定的程序可以遵循。它能够重复，也必须可以重复。它可以积累性超越，是一种逻辑性创造。

艺术，主要运用形象思维，展现感性的魅力，通过直观感受、灵感、潜意识等，从光怪陆离、变幻莫测的现象中，探寻事物的本质。它没有规定的程序可以遵循，不可重复，也不能重复。它难以积累性超越，是一种灵感性创造。

二、教学的科学性

教学的科学性，首先表现在教学内容的严谨科学、真实无误。教学内容是人类对各种学科认识的总结提炼，是人类智慧的结晶，要求准确无误、严谨细致地传承。

其次表现在教学过程合乎认知规律，遵循教学原则原理。课堂教学的环节结构应具有科学性，课堂教学结构主要由课的类型决定，不同类型的课具有不同的结构。教学方法的选择和运用必须具有科学合理性。总之，教学是有客观规律可循的，教学技能具有科学性。

合理的教学模式，体现了教学过程和技能的科学性。模式，是一系列方式方法的有机结合，它体现了事物之间内在的规律关系。换言之，每个模式就是解决某一类问题的方法论。当你把解决某类问题的方法总结归纳到理论高度，用结构化的方式稳定下来，就是模式。只要条件具备、环境适当，教学结果就是明确的、可以预期的。

建模，是一种科学的思维方式，通过这种方式，人们可以无数次地使用那些已有的解决方案，无须从头开始探索。课堂教学模式，就是课堂教学中把那些被无数的实践证明科学的、行之有效的方式、程序等，用结构化的形式稳定下来的教学方法的组合。任何模式都有特定的使用场合和条件，从来就没有一种放之四海而皆准的万能模式——这和“教无定法”的含义是一致的。

“教无定法”不是教学无法，并不排斥“课有定则”。“课有定则”是教学科学性的体现，使教学基本质量得以保障；“教无定法”是教学艺术性的体现，使教学艺术无止境。

“教无定法”的完整表述应该是：教学有法，但无定法，重在得法，贵创新法。“无定法”，不是“没有法”，更不是“不用法”，而是融会贯通各种方法后的创造性的“不拘成法”。教师可以根据需要，灵活运用各种教法，这才是“教无定法”的真正含义。从“无法”到“有法”，再到“无定法”，是教学技艺和境界逐步成长提升的过程，是从科学走向艺术的过程。

“教无定法”，是以“教学有法”为前提、为基础的。这个“法”，就是已经被无数教学实践证明了的、行之有效的、科学的、正确的方式方法和规律。这些方式方法和规律以及它们的组合，用结构化的方式稳定下来，就形成一定的“教学模式”。

三、教学的艺术性

（一）教学艺术的内涵

凡艺术皆使人赏心悦目，富有创造性，具有较高的品位和境界。在一次学术研讨会上，笔者曾有幸聆听丛药汀教授朗诵一首名为《感悟艺术》的诗作，记得当时丛教授的朗诵声情并茂，感人肺腑，极富艺术感染力，闻者皆为之动容：

> 有支无声的乐曲／在我心弦上轰鸣／在我脑海里奔放／钢琴多情／也难以把它弹唱／不该弹唱／岂敢弹唱／唯恐打断心弦的乐章／／
>
> 有幅无形的图画／在我梦境里泼彩／在我视野里徜徉／妙笔生花／也难以把它描绘／不该描绘／哪敢描绘／生怕涂黑梦境流动的画廊／／
>
> 有首无言的诗歌／在我血管里跳跃／在我灵魂里飞翔／言辞动听／也难以把它歌唱／不该歌唱／怎敢歌唱／担心惊落灵魂悬浮的诗铃铛。

关于教学艺术的内涵，古今中外的教育家和学者们有着丰富多彩的感悟和阐释。国内学者对教学艺术的阐述有：

孟子说：“教亦多术矣！”

张翔在《教学艺术的本质》中认为：“教学艺术的本质是对教学科学规律的创造性运用，是教学的规律性与个性的完美统一。”

闫增武在《浅析教学艺术的审美感》中认为：“教学艺术是通过诱发和增强学生的审美感以提高教学效果的手段，这种手段的运用能使学生在有益身心健康的积极愉快的求知气氛中，获取到知识的营养和美的享受。”

朱作人等编写的《教育词典》中指出：“教学艺术是能达到最佳教育教学效果的各种知识、条件、手段与方法的综合。”

四川师范大学汪斌在《课堂教学艺术摭谈》中说：“教学艺术就是教师以科学性为基础和依据，运用各种教学手段，遵循教学规律，运用教学原则，创设教学情境，为取得最佳教学效果而综合运用的一整套娴熟的教学方法、技能和技巧。”

南京师范大学李如密在《教学艺术若干理论问题的思考》中说：“教学艺术是教师娴熟地综合运用教学技能技巧，按照教学规律和美的规律而进行的独创性教学实践活动。”

笔者认为：“教学艺术，对于教师来说，就是教得巧妙，教出特色，教出兴味，教出美感，教得效率高、效果好。”

…………

国外教育家和学者对教学艺术的阐述有：

俄国教育家乌申斯基认为，教学是一门艺术，而且是“一切艺术中最渊博、最复杂、最高和最必需的艺术”。

捷克教育家夸美纽斯在《大教学论》说：“教育是把一切事物教给一切人类的全部艺术。”

法国哲学家、教育家卢梭认为：“教学的艺术是使学生喜欢你所教的东西。”

英国哲学家、教育家罗素认为：“教育就是获得运用知识的艺术，这是一种很难传授的艺术。”

人称“美国文学中的桂冠诗人”、教育家罗伯特·弗罗斯特认为：“教学是一种独具特色的表演艺术，它区别于其他任何表演艺术，这是由教师与那些观看表演的人的关系所决定的。”

美国现代教育学派代表杜威认为：“教学是人类一切艺术中最困难和最重要的一种艺术。”

…………

以上各种观点精彩纷呈，见仁见智。可见教学艺术的内涵是复杂且多元的。但探根寻源，究其本质，有一点是共性的，那就是教学艺术必须具有学生爱学、效率高、效果好等特点。教学艺术探索的就是如何达到这一目的的方法和技巧。教学艺术具有高威信、高激励、高育才等功能。

（二）教学艺术的特性

1. 科学性

科学性是教学艺术的基石，教学失去了科学性，教学艺术“大厦”就会动摇。艺术性是建立在科学基础之上的更高追求。例如，教学内容严谨无误，无知识性硬伤；教学过程符合认知规律；教学手段科学有效，教学目标恰当合理；教学环节合理有序，教学提问富有启发；尊重学生的质疑提问等，都是教学艺术科学性的具体体现。福楼拜说：“越要前进，艺术越要科学化，同时科学也越要艺术化。”

2. 创造性

《现代汉语词典》给“艺术”的定义是：“富有创造性的方式、方法。”美国哲学家欧文·埃德曼在《艺术与人》中说：“艺术是人的聪明才智在自然环境中的体现，独出心裁地使其有助于实现人的种种目的。”千篇一律，八股刻板，不可谓之艺术。创造性是艺术的基因，创造性排斥求同，倡导求新求异。教学艺术属于教学个性鲜明、风格成熟独特、富有创造性的教师。抹杀了教学个性，也就失去了教学艺术，即所谓“教无定法”。但青年教师应有一个先入门、入法，再出门、出法的过程，即有一个先模仿、再独创的过程。

看一些优秀教师的课，常感耳目一新，具有极大的创造性和启发性，形成绝佳的教学效果。如钱梦龙老师教学叶圣陶的《苏州园林》一课，将课堂设置在园林之中，置身园林学园林，富有科学性和艺术独创性。

某老师教学朱自清的《荷塘月色》，采用“中间开花”的方式：先从课文四、五、六三段具体描写荷塘月色的重点部分入手。赏析完四、五、六三段之后，继而提出两个问题：（1）前三个自然段有何作用？（2）写完“荷塘月色”之后，作者并没有结束课文，而是继续拓展开去，“忽然想起采莲的事情来了”，又洋洋洒洒写了许多文字，有何作用？这样设计教学，既突出重点，又顾及全篇，一前一后用两个问题，把全篇串联起来，过渡衔接自然，能让学生更好地理解作者的谋篇匠心。

3. 合作性

教学艺术不同于其他艺术，具有明显的师生合作性，缺失了师生任何一方的合作，都谈不上教学艺术。其他艺术，如音乐、绘画、雕塑、文学等，是艺术家独立的创造性劳动，其作品的“艺术”就包含在作品之中。教学艺术的师生合作，恰如一把尺子的两面，缺少了任何一面，教学艺术的“尺子”就不存在了。教学艺术是为学生学习而开展的，教师面向学生，启发诱导学生，充分调动学生积极主动学习的本领，就是教学艺术。苏东坡的《琴诗》，生动地阐释了琴师的手指和乐器巧妙配合，方能产生美妙动听音乐的道理：“若言琴上有琴声，放在匣中何不鸣？若言声在指头上，何不于君指上听？”同样道理，教师和学生密切合作，巧妙互动，才能产生美妙和谐的教学艺术。

4. 综合性

教学艺术综合了时间、空间、听觉、视觉、解析、设计、板书、朗诵、体态、调动、沟通、启发等多方面艺术手段。教学艺术是一切艺术中最渊博、最复杂的综合艺术：时间艺术——课时有限；空间艺术——空间有限；听觉艺术——教师讲解；视觉艺术——教师演示、板书等；启发艺术——教师依据教材启迪学生思维、判断、推理、概括、联想、想象等。为了追求美妙的教学境界，教师要调动各种教学手段，选用不同教学方法，显现时空变换的流动美、视听转移的立体美、语言表达的音韵美、师生关系的和谐美、启发思考的哲理美，等等。没有这些巧妙的、完美的综合艺术手段，就没有教学艺术。

5. 灵活性

“活”是艺术的生命，表现为：处理教材活，教学设计活，教学过程活，教学手段活，课堂气氛活，处理偶发事件活，选用教法活，等等。著名教育家吕叔湘说：“语文教学关键在于一个‘活’字。”成功的教师之所以成功，是因为把课教活了。如果说一种教学法是一把钥匙，那么在各种教学法之上还有一把总钥匙，它的名字叫作“活”。课堂的生成性，主要表现形态便是“活”——随机应变，机智灵活，充满师生交流沟通、机智应变的精彩和亮点。

6. 魅力性

凡艺术都具有魅力，吸引人的心灵，惹人驻足流连，给人美的享受。教学艺术也一样，经老师攻璞琢玉，形成一种“教学美”。知识之泉流进了学生的心田，学生的智力得到发展、能力得到训练。学生听着学着，口诵心推，手脑并用；感到越学越甜，越学越美，越学越有劲，获得巨大的成功感；发愤忘食，不知铃声之既响也。所谓教学艺术，就是使学生“喜欢你所教的东西”，就是一种使学生好学乐学的本领和艺术。

教学艺术使教师形成教学魅力，包括诵读美、仪态美、沟通美、节奏美、板书美等。所谓“亲其师，信其道”，教学艺术能让教师对学生形成内在的、强大的、持久的吸引力。陈毅元帅有两句赞美兰花的诗：“只为馨香重，求者遍山隅。”教师的教学艺术和魅力，就应该像兰花的馨香，吸引着学生全神贯注，如坐春风，好学乐学，乐此不疲。

（三）实现教学艺术的途径

实现教学艺术，可从实现“六变”、着力“四活”、着眼“五境”、力求“四味”入手。

1. 实现“六变”

（1）变教学目标“一维”为“三维”；
（2）变“教教材”为“用教材”；
（3）变学生“被动接受”为学生“自主探究”；
（4）变“教师问学生”为“学生问教师”；
（5）变“注重结果”为“关注过程”；
（6）变“单科教学”为“多科整合”。

2. 着力“四活”

把教材用活，把方法激活，把过程盘活，把媒体点活。

3. 着眼“五境”

媒体再现意境，音乐渲染情境，演示烘托环境，游戏创造乐境，表演身临其境。

4. 力求“四味”

把课上得充满趣味，饱含情味，具有韵味，令人回味。

四、教学科学性与艺术性的辩证关系

教学首先是科学，终究是艺术，是从科学走向艺术。以科学为基础、为前提，以艺术为巅峰、为境界。质量稳定的课堂，需要教学的科学性来保障；高效精彩的课堂，需要教学的艺术性来发挥和创造。教学科学性是教学艺术性发挥的前提，教学艺术性是教学科学性的个性化改造和延伸。科学是艺术的基础，艺术是科学的发展。教学科学性更侧重于教学内容方面，教学艺术性更侧重于教学形式方面，科学性与艺术性的融合，就是内容与形式的统一。

教学是科学，教学有技术，但教学同时还有艺术的属性。唯其如此，教学的展现和真谛，才显得那样瑰丽迷人、高深莫测、充满魅力。吕叔湘先生说：“语文教学不但是科学，更是一门艺术。”

教学的科学性与艺术性的完美结合体现在：鲜明的教学目标与新颖的教学构思结合；严密的逻辑与灵巧的手法结合；掌握学生心理与创设教学情境结合；优良的思维品质与活泼的教学风格结合；深入剖析与生动浅出结合。

放飞学生的想象力

想象力和创造力是孪生姊妹，创造力的匮乏意味着想象力的薄弱，想象力是创造力的核心。哲学家黑格尔说："如果说到本领，最杰出的艺术本领就是想象。"浪漫主义作家雨果盛赞："想象是人类思维中最美丽的花朵。"物理学家爱因斯坦说："人们之所以领悟不到宇宙的秘密，是因为他们习惯于将自己桎梏在眼见为实的牢笼里，不允许自己尽情想象大胆假设，从而掩盖了直觉的光芒。"以科幻小说《三体》获世界科幻协会颁发的"雨果奖"的中国作家刘慈欣说："人工智能时代，想象力就是孩子的核心竞争力。"

一、想象力是创造力的核心

不仅"艺术"需要想象，"科学"也需要甚至更需要想象。单靠线性的逻辑思维，难以突破常规思维的框架实现创造，否则人人都能依循简单的逻辑推导而轻易创造。计算机具有超强的逻辑推理能力，但却不能有任何发明创造就是证明。原因很简单：逻辑思维只是一种从已有前提出发的思维，得出的结论其实已隐含在前提中了。逻辑只是将原来隐含的东西发掘出来，挑明而已，从根本上说并无创新。要想真正创新，必须冲破旧的前提及其逻辑体系框架，这就需要直觉、灵感和想象，才会顿悟和突破。艺术想象完全可以借用于科学思维中，以扩展科学发现的视角，增多科学思维的灵感，提升创新意识和能力。爱因斯坦说："创造并非逻辑推理之结果，逻辑推理只能用来验证已有的创造设想。"爱因斯坦在创立相对论时，就是借助想象中的"追光实验"来完成的，他称之为"思想实验"。钱学森也说："科学上的创新光靠严密的逻辑思维不行，创新的思想往往开始于形象思维，从大跨度的联想中得到启迪，然后再用严密的逻辑加以验证。"

二、重视学生想象力的培养

小学到初中阶段是想象力最丰富的时期，也是最佳培养阶段，却被要求大量机械记忆和模仿——正如过了语言学习最佳期的"狼孩"再难学会人类语言一样，过了想象力、创造力最佳培养期的孩子，也很难培养好想象力。

譬如绘画，我们一般问画得"像不像"，而不习惯问画得"好不好"。两者的价值取向、评价标准是不同的："像不像"的标准是样板，培养的是模仿力；"好不好"的标准是想象，培养的是创造力。许多画家说："如果孩子想要画画，15 岁以前最好别做任何技术训练。因为过多的技术训练，会丧失宝贵的艺术想象力，使其日后成为画匠，而不是画家，艺术最重要的就是想象力。"

黑白摄影作品《石油城》，画面没有正面展现石油城，整幅画面夺人眼球的是一双大手捧起一捧淋漓的沥青。仔细看，双手捧起的沥青中倒映着灯光璀璨的石油城的夜景——那寓意就是整个一座石油城，就是石油工人们在开采石油的过程中，用勤劳的双手打造托举起来的！这幅作品成功的关键，就是富有想象力的侧面表现"石油城"的构思，达到出神入化的境界。

正因为我们的教育没有重视对学生想象力、创造力的开发与培养，现在已难以看到像李白、李贺、吴承恩、郭沫若这样的"精骛八极，心游万仞"的浪漫想象大师。诗歌这种最需想象力的文体也日渐衰微，中国的科幻小说及影视作品并不发达。像"指南车""木牛流马""浑天仪""地动仪"那样的充满灵气与想象力、震动世界的科技首创成果更是缺乏。我国人口世界第一，我们的大学生、研究生、博士生的绝对数量恐怕也是世界第一。中国学生又那么勤奋刻苦，但我国的科技创新力、竞争力却与国际先进水平有一定的差距。我们有巨大的人口优势，却没有显著的人才优势，这与我们悠久的文明史以及 14 亿人口的大国地位极不相称。

三、知识和想象力哪个更重要

陈旧的教育理念往往是重知识轻想象。电视台热衷搞的多是些机械记忆性的"知识竞赛"，如"汉字听写大赛""中国诗词大会"等，很少看到像"青少年头脑奥林匹克竞赛"那样的"创造力竞赛""想象力竞赛"。想象力竞赛的特点是，没有固定标准答案，而且需要手脑并用，看谁的答案最新奇、最富想象力、最与众不同、最巧妙，谁的分数就最高。

有时孩子们偶尔爆发出想象的火花，也被有些老师"及时"浇灭。曾看到一位少儿节目主持人问："气球为什么会飞上天？小猫为什么要洗脸？"孩子们童趣十足地回答："气球飞上天去捉小鸟；小猫用爪子洗脸是它没捉住老鼠害羞了。"主持人煞有介事地一一否定："答得不对，答得不好，气球飞上天，是因为里面的氢气比空气的比重轻、密度小，所以飞上天了；小猫洗脸，是因为它的皮毛里有一种物质被太阳一照就会变成对身体很有用的维生素 D，猫通过舔毛来增加维生素 D，强身健体，增加夜视力。"

如果单从知识角度看，这位主持人给懵懂孩童们灌输的这些抽象"大道理"不可谓不正确，孩子们的回答是天真幼稚、不合逻辑的，然而又是那样充满想象，富有灵气和童趣的，含有创造因素的。问题是"知识"与"想象力"哪个更重要？哪个更有利于人的成长、社会的发展和进步？这个问题，早在半个多世纪前科学巨匠爱因斯坦就给出了答案，他说："想象力比知识更重要，因为知识是有限的，而想象力概括着世界上的一切，推动着进步，而且是知识进化的源泉。”鲁迅说过：“孩子是可以敬服的，他常常想到星月以上的境界，想到地面下的情形，想到花卉的用处，想到昆虫的言语；他想飞上天空，他想潜入蚁穴……”

想象力与知识的关系，犹如源泉与水流、树木与花果的关系。想象力是知识产生的动力和源泉。扼杀了学生的想象力，就是扼杀了一切知识产生的源头和基础，是本末倒置。可在某些教师不断地否定、灌输下，孩子们还敢大胆想象、踊跃创新吗？学生们觉得弯弯的月亮像香蕉、像镰刀、像太阳公公笑眯眯的嘴巴……很形象，也很有情趣，可有的老师说答案只有一个，就是书上说的像“小船”。童言无忌，童思更无忌，儿童时期是培养想象力、创新力的最佳时期。可是他们那轻灵善飞的想象的翅膀，在陈旧教育观念绳索的捆束下，失去翱翔的自由，渐渐地萎缩、退化，直至丧失功能。只会循规蹈矩，揣摩成人的用意，尽力说出与教师、书本一致的答案——学生们已习惯于用一个脑袋思维，用一张嘴说话，这是多么可怕的情形。一批又一批掌握了大量“知识”，而缺乏灵气、想象力、创造力的“两脚书橱”来到社会上，正像只能吸进大量的水，却喷不出一丝清泉的沙漠一样，有何意义？

其实，中国学生也是想象力十足、充满灵气的，譬如一个小学生写的《诗一首》：“啊！ 我妈妈美如鲜花。噢！我爸爸丑如泥巴。咦！为何妈妈爱爸爸呢？唉！因为花儿不能没有泥巴。”短短四句诗，写出了妈妈和爸爸美与丑的反差，自己对父母之爱的迷惑，最后是对爱情真谛的感悟升华。整首诗欲扬先抑，想象丰富，充满灵气童趣，特别是四个感叹词“啊！噢！咦！唉！”饶有风趣地展现出小诗人的心理变化，令人感佩赞叹。学生们这些宝贵可爱的想象力，需要我们教育工作者像呵护眼睛一样倍加呵护，并发扬光大。

四、先进教育重视培养学生想象力

有一位教育理念先进的老师问孩子们：“花为什么会开？”孩子们的回答可谓百花齐放，异彩纷呈：“她睡醒了，想看看太阳。”“她一伸懒腰，就把花骨朵顶开了。”“她想和小朋友比比，看谁穿得更漂亮。”“她也长耳朵，想听听小朋友唱歌。”……老师原本的答案是：“春天来了，花就开了。”可是面对孩子们充满灵气的、像一朵朵亮丽的鲜花一般的美妙回答，老师放弃了原先准备好的“标准答案”，像保护眼睛一样保护孩子们宝贵的想象力，微笑着一一点赞，并进一步鼓励启发道：“花特别懂事，她知道小朋友们都喜欢她，就仰起小脸，笑了。”（《中国青年报》1995 年 11 月 8 日）。这位教师的教育理念是先进的，她知道“想象”重于“知识”，她不用“唯一”取代“多样”。放弃“标准答案”这束缚儿童想象的绳索，放飞了一群可爱的想象的白鸽——多样化的教育才能产生多样化的人才，才能产生多样化的作品、产品，才能创新。

发达国家十分重视保护、开发孩子的想象力。在奥地利首都维也纳，有一所以培养儿童想象力为特色的“想象幼儿园”。其中有“太空世界”的畅想，有“童话世界”的表演和新编，有“手工车间”的制作、缝纫、烹调等，有“艺术园地”的绘画、雕塑、雕刻、诗歌、儿歌等，有“乡村或往昔生活”的想象再现……

有一篇美国小学生的作文是这样写的：“几个小男孩到郊外去玩，在芦苇中发现了一只蛋，有的说是蛇蛋，有的说是鸟蛋，有说是恐龙蛋……争论没有结果。他们决定把蛋拿回去放到孵化箱中去孵……蛋壳快破了，大家紧张地盯着看——哈，蛋里孵出的是里根总统！”这篇充满童趣、结尾出人意料的作文，受到人们的广泛赞誉，被多家报刊转载。

五、如何培养学生的想象力

（一）加强艺术教育，开发右脑，激发想象力

研究表明，人的左脑主管语言、逻辑；右脑主管灵感、想象。而艺术有利于开发右脑，激发想象力。鼓励儿童至少学习涉猎一门艺术，如美术、音乐、舞蹈、戏剧、书法等，对培养想象力极为有利。古今中外很多著名科学家，同时又是艺术大师或精通文艺。李四光是地质学家，也是我国第一首小提琴曲的作者。达·芬奇是著名画家，又是杰出的科学家、工程师；爱因斯坦是科学巨匠，也是位出色的小提琴手。他说：“如果不是音乐艺术修养，我将一事无成。”美国“曼哈顿计划”（原子弹研制计划）的首席科学家奥本海默，对艺术、哲学、文学尤其是诗歌，有着特别的爱好。同样是“曼哈顿计划”的重要参与者、诺贝尔奖获得者理查德·费曼，能画出很好的素描和油画作品。

著名科学家钱学森常说：他在科学上的成就得益于小时候不仅学习科学，也学习艺术，培养了全面的素质，因而思路开阔。艺术上的修养使他学会了大跨度的宏观形象思维。钱学森认为，这些东西对启迪一个人在科学上的创新是很重要的。钱学森多次感慨：“在我对一件工作遇到困难而百思不得其解的时候，往往是夫人蒋英的歌声使我豁然开朗，得到启示。”“我们当时搞火箭时萌生的一些想法，就是在和艺术家们交谈时产生的。”

钱学森晚年所倡导的“大成智慧”（集大成得智慧），其核心理念就是：打通各学科的界限，把科学与艺术结合，把逻辑思维与形象思维结合，把哲学和科学技术结合……钱学森经常说：“科学家不是工匠，科学家的知识结构中应有艺术。”钱学森把智慧分为文学艺术的“性智”和科学活动的“量智”。他强调：“大科学家尤其要注意‘性智’。”

（二）不可过早过度开发儿童智力，破坏想象力

学前过度教育可能破坏想象力。过早过度的大量知识灌输学习，表面上孩子早慧，但对孩子的发展极为不利，会让孩子的大脑认知过早符号化、抽象画、模式化。可塑性大大降低，破坏想象力，而且是不可逆转的。过度开发孩子的左脑，右脑受到抑制，影响想象力、创造力的发展，也影响孩子的学习兴趣。我国很多孩子在幼儿园已经把小学一年级的知识基本学完了，表面上看，我国的学前教育和基础教育似乎很扎实，但学生的想象力和思考力已被破坏，由此造成了我国儿童只是被动接受知识而弱于主动想象思

考——“赢在起点，输在终点”。

为什么德国人中出了那么多诺贝尔奖获得者？秘诀是，不过早、过度开发孩子智力，让孩子输在起点，赢在终点。德国宪法禁止学前教育，禁止对孩子过早开发智力，避免将孩子大脑变成“硬盘”，留给孩子大脑更多的想象空间。孩子在小学前“唯一任务”就是快乐成长。在德国，不只幼儿园的孩子不被允许学习专业知识，上小学的孩子也不能学习额外的课程，即使这个孩子的智商超过同龄人。

（三）利用教材，培养想象力

譬如爱因斯坦利用想象中的“追光实验”证明“相对论”：如果有人坐在一把椅子上看电影，并以火箭的速度后撤。当火箭速度接近光速时，眼前的影像就会停止；当火箭速度超过光速时，眼前的影像就会回放……由此证明“相对论”。

学习陆定一的《老山界》，让学生想象体验半夜在大山腰宿营的情景：想象红军又冷又饿的滋味，把毯子围在身上，躺下来，躺在一尺左右宽的山路上，路上当然有石头，高低不平，硌得疼，当然疼了，但没办法。注意翻身动作不要太大，如果动作太大就掉到悬崖下面去了。不信你看，你躺的路边就是黑不见底的万丈悬崖……通过情景的想象体验，学生们体会到长征的艰难、红军的刚毅、革命果实的来之不易。

（四）巧设问题，启发想象力

学习白居易的《卖炭翁》，教师启发想象：“谁能用形象生动的语言描述卖炭翁被抢之后的神情？他回家如何面对缺衣少食、嗷嗷待哺的妻儿老小？”有学生说：“他两眼含泪，眼巴巴望着被抢远去的炭车，寒风吹起他单薄破烂的衣衫，在寒风中他又冷又气，瑟瑟颤抖。”有学生说：“他双手抱头，蹲在地上，呜呜地痛哭，周围的百姓也都流下了同情的眼泪。”有的说：“回家后，看到两天没吃东西的妻儿老小蜷缩在冰冷的炕头，一家人抱头痛哭……”

学习小说《等待散场》，教师启发想象：小伙子在等待心爱的姑娘时是怎样的心情？他都想到了什么？想象着描述一下他们相见后的情景。有学生想象：小伙子想到女友在观看《天鹅湖》时沉醉的表情、甜美的笑容、迷人的眼睛；有学生想象：散场后小伙子和女友“执手相看泪眼”，女友嘘寒问暖、软语温存；有学生想象：女友会对小伙子敞开心扉、吐露心声……

（五）鼓励学生写诗歌，特别是儿童诗，释放想象力

诗歌最需要想象力，最能激发想象力。每个孩子，天生都是诗人，与生俱来有着诗人的敏感和禀赋，对外界有着独特的观察视角和神奇的想象。意大利诗人塔索说：“没有人配受创造者的称号，唯有上帝和诗人。”儿童时期是想象力最丰富的时期，引导鼓励儿童写诗，是展现儿童灵气、培养想象力的绝佳手段和途径。看下面几首儿童诗，相信你也会赞叹不已。

梦想

我有一个梦想 / 想去一个地方 / 和风一起飘荡 / 你可知是何方 / 处处鸟语花香 / 对着大海歌唱 / 像在梦中一样。

大脚和小脚

大脚站了一天 / 累了 / 小脚跑了一天 / 累了 / 他们要泡个热水澡 / 外面那么冷 / 水里那么暖 / 大脚和小脚 / 依偎在一起 / 大脚揉揉小脚 / 小脚搓搓大脚 / 洗完美美睡一觉 / 原来 / 冬天一点儿也不冷。

（六）利用想象作文，激发想象力

开展想象力作文大赛，如：“当你乘坐的轮船沉没了，你漂流到一个荒岛上，你将怎样生活？”“写一场你想象中的音乐会”“描述与古人或未来人的一次对话”；命题作文《二十年后的我》，半命题作文《假如我是 ________》；教学《等待散场》，以《散场以后……》为题，写一段 300 字左右的情景描写文字；等等。

（七）利用中外典故，启发想象力

宋代画院多用古诗句作考题招考画家。入选夺魁的画作，多是那些审题富有想象力、能从独特的角度新颖别致地表现诗句意境的画作。这说明对画家而言，最重要的不是绘画技能，而是有没有丰富的想象力和创造力。如考题“踏花归去马蹄香”，夺魁者画几只蝴蝶飞舞在奔跑的马蹄周围，把无形的“花香”，借助有形的“蝴蝶”，富有想象力地巧妙展现出来，形象地表现了踏花归来，马蹄仍然留有余香的意境。考题“深山藏古寺”，夺魁画家没有具体画庙宇，而是画崇山峻岭之中，一老态龙钟的和尚正在泉水边汲水——这就把“深山藏古寺”的“藏”和“古”字，含蓄深邃地表现出来了。考题“竹锁桥边卖酒家”，夺魁画家没有直接画出酒家，而是画了河水、小桥、竹林，竹林中探出一幅酒帘。这就把诗句中“竹锁”的意境巧妙地表现出来。考题“万绿丛中一点红”，两幅入选的上乘之作都没有画绿草红花：一幅画了翠楼之上，一个红装少女倚栏沉思，以人喻花，想象新奇，耐人寻味；一幅画了万顷碧波中，一轮红日冉冉升起，不单新颖别致，而且意境开阔，气魄宏大，想象超绝。清代竹禅大师，应诏用五尺宣纸，画出九尺高的观世音站像：画面上，一个弯腰拾取净水瓶中柳枝的观音，直起身来刚好九尺——这一切不仅考查绘画技艺，更是考查画家丰富的想象力和综合文化素养。

又如当有机物“苯”的存在已经得到了普遍承认时，化学家们仍找不到苯的分子结构式。德国化学家凯库勒为寻找答案陷入了迷思状态。一天凯库勒坐马车回家，由于过度劳累，迷迷糊糊地进入幻想状态。他发现自己所设想的种种苯分子结构正在翩翩起舞，其中一个分子结构式忽然变成了蛇，这蛇首尾相衔，成了一个环……这一瞬间幻想启发，使他终于画出了合理解释“苯”分子化学性能的环状分子结构。

（八）动手操作，促进想象力

多位专家指出，孩子的想象力多在幼儿时期开始养成。观察小虫、动手制作、绘画、往水里扔石头、拆开小闹钟……这些看似平常甚至有破坏性的行为背后，往往隐藏着孩子想象探索的本能，要悉心保护开发。

众所周知，教育是兴国强国的基础，但并非任何教育都可以兴国强国，私塾教育、八股教育、应试教育就不能兴国强国。只有致力于培养学生想象力、创新能力的教育才可以兴国。所以培养学生的想象力对于民族的发展、社会的进步、国家的强盛至关重要。21 世纪是激烈竞争的世纪，各国之间的竞争，说到底是国民想象力、创造力的竞争，是教育的竞争。

（本文原载《现代中小学教育》2000 年第 1 期和《教育科学与艺术》2014 年第 6 期。）

神奇的儿童诗

鲁迅曾描写道："孩子是可以敬服的，他常常想到星月以上的境界，想到地面下的情形，想到花卉的用处，想到昆虫的言语；他想飞上天空，他想潜入蚁穴……"童言无忌，童思更无忌。儿童身上诗人的禀赋和敏感似乎与生俱来，他们天真烂漫而富有想象力。儿童的思维和语言，奇妙有趣，有着成人难以捉摸的灵性和感知力。儿童时期是想象力最丰富的时期，引导和鼓励儿童写诗，是展现儿童灵气、培养想象力的绝佳方式和途径。

狭义的"儿童诗"是指儿童写的诗。广义的"儿童诗"包括成人专为儿童写的诗。敲窗户的雪花是一首诗！躲在墙角修炼的老蜘蛛是一首诗！日夜兼程的闹钟是一首诗！清晨伸懒腰的露珠是一首诗……诗之精妙，在于无拘无束、无穷无尽的想象。每个儿童天生都是诗人。读读下面这些充满灵气、趣味盎然的儿童诗，你会发现，中国儿童是充满想象力和创造力的，充满灵气和才气。在倍感欣慰的同时，应倍加爱惜呵护这些品质。

蝴蝶和花

花是不会飞的蝴蝶/蝴蝶是会飞的花/蝴蝶是会飞的花/花是不会飞的蝴蝶/花是蝴蝶/蝴蝶是花。

鞋

我回家把鞋脱下/姐姐回家把鞋脱下/哥哥爸爸回家/也都把鞋脱下/大大小小的鞋/是一家人/依偎在一起/说着一天的见闻/大大小小的鞋/就像大大小小的船/回到安静的港湾/享受家的温暖。

灯

灯/把黑夜/烫了一个洞。

光

晚上/我打着手电筒散步/累了就拿它当拐杖/我拄着一束光。

思念

我们的目光 / 在月亮上相遇了。

眼睛

我的眼睛很大很大 / 装得下高山 / 装得下大海 / 装得下蓝天 / 装得下整个世界 / 我的眼睛很小很小 / 有时遇到心事 / 就连两行泪 / 也装不下。

秘密

妈妈说我是捡来的 / 我笑了笑 / 我不想说出一个秘密 /——怕妈妈伤心 / 我知道 / 爸爸姓万 / 哥哥姓万 / 我也姓万 / 只有妈妈姓姜 / 谁是捡来的 / 不说你也明白 / 嘘！我会把这个秘密永远藏在心中。

回到地面

要是笑过了头 / 你就会飞到天上去 / 要想回到地面 / 你就必须想一件伤心事。

原谅

春天来了 / 我去小溪边砸冰 / 把春天砸得头破血流 / 直淌眼泪 / 到了花开的时候 / 它就把那些事儿忘了 / 真正原谅了我。

春天

春天 / 是只大懒虫 / 妈妈叫了好久 / 也不醒 / 春雷公公来了 / 把它的大鼓一敲 / 吓得春天 / 滚到了 / 大地上。

我

我们班上的学生数 / 要加上我 / 才是 26 个 / 我们国家的总人数 / 我也 / 占了一个名额 / 计算地球重量时 / 我的体重应该也包含在内吧 / 在这浩瀚的 / 宇宙中 / 我占的空间 / 会有多大呢 / 妈妈说 / 没有我 / 整个家都好像空了。

我想变

我想变 / 我想变成一棵树 / 我开心时 / 开花 / 我不开心时 / 落叶。

风在算钱

谁也没有看见过风 / 不用说我和你了 / 但是纸币在飘的时候 / 我们知道 / 风在算钱。

北风

不知谁惹了北风 / 北风生气怒吼着 / 小草冷得发抖 / 大树看了很不忍心 / 脱下身上的衣服 / 一件一件 / 盖在小草身上。

蝴蝶

蝴蝶指着相册里的毛毛虫 / 大叫 / 吓死我了 / 妈妈告诉她 / 这是你小时候的照片呀。

春天

几只美丽的蝴蝶 / 是花儿的春天 / 一个尖尖的笋芽儿 / 是竹园的春天 / 一朵朵顽皮的浪花 / 是大海的春天 / 望着天上的风筝 / 我高兴地说 / 那是我们的春天。

苹果

苹果是太阳的孩子 / 它是一个爱脸红的小胖子 / 苹果是一个小火炉 / 把美好燃烧 / 苹果在树枝上是一只鸟 / 它把一句话藏在肚子里 / 那就是甜蜜。

梦

我的梦 / 像一条活泼的小鱼 / 在小河里游来游去 / 想捉住它 / 它已经游走了 / 我的梦 / 像一颗流星 / 滑过童年的天空 / 留在了记忆里 / 我的梦 / 像一叶小舟 / 装满了七色的糖果 / 我的梦 / 像路边的一株小草 / 渴望开出美丽的花 / 我的梦 / 像一粒种子 / 梦见自己一天天长大 / 我的梦 / 像一座彩虹桥 / 一头连着我的心 / 一头连着星空和月亮……

雾

看 / 雾来了 / 踩着猫的细步 / 他蹲在腿上 / 静静地俯瞰荔林和城市 / 又往前走。

流星

假如天上所有的星星 / 像雨一样落下来 / 那该有多好啊 / 世界上所有的小朋友 / 都会跑出来捡 / 然后串成项链 / 挂在妈妈的颈子上 / 那该有多好啊。

星星

太阳在空中跑累了 / 一不小心 / 一头撞在西山的大岩石上 / 飞溅起满天的小火星。

没收

灯光没收了黑暗 / 学习没收了无知 / 时光没收了我的童年 / 微笑没收了我的哀愁 / 工作没收了爸爸的陪伴 / 我和姐姐 / 没收了妈妈的时间。

小毛栗

春天的小毛栗 / 刚出生还怕冷 / 小刺猬送来小外套 / 给它穿好 / 树妈妈摇啊摇 / 小毛栗微微笑 / 秋天的小毛栗 / 长大了好健壮 / 跳下大树 / 把小外套还给了小刺猬。

放阳光

小刺猬牵着几个松果/放到了小松鼠的梦里/小鸟牵着几颗星星/放到了白云的梦里/小鱼牵着几颗贝壳/放到了海星的梦里/我牵着几缕阳光/放到了小弟弟的梦里。

疑问

太阳为什么从天上掉不下来/它是不是像气球一样/里面是空的/要不怎么掉不下来呢/太阳没有翅膀/是靠什么飞行呢/小树是大树的孩子吗/小树有爸爸妈妈吗/它们住在一起吗/它们会说话吗/要不它们怎么知道是一家人呢/鸟有翅膀能飞/人为什么不给自己绑上翅膀飞起来呢?

小雨

小雨洒在树叶上/叶儿洗了澡/变得更绿了/小雨落在田地里/苗儿喝了水/长得更高了/小雨淋在花园中/花儿润了色/开得更美了/可是啊/小雨小雨/到处都让你弄湿了/我可怎么上学呀?（何舜宇　广州小北路小学一年级）

…………

西班牙画家巴勃罗·毕加索认为:“每个孩子都是艺术家,问题在于你长大成人之后,如何能够继续保持艺术家的灵性。”中国的儿童充满想象力和创造力,读着这些神奇的儿童诗,你是否也被他们的灵气、才气所打动?是否体会到一种久违的惬意?嘴角是否不自觉地露出欣喜呢?这些儿童诗像一阵醉人的春风拂面而过,似一条澄明的小溪在心头流淌。多么细腻的观察,多么神奇的想象,多么空灵奇妙的表达。

儿童诗像美丽的精灵,不但展现儿童天真未泯的童趣、独特视角中的奇妙世界,而且也使成人寻回迷失已久的童心和童趣——身心变得年轻了,目光变得清纯了,心胸变得宽广了,神情变得祥和了,思维变得灵动了……儿童诗最能涤荡心胸烦恼,清除世俗杂念,展现童趣美妙,让心灵找到回家的路。就让儿童诗这颗绿色的种子,在儿童的心田生根、发芽、长大、开花。让儿童的童年,因为有儿童诗而更加迷人!

童年会过去,童心却可以不泯。拥有童心和诗意的人,他们的生活像撒满贝壳的海滩,色彩斑斓,惊喜连连,俯拾可掬,幸福满满。愿我们历经沧桑,依旧保留晶莹剔透、富有想象力的童心和灵气。

美、法、中作文题目比较

如果把中外学生的作文题目作一番比较，或许对我们的语文教学，特别是作文教学，会有一些启发和帮助。

一、美国作文题

1. 美国作文一般不定题目，而定“场景”，具有开放性，鼓励想象。如“当你乘坐的轮船沉没了，你漂流到一个荒岛上，你将怎样生活？”“描写一场你想象中的音乐会”“任选一个州，介绍这个州的风土人情”。“场景”一旦限定了，每个人写的内容就基本上是一致的，学生之间的可比性必然很高。这类作文显然必须通过多种渠道收集和整理信息才有可能完成。在荒岛上的生活当然需要想象力，但是有关岛上动植物方面的知识，以及生活中可利用的工具或制造某种生活用具等方面的知识，则需要利用有关的工具书或其他信息渠道（如文学作品或互联网）获得。

2. 美国作文题往往比较宏大，但要求很具体细致。如《公民的权利》论文，要求篇幅在 3～5 页纸，打印出来，双空行，至少有 3 种资料来源（如网络、图书馆、档案馆等），至少有 5 句引文。又如《中国的昨天和今天》，一个 9 岁的孩子，花了几天工夫，打印出一本 20 多页的小册子，从九曲黄河到象形文字，从丝绸之路到五星红旗……热热闹闹，分出了章与节，还在文章最后列出了参考书目。

又譬如《我心目中的美国》《我怎样看人类文化》《你认为谁应对“二战”负责》《你认为纳粹德国失败的原因是什么》《如果你是杜鲁门总统的高级顾问，你将对美国投原子弹持什么态度》《你是否认为当时只有投放原子弹一个办法结束战争》《你认为今天避免战争的最好办法是什么》……这些宏大的题目将知识性与趣味性联系起来，唤起孩子们的好奇心、求知欲，使之兴致勃勃，跃跃欲试。这类题目培养学生自由探索和人文关怀的精神，并且鼓励学生通过多种手段、渠道收集资料。学生在写作过程中将学到更多的知识，最重要的是，他们在满足心理欲求的过程中自然而然地运用“写作”这一工具。

3. 美国作文鼓励个性、独创和形式多样化。如要求“写一件反映你个性的事，把重点放在心理描写上或全文用心理描写”。又如要求“以书信形式，写一组书信”。“要求写十种不同形式的诗歌”，如“五行诗”（美国的一种诗体）、“重复记号诗”（日本一种不押韵的抒情诗）、“离合诗”（每一行诗句的第一个字母连起来可以拼成一个单词）、

“字母诗”（诗中包含所有26个字母）、“有形诗”（每一行用“若是……但是真的……”或“没有人知道”等为开头的诗）、“政治诗”等。

4. 美国作文题目长、字数多，善于联系学生生活，亲切、新鲜、有趣。如“写你生活中经历的一次巨大困难以及你是如何应付它的”“未解的疑惑——写一件发生在你或你周围人身上的事，是一件让人不敢相信或无法解答的事，但不能是你做的梦”“给校长写一封信，可以反映你对学校的不满或肯定，或问一些你一直想问的问题，然后在班里讨论”。作文的内容、主题被清晰明了地展现出来，所以不会产生歧义和误解。

5. 美国“高考”作文多考查学生的说理能力。美国“高考”叫SAT，是由非营利性的民间社会服务机构“美国大学理事会”主办的一项标准化的、以笔试形式进行的高中毕业生学术能力水平考试，考核阅读、文法和数学三门课程。该考试一共考3个小时，一年举行7次，不限考生参加次数，考生可以考到取得满意的成绩为止。而且，SAT成绩只是大学录取的参考标准之一。美国大学录取新生会综合考虑几个方面：高中成绩、课外活动、义工服务、申请文书、老师或名人推荐信等。有的大学甚至都不要求有SAT成绩。

美国SAT中的作文题目都是规规矩矩的论述题。作文考题的格式：先给一段提示语，再给个题目，要求“用你从阅读、学习、经历或观察所得的例子来论证你的观点”。历年来的作文考题内容包括文学、艺术、运动、政治、技术、科学、历史及时事等，但都不需要考生具备专业背景知识。它主要考查学生的说理能力，即摆出观点并用各种具体论证手段加以支持分析的能力，也就是将自己的思维，用文字条理清晰地表述出来的能力，这是大学学习必需的能力。

SAT作文不是考言语能力，所以略有语法、用词错误也无伤大雅。只要不说脏话，什么都可写。弄得巧，还能因为与时俱进、用词生动而加分。

SAT作文不是考政治思想，所以任何题目都没有“正确”答案。判卷老师不会去寻找正确的观点。对题目所给的观点，你可以赞同，也可以反对，不会因为你“不保持一致”而给零分。

对SAT作文，美国各大学态度不一。有的根本不看作文分数。有的则用学生的作文成绩来对照其申请文书。因为SAT作文是当场写作的，可以检测出学生的实际水平。而申请文书是学生在家里写的，可以“精雕细刻”，可以让有水平的大人“润色”甚至“捉刀”。若申请文书水平明显高于SAT作文，大学的审查人员会在该学生的申请材料上加注“DDI”，即“爸爸写的”（Daddy Did It）。

美国分几个时区，纽约早上7点考试，而那时加州是早上4点，天还没有亮。所以每次考试都有三个作文题目，免得纽约考生向加州的亲戚朋友通报作文题目。下面是翻译的作文提示与题目。

【作文一】

提示：要想在任何良好的对话中成为中心，不是看你的嗓门是否比别人大，而是看你能否静听不同的观点。倾听他人的观点，特别是那些你不同意的观点，总是能让你获知更多。花尽可能多的时间去倾听别人必须一吐为快的意见，即使你非常确定自己的立场。了解和尊重他人的立场，是说服人们接受你的立场的第一步。

作文题：在你试图说服他人时，“听”是否比“说”更为重要？

【作文二】

提示：忠诚，几乎是我们跟朋友与所爱的人的关系的基础，但我们的忠诚总是无望地纠结、妥协。尽管我们想要为真实信守忠诚，但我们永远无法逃脱对立的忠诚造成的冲突的要求。我们具有的忠诚对不同的人来说可能是相抵触的，我们对家庭的忠诚与我们对朋友的忠诚可能是相抵触的，我们个人间的忠诚可能跟爱国职责是难以融合的。

作文题：有没有可能保持双重忠诚？

【作文三】

提示：人们注重实用的教育、能赚钱的工作和有用的产品。人们常常抛弃自己觉得不现实的或不能即刻见效的想法和项目。确实，实用性能带来物质的回报，然而，尽管如此，不讲实用性可能从其他途径使人富足。而且，现今的实用产品和活动可能很快过时，而那些现在看来不现实的东西可能有朝一日被证明是很有价值的。

作文题：人们是否过于看重那些现实的想法或活动？

二、法国高考作文题

法国的“高考”又称高中毕业会考，是中学生毕业升学前的唯一考试，相当于将中国的高中毕业考试和高考合二为一，通常在每年的6月份举行。学生在会考通过后可直接申请大学，会考成绩是其申请大学的依据。会考是法国基础教育体制中的重要一环，其历史可以追溯到19世纪初。

法国高考作文题目分文科类、理科类、社会经济科类，还有音乐舞蹈专科类等。每一类中都有三个备选作文题，考生任选其一作文。考试时间为4个小时。该考试的形式类似中国的命题论文，让我们来看看法国历年高考作文题，题后括号内的说明是笔者所加。

2015年法国高中会考作文题

文科考生试题（三选一）

（一）尊重所有生命是一种道德义务吗？（哲学与社会学思考）

（二）我是由我过去的经历所塑造的吗？（人生思考）

（三）对法国政治家托克维尔《论美国的民主》中的一段文本作出解读：“无论什么时代，或多或少总是存在着专断的信仰。信仰产生的方式不同，其形式和对象也会产生变化；但是完全没有信仰，就是说没有人们不经争论、放心接受的意见，那是不可能的……”（哲学与社会学思考）

社会经济科考生试题（三选一）

（一）个人意识只是对个人所属社会的反映吗？（意识存在哲学思考）

（二）艺术家在作品中要给出什么东西让人理解吗？（艺术思考）

（三）对荷兰哲学家斯宾诺莎《神学政治论》中的一段作出解读：“在民主国家里，不用担心会有荒谬的命令，因为要在大会上使大多数人接受一个荒谬的意见，这几乎是不可能的……”（社会学思考）

理科考生试题（三选一）

（一）政治与真理无关？（哲学与社会学思考）

（二）艺术品总包含着一定的意义？（艺术思考）

（三）对古罗马哲学家西塞罗的《论神性》的一段作出解读：“任何事件都有能说明其产生的原因或预示其发生的迹象，通过这些原因和迹象，我们就可以对一个事件作出预见。那些通过计算研究天体的人，总是在日食和月食发生很多年前就作出了预测……”（哲学与社会学思考）

2014年法国高中会考作文

文科考生试题（三选一）

（一）艺术作品能培养我们的感知力和领悟力吗？（艺术思考）

（二）我们是否应该为获得幸福而穷尽一切手段？（人生哲学思考）

（三）阐释哲学家卡尔·波普尔1972年著作《客观知识：一个进化论的研究》中的选段。（对科学著作的评述）

社会经济科考生试题（三选一）

（一）拥有选择权是否就意味着自由？（哲学与社会学思考）

（二）为什么人需要寻求认识自己？（人生思考）

（三）阐释政治理论家汉娜·阿伦特1958年著作《人的境况》中的选段。（社会与人生思考）

理科考生试题（三选一）

（一）人活着是为了幸福吗？（人生哲学思考）

（二）艺术家是否是他个人作品的主宰者？（艺术思考）

（三）阐释笛卡尔1628年著作《指导心灵的规则》中的选段。（社会科学阐释）

音乐舞蹈专科试题（三选一）

（一）文化的多样性是否会阻碍全人类的团结？（文化与人类学思考）

（二）我们能否对真理漠不关心？（人生哲学思考）

（三）阐释哲学家康德1795年著作《道德形而上学》中的选段。（社会科学阐释）

2013年法国高中会考作文

文科考生试题（三选一）

（一）语言是否是工具？（语言学思考）

（二）科学是否只是在确认事实？（科学研究思考）

（三）评述笛卡尔在1645年与伊丽莎白公主通信中的一段论述。（名人书信评述）

社会经济科考生试题（三选一）

（一）我们欠国家什么？（人生哲学思考）

（二）我们是否在弄不懂的时候才需要去解读？（阅读思考）

（三）评述中世纪意大利哲学家安瑟尔谟在《论上帝的预知、预见、恩典同自由意志的和谐》一段论述。（社会科学评述）

理科考生试题（三选一）

（一）工作是否能够使人自我发现？（人生哲学思考）

（二）人们能否凭道德行事而不受政治倾向影响？（社会学与哲学思考）

（三）评述法国哲学家亨利·柏格森在《思维与虚无》中的一段论述。（社会科学评述）

法国高考作文基本都是议论性质的命题作文，但多是以疑问句的形式出现。所要阐述的问题，没有现成的标准答案。作文题目都极富文化含量，都有相当的思维强度和深度。有些题目，即便是学者、教授来论述也有一定难度。作文题目涉及人生哲学思考、哲学与社会学思考、艺术思考、科学思考、文化与人类学思考、对课外一部社会科学或自然科学著作的阐释评述、对名人书信的评述等。这样就可以引导学生课外多作个性化阅读，多读书，活读书，而不是只读教材的死读书。而且题目强调实用性、社会性、哲学性、科学性等，考查学生的理性思辨能力，联系社会实际比较紧密，而不是为作文而作文。

三、中国作文题

这里我们仅分析中国大陆（不包括港澳台地区）的作文题。我们的作文教学，受高考作文题型的影响较大，往往是高考考什么题型，高中和初中就教什么题型。中华人民共和国成立后，中国的高考作文题型有一个发展演变的过程：命题作文—材料作文—话题作文—新材料作文（材料可多元审题）—材料加话题或命题作文—任务驱动型作文（完成一个具体的任务活动）等。近几年各地的高考作文题型万变也不离这几种形式，轮流交替使用。总体来看，作文题型和体裁的多样化，比单一体裁的命题作文更开放灵活和人性化一些，能更好地考查学生多种作文体裁的写作水平，是一种进步。

比较美、法、中三国的作文题目，不难发现：美国、法国的作文题文化含量比较高，侧重对生活事件和历史事件的评价、思考，注重引导学生关心人类命运方面的世界性问题，引导学生展现自我意识、想象力及生存技能；引导学生多读书，活读书，勤思考；更有利于培养学生的想象力、创新力和理性思辨能力；趣味性更强，知识含量更高。

分数并不意味着一切

不久前，英国北英格兰拜罗福特小学（Barrowford Primary School）的校长瑞秋·汤姆林森和老师艾米·伯基特，在向六年级学生发放成绩单时，附上了一封鼓励的信。信中告诉孩子们："分数并不意味着一切，生活里有比考试成绩更重要的东西，聪明不只体现在成绩单上。"

这封信经英国广播公司（BBC）报道，并由网友上传至脸书（Facebook）等社交网络后，引起强烈关注。有媒体称之为"最棒的一封信"（the most beautiful letter）。有网友称之为"新任教育大臣上任后应该阅读的第一封信"。我们来看看这封信的内容：

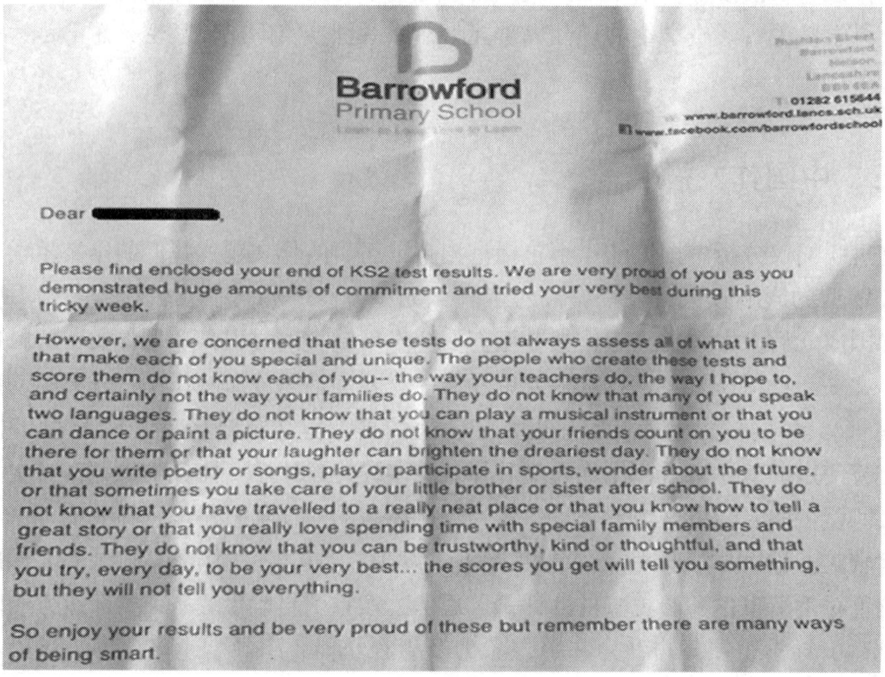

Barrowford
Primary School

T 01282 615644
www.barrowford.lancs.sch.uk
www.facebook.com/barrowfordschool

Dear [redacted],

Please find enclosed your end of KS2 test results. We are very proud of you as you demonstrated huge amounts of commitment and tried your very best during this tricky week.

However, we are concerned that these tests do not always assess all of what it is that make each of you special and unique. The people who create these tests and score them do not know each of you-- the way your teachers do, the way I hope to, and certainly not the way your families do. They do not know that many of you speak two languages. They do not know that you can play a musical instrument or that you can dance or paint a picture. They do not know that your friends count on you to be there for them or that your laughter can brighten the dreariest day. They do not know that you write poetry or songs, play or participate in sports, wonder about the future, or that sometimes you take care of your little brother or sister after school. They do not know that you have travelled to a really neat place or that you know how to tell a great story or that you really love spending time with special family members and friends. They do not know that you can be trustworthy, kind or thoughtful, and that you try, every day, to be your very best... the scores you get will tell you something, but they will not tell you everything.

So enjoy your results and be very proud of these but remember there are many ways of being smart.

亲爱的 ××× 同学：

你这次小学毕业考的成绩已经附在这封信里了。这周，你尽全力参加了考试。你全力以赴的精神让我们为你骄傲，我们觉得你已经尽了最大的努力。

但是你要知道的是，这些考试成绩，其实并不能反映你是多么的与众不同。出这些考试题的叔叔阿姨们，并不像你们的老师一样了解你们每一个人，更不会像你们爸爸妈妈一样了解你们每一个人。他们不知道，你们当中有些人已经会说两种语言。他们不知道，你们有些人能熟练演奏音乐，会跳舞，会画画。他们不知道，你能给你的小伙伴带来笑声，你是一个值得小伙伴信赖的人。他们不知道，你能写诗或者写歌，运动方面非常突出，甚至在未来将创造奇迹。他们不知道，你在家能把弟弟妹妹照顾得很周到。他们不知道，你去过多少美妙的地方，能说出多少美妙的故事和经历。他们不知道，你是一个善良、有思想、可信赖的人。他们不知道，你每一天都在让自己变成一个更好的人……你的分数只能展现你的一面，但是它不能代表你的每一面。

所以，享受这个结果，我们可以为自己的分数而自豪。但是请永远记住，人可以有很多种伟大的方式。

这封信告诉学生：任何人的天性都是独一无二的，都有着多面的色彩，都值得被善待和挖掘，都可以变得伟大。这封信为何会引起如此大的关注？

第一，这位英国小学校长如“知心姐姐”般的关爱、理解，让人感触良多。拜罗福特小学的校训让人喜欢：“学会爱，爱学习”（Learn to love，Love to learn）。也就是说，激发孩子们对学习的兴趣是第一位的，而要做到这一点显然需要足够的耐心。

第二，也是最重要的，就是这位写信的小学校长汤姆林森，她道出了教育的本质，那就是对每一个孩子个性的尊重与鼓励，以及身体力行的努力。她说：“我们希望学生能够接地气地全面发展，教师的最终目标应当是，教导学生提高个人能力的同时，在力所能及的情况下发现自己的优势。”

拜罗福特小学是一所公立学校，位于英国兰开夏郡。英国有一个政府机构“教育和儿童服务与技能标准办公室”，每年会派巡查专员到英国各个小学去检查学校的教育质量。2012 年，该机构巡查了拜罗福特小学，之后给这个小学“好”（Good）的评价。值得一提的是，巡查专员在总结报告里特意强调：这所小学努力在帮助每一个小孩进步，他们做到了。

一位小学教师在读完这封信后有感而发：“我也是个老师，学生最大的问题之一就是缺乏自信。他们总被告知自己的失败，因此认为更多的尝试毫无意义。没错，他们需要学习面对失败，但又不止于此。孩子在成长中需要鼓励和赞美，如果有一件事是孩子擅长的，或是值得他们骄傲的，一句鼓励有时能帮助他们获得意想不到的成长。”

不知道中国的老师和家长们看了这封信后感想如何？一位留学生看后说：“这封信让我想起我的一位老师，我小学二年级时的班主任。一次期末考试后的家长会上，她对我爸爸说：‘你的孩子虽然考试成绩不拔尖，但他喜欢读书，知识面明显比同龄孩子广。他经常给同学们讲外星人和各种恐龙，这些我都不知道，要鼓励他。’那次爸爸回家很高兴，第二天带我去书店买了 100 多块钱的图书。从此，我知道读书不仅是有趣的事情，也是让父母高兴的事情。我就愈加疯狂地阅读各种有用没用的书籍。长大之后，虽然明白读书多少和挣钱多少不一定有直接关系，但我还是非常感激这位老师。”

《中国青年报》2012 年 10 月 17 日报道：《他，全班倒数第一，但却赢得诺贝尔奖》。2012 年 10 月 8 日，瑞典皇家科学院通知英国生物学家约翰·戈登和另一位日本生物学家山中伸弥，共同获得当年的诺贝尔生理学或医学奖。面对镜头，79 岁的约翰·戈登把一张装裱在一个精致的木质相框里的中学成绩单，放在最显眼的位置。

在这张已经发黄的纸片上可以看到，这位生物学最高奖项的得主，63 年前，生物课 550 分的满分，戈登只得到 231 分，相当于百分制里的 42 分。而他的名次，在全班排名倒数第一。授课老师评价他："非常愚蠢！""我相信他（戈登）想要成为一名科学家，但从他的表现来看，这个想法简直是痴人说梦……他连基本的生物学知识都学不会，想在这个领域有所成就完全不可能。"

戈登在读博士后时，完成了一个著名的实验：把一只成年青蛙的体细胞核，移植到另一只青蛙的卵细胞里。这个全新的细胞，经过孵化、发育，最终变成一只完整的、发育完全的青蛙。这一被称为"克隆"技术的实验，震惊了整个生物界，也颠覆了人们对细胞发育的传统认知。

63 年后，约翰·戈登被评为全世界最聪明的人之一，与日本科学家山中伸弥共享生物学研究的最高荣誉。瑞典皇家科学院毫不吝啬给予戈登的研究成果最高评价："革命性地改变了我们对细胞和组织发育的认知。"戈登被誉为"克隆之父"。

全世界都把百分制考试定为 60 分及格，是很有科学道理的，那剩余的 40 分，就是留给学生独立思考和犯错误的空间。要求学生考分越高，也就意味着留给学生独立思考、创新犯错的空间越小，等到要求学生考试越接近 100 分时，就几乎不给学生留下批判思维、犯错创新的机会和空间了。

爱因斯坦说："唤起创造性的表现与求知之乐，是为人师者至高无比的秘方。"德斯蒙德·莫里斯说："人类最伟大的品质之一便是创造。"高尔基说："生活的意义在于创造，而创造是独立自主的，没有止境的。"

2019 年诺贝尔生理学或医学奖得主威廉·凯林建议家长不要太强调分数。他直言自己就不是学霸，是大器晚成："我就被哈佛拒收了，如果不能很早达到高峰，那就一步步努力提升自己。"

教学创新理念与实施策略

要想开展教学教育创新，教师首先必须是一位创新型教师，要富有创新教育理念，教育思想先进，方法得当。很难想象，一位思想保守、教育观念落后的教师，能很好地开展创新教育，培养创新人才。如果教育理念落后，会无形中压抑扼杀学生的想象力和创造性。当代著名心理学家艾瑞克·弗洛姆说："要让一个孩子有创造力，最有效的办法是让他和有创造力的成年人在一起。"

一、更新教育理念，是教学创新的前提

教育理念的转变更新，是一个长久恒新的话题。理念是行动的先导，方法背后站着理念。有了先进的教育理念，用什么方法都能把课教活，把学生培养好；相反，如果教育理念落后，即使用最现代化的教学工具，依然会顽固推行落后的教育。所以方法问题实则是理念问题。譬如物理、化学课，应该多做实验，不应仅讲理论，并且应让学生自己由实验现象总结出结论，而不是教师先给结论，然后再用实验来"验证"前人的理论——前者在培养学生自我发现、探究、归纳的能力；后者会养成学生迷信盲从前人、权威的习惯。顺序不同，教学理念和效果大相径庭。

譬如化学教学，我们讲物质的分子结构，都是从布朗运动的理论讲起的。温度升高，分子运动加剧。但国外的教材却是从厨房讲起，妈妈烧肉时为什么会有酱油味、甜味和肉香味从厨房里飘出来？为什么冷了就闻不到呢？此类生活现象，不是很生动地在阐释分子运动规律吗？

美国"曼哈顿计划"（原子弹研制计划）的重要参与者、诺贝尔物理学奖获得者理查德·费曼教授，批评发展中国家的物理教学："靠死记硬背，把乐趣变成惩罚，学生上课唯一要做的是记笔记。考试时，除了背下来的东西外，什么也不会……那么多学生在书店里购买物理书，那么多小孩在学物理，……却没有几个物理学家——为什么会这样？那么多孩子如此用功，却一点成效也没有！"费曼拿起一本公认写得非常好的物理教科书说："在这本书里，从头到尾都没有提及实验结果，随便把书翻开，指到那一行，我都可以证明书里包含的不是科学，而只是生吞活剥的背诵而已。"费曼随手翻开一页念道："摩擦发光：当晶体被撞击时所发出的光……"他说："在这样的句子里，是否就是科学呢？不！你只不过是用一些字说出另一些字的意思而已。有没有看到过任何学生回家试着做个试验？我想，他没有办法做，他根本不知道怎样做。但如果你这样说：当

你在黑暗中用钳子打在一块糖上，你会看到一丝蓝光。其他晶体也有这些效应，没有人知道为什么，这个物理现象被称为‘摩擦发光’。那么就会有人试着回家自己做，这就是一次与大自然相遇的美妙经验。”

随着科技革命的迅猛发展，人类知识总量急剧增长，几十年来人类知识的增长超过了过去几千年的总和。“人生有涯，知也无涯”，过分强调知识的传递、灌输，50岁也上不完大学。“授之以鱼，不如授之以渔”。这就要求我们必须树立“新的基础观”。我们不能因为过分重视“双基——基础知识、基本技能”而削弱甚至牺牲学生创新精神和实践能力的培养。我们的学生常常是赢在起点，输在终点——基础看似好，能考试，但创新能力严重不足。各科“奥赛”成绩虽优异，但诺贝尔奖拿不到。“奥赛”仅是对学习、承继能力的考查，诺贝尔奖却是对创新能力特别是原创性的奖励。创新教育应该把对学生的学科兴趣、学习方法、学习习惯的培养，作为新基础观的重要内容来落实。教育的功能之一固然是传递人类文明的成果，但教学的根本目的，在于实现知识向智慧的转化。人们常说“知识就是力量”，但并非所有知识都能成为力量，落后的知识就不能成为力量，获取知识的知识才是力量。过去说“给学生一碗水，教师要有一桶水”，现在又说“教师要有一井水”，固然有一定道理，但都是强调知识本身“量”的差别。其实知识与创造力并不成正比，那种认为人的创造性是用知识堆起来的，知识积累到一定程度就会发生质变、就会产生创造性，是不科学的。知识多的人，如果没有创造欲望，他就只会是一个“两脚书橱”。如果没有较强的质疑力、创新力，知识越多反而越会束缚他的思维，阻碍其创造性。而有创造欲望的人，知识少一点也不怕，他有方法和能力迅速捕捉和弥补知识。

譬如美国世界史关于成吉思汗的考题是这样的：成吉思汗的继承人窝阔台，当初如果没有死，欧洲会发生什么变化？试从经济、政治、社会三方面分析。

有位学生是这样回答的：这位领导人如果当初没有死，那么可怕的黑死病就不会被带到欧洲去。后来才知道那个东西是老鼠身上的跳蚤引起的鼠疫。但是六百多年前，黑死病在欧洲猖獗的时候，谁晓得这个叫做鼠疫。如果没有黑死病，神父跟修女就不会死亡。神父跟修女如果没有死亡，就不会怀疑上帝的存在。如果没有怀疑上帝的存在，就不会有意大利佛罗伦萨的文艺复兴。如果没有文艺复兴，西班牙、南欧就不会强大，西班牙无敌舰队就不可能建立。如果西班牙、意大利不够强大，盎格鲁-撒克逊会提早200年强大，日耳曼会控制中欧，奥匈帝国就不可能存在。

教师的评语是：“棒，分析得好！”没有分数，只有等级A。其实这类题目老师没有标准答案，就是鼓励学生独立思考，各抒己见，并考查学生知识的广度和思维的深度。

再看中国某地的语文和数学考题：

一个春天的夜晚，一个久别家乡的人，望着皎洁的月光，不禁思念起了故乡，于是吟起了一首诗：____________________，____________________。

学生答：“举头望明月，低头思故乡。”但后面是一个大大的×。标准答案是：“春风又绿江南岸，明月何时照我还。”因为是春天的夜晚，就必须是这句有“春风”字眼的诗句吗？如果思念故乡的人不是江南的，是东北的，就不可能说出“春风又绿江南岸”这句话。“举头望明月，低头思故乡”应该更合适、准确。思念故乡，一千个人可以吟一千句不一样的诗，一定要有标准答案吗？

还有个语文考题：《匆匆》这篇课文，是现代著名作家朱自清先生写的，同学们都很喜欢这篇散文，你能把自己最喜欢的一句写下来吗？

某学生写的是：“我的日子滴在时间的流里，没有声音，也没有影子。”后面一个大大的 ×。标准答案竟然是：“但是，聪明的，你告诉我，我们的日子为什么一去不复返呢？”这就更奇怪了，一篇文章，读者喜欢哪一句，因人而异，主观性很强，难道这也要统一的标准答案吗？如果那样，题目就应该改成：“你能把老师最喜欢的一句写出来吗？”猜谜语还有规律可循，而这种让学生猜测“老师最喜欢的一句”，与语文学习有什么关系呢？

有道数学考题：请用一句话说明“π”的含义。学生们回答：“π”的含义是圆周率。标准答案是：“π 是一个在数学及物理学领域普遍存在的数学常数。”把简单问题复杂化。

知识的更新相对容易，难的是观念的更新。如果一个教师的教育观念是以传授知识为主，而非培养能力特别是创新能力为主，那他就会满足于“满堂灌”“赶进度”“搞题海”“拖堂”“加班”等，把学生当做容器，而对于教学中学生提出的问题关注不够，对能力培养关注不够。其实少讲一个题与多讲一个题（特别是同类型的题），多学一课与少学一课，多讲一会儿与少讲一会儿，在能力培养上有多大区别呢？所以方法问题实则是观念问题。

那么，什么是先进教育理念？譬如学生主体发展观、创新教育观、多样化人才观、动手实践观、终身学习观等。先进的教育理念很多，并且不断涌现，只有紧跟时代步伐，关注各种信息，才能不断掌握新的教育理念。

德国教育家第斯多惠说：“平庸的教师强迫学生接受知识，而优秀的教师则引导学生主动探求知识。”联合国教科文组织国际教育发展委员会，在其著名的教育问题报告《学会生存》中，把“培养创造性”作为当代最重要的教育目的之一。该报告指出：“教育既有培养创造精神的力量，也有压抑创造精神的力量。”这句话值得我们每一位教育工作者深思。

要启发智力，培养智慧学生，当然问题越多越好，是把没问题教得有问题。美国教师上课，如果学生没有问题，那就是教师教学有问题。美国学者贾尼丝·萨博概括出“聪明的考生”和“智慧的学生”的不同特点，并认为这是两种完全不同的教育：

聪明的考生	智慧的学生
1. 能够知道答案	1. 喜欢提问，善于提问
2. 带着兴趣去听	2. 能深入探讨问题，有力表达观点
3. 能理解别人的意思	3. 能概括抽象的东西
4. 能抓住要领	4. 能演绎推理

续表

聪明的考生	智慧的学生
5. 完成作业	5. 喜欢寻找研究课题
6. 乐于接受	6. 长于创造新的设计
7. 吸收知识	7. 极具好奇心
8. 善于操作	8. 能学以致用，善于发明，勇于猜想
9. 长于记忆	9. 热衷于钻复杂的“牛角尖”
10. 喜欢自己学习	10. 善于观察，善于反思、反省
11. 善于解决别人提出的问题	11. 愿与成年人交往

中国教育培养的学生，体现了“聪明的考生”的所有特点；美国教育培养的学生，体现了“智慧的学生”的所有表现。培养“聪明的考生”还是培养“智慧的学生”，是中美基础教育的根本区别，也是应试教育和创新教育的本质区别。“聪明的考生”是以“学会”为目的，寻找已知世界的现成答案；“智慧的学生”是以“会学”为手段，探索未知世界。“奥赛”需要“聪明的考生”去回答现成的答案；诺贝尔奖需要“智慧的学生”去探索未知世界。为什么中国的中学生年年获“奥赛”大奖，但中国的高校却无人获诺贝尔奖？根本原因是我们只培养“聪明的考生”，不培养“智慧的学生”。

教育的功能之一固然是传递人类文明的成果，但教学的根本目的在于实现知识向智慧的转化。长期以来，我们只注重了大脑是储存知识的“仓库”，片面地训练了学生的记忆功能，而大脑还有亟待开发的巨大的想象创造功能。创新教育就是要调动学生的主动性，让学生创造性地学，尽可能地开发出学生的创新潜能。

二、培养学生发现知识的能力，是教学创新的核心

创新教育是倡导在教师的引导下，学生自己发现总结知识，而不是由老师灌输知识，这是创新教育的核心。古希腊哲学家普鲁塔克说得好：“头脑不是一个要被填充的容器，而是一把需要被点燃的火把。”德国教育家第斯多惠说：“教学的艺术不在于传授的本领，而在于激励、唤醒和鼓舞。”教师的主要职责不在于如何“教”，而在于指导学生如何“学”。教师的角色定位不应是一个好的“演员”，而应是一个好的“导演”。

诺贝尔物理学奖得主理查德·费曼，也是美国“曼哈顿计划”的重要参与者。他在《父亲是如何从小启发我的科学思维的？》一文中，介绍父亲如何教育他观察发现知识，而不是灌输知识。父亲教育费曼学会“知道一个东西的名字”和“真正懂得一个东西”的区别。有一次他引导费曼发现“惯性”知识：在费曼的玩具马车的车斗里有一个小球，费曼注意到，当拉动马车时，小球往后滚；当马车在运动中突然停下时，小球往前滚。为什么会这样呢？父亲说：“这，谁都不知道。一个普遍的公理是，运动的物体总是趋于保持运动，静止的东西总是趋于保持静止，除非你去推它。这种趋势就是‘惯性’，还没有人知道为什么是这样。”父亲并不只是告诉费曼一个名词，而是引导费曼发

现知识，探索奥秘。

下面展示第二届全国创新教育会议上几节创新教育课例，看教师如何引导学生发现知识。

课例一：一节小学四年级数学课，教学生“计算平行四边形的面积”。学生已学过计算长方形面积的方法——长乘宽。教师先让学生想办法把手中的平行四边形改为长方形。学生积极活跃，方法因人而异——有的将平行四边形从中间剪开，组成长方形；有的将平行四边形的两个角剪下组成长方形；有的是折叠成长方形……教师一一肯定，并赞扬有的方法巧妙、便捷，连老师都没想到。接着教师说：“对一个平行四边形，我们不可能总是剪开、拼接后再计算面积。同学们能否找出一种直接计算平行四边形面积的方法？”

既然学生已学过计算长方形面积的方法——长乘宽，教师由此启发学生：（一）拼成的长方形与原平行四边形之间有何相等关系？（二）由这些关系，能否推导出平行四边形面积的计算方法？这种提问就带有很强的启发性，使学生联系旧知，自求新知，而非由教师灌输给学生现成的计算公式。学生通过分组讨论，得出结论：平行四边形的底是长方形的长，平行四边形的高，是长方形的宽，所以平行四边形的面积就是底乘高（$S=a \cdot h$）。这样学生的学习热情空前高涨，因为通过教师启发和自己的努力，他们自己发现了计算公式，那种快乐是难以言传的。接着教师又乘兴而问：“现在同学们想不想用自己发现的公式做几道练习题？”学生们怎能不想呢？那种跃跃欲试、欲一显身手的热情是挡也挡不住的。

课例二：一节初中化学课，教学内容是学习“二氧化碳（CO_2）的性质”。教师先让学生做实验：

1. 在铁架台上系一根木条，两端各吊一个体积、质量相等的空纸筒，调节平衡。师问：“纸筒内有无物质？”生答：“有，空气。”然后教师让学生将集有二氧化碳的瓶子打开，向一个纸筒里倒入二氧化碳，纸筒发生倾降。于是学生得出二氧化碳比空气重、密度比空气大的结论。

2. 让学生向盛有燃着高矮不同的两支蜡烛的烧杯中倒入二氧化碳，下层的蜡烛先灭，上层的蜡烛后灭。于是学生得出，二氧化碳不燃烧，也不支持燃烧的结论。

3. 让学生向盛满二氧化碳气体的塑料瓶中倒入水，振荡，塑料瓶凹陷。于是学生得出二氧化碳溶于水，使瓶内压强变小，二氧化碳气体减少使瓶子变瘪的结论。

教师又引导学生做了一系列实验，都让学生自己先实验，再观察，然后得出结论。更可贵的是“学以致用”教学思想的体现，教师提出：根据二氧化碳的物理及化学性质，它在生活中都有哪些应用？学生回答：（1）可以灭火；（2）可以做制冷剂，人工降雨，制造舞台云雾；（3）可以制汽水、啤酒；（4）可以制气体肥料（根据 CO_2 是植物光合作用的原料原理）；（5）可以用灯烛试验地窖中的氧气含量；等等。最后教师要求学生写一篇说明文《二氧化碳的性质》。

课例三：选自本人开设的广州市中小学教师继续教育课程“课堂教学艺术”中学员提交的生物学科作业。

让学生自己去发现

广州市第四十二中学生物科　曾馥

过去，我在教《人体血液循环》一课时，从体循环讲到肺循环，包括它们经过的结构、血管等，结合挂图、模型、课件，仔细讲解，所有该讲的，一句话也不漏掉，所有该做的课后练习，一道题也没放过。我那时最关心的是学生上课是否记笔记，下课是否复习；最担心的是考试时千万别因为自己没讲到，使学生不会做。有时候考完，自己也纳闷：这道题明明在课堂上已经讲过了，还反复强调这是星级题，一定得注意，结果学生还是错得一塌糊涂。到底是什么原因呢？当时更多的是责怪学生，并没有从自身去找原因。后来学习了张超老师的“课堂教学艺术”课程，深受启发：让学生自己发现知识。

现在上课，我要求学生用5分钟时间、以4人小组为单位仔细观察人体血液循环模式图，让他们在图上主动地发现问题。在学生观察模式图的时候，我设立了两个问题：

（1）把你们组的发现与大家分享（发现了什么？）；

（2）把你们组的疑问说出来，让大家解答。

5分钟后，学生果真发现了许多问题：

（1）发现图上有许多血管。

（2）看到图中的血管有两种颜色，而我们人体血液却只有一种颜色——红色，为什么？

（3）发现血液循环很复杂。

（4）发现主动脉里的血是红色的，而肺动脉里的血是蓝色的。为什么呢？（此时，还没有学习动脉血和静脉血。）难道动脉里流的是红色的血，而静脉里流的是蓝色的血吗？

（5）发现血液每次经过毛细血管的时候颜色都会发生变化。

（6）发现有一处血管里的血，既不是用红色表示，也不是用蓝色表示，而是用紫色，为什么？难道人有三种不同颜色的血吗？

…………

从以上一连串的问题可以看出，学生的观察是多么的细致入微。所提问题反映出他们的疑惑和心声。这时，再引导学生去解决以上问题，效果自然会事半功倍。这堂课，学生学得轻松自如，主观能动性得到了最充分的发挥，不仅把老师教的知识掌握了，更重要的是，在学习过程中，能真正用自己的头脑去思索、去发现，去决定取舍。这堂课也使我认识到，以前的课堂教学，老师教，学生学，老师是课堂的主宰，学生只是被动地跟着老师的指挥棒走，光记笔记都来不及，哪里还能主动去思考？哪里还有什么发现？有了这次的尝试，在其他章节我也采用这种方法，不仅培养了学生自主发现知识的能力，也使学生成绩得到了提高。这种让学生发现知识的教学，让我明白了教与学的真谛。

三、鼓励提问讨论，创设宽松的课堂环境，是教学创新的保证

创造力“教”不出来，却可以“培养”。教育是一把双刃剑，它既可以培养、造就人的创造性，也可以摧残、扼杀人的创造性。鼓励质疑、讨论，创设民主、宽容的课堂育人环境，有利于培养学生的创新精神。在这样的育人环境里，学生的创造潜能自然得到发挥，个性自然得到张扬，这是创新教育的保证。

讨论：这一教育形式可以追溯到古希腊伟大的哲学家苏格拉底。我国的一部《论语》，也让我们看到孔子与弟子之间的精深对话，是教育的主要形式。由此可见，无论是东方还是西方，成功的教育都有其共性，那就是鼓励学生提问、质疑、讨论。讨论的前提是“提问”，鼓励学生提出问题，使学生树立“提出问题比解决问题更重要”和“没有问题的学生是学习存在问题的学生”的学习理念。为什么说“提出问题比解决问题更重要”呢？因为提出问题是第一位的，解决问题是第二位的；没有提出问题，就没有解决问题。

著名的哈佛、耶鲁等 8 所“常青藤盟校”所普遍采用的课堂形式，也是师生之间面对面的互动、讨论。这种教育模式虽然成本较高，但能最大限度地激发学生的学习热情，卓有成效地挖掘学生的潜能。在这样的教育环境中，学生很容易迸发出智慧的火花，获得真知灼见。因此，有学者感慨地说：“这或许是人类接受教育的最佳方式！”

民主：教师不是至高无上的绝对权威，不是判断是非、对错的无情法官。教师是学生的伙伴、朋友，是平等中的首席。教师要参与到学生们的学习活动中，和学生们共同探索学习。教师在课堂上要多与学生商量切磋，听取学生们的意见，在民主氛围中推动教学进程。魏书生老师是倡导践行民主教学的典范，致力于培养学生不迷信书本和权威、敢于质疑挑战书本和权威的精神。诺贝尔奖得主杨振宁说：“在科学上不能搞少数服从多数，科学总是在怀疑推翻前人的理论中前进的。”如爱因斯坦的“相对论”是对牛顿“经典物理学”的挑战和突破，而“相对论”又是以物体不超过光速（每秒约 30 万公里）运动为前提的。然而普林斯顿大学的科学家们在实验室中已实现了超光速运行，并且一下子竟超过了 310 倍①，这样“相对论”就面临新的挑战。

自由：要解放儿童的大脑，解放儿童的嘴巴，解放儿童的手脚。允许儿童敢想敢说，各抒己见，标新立异。儿童的思维本来都是有特色的、个性的，但经过一些家长、老师不断“调教”，思维个性日渐泯灭。即使孩子们偶尔爆发出思维的火花，也被老师“及时”地浇灭。久而久之，孩子们那富有个性的想象、鲜活的思维，就被“规范”得规规矩矩、小心翼翼，不敢越雷池半步，成为一个模子出来的复制品。他们那轻灵善飞的想象翅膀，在陈旧教育观念绳索的捆束下，失去翱翔的自由，渐渐地萎缩、退化，直至丧失功能。

宽容：课堂要允许学生奇思怪想，说错话，办错事，允许学生犯错误。一位外国教育家说得好：“课堂就是犯错的地方。”“如果你把所有的错误关在门外，真理也被关在

---

① 达尔文爱因斯坦理论受质疑 . 参考消息，2000-11-26.

门外了。”教师要尊重、理解学生，要热情鼓励学生闪现出的创新思维的火花。比如老师说：“云彩像棉花。”学生说：“云彩像黄瓜。”这是学生的感觉，但不合乎常识和标准答案，被老师否定。又如老师问：“吃饭时为何不能看书？”学生说：“会把书一起吃掉。”这个回答很有个性和特色，然而不“科学”，又遭否定。这样，成年人就逐渐用科学的、现实的、枯燥的、毫无想象力的思维模式，不断规范孩子的思维，使其思维变得单一定型，成了复印型。尼采说：“一个人必须放弃那种总想和多数人达成一致的不良癖好……凡是共同的东西都是具有极小价值的东西。”

没有宽容，无法培养学生的批判精神和发散性思维，没有批判精神和发散性思维，创造性就失去了技术支持。假如你希望一个人有所创造，同时又希望他处处听你的话、顺你的心，不给你惹一点麻烦，那你还不如耐心地等着天上掉下一个像宝葫芦之类的“创造包”。一个崇拜标准答案的地方，一个不允许“胡思乱想”的地方，一个不允许“出圈”、不允许犯错的地方，一个大家都必须和某位学者权威保持一致的地方，肯定产生不了创造性成果。因为创造力是不能教的，只能在适于创造力发展的环境中培养。一棵小苗为什么从地里长出来？是因为它遵从了人类的意愿教出来的吗？不是。它遵从的是自己的生长规律，人只不过为它提供了生长的环境。与植物相比，人类的主动性、创造性不知要高多少倍。我们命令学生：“你必须有创造力！”他就能有创造力吗？我们让学生背熟创造的定义，他就能创造吗？传承式的教育方法对培养创造力无能为力。如果一位老师是创新型教师，他的学生就会受到潜移默化的感染，变得富有创造性。

四、因材施教，发现并开发人的潜能，是教学创新的灵魂

人人有才，人无全才。每个人都是一座火山，只不过各有各的喷涌之处。人的潜质一旦被唤醒，将是强烈和不可抑制的。就如同地下炽烈的岩浆找到了通向地面的喷口，它会迫不及待地喷发，形成壮丽的景观。所谓“差生”多是冤假错案（建议不要叫“差生”，而改称“潜能生”或“发展生”）。通常意义的“差生”主要差在学科成绩上，并不表现在创造的潜能上。在创造活动课上，思维活跃、发言积极、大胆质疑的往往不是通常的优等生。这是由于创造活动课给了学生更大的活动空间，提供了学生展示才华、张扬个性、发挥创造潜能的条件和环境。但现实中，我们却总是习惯于用同一把尺子去衡量所有的学生，只以学习成绩的优劣这唯一的标准去看待和评价学生。其结果不仅制约了学生的个性发展，也人为制造了许多“差生”“后进生”，他们应该是“潜能生”“发展生”。

案例一：这也是一个发生在英国的真实故事。上学对吉利安·林恩来说，就是一场灾难。她无法安静地坐下来，人们都认为她有严重的学习障碍。她说：“我只有在动着的时候才能思考。”吉利安的妈妈带她到医生那里去就诊。医生耐心地听完妈妈关于吉利安的“无法集中精力，不能做家庭作业，在课堂上焦躁不安”等倾诉。医生想看看吉利安在无人注视的情况下会有什么表现，于是让她单独留在房间里，并打开了收音机。在另一个房间，医生和妈妈通过特殊玻璃，看到吉利安随着音乐跳起了舞。“我觉得你

女儿什么病都没有。”医生说，“我认为她就是一个天生的舞者。”这位医生作出了正确的“诊断”。吉利安后来成了伦敦皇家芭蕾舞团的著名演员。她又成立了自己的舞蹈团，为韦伯的音乐剧《猫》和《歌剧魅影》编舞，把她的事业推向高峰，英国女王为她颁奖。可见，教育的本质不是“改造”，而是“发现”——帮助学生发现自己的天分潜质。

案例二：20 世纪最伟大的科学家、“相对论”的创立者爱因斯坦，小的时候并不被人们看好。他 3 岁多还不会说话，9 岁时讲话还很不顺畅，所讲的每一句话都必须经过吃力但认真的思考，人们怀疑他是低能儿。上学后他成绩平平，经常受到老师责备，说他“调皮捣蛋”“不守纪律，心不在焉，想入非非”。1895 年，慕尼黑的一位中学校长也把“永远不会有出息”的评语给了爱因斯坦。父亲问老师：“将来我儿子能做什么？”训导主任说：“你儿子做什么都无所谓，因为他做什么都将一事无成。”爱因斯坦 15 岁那年，因语文、历史、地理成绩太差，未能初中毕业而离开学校。可爱因斯坦却是一个个性突出、善于独立思考、对数学充满兴趣和对科学有强烈好奇心的人。他自己也说：“我学习中等，按学校的标准，我算不上是个好学生。”“我没有什么特别的天赋，我有的只是强烈的好奇心。”

正像没有一座火山能在指定的地方喷涌，也没有一个人能把不喜欢、不擅长的事情做好。而教育的作用，就是帮助每一个学生找到突破口，尽情喷涌。就像罗丹所说：“对于我们的眼睛，不是缺少美，而是缺少发现。”我们的周围不是没有天才，而是缺少发现——多一个评价标准，就会多发现一批好学生。

五、变分数评价为创新能力评价，是教学创新的关键

这是实施教学创新至关重要的一环。因为评价标准对教育行为有无可替代的导向功能，即所谓“指挥棒”。评价标准不变，一切都落不到实处，评价标准一变，一切随之而变。评价标准具有很强的社会性，所以创新教育不仅是学校的问题，而且是一个社会问题。当然，要开展教学创新，应首先从学校突破。在整个教育系统中，“教育目标”应是首位的，“教育评价”（考试）是手段，是鉴定“教育目标”实现程度的一个工具，只是教育系统中的一个环节。然而，现在学校教育中，考试成了中心，一切都围着考试转。“教育目标”成了无关紧要的东西，考试成了至高无上、可以统率一切的东西——“目标”与“工具”发生了本末倒置。

2008 年，“杂交水稻之父”袁隆平荣归母校——西南大学（前身是西南农业大学）。学校披露了袁隆平大一学期末成绩单：

> 植物学 65 分，普通化学 60 分，国文 64 分，农场实习 67 分，地质学 88 分，农业概论 88 分，气象学 84 分，英文 93 分。

成绩单清楚地表明，袁隆平的专业成绩在班上仅列中等。这个事实表明，考试成绩并不能代表实际能力和将来的成就。

2011 年中国教科院调查结果显示："恢复高考以来的 3 300 名高考状元，没有一位成为行业领袖"①。不仅如此，他们还有另一项调查："调查了全国100位科学家、100位社会活动家、100 位企业家和 100 位艺术家，发现除了科学家的成就与学校教育有一定关系外，其他人所获的成就和学校教育根本没有正相关关系。"

2014 年"中国大学杰出校友排行榜"显示：中国国内外院士、杰出人文社会科学家、杰出政要、杰出艺术家、长江学者、长江学者成就奖获得者，亿万富豪企业家、杰出公益慈善模范人物等各领域的杰出人才中，都没有高考"状元"——这么多曾经让人惊羡的高考"状元"，却没有一位成为顶尖人才。"状元"们在事业发展中全军覆没，没有一个能在自己的行业发展中取得骄人成绩，他们如今都过着平凡的日子，职业成就远低于社会预期。② 而那些考分平平的学生却在发展中让人刮目相看。中国教科院院长袁振国教授认为："创新能力根本不是靠教育出来的。"

（本文原载《教育导刊》2004 年 2—3 期和《中国教育创新》2008 年第 7 期。）

① 鲁国平 . 中国教科院震惊调查：30 年 3000 多名高考状元无一成为行业领袖 . 上海教育，2011（12A）：34.

② 2014 年中国大学评价研究报告 . 中国校友会网，2014-03-27.

多些创新教育，少些死记硬背

——观央视“中国汉字听写大会”有感

一、教育价值取向背离创新教育

前段时期中央电视台如火如荼地举办“中国汉字听写大会”，我想节目组织者的出发点，是想借此提高国人的汉字书写能力，扩大传统文化的传播，提高民族文化的自信心和自豪感，也是国学热的反映，自然有其积极意义。

据说很多学生为了参赛，把《现代汉语词典》都读、背了好几遍。要知道字典、词典等工具书是用来查的，是帮助人学习的“工具”和“手段”，不是用来读的，更不是用来背的。让学生把大量的脑力、精力花费在读背词典等工具书上，成本和效益、利与弊如何？对教育价值取向的引导，特别是对创造力开发的引导是否有利？希望能引起有识之士的思考。

凡事过犹不及，过于强调对大量汉字的死记硬背，特别是对一些极为生僻的、连《辞海》中都难以查到的、近乎死亡的字词或者专业术语进行考查，在信息技术高度发达的今天，是否有必要？作为一名语文教师，窃以为，除了常用的一些汉字必须会读、会写之外，很多汉字会读、会认就可以了，不一定非要会写。对于绝大部分参赛学生来说，很多字词，除了本次比赛见识、使用过一次外，恐怕今生今世再难有第二次机会接触它们，为了比赛而比赛，恐怕不是组织者的初衷吧？

二、教育理念滞后，不利于创新教育

中国现在缺少的不是记忆力，而是想象力、创造力。人类发明电脑，就是为了替代、节省人脑的部分功能。电脑和人脑最大的区别就是电脑长于记忆储存、逻辑推理；而人脑长于灵感感悟、形象思维、发明创造。人类应该把记忆储存等部分功能交给电脑，把人脑解放出来，更多地从事电脑所不能的发明创造等活动，而不是和电脑较劲，比拼记忆储存能力。

人的智力因素包括：记忆力、注意力、观察力、思维力、想象力。记忆力是人的智力因素之一，不能说不重要，但记忆仅是最基础的智力活动。2006 年，日本的原口证

成功背诵圆周率小数点后 10 万位，可是他没有任何创造性成果，一台最普通的计算机就可以胜过他。中国现在的教育、考试，依然充斥着大量要求学生硬性记忆的内容，教育理念和价值取向都不利于学生创造力的引导与开发。现在最具权威影响力的央视频道，又在落后教育理念上推波助澜，不能不引发人的更大忧虑——可见中国的教育理念是多么急需改进和提高。

电视台热衷搞的多是些机械记忆性的“知识竞赛”，很少看到像“青少年头脑奥林匹克竞赛”那样的“智力竞赛”“想象创造力竞赛”——想象创造力竞赛的特点是，没有固定标准答案，而且需要手脑并用，谁的答案最新奇、最巧妙、最与众不同、最富创造想象力，谁的分数最高——这当然对组织者和评判者的素质也提出了更高的要求。电视台应多开展一些像“超级变变变”“我爱发明”“发明梦工厂”等启发鼓励人们想象力、创造力的节目才好。

三、爱迪生招募助手案例的启示

为了更好地说明这一问题，我们来看一则逸事：

> 大发明家爱迪生辞退不称职的助手后，贴出招募广告。可是，应聘者没有一个能使他满意。不久，爱因斯坦到他家做客。
>
> “哎，找一个合适的助手真难啊！”爱迪生大发牢骚。
>
> “要具备什么样的条件才能荣任您的助手呢？我来试试吧。”爱因斯坦说。
>
> 于是，爱迪生开始面试爱因斯坦：“请问，在常温下，白云母的电阻率有多大？”
>
> 爱因斯坦答：“在《电工手册》里有现成的答案。”
>
> 爱迪生问：“请问，从纽约到芝加哥有多少英里？”
>
> 爱因斯坦答：“可查一下《铁路指南》。”
>
> 爱迪生问：“不锈钢是用什么材料制成的？”
>
> 爱因斯坦答：“这个，可查查《金相学手册》！”
>
> 爱迪生评价说：“你虽然对答如流，可惜只能打零分。”
>
> 爱因斯坦笑道：“考官先生，我当不了你的助手，我自动告退！”

爱因斯坦多次强调：“我从来不记忆词典、手册里的东西，我的脑袋只用来记忆那些还没有载入书本的东西。”在某些人看来，爱因斯坦的话可能有些片面，不一定适合每个人，但能给我们一些有益的启示。爱迪生和爱因斯坦都是伟大的科学家，只是类型不同。我们无意借此否定爱迪生的伟大，但爱迪生的此种考试方式——要求知识的全面和死记硬背——还是有待商榷的。爱因斯坦作为一个开创型科学家，对创新想象能力的重视远胜过机械记忆，他把宝贵的记忆力用在关键的刀刃上，而不是滥用。

四、创新教育名人名言启示

1921 年，爱因斯坦获得诺贝尔物理学奖后，第一次访问美国。一个记者问他：“声音的速度是多少？”爱因斯坦当然知道，但是他拒绝回答。爱因斯坦说：“你可以在任何一本物理学教科书上找到答案，没有必要记住。”接着爱因斯坦说：“大学教育的价值，不在于学习很多事实，而在于训练大脑会思考。”爱因斯坦这里说的“事实”就是知识。知识当然重要，但是知识不是教育的全部内容。他在这里提出了有关教育价值的一个新命题，就是教育的价值不是记住很多知识，而是训练大脑的思维。爱因斯坦说：“会独立思考和独立判断比获得知识更重要。不下决心培养思考习惯的人，便失去了生活的最大乐趣。”

德国教育家第斯多惠说：“平庸的教师强迫学生接受知识，而优秀的教师则引导学生主动探求知识。”

德国哲学家尼采说：“我之所以这么聪明，是因为我从来不在不必要的事情上浪费精力。”

丁肇中说：“不要死背、死考物理定律，没有一个物理是永恒不变的……要研究怎么推翻它，科学才有发展。”

钱学森不止一次地发问：“为什么我们的学校总是培养不出杰出人才？”

联合国教科文组织给人才下的定义是：“只有具备创造精神和创造能力，作出了或正在作出创造性成果的人，才能称为人才。”

中美教育的差异之一，就是中国“传授已知型”教育与美国“探索未知型”教育的差别。一个中国高才生在美国留学，课堂上老师讲了六点，考试时，他全答对了，但老师只给了他最低的成绩等级。他不服气，找老师理论。老师解释说：“你答了六点不错，可这六点全是我讲的呀，你只不过记住了，通过考试又原封不动地还给了我。你为什么不能从我讲的六点中形成自己的思考，得出新的见解呢？”[①] 可见美国教育不太注重知识的传授，而是注重探求能力的培养与开发——这实则是一种比“知识传授型”教育难度更大、要求更高、更富有前瞻性和挑战性的教育。

教育的主要任务不是叫学生记住别人的思考，而是引导学生产生自己的思考；不是要学生仅记住课本或教师讲的思想，而是要让学生产生自己的思想；不是要培养一个仅会记忆的民族，而是要培养一个会思考创新的民族。如果有一天，中国人不再为记忆已知的世界而教育，而是为探求未知的世界而教育，那么中国才有希望成为真正强大的国家。

（本文原载《广东民进》2014 年第 3 期。）

---

① 刘永康 . 让学生形成自己的思想 . 教育科学论坛，2009（9）.

“不要让孩子输在起跑线”是个伪命题

一、过早过多学前教育破坏孩子的想象力和创造力

在中国有一句可谓家喻户晓的“教育”名言：“不要让孩子输在起跑线！”意在强化学龄前的早期教育，而且有越来越提前的趋势。可哪里是人生的“起跑线”呢？又没有明确的界定，是小学？幼儿园？孩提？襁褓？出生？妊娠期？甚或更早……何谓“学龄前”，顾名思义，就是不能教育学习的年龄段。研究表明，“学龄前”过度教育，无异于拔苗助长，事与愿违。国外有专家认为，这正是中国学生虽然聪明勤奋，能产生很多“神童”，摘取很多奥数金牌，但却少有人问鼎诺贝尔奖的重要因素。如果非要说人生有什么“起跑线”，那高中或大学阶段似乎可作为人生的“起跑线”。

大脑的左半球控制着身体的右侧，包括语言、逻辑、记忆、理解等功能。大脑的右半球则控制着身体的左侧，包括想象、空间、音乐、艺术等功能。过多过早的单纯的知识学习、死记硬背，表面上孩子早慧、识字率高，但对孩子的发展可能不利，得不偿失。这会让孩子的大脑认知过早符号化、抽象化、模式化，可塑性大大降低，破坏想象力，而且是不可逆转的。过度开发孩子的左脑，右脑受到抑制，影响想象力、创造力的发展，也影响孩子的学习兴趣。有些孩子在幼儿园，已经把小学一年级的知识基本上都学完了，表面上看中国的学前教育和基础教育似乎很扎实，但学生的想象力和思考力已被破坏，由此造成了他们只是被动接受知识而弱于主动想象思考——“赢在起点，输在终点”。

二、德国人故意让孩子输在起点

为什么人口数 8 300 多万的德国能拿到世界上一半的诺贝尔奖？秘诀是“不过早、过度开发儿童智力，让孩子输在起跑线”。德国宪法禁止学前教育，禁止对孩子过早开发智力，避免将孩子大脑变成电脑硬盘，留给孩子大脑更多的想象空间。孩子在小学前“唯一任务”就是快乐成长。德国不只幼儿园的孩子不允许学习专业知识，上小学的孩子也不能学习额外的课程，即使这个孩子的智商超过同龄人。有个孩子五六岁的时候就自己在家学会了基本阅读、书写和简单的数学计算，7 岁上学他的家长向学校老师提

出，能否额外教孩子一些东西。德国老师反对说："您应该让您的孩子与其他孩子保持同步。"

德国幼儿园不分年级，所有年龄的孩子都混在一起上课；德国小学都是半日制的，下午没有课，只有课外活动；英语至 3 年级才开始学习；小学 4 年级毕业，根据老师推荐升学，学习技工、上中专或者上以后能考大学的文理中学；上大学的比例还没中国高……欧美人普遍认为，孩子有自身成长规律，他们在相应的阶段要做相应的事情。他们需要自然的生长环境，不可过于人为操控，要给孩子留下尽量多的自由发展空间。诺贝尔生理学或医学奖获得者托马斯·苏德霍夫说："不要把孩子训练成机器。""年轻的孩子有很多发展方向，不要让孩子做一件事情而定性。"

德国人认为，如果学前阶段非要对孩子进行"教育"的话，那"教育"的重点只有三个方面：（1）了解基本社会常识。比如不允许暴力，不大声说话等。（2）培养孩子的动手参与能力。让孩子根据自己的兴趣参与手工制作，让他们从小就主动做具体的事情，所谓"心灵手巧"。（3）保护孩子情感胚胎，培养情商，培养领导力。

三、人生是长跑，不是短跑

马拉松比赛，初始的名次对结果影响不大。长跑赢在起点，反而会输在终点。有人调查了历届马拉松冠军在跑步前期的名次，发现他们并不都排在前面。在人生长跑过程中的努力，比一开始就冲在前面更重要。每个人对"成功"的理解也不同。人的成功并不完全取决于教育程度，教育程度也并不完全取决于考试分数，更不局限于早期教育。造就"成功"的因素有很多，往往是由能力、兴趣、努力、性格、机缘、人脉等多方面因素综合发力的结果，情商的作用往往大于智商。

1978 年诺贝尔物理学奖得主彼得·卡皮查被记者问道："您在哪所大学、哪个实验室里学到了您认为是最重要的东西？"出人意料的是，这位白发苍苍的老人回答道："是在幼儿园。把自己的东西分一半给小伙伴们；不是自己的东西不要拿；东西要放整齐；吃饭前要洗手；做了错事要表示歉意；午饭后要休息；学习要多思考；要仔细观察大自然。从根本上说，我学到的全部东西就是这些。"

许多人认为孩子有巨大的潜能，就像一个深不可测的井一样。于是就向井里拼命填东西，填到最后，井里再也没有水了，孩子的心灵也就失去了创造力。

"一岁能背诵五言绝句，两岁识字 2 000 个、背诵 30 首以上古诗，三岁识字达到 3 000 个，四岁左右能流畅地读书、看报纸，五六岁时会使用汉语字典，喜欢古典文学或现代文学。"这是某早教机构提出的"早期儿童教育标准"。与此同时，一些知名幼儿教育机构也把培养孩子超前大量识字奉为圭臬。面对这些明显忽悠人的不负责任的宣传和高昂的价格，家长们竟趋之若鹜，争相解囊。

但是，在这些大量超前识字教育的狂热与躁动中，却很少有人去反思：超前识字教育是否符合教育规律？是不是孩子的真正发展所需？这是让孩子赢在起跑线上，还是在透支孩子未来的发展？

人们自古以来对“神童”的崇拜，是其中一个重要原因。三岁能诗，五岁能文，七岁能为孔子师，十二岁当了上卿……好像天下干大事的都是神童。那些倡导超前识字的成人，试图让人们了解到，许多“干大事的”也是超前识字的人，甚至是超前识字造就了神童，造就了“干大事”。

人们喜欢神童，实际上如同站在麦田里，只喜欢那几株疯长的苗子。殊不知，这几株苗子很难结出丰满的穗子。实际上，爱迪生、爱因斯坦就不是神童，而且显得比平常的孩子更迟钝，但他们后来却干了大事。事实上，“神童”也未必能干大事，宋朝的仲永就是一例。还是让儿童按照大自然规定的速度成长发育吧！拔苗不能助长，反而会毁了一株好苗子，到头来只能是一无所获。

在幼儿教育阶段，家长最容易被误导、被忽悠。家长不是专业人士，往往只能看到表面的、眼前的效果。而幼儿教育的重要作用，恰恰不一定是那些眼前可见的学业成果，而这些所谓教育成果，有可能是短暂的，甚至有可能是弊大于利的。如果这种学业上的教育成果是用强迫的、剥夺孩子自信、压抑孩子兴趣和想象力的方式获得，实际上是贻害无穷的。

法国著名思想启蒙家、教育家卢梭说：“大自然希望儿童在成人以前就要像儿童的样子。如果我们打乱了这个次序，我们就会造成一些早熟的果实，它们长得既不丰满也不甜美，而且很快就会腐烂。我们将造成一些年纪轻轻的博士和老态龙钟的儿童。”英国社会学家斯宾塞说：“在教育不过是局限于获得书本知识这一常见的有局限性的见解之下，家长们过早地把认字课本往小家伙们手里一塞，结果危害极大。……智育进展是由具体到抽象。但是这点却遭到忽视，很早便开始高度抽象的学习……我们来看看结果吧，由于早期的挫折和有害地死啃书本，使得理解力变得不自然的迟钝。”

德国教育家福禄贝尔说：“我们给动植物空间和时间，因为我们知道只要顺应存在于它们身上的法则、规律，它们就能茁壮成长；然而，我们在对待幼小的人类时，却总是把他们当作一块蜡、一堆泥，任意捏造……在处理自然界的事物时，我们走的路是对的，可是在处理人时，我们却迷了路。”捷克教育家夸美纽斯说：“人生而具有智慧、道德和信仰的种子，但这些种子的发展如何，取决于人所受的教育。实施这种教育的时候不用鞭笞，无须严酷，也不用强迫，尽可以实施得尽量和缓、快乐，尽量自然。”

知识与见识

知识与见识，字面仅是一字之差，内涵却是相去千里。知识，是人类通过学习获得的信息，是掌握前人认识自然和社会的成果，是学习积累的结果，属于过去式。

见识，是对事物的见解、认识、感悟和判断，是明智地、正确地对事物做出辨识的能力。见识源于人的阅历、信息、思辨、悟性与价值判断的三观等。见识具有预见性和创造性，因此，见识属于未来时，起码是现在进行时。

知识与“多少”相关，见识与“高低”相关。知识量大，特别是在某些专业领域，有些人的学历高、懂得多，却未必见识高；相反，一些人知识虽不多，却未必见识低。

如果单从知识角度论，现在一个中学生在某些方面的知识，如电脑网络、数、理、化、生、外语等领域的知识，远胜几千年前中国的老子、庄子、孔子、墨子，以及古希腊的苏格拉底、柏拉图、亚里士多德等人。但是中学生不是文化哲学大师，而老、庄、孔、墨和“古希腊三贤”，却是迄今人类难望其项背的文化哲学大师——因为这些大师不仅有知识，更有见识。他们那些富有思想的建设性、开创性的著述，对本人是见识，对后人是知识。仅是教育领域的知识，现在很多人超过孔子，但是有几人能成为像孔子那样的富有思想见识和价值判断的伟大教育家？有见识的思想家在人类历史上之所以珍稀而伟大，就是因为思想家用远见卓识推动人类社会不断前进，所以有人认为“思想”是第一生产力。

知识和见识是不同的。如果一个人仅追求知识，就像电脑硬盘一样，只是不停地把知识储存进大脑，如有需要，再适时输出打印而已；而对这些知识的见解认识、辨识运用、感悟判断等更深层、更根本的探究思考，却很少关心甚至不关心。

仅追求知识的人，登峰造极就是成为一个“学者”——被德国哲学家尼采讽刺为钟表般的学者：“他们是上等的钟表装置，只要给他们上紧发条，他们就会准确无误地报告时刻而发出谦虚的嘀嗒声。”或者像法国哲学家米歇尔·福柯的《词与物》一书里所讥讽的知识分类学家：“他们收集的知识越来越多，给自己造了很多房子，住在里面，认为这些房子就是他们的思想。”而有见识思想的人，不满足于成为“硬盘”，不仅关心“是什么”“有没有”的问题，更关心“为什么”和“是非对错”等价值判断。

严格来说，仅是知道比较多知识的人，不能称作“知识分子”，只有那些既有知识又有见识的思想者，才能称作“知识分子”。一个知识分子要具备五个要素：（1）知识的专业性；（2）思想的独立性；（3）时代的关切性；（4）社会的批判性；（5）文化的原创性。五个要素缺一就不能算是知识分子，起码不是优秀知识分子。知识分子与地位、财富无关，与学历、职称、读书多少等也不正相关，只和上述五点密切相关。知识分子必须具备独立而深邃的思想和先进的价值观，对事物有超出常人的见解和认识。不人云亦云、不随波逐流，不媚上、不欺下、不盲从——这是知识分子区别于普罗大众的一个重要特征。

孔子特别强调："君子不器。"就是说作为君子（优秀知识分子），不能仅成为具备专业技能的"器"（工具），更要具备明辨是非、善恶的"思想"和"价值观"，否则就只能是没有生命的工具"器"。法国著名思想家帕斯卡尔说："人只不过是一根苇草，是自然界最脆弱的东西。但他是一根有思想的苇草。人类的全部尊严就在于思想。"拿破仑说："世上只有两种力量：利剑和思想。从长而论，利剑总是败在思想手下。"德国哲学家尼采说："一个人必须放弃那种总想和多数人达成一致的不良癖好……凡是共同的东西都是具有极小价值的东西。"

人类受教育的目的，从本质上讲不是增长知识，而是提高认知能力、价值判断等思想见识。知识只是在学习受教育过程中相伴而生的副产品。孔子的名言："知之为知之，不知为不知，是知（zhì，智）也。"本意就是强调：该知道的知识，就去知道它；不该知道的知识，就不必理睬，这才是智慧的做法。尼采说："我之所以这么聪明，是因为我从来不在不必要的事情上浪费精力。"生而为人，追求知识，更要磨砺提高思想见识，否则我们生命的宽度和高度，都会大打折扣。

[本文原载2023年《南方》杂志（9—10合刊）和2023年1月8日的《南方都市报》。]

培养学生思维的广度与深度

一、学习借鉴他人的思维成果和思维方式

一个人不仅要善于吸取他人闪光的思想，更要善于学习他人新异独特的思维方式和观察问题的角度；要对新颖、深刻、独到的新观点、新思想，有一种磁石般的敏锐趋向力；要有意识地培养自己的头脑，使之变得缜密深刻。评论能力说到底是对事物的认知能力。分析评论的严密深刻，源于对事物认知的严密深刻。不能想象，一个对事物缺乏深入思考认知的人，能发出令人耳目一新、见解独特的评论。培养深刻的头脑，绝非一朝一夕之功，它涉及人的理论水平、学识修养、思想深度、思维习惯以及思维方式等各个方面。要善于在读书中，学习借鉴他人的思维成果、思维方法、独特的思维角度等，并内化为自己的观点、学识、修养。例如：鲁迅在《黄祸》一文中，针对某些国人的妄自尊大、无视中国贫弱现状而以地大物博、人口众多自满自夸的愚昧无知，以思想家的独到和犀利，沉痛地教诲道："倘是狮子，自夸怎样肥大是不妨事的，但如果是一口猪或一匹羊，肥大倒不是好兆头。"简单比喻，寥寥数语，就将国家"强而大"令人敬畏，"弱而大"不仅引人垂涎，而且将任人宰割的道理阐发得深入浅出、触目惊心。"重量"不等于"力量"，"肥大"不等于"强大"。

二、养成卓尔不群的批判性思维习惯

所谓"优秀也是一种习惯"。学生要善于用自己的脑袋想问题，不迷信盲从，不人云亦云；培养以质疑、批判为核心的探求真相的理性精神，培养独立批判性思维。所谓"批判性思维"，就是拒绝盲从，拒绝复制性思维，学生独立分析和判断，既不盲目地全盘接受，又以开放的胸襟去伪存真，然后"悟"出自己的思想。学生要保持思维的个性，反传统，不迷信教师，不迷信权威，不迷信书本和媒体；大胆质疑，标新立异，求异思维，发散思维，大胆发表独到见解，并做到自圆其说；要有比一般人高一层的认识、胜一筹的眼光。

一个没有批判性思维的人，其人格是不健全的。加拿大学者莎伦·凯在《人人都该懂的批判性思维》中说："思考能力是一个人最富有价值的资产，批判性思维是通往真相的有力途径。"诺贝尔奖获得者杨振宁说："在科学上不能搞少数服从多数，科学总是在怀疑推翻前人的理论中前进的。"哈佛大学任职时间最长的女校长吉尔平·福斯特

的教育名言："教育的一个重要职能，就是确保学生能够辨别哪些人在胡说八道。"此言"话糙理不糙"，其真正内涵，就是培养学生具有批判思维和质疑精神，这才是教育最宝贵的价值取向。批判性思维是具有质疑证伪、评估反思等个性化的思维方式，是思维中最高级、最优秀的一种。批判思维在思维发展中有着重要价值和作用，是创新思维能力的核心要素。

例如：以"逆境与成才"为话题写作。以传统的思维方式写作，学生一般先肯定逆境成才的观点，接下来就会列举古今中外的名人在逆境中成才的典型事例和名人名言证明这一观点，如司马迁、张海迪、爱迪生、居里夫人等，最后得出结论——逆境使人成才，呼吁人们勇敢接受逆境和挑战。

但对一个有思想、有头脑、善于独立思考的学生来说，用批判性思维重新审视"逆境与成才"这一几乎成为"定论"的观点，就会产生怀疑，进而想到古今中外确有许多在逆境中成才的人，但也有更多"才俊"在逆境中夭折。逆境可以激励某些人的意志，但也可以抑制、压垮某些人的意志，扼杀某些人的才华。在"顺境"中固然有一些人不成才，但有更多的人成才。相对来说，"顺境"应该比"逆境"更容易成才——这就是人们为什么想去条件优越的大学就读，因为那里有更适合成才的环境和条件。主动要求去条件差、环境糟的地方去学习工作的人当然有，但很少。

正因为"逆境"成才概率小，成才的人凤毛麟角，唯有那些意志坚强、百折不挠的人才可能在"逆境"中成才，所以才难能可贵，才成为激励人们发愤图强的典型，他们的事迹被人津津乐道。由此可见，成才与否，根本原因并不在于环境的"顺"与"逆"——这仅是外因，是事物变化的条件；而人的主观意志的强弱、自身努力与否——这是内因，起决定性作用，这才是事物变化的根据。主观意志强、勤奋努力的人，在"逆境"中可成才，在"顺境"中更易成才；相反，意志薄弱的人，在"顺境"中不能成才，在"逆境"中更不易成才。因此"只有逆境才能成才"这一结论是荒谬可笑的，它不仅否定了顺境成才的科学性，而且为人为制造逆境者提供了可怕的理论依据。如此分析、议论问题，自然要比泛泛而谈"逆境可成才"深刻有力得多，对人的启发、教益也更多。

我国极为重视学生批判性思维的培养和训练，自幼儿园开始，培养学生批判性思维就是教育的重点。教师经常让学生针对某个问题各抒己见或展开辩论，使学生学会辩证地看待事物，培养思辨能力，避免被愚弄。批判性思维的培养，使学生会怀疑、审视问题，然后寻找证据证明这个问题在逻辑上、事实上或数据上是否站得住脚。

批判性思维不仅是一种能力，而且更是一种教育价值取向。根据某项对哈佛大学学生的观察和心理学的研究，哈佛大学教授德里克·博克把大学本科生的思维模式分为三个阶段：

第一阶段："无知确定性"阶段。这是一个盲目相信的阶段，刚从高中毕业进入大学的新生，往往都处于这个阶段。在中学，学生认为学到的知识是千真万确的，这个确定性来源于学生知识的有限性，因此是一种"无知确定性"。

第二阶段："有知混乱性"阶段。这是一个相对主义阶段。学生上了大学之后，接触到各种各样的知识，包括各种对立的学派。虽然学生的知识增加了，但是他们往往感到各种说法似乎都有道理，见仁见智，无法判断哪个说法更有道理，这就是一种相对主义。大多数本科生的思维水平都停留在第二阶段，只有少数学生的思维水平能够达到第三阶段。

第三阶段："批判性思维"阶段。这是思维成熟阶段。在这个阶段，学生可以在各种不同说法之间，通过分析、取证、推理等方式，作出判断，论说出哪一种说法更有说服力。批判性思维是人的思维发展的高级阶段，具有两个特征：

第一，具有批判性思维的人善于对通常被接受的结论提出疑问和挑战，而不是无条件地接受专家和权威的结论。

第二，具有批判性思维的人用分析性和建设性的论理方式，对疑问和挑战进行解释并作出判断，而不是接受不同解释和判断。

在这两个特征中，第一条是一个人会质疑，即提出疑问，能够提出问题并且善于提出问题，是一个人批判性思维的起点。第二条是在提出疑问之后，具有批判性思维的人能够用有说服力的论证和推理进行解释和判断，包括新的、与众不同的解释和判断。把这两个特征结合在一起，批判性思维就是以提出疑问为起点，以获取证据、分析推理为过程，以提出有说服力的解答为结果。这两个特征正是分别针对"无知确定性"和"有知混乱性"，因此批判性思维不同于这两种思维方式。

在这个意义上，"批判性"不是"批判"。因为"批判"总是否定的，而"批判性"则是指审辩式、思辨式的评判，多是建设性的。从教育的角度来看，批判性思维可以分为两个层次：第一个层次是"能力"层次，学生应该获取批判性思维的能力；第二个层次是"心智模式"层次，学生应该获取批判性思维的心智模式。

批判性思维的能力层次是可训练的。教师要从过去以知识为中心的观念转变为重视学生思维发展的观念。批判性思维和创造性思维是人的思维发展的高级阶段，它是人类文明进化到高级阶段的基石。中国若要为人类文明做出更大贡献，批判性思维与创造性思维教育不可或缺。

三、学会纵向、逆向、多向等思维方式

（一）纵向思维

纵向思维即纵深挖掘，深入本质，层层推进，而非停留于浅层表象。具有比一般人高一层的认识、胜一筹的眼光，这是使文章具有深度的重要方法之一。大家知道，鲁迅对问题的看法往往与众不同，比一般人要深刻有力得多。例如：国人都呼唤、渴盼"天才"的出现，鲁迅却透过现象看本质，不是仅停留在众人的"不拘一格降人才"的呼吁上，而是抓住有无培育天才的环境这个根本问题。他在《未有天才之前》的演讲中生动精辟地阐述道："天才并不是自生自长在深林荒野里的怪物，是由可以使天才生长的民众产生、长育出来的……所以我想，在要求天才的产生之前，应该先要求可以使天才生

长的民众。——譬如想有乔木，想看好花，一定要有好土；没有土，便没有花木了；所以土实在较花木还重要……否则，纵有成千成百的天才，也因为没有泥土，不能发达，要像一碟子绿豆芽。”鲁迅认为，天才犹如“花木”，民众犹如“泥土”，要有“花木”，首先要有好“泥土”——有好的民众和环境；否则，不仅难以产生天才，而且即使有天才，也不能成长壮大。这就抓住了培育天才的环境这个根本问题，比单纯呼吁“天才”重要、深刻、有用得多。

（二）逆向思维

逆向思维即采用与众不同的、相反的思维方式，得出“柳暗花明又一村”的新见解。例如：一位驰名海内外的京剧表演艺术家说，“我死也要死在舞台上，我离不开我所热爱的京剧艺术”。这种献身事业的精神固然令人感佩，但《换种方式热爱》一文的作者却认为：热爱不止一种方式，不必非要上台，甚至倒在舞台上。如由台前走到幕后，为京剧事业培养后继新人，那也是热爱的一种方式，甚至是更好的方式。这种逆向思维得出的见解有新意、有深度和力度——“出新意，用反思”，说的就是这个道理。

（三）多向思维

多向思维即对同一事物，采用不同角度观察、思考、分析，可以悟出不同道理，得出不同结论。写文章，忌随人后。要有新议论，就要从多角度、多层次去分析。譬如以“手的五个指头”为例，角度一：五个手指不一般齐——万事万物有差别，做事不可一刀切；角度二：指指有用——人的才能各有专长，要充分调动大家的积极性；角度三：指指配合——互相合作，才能搞好工作；角度四：五指合拢，形成拳头——团结一心，才有力量……采用多向思维，对同一事物的看法自然有新意和深度。

（四）恰当地运用多种论证方法

除了常用的例证、引证外，还有比喻论证、对比论证、因果论证、类比论证、分层论证、引申论证（归谬法）等。在文章中恰当地使用多种论证方法，议论就会充分、深刻、有力。

例如：鲁迅的《拿来主义》就使用比喻论证，形象生动地阐发“批判地学习外国文化”这一大道理。又如在《随感录三十九》中，鲁迅运用“归谬法”（欲批判错误观点，先假设其正确，由此引申推导出荒谬可笑或自相矛盾的结论，使错误观点不攻自破的论证方法，也叫“间接反驳”），讥讽主张复古的“国粹派”的荒谬可笑：“只要从来如此，便是宝贝。即使无名肿毒，倘若生在中国人身上，也便‘红肿之处，艳若桃花；溃烂之时，美如乳酪’。国粹所在，妙不可言。”这对“国粹派”是何等痛快淋漓的嘲讽和揭露，对于那些鄙薄白话的复古主义者，鲁迅给予迎头痛击，称之为“现在的屠杀者”。

（本文原载《语文月刊》2014 年第 10 期。）

引导学生处理好学习的十大关系

中学阶段，新学期新生开学，各学科教师的第一堂课很关键，所谓“良好的开端是成功的一半”。笔者多年的教学实践证明，教师能否引导学生处理好“学习的十大关系”，打下一个好的基础、好底子，为后面的学习活动做好铺垫，关系到未来几年师生关系是否和谐和教学活动的成败，意义重大。教师引导学生处理好“学习的十大关系”，能使教学事半功倍；反之，事倍功半。

一、做人与学习的关系

最重要的一个关系就是“做人与学习的关系”。现在很多学校内，醒目之处，一般都镌刻着一条流行的标语：“学会做人，学会生活，学会学习，学会发展。”这是很有道理的。做人是前提，是基础；先“做人”，再“学习”；做人第一，学习第二；不会做人，就不会学习，也就无所谓发展。做人最重要的就是处理好和周围人的关系，特别是与各学科教师的关系。如果学生与教师的关系处理不好、不和谐，就会影响学习；与哪科教师的关系搞僵了，哪科的学习就会受到巨大的负面影响。代价是巨大且沉重的，学生难以承受的，也是无可补救的。

学生的智力不是最重要的，比智力更重要的是意志，比意志更重要的是胸怀，比胸怀更重要的是品德。俞敏洪说，家庭教育的头等大事是人品教育。

所谓“最好的风水是人品”，再高的智商也比不过人品。所有的成功都是做人的成功。这方面的事例不胜枚举。本人教过十几届高三学生，有些学生智力一般，但很会做人。他们尊师重教，对教师彬彬有礼、平和不燥，言行得体，遵守纪律，学习认真，得到教师的关爱，最后都考上了很好的大学。

也有的学生智力不错，但性格怪异、暴躁，不遵守纪律，课堂上经常出言不逊，和老师、同学发生争吵。有的学生高三二模时，成绩还是为数不多的几个重本之一，本来前途光明，但因为和老师的关系没处理好，高考分数连专科 A 线都没达到，前功尽弃，功亏一篑，遗憾终生。

二、内动力与外动力的关系

学习需要学生充分的内动力，仅靠外动力不能解决根本问题。学生要懂得自己是学习的主人，学习是学生自己的事情，是为自己学习而努力；不是为家长，更不是为学校和教师学习——学生懂得这一点很重要，很关键。就像落水者，首先自己要有强烈的求生欲望，先自救，别人的帮助才能有效。如果落水者自己没有强烈的求生欲望，甘愿沉沦，他人的援手都是徒劳的。学习是一样的道理，首先学生自己要有强烈的求知欲、上进心，主动努力学习，教师的教育和帮助才有效。教师也乐意帮助这类好学的学生。孟子说："君子有三乐……得天下英才而教育之，三乐也。"教师是外在助教者，不是内在包办者。学生如果自己不主动学习，别人就无法提供有效的帮助。美国教育家杜威说："强迫鸡吃米都是不可能做到的。"更何况作为万物之灵、有很强自主意识的人类，强迫学习是永远学不好的，也不会有好效果。这也体现了哲学上的"内因与外因"的辩证关系：内因是变化的根据，外因是变化的条件，外因通过内因发挥作用。所以，学生取得好成绩，80% 以上的因素取决于学生肯学、会学等内因，20% 左右的因素取决于教师会教、乐教等外因。

三、自学与教学的关系

有句名言说得好："人与人的差距在 8 小时之外。"强调的就是在常规的 8 小时工作学习之外，自学的重要性。武汉大学原校长刘道玉说："真正的人才都是自学成才的，一个人是否能够成才，不决定于名校、名师，决定于自己的志趣、理想、执着的精神。"相比教师的教学，学生的自学更重要。成绩与学生的善于学习，特别是善于自学关系很大。成绩好的学生一般是自学动力和能力都很强的人，善于安排自己的学习与生活，能够有效管理时间，具有较强的自制力。成绩好的学生既肯学又会学。教师的作用仅占一小部分。同一个班的学生成绩差别很大，就是证明。

四、静听与提问的关系

教师讲课时要静听，听课质量高是学生掌握知识、学习好的前提。听好—记好—练好—学好，是一脉相承的。静听的同时要善于思考，发现问题，提出问题，处理好静听与提问的辩证关系。静听也是提问的基础和前提。爱因斯坦曾说，提出一个问题往往比解决一个问题更为重要。要树立"没有问题的学生就是学习有问题的学生"的学习理念。

五、听课与笔记的关系

学生上课时要善于做笔记，把自己认为重要的信息、知识点记下来，便于课下随时整理复习。每复习一次，就等于又听老师讲解了一次。中国古语："好记性不如烂笔头。"西方谚语："最淡的墨水，也胜过最好的记忆。"说的都是同一个道理。毛泽东学习时就善于做笔记，在湖南第一师范学院就读时所作数本《讲堂录》存留至今。

六、课内与课外的关系

学生应充分利用课内、课外两条学习途径，“两条腿走路”。学生上课认真听课、理解、思考、做笔记等，固然很重要，但课下多读、多看、多写，开展个性化学习亦重要。从某种程度上来讲，课外比课内更重要。自主学习是一个人取得某方面的成就、特长（如书法、绘画、写作）的重要原因。诺贝尔文学奖获得者莫言说：“孩子养成大胸怀的最好方式，除了父母能做好的表率外，就是让孩子多读名著，多读伟人的传记，让孩子从小学会用伟人的眼光看社会和自己。”

七、学校与家庭的关系

有人说：“孩子是家长的复印件。”如果“原件”出了问题，“复印件”肯定有问题。而教师修改“复印件”——学生，当然不如“原件”——家长自我提升、完善更直接高效。研究证明，学生的成绩在很大程度上体现了家庭的影响。中国人民大学附属中学有一位教学成绩很突出的教师总结教育经验：

（1）影响孩子成绩的主要因素不是学校，而是家庭。

（2）如果家庭教育出了问题，孩子在学校就会学得比较辛苦，孩子很可能成为“问题儿童”。

（3）成绩好的孩子，妈妈通常是有计划而且动作利落的人。爸爸越认真、越有条理、越有礼貌，孩子成绩就越好。

（4）认真听讲的孩子偶尔成绩好，认真自学的孩子永远成绩好。

诺贝尔文学奖获得者莫言说，好习惯都是养出来的。很多父母将孩子不好的习惯怪罪到学校身上，怪罪到老师身上，怪罪到孩子身上，唯独没有怪罪到自己身上。孩子身上的多数习惯——无论是好习惯还是坏习惯，都是父母有意或无意影响出来的。父母每时每刻都在教，只是自己没有意识到在教，这就是“潜教育”，是比“显教育”威力大得多的本质教育。

八、知识与能力的关系

知识之于能力是“必要条件”——有知识才有能力，没有知识就没有能力。但有了知识，也未必有能力。知识是前提，能力是目的，训练是桥梁——通过训练，把知识转化为能力。所以学习，特别是语文学习，需要一个好记性、好积累，也即古人所谓“博闻强志”，需要韧性和悟性。有人混淆了死记硬背与科学记忆的区别，世界上绝没有记忆力迟钝的学霸和学术大师。著名作家茅盾熟读《红楼梦》。学术大师陈寅恪晚年双目失明，完全凭口授整理出版了《论再生缘》和《柳如是别传》，总共 120 万字，甚至连注释也是由他口授的。记忆力与天资有关，但主要还是后天培养。记忆力就如肌肉，越练越强。

所谓“悟性”是一种思维感悟能力，表现为举一反三、触类旁通等特点。古人曰：“学必悟，悟而生慧。”学习的本质是悟道，是通过自学、自问、自疑、自答等一系列活动而获得的。如果一个学生在学习中经常发出恍然大悟的感叹：“哦——原来是这样啊！”那说明这个学生很有“悟性”。如果一个学生在学习中，从来没有或很少发出这样的感叹，那说明“悟性”就差些。

九、语文与生活的关系

有句名言：“语文学习的外延和生活的外延相等。”就是说生活的范围有多大，语文学习的范围就有多大。要把语文学习与生活联系起来，如写书信、写通知、演讲、阅读，都和生活密切相关。其实语文就是生活，语文能力就是生活能力，如听说读写能力、理解和表达能力。

十、各学科之间的关系

课表上安排什么学科，学生课堂上就应该学习什么学科的课程。这是学习的常识和常规，但知易行难。总有一些学生，或出于偏科，或急于完成某学科作业，或出于对教师的好恶等原因，喜欢在甲课程上学习乙课程，做其他学科作业。他们既要听课，又要做其他学科作业，还担心教师批评，一心多用，不能专心致志。这样既违反学校的规章制度，又不科学严谨，效率低下，事倍功半，结果什么也学不好。而且一般教师对这种现象很反感，不可能不干涉、批评。这就是人为制造的师生矛盾，导致师生关系不和谐，影响师生关系，也就违反了第一条“做人与学习的关系”。甲课学乙课，得不偿失，是学习的大忌和红线。很多师生矛盾冲突，就是由学生“甲课上学乙课”这类事引发的。如果学生能够克服这一学习大弊和大忌，不但可以避免很多不必要的师生矛盾，还可以使学习更科学、更高效。

有效开发非智力因素的教育策略

据美国《时代周刊》国际版报道：美国一些著名心理学家，对800名儿童从幼儿园开始，进行了30年的追踪调查研究，结果发现，成就最大的与最小的人之间，最明显的差异并不表现在“智力”水平上，而是表现在协调合作、动机热情、勤奋坚毅、情趣习惯、自控独立、乐观自信、开拓进取等“非智力因素”水平上。专家们指出：“智力的高低与孩子的成长趋向并不存在正相关关系”，“智力高并不代表一定能够取得杰出成就”。在决定一个人成绩优劣，特别是将来能否有所成就的诸因素中，智力的作用充其量仅占20%，其余80%的决定因素中，非智力因素的作用是不可低估的。专家们特别提到科学巨人爱因斯坦，根据有关爱因斯坦学生时代，特别是年幼时的情况分析，他的智力并不足以说明他是科学天才（爱因斯坦4岁多还不大会说话，人们怀疑他是低能儿；上学后成绩平平，被人叫作“老实头”，训导主任甚至断言他“将一事无成”）。但他超人的求知进取的精神，却给人极其深刻的印象，他自己也说：“我没有什么特别的天赋，我有的只是强烈的好奇心。”可以说，在人类历史的长河中，智商与爱因斯坦相当甚至超过者不乏其人，然而能取得爱因斯坦那样杰出成就的却寥若晨星。在一段时间里，我国的教育界为加速人才的培养，掀起了一股发展智力的热潮，开发智力似乎成了学校教育和教学目标的全部。各种“神童”被不断发现，各类“少年班”如雨后春笋。社会对“神童”们寄予的希望可谓深矣，“然而‘少年班’至今并没有培养出令世界为之瞩目的人物，更不用说当初人们所期望的那样的尖端科学家了……现实情况是‘少年班’越办越少。”“智力热”归于沉寂，人们在反思中开始认识到，片面地强调“智力”的培养而忽视“非智力因素”的开发，是导致教育不成功的一个重要原因。“非智力因素”在学生成长、成才中的重要作用虽已引起重视，但怎样开发呢？

笔者在教学研究与实践中总结出以下几方面的“策略”，供大家参考。

一、拟定科学可行的非智力因素开发方案

非智力因素的开发应贯穿于教育的全过程，不能仅靠一时的努力，而要把它当作一个系统工程，拟定出科学可行的方案加以实施。

第一，开展调查研究，摸清学生的成长环境、实际状况等。可采用召开家长座谈会、家访、个别谈心和书面谈心以及让学生及家长填写调查表格等多种方式。学生因成长环境、内外因条件不同，造成了他们之间的素质差异，其成长的外在环境固然不易突

变，但有些经过努力可以得到某种程度的改善，譬如老师、家长增强对学生的关怀、期望，多些爱心、指导，少些冷漠、指责；帮助学生摆脱一些不良习性和外在消极因素的干扰等。开展调查工作的目的，就是掌握这些情况，做到心中有数，以便有的放矢，对症开发。

“罗森塔尔效应”（期待效应）充分证明了教育中的期待和激励的有无强弱，与学生学习成绩的优劣有着极为密切的关系。美国著名心理学家罗森塔尔考察某小学，声称要进行一个“未来发展趋势测验”。他从每班随意抽取 3 名学生共 18 人写在一张表格上，交给校长和有关老师，极为认真地说：这 18 名学生经过科学测定全都是高智商型人才，很有潜能和发展前途。同时叮嘱务必要保密，以免影响实验的准确性。一年以后罗森塔尔又来到该校，奇迹出现了：凡是上了名单的学生，个个成绩有了较大的进步，且性格活泼开朗，自信心强，求知欲旺盛，更乐于和别人打交道。再后来这 18 人全都在不同的岗位上干出了非凡的成绩。

显然罗森塔尔的“权威性谎言”发生了作用，因为这个谎言对教师产生了暗示，左右了教师对名单上学生的能力的评价。而教师又将自己的这一心理活动通过情绪、语言和行为传染给了学生，使他们强烈地感受到来自教师的热爱和期望，变得更加自尊、自信和自强，从而使各方面得到了异乎寻常的进步，这就是期待心理中的共鸣现象。德国学者鲁多夫·洛克尔有句名言：“信心是行为之父，你只要相信你的目标，就可以说你已经走了一半的路程。”

第二，针对不同类型学生实施不同的非智力因素开发措施。非智力因素开发状况较差的学生，大致可分为动机缺乏型、情趣淡漠型、精力分散型、意志薄弱型和自傲自卑型（性格型）等类别。造成这些类型的外在因素多种多样，他们各自的心态差异也很大，但我们工作的开展却可以相对集中到几个“点”上。例如对“动机缺乏型”，我们开发工作的第一步，就是分析造成学生学习动力不足的根本原因。这些原因可能是多方面的，但往往都是由外部原因引起的内在情感的变化。第二步就是设法消除这些外在因素的消极影响，帮助学生树立奋斗目标。我国古代教育家有所谓“教学七阶段说”：立志、博学、审问、慎思、明辨、笃行、考核。把“立志”——激发学生学习动机、树立奋斗目标列为教育过程各阶段之首，可见其重要性。有了目标，还要落实为之奋斗的措施，同时注意开展深层次工作，针对不同学生的心理因素开展工作，努力促进外部动机向内部动机的转化。实践证明，在调查摸底的基础上划分类型，分别确定开发重点，制定切实可行的开发方案，可将非智力因素的开发，由无章可循的随意状态逐步纳入有目的、有步骤的科学程序之中。

第三，按年龄段和性别特点，确定非智力因素开发重心。从心理学研究成果看，青少年学生在小学四年级、初中二年级和高中一年级几个阶段，是成长的关键时期。小学四年级前后，孩子们逐步由形象思维向抽象思维过渡。这一时期，非智力因素开发的重点，仍然是“养成性教育”，要培养各种优良习惯，采用各种有效手段培养孩子们强烈的求知欲和探索精神，为今后的学习打下坚实的心理基础。古今教育家都非常重视培养学生的良好习惯，叶圣陶曾把培养好习惯看作教育的根本和归宿：“什么是教育？简单一句话，就是要养成良好习惯。”可见，从小养成良好的习惯（生活习惯和学习习惯），是成功的秘诀之一。

初中二年级，是孩子们的思维从经验型向理论型发展的开始。此时，他们已经有了较为恒定的是非标准，面对这一现实，非智力因素的开发重点应放在志向、理想的教育上，帮助学生逐步形成恒定的责任动机意识，形成良好意志品质，从而促使心理逐步成熟。

高中一年级，是思维活动的初步成熟期，这一年龄段，他们一般都确立了一定的奋斗目标，并具有了为之奋斗的心理准备，兴趣动机已基本为责任动机所代替，由此引起了学生学习状况的分化：有相当一批原来的尖子生（许多是女生），将会分化为后进生，而一大批本来并不突出的男生，反而会很快发展为尖子生。最新研究成果证明，男女生在智力上差别不大（甚至没有差别），其主要差别表现在非智力因素上，从而造成学习效果的不同。以高一为分界线，高一之前，女孩子们由于天性的细致认真以及生理上发育较早，因而学习上常处于优势，较少表现自卑、羞涩等情感。但高一以后，女生明显地表现出学习怕困难、意志薄弱、自由散漫、想入非非、动机不强等情感劣势，造成与男生的分化，使她们中许多人失掉了优势，心理一时难以承受，产生震荡。此时，非智力因素的开发重点，应是帮助她们学会适应，正确对待客观现实，战胜挫折、自卑，重建自信，保持奋斗不懈的心理态势。

需要说明的是，无论是按照学生非智力因素开发不同类型分类，还是以年龄段及性别特征分类，它们之间都没有截然的区分线。再就是，动机信心与学习效果之间也不是单向关系，而是双向的相互促进的。明确的动机、坚定的信心可以增强行为方式来促进学习。反过来，所学到的知识又可以激发学习者更加强烈的求知欲望。

二、把握量变与质变的关系

非智力因素的开发是一个渐变的过程，不可能一蹴而就，没有相对“量”的积累，就不可能收到理想效果。又因为它是一个情感转变过程，较之诸如行为、方式的转变，更具有深层次的特征，因此还要处理好“量变与质变”的关系。

怎样实现量变向质变的转化呢？

（一）坚持“大目标，小步骤”的做法

在一个明确的大目标的引导下，设计足够量的“小步骤”。这些小步骤所要达到的目标，应该是在原有的基础上稍加努力便可达到的，所谓“跳一跳吃葡萄”，并呈“梯级式”前进。苏联教育家维果斯基提出“最近发展区”的概念，他认为，教学应集中于学生的掌握边缘的那些概念和规则，他称这种学习的边缘为“最近发展区”。“大目标，小步骤”的做法，就是依据这一理论使学生在完成一个层次的小步骤后，再向更高一个层级的目标冲刺，不断用新的更高的目标引导、激励他们，那么学生的学习热情、学习水平，始终保持在“最近发展区”。这样，学生就会在循序渐进中逐步培养起求知进取

的高情感。

（二）常抓不懈，持之以恒

前面已经论及，非智力因素的开发过程是一个渐变的过程，而且由青少年的生理和心理特征决定。这个过程是极不稳定的，突然的困难、挫折，甚至原来所设想的目标未能全部达到，都可能使已经建立起的信心丧失，重新落入灰心、失望的境地。情感因素的易变性，决定了非智力因素开发的反复性和长期性。只有持之以恒，大量的反复的量的积累，才能培养起良好的心理素质。

（三）由不稳定的随意动作的积累向稳定的意志行动质变

“随意动作”是学生在学习生活中一些无意识动作，是对外界刺激自发的本能的反应。在教师的正确引导下，大量积极的随意动作的反复积累，达到一定的“量”之后，便会产生质的飞跃，形成稳定的求知情感意志行动。例如培养学生良好“注意”品质，教师可先设计一连串富有吸引力的教学活动，并使这些活动所涉及的训练层次逐步加深，由单纯形式上的新颖活泼，逐步发展为内容上的发人深思、富有魅力。学生在接受了适量的随意动作训练之后，常会将“注意”质变为恒久性的意志行为。这便涉及非智力因素开发中的第三条策略。

三、讲究开发过程的情趣性

非智力因素从本质上讲是一种情绪动力，含有较强的情感因素，因此其开发过程还要讲究“情趣性”，动之以情，授之以趣，实施“快乐教育”，以便吸引学生、感染学生。古人云：“教人未见意趣必不乐学。”德国教育家第斯多惠有句名言：“教学的艺术不在于传授的本领，而在于激励、唤醒、鼓舞。”爱因斯坦更是以自身的体验强调情趣的重要：“那种认为用强制的办法或所谓的责任感来代替观察和探索乐趣的想法，真是一个最可悲的误会。”学习是一种艰苦的脑力劳动，有的课程比较抽象枯燥，或过多单调的智力活动，都会降低大脑皮层的兴奋或感受性，影响学习动力和效果。这除了培养学生要有坚强的意志品质之外，更要依靠“情趣”的激活，创造出各种打动人心、生动活泼的开发形式，把学生从单纯的智力疲劳中解脱出来，使学习活动充满生机，使学生感到学习是一种愉快的、使人变得崇高有力的源泉。需要特别指出的是，教师开发策略的情趣，还不等同于学生求知的情趣，开发策略的情趣是现实激发学生学习热情与兴趣的这一目的的手段和诱因。赞科夫说：“首先要激发儿童的思想情感，其余工作都应是这些思想情感的自然后果。”巴班斯基更强调指出：“课堂上之所以必须有趣味性，并非为了引起笑声或耗费精力，趣味性应该使课堂上所学材料的认识活动积极化。”长期不断地、由浅入深地用富有情趣的开发策略“激励、唤醒、鼓舞”学生，就会逐步实现由“学乐”到“乐学”的转化、迁移，学生一旦对学习产生情趣，感到求知给他们精神上带来满足与快乐，就会“趋向鼓舞，中心喜悦，则其进自不能已”。

重要的是，教师还要进一步培养学生学习情趣的巩固性和内驱性，使之由消极转为积极，由外在转为内在，由肤浅转为深厚，由短暂转为恒久，以顽强的意志保持高昂的学习热情与兴趣不败，这是非智力因素开发中关键、困难的一环。甘・巴卡拉说："任何人都会有热情，所不同的是，有的人的热情只能维持 30 分钟，有的人的热情能保持 30 天，而一个成功的人却能让热情持续 30 年。"随着学生年龄的增长和教师开发的深入，学生的学习责任感、目的性、意志力增强，具备了心理与情感的调控能力，情感品质和世界观逐步成熟定型，情趣升华为志趣，非智力因素的开发即可谓大功告成了。综上所述，人要成才，要有所成就，仅有一个聪明的头脑是不够的，非智力因素在青少年的成长、成才中起着重要的作用；学校教育的一个重要内容，就是探索有效开发非智力因素的教育策略，将青少年逐步培养成志向远大、勤奋进取、乐观自信、意志坚强的一代新人。

（本文原载《江西教育科研》1997 年第 5 期。）

教研写作，造就创新型教师

教学创新，首先要求教师是一位富有创新教学理念和技能的研究型教师。美国心理学家艾瑞克·弗洛姆说："要让一个孩子有创造力，最有效的办法是让他和有创造力的成年人在一起。"所谓"教而不研则浅，研而不教则空"。某些人认为，从事基础教育的教师，只要上好课就可以了，没必要从事理论研究和撰写教育教学论文——好像理论研究只是大学教师或科研人员的事，这实在是一个巨大的偏见。

一、教研写作是创新型教师的必备素养

（一）写作是人类特有的技能和发明

首先要明确人为什么要写作。写作是人类特有的技能和发明，是人类作为万物之灵的"专利"。写作可以把个人思想变为群体共享，可以使文明成果突破时空的局限——"言之无文，行而不远"。写作会让人变得更有条理性、更严谨、更注重细节、更愿意探根求源。作为文明的传播者和创造者的教师，能拒绝这种技能和需求吗？叶圣陶在《〈文章例话〉序》中说："从前人以为写文章是几个读书人特有的技能，那种技能奥妙难知，几乎跟方士的画符念咒相仿。这种见解必须打破……能写文章算不得什么可以夸耀的事儿，不能写文章却是一种缺陷，这种缺陷跟瞎了眼睛、聋了耳朵差不多，在生活上有相当大的不利影响。"

（二）写作是"自我实现"的重要途径

美国心理学家马斯洛把人类需求分为五个层次，最高层次是"自我实现需求"。而写作是人提升生活品质、收获成就感、满足"自我实现"需要的重要途径。我们不能决定生命的长度，但可以控制它的宽度。写作不但可以拓展人生的宽度，而且可以增强人生的高度和亮度。人生苦短，匆匆如过客。作为一名教师，一个与知识相伴、以传授知识为业的人，一生不发表几篇文章、不出一本书，不为社会留下点精神财富和美好记忆，短暂的人生不是太狭窄、太暗淡了吗？教师生涯不是留有太多遗憾了吗？教师不能仅做别人作品的"读者"，甘当"两脚书橱"，像沙漠一样，只能吸进水，却喷不出一丝清泉，而要争做创造作品的"作者"，成为一个"精神产品"的生产者。写作应该像阅读一样，成为教师的一种生活常态、生存方式和生活习惯。就像空气和水一样，须

臾不可或缺。叶圣陶说："阅读和写作都是人生的一种行为，凡是行为必须养成了习惯才行……在不知不觉之间受用它，那才是真正的受用。"有写作习惯的人都有这样的体验：写作有着比阅读更大的惬意和幸福感，一段时间不写作，就会技痒难耐、跃跃欲试。

写作不仅是一种怡情的创造性活动，而且能给人带来满满的成就感和财富。写作能力是事业成功的关键要素。有调查表明，事业的发展、收入的多少与人的词汇量有很大关系。很多人常常抱怨自己的付出没有得到相应的回报，或者自己的能力没有得到对等的认可。造成这种情况的因素可能很多，但语言文字使用能力的薄弱，往往是一个重要原因。英国剑桥大学克林肯伯格教授说："写作，没有人能找得到一种为这种能力定价的方法……但每一个拥有它的人——不论如何拥有，何时拥有——都知道，这是一种稀有而珍贵的资源。"

（三）写作是创新型的高级生命形态

英国哲学家培根说："阅读使人充实，写作使人精确。"的确，写作不但培养人的精准思维，而且给予人无限的想象空间，激发人追求创新。因为写作是一项创造性活动，是为社会创造精神财富的高级生命形态。英国动物学家德斯蒙德·莫里斯说，人类最伟大的品质之一便是创造。苏联作家高尔基说："生活的意义在于创造。"物理学家爱因斯坦说："唤起创造性的表现和求知之乐，是为人师者至高无比的秘方。"写作的乐趣是不从事写作和创造性活动的人难以体验的。这种"美妙体验"就是美国心理学家马斯洛所说的"高峰体验"。这种体验是人们在追求自我实现的过程中，基本需要获得满足后，达到自我实现时所感受到的短暂的、豁达的、极乐的体验，是一种趋于顶峰、超越时空、超越自我的满足与完美体验。在高峰体验时，人会产生一种存在认知，这与一般的认知不同，这种体验仿佛与宇宙融合了，是人自我肯定的时刻，是超越自我的、忘我的、无我的状态。南宋诗论家严羽《沧浪诗话》所说："故其妙处透彻玲珑不可凑泊，如空中之音、相中之色、水中之月、镜中之象，言有尽而意无穷。"

这种体验往往产生多种效应：在情感上，触及人的灵魂，使人心醉神迷，产生战栗、兴奋、欣快、满足、超然的情绪体验，犹如站在高山之巅，有销魂夺魄、物我两忘、高度自由之感，感受到人生最高幸福；在认知上，使人获得对人生和事物本质的深入认知和领悟，精神和能力处于最佳状态，产生超乎寻常的理解力和创造力；在人格上，使人表现出强烈的自我价值实现感，高度自我认同感；在方式上，瞬间随机，来去匆匆，不可捉摸，难以言表，却又是刻骨铭心，永生难忘，极具个性魅力……总之，这是一种带有些"神秘色彩"的人生彻悟，是一种人生难得的"目的体验"、"存在体验"和"终极体验"。曹禺说："创作是非常艰苦的事，但也是一种愉快。"所谓"辛苦并快乐着"。热切追求人生高度和亮度的教师难道不想体验一下写作的乐趣，感受一下这种"高峰体验"吗？

二、我是怎样走上教研写作之路的

我是怎样开始教研写作的呢？刚开始教学那几年，虽然教学成绩不俗，但生活一直很单调，颇有些迷茫、失落和苦闷。后来看到苏联教育家苏霍姆林斯基《给教师的一百条建议》中有这样一句话："如果你想让教师的劳动带来乐趣，使天天上课不至于变成一种单调乏味的义务，那你就应当引导每一位教师走上从事研究这条幸福的道路上来。"戚戚有感。"教学研究"既然是条"幸福之路"，我为什么不尝试走一走呢？也许能走出新天地、新境界。

我偶然看到同学的文章发表在报刊上，大受触动；又看到叶圣陶在《语文教育书简》中说："唯有老师善读善写，乃能导引学生渐进于善读善写。苟非然者，学生即或终臻善读善写，断非老师之功。"我更是跃跃欲试。叶圣陶、于漪、钱梦龙、苏霍姆林斯基，还有那些发表文章的同学、好友，不都是中学教师吗？我为什么不能在当"读者"的同时，也当"作者"呢？于是我开始尝试写作。我的第一篇文章是《清静悲凉好个秋　慧心品得秋味足——郁达夫〈故都的秋〉备课一得》，发表在《中学语文教学参考》1995 年第 12 期。这篇文章又被国家教育部规划教材《中等师范学校阅读和写作（试用本）第六册教学参考书》采用。

第一篇文章的发表对我是莫大的鼓舞，点燃了我的写作热情。我一发不可收，继续写稿、投稿……满怀期待地跑传达室，查看信件、报刊。最初写作的那几年，我几乎每天都沉浸在期待与兴奋之中，不断有刊发拙作的报刊和信函寄来，变成铅字的东西越来越多，收集自己作品的橱柜也越堆越满。我的文章也渐渐引起了读者的关注，多有书信、电话交流者，这使我写作的动力更足了，心态也从先前的单调、空虚、苦闷，变得充实、快乐、多彩，教学和生活也变得更有意义——人一旦发现自己的潜能，认清目标，就会产生强大、不懈的动力，生活也就充满了激情、动力和希望。

2002 年广州市创建"教育强市"，我作为"高层次人才"被引进广州市，于是举家南迁。我的写作范围也越来越广，除了教育教学方面的文章外，还涉及文学评论、小说、诗歌、散文、杂文、随笔、影评之类，并时常见诸报刊。如今阅读和写作已成为我的一种生活常态，一种快乐和享受，一种独特的"高峰体验"。一段时间不读书写作，我就技痒难耐，坐立不安。我阅读和写作的速度都较快，常有约稿命题之作，稍作思谋，一气呵成，人戏称"快手"。

如今我被广东省几所高校聘为兼职教授和硕士研究生导师；成为广东省作家协会会员、广东省散文诗学会会员。教育部首批"普通高中课程标准修订组成员"，教育部首批"全国语文名师成长大讲堂授课名师、客座教授"；获评"全国科研优秀教师"，北京大学教育学院等"全国杰出教育创新人物"，中国管理科学研究院特约研究员，中国教育学会"全国优秀语文教师""全国首届十佳教改新星""全国教学能手和教研能手"，山东省"学科带头人和骨干教师""山东省十大教育新闻人物"；设立首批教育部"全国语文名师成长大讲堂名师专家工作室"；成为广州市教师专业发展培训专家，广州市中小学教师继续教育网首页"优秀专家风采"人物，广州市高级职称和继续教育项目评审专家，广州市推动科技进步先进个人。

出版5部专著；有300多篇文章在《名作欣赏》《读者》《儿童文学》《人民教育》《中国教育报》《中学语文教学》《语文教学通讯》《中学语文教学参考》《语文学习》《语文月刊》等刊物发表，16篇论文被收入《人大复印报刊资料》。

多次成为《中学语文教学》《语文教学通讯》《中学语文教学参考》《中学语文》《语文新读写》《课程教学研究》等刊物的封面人物。

多次获教育部、中国教育电视台等组织的全国课堂大赛“特等奖”“一等奖”，多节教学课以光盘形式出版发行。十几篇文字教学实录在全国各期刊发表。开设8门远程教育和面授课程，如“课堂教学艺术”“别开生面的阅读与写作”“基于学科核心素养的教学策略与建议”“名师课例赏析”“基于学科核心素养的高考备考”“整本书阅读的意义和策略”等，其中“课堂教学艺术”成为中国教育电视台CETV-1课程、北师大专场课程、广州市优秀课程。在全国各地讲授公开课、讲座、报告等200余场。

参编教育部人教版高中语文教材，有4篇文章或教学设计被人教版高中语文教材教师用书采用；参与由教育部、广东省教育厅组织的粤港澳大湾区教材《中国语文》高中段的编写工作。

我辅导学生在《读者》《青年文摘》《名作欣赏》《中学生》《语文报》《儿童文学》等刊物发表作品100余篇，两篇学生作品《看戏》《祖父与外公》被粤港澳大湾区高中教材《中国语文·教师用书》采用。

少年时“舞文弄墨”的梦想似乎变为现实。我常想，人的潜能真的是无限的，若不尝试开发，不知有多少“处女地”被搁置荒废，那岂不是巨大的遗憾和浪费！我觉得，一个人成功与否，关键是发现自己的长处和找准自己的位置。古希腊德尔斐神庙阿波罗神殿前镌刻着三句铭文，其中一句是“认识你自己！”我想这句“神谕”之所以成为“喻世明言”，被人们传诵铭记，就在于它蕴含深邃而伟大的人生哲理。它提醒人们：发现自己的潜能并实现自身的价值，这是重要的，但不是那么轻而易举的，需要付出艰苦的努力。德国作家歌德说：“一个人怎样才能认识自己呢？绝不是通过思考，而是通过实践。尽力去履行你的职责，那就会立即知道你的价值……可你的职责是什么呢？就是当前的现实要求。”

三、写作与教学相辅相成

（一）教研写作可以提升教学境界

有人说：“教师搞科研、写论文影响教学。”此言差矣！教学与写作是相辅相成、互为促进的。如果说有影响，那也是积极正面的影响——“研”能更好地促进“教”。至于某些人所秉持的“论文写得好，课不一定教得好”的怪论，实则是一个伪命题，现实中极少看到这种现象（我从教40余年，尚未见过这种教师）。倒是教课还可以而论文写不出的教师大有人在。这种教师往往是“经验型”“工匠型”教师，上课跟着感觉走，不善于总结理论和提高，缺乏理论指导，缺乏教学创新性和艺术性——没有理论指导的教学，往往是盲目低效的教学，不可能有教学创新，无法达到较高的教学艺术境界。

（二）教学和写作是一把尺子的两面

课堂教学是衡量教师业务水平的重要尺度，但是否善于总结理论、教研写作、扩大交流，也是判断教师业务水平的重要尺度——这实则不是两把尺子，而是一把尺子的两面，失去任何一面，尺子就不复存在了。所以除了日常教学外，教研写作、提升理论水平和素养，更是造就创新型教师、提升教学艺术的重要途径和手段。

（三）教研写作是更重要的“大备课”

教师针对具体教材的备课是微观战术性的“小备课”，而平时的教研写作是更有意义的、战略性的“大备课”。教研写作对提高教师创新素养和教育教学水平有重要作用，因此怎样高估都不过分。“大备课”的成功可以弥补“小备课”的不足，而“小备课”的成功不能弥补“大备课”的不足。

教师备课有四层境界：（1）写在备课本上；（2）写在教科书上；（3）写在教师心上；（4）写在论文、著作上。前两者属于“小备课”，后两者属于“大备课”。苏联教育家苏霍姆林斯基在《给教师的一百条建议》中谈到一个教学案例：一位有三十多年教龄的教师上了一节非常出色的公开课。课后，一位听课教师问：“我想请教您，您花了多长时间来准备这节课？”那位教师说：“对这节课，我准备了一辈子。而且，一般来说，对每一节课，我都用终生的时间来备课。不过，对这节课的直接准备，或者说现场准备，只用了大约十五分钟。”这就是“大备课”决定“小备课”的经典范例。

四、教研写作型教师的优势

（一）教研写作型教师往往是研究型、创新型教师

教研写作型教师长于深思、探究创新，善于发现问题、总结提炼，多有所获，所谓“愚者千虑，必有一得”。教研写作型教师往往是研究型、创新型教师，其素养也必然是较高的，思想也是有深度、广度和独立性的。

（二）教研写作型教师好学上进，具有源头活水

教研写作型教师的教育理念必然是与时俱进的，知识信息必然是鲜活丰富的，知识结构应当是合理扎实的。教研写作型教师也必须好读，否则缺少源头活水，写作之河就会枯竭断流，难以为继。

（三）教研写作型教师能永葆课堂创新活力

教研写作型教师见多识广、深思精研、博采众家所长，具有独特风格，具备先进教学理念，知识丰富鲜活，教学技能精湛，教学效率高超。他们的课堂充满创意、朝气、

活力，少些匠气、暮气、死气。

（四）教研写作型教师思维敏锐，常有所悟

教研写作型教师在日常读书看报、听报告等学习活动中，能有的放矢，对所接受的信息，有更强的敏锐性、目的性、针对性、筛选性。他们能敏锐感知和捕捉有效信息，有更高的学习效率，时常受到“读”“听”“写”的启发感染，并与自己所“思”所“虑”的问题碰撞交流，产生思维火花，迸发灵感，进一步加深认识，完善教研写作，进行教学创新。

（五）教研写作型教师可以更好地指导学生写作

教师要传授写作经验技巧，金针度人。最好如鱼饮水，有切身体验。不善写作的教师指导学生写作，总有隔靴搔痒之感，难有说服力。叶圣陶在《语文教育书简》中写道：“希望教师经常练笔，探知作文之甘苦，盖即添本钱之意。”“一则自己善读善作，心知其所以然，二则能真知语文教学之为何事。”“教师善读善作，深知甘苦，左右逢源，则为学生引路，可以事半功倍。”“唯有老师善读善写，乃能导引学生渐进于善读善写。苟非然者，学生即或终臻善读善写，断非老师之功。”

（六）教研写作可以训练提高教师的思维和语言表达能力

思维是无声的语言，语言是有声的思维，两者密切相关。写作使思维更精确、深刻、丰厚、细致，使语言表达更准确、简洁、严谨、有条理。无论在课堂上，还是在生活中，写作都可以提高教师的思维和语言表达能力，增强应变机智、论述能力，特别是口语表达论辩能力。

五、怎样开展教研写作

（一）要有教研写作的强烈意愿和坚定信念

叶圣陶认为，不能“把文章看得高不可攀，一辈子不敢跟它亲近”。写作是种能力，知识可以传授，而能力只能在实践中培养。巴金说，只有写，才能写。在写作中学会写作，就像在游泳中学会游泳一样。教师要敢于研究，敢于动笔，敢于投稿。搞研究、写论文并不神秘可怕、高不可攀，并非只有大学教师和科研人员才能做到。

（二）不能仅为了职称评定而教研写作

仅为职称评定而写论文，这个目的本身就存在问题。急功近利、临渴掘井，往往是“有心栽花花不成”，欲速则不达。职称评定是促进、鉴定一个教师专业水平的手段，而非目的。写论文应该成为促进教师自我提升的内驱力，而非是外力所迫；是为了提高自身教育教学能力，提高自身素养、理论水平，完善自我。若能如此，就会“无心插柳柳

成荫”，教师的能力业绩会远远超过职称评定所需，职称自然是水到渠成、不成问题。

（三）教研写作，必须大量阅读

教师要关注本学科的权威报刊及综合期刊。吸收养料、做好储备，这是写作的前提，正所谓“操千曲而后晓声，观千剑而后识器”。大量阅读可以帮助教师掌握前沿理论、热点动态、最新信息；可以拓宽视野，活跃思维，触发灵感，借鉴创造可以起点较高，避免人云亦云、重复论证。教师要养成剪辑、摘抄、做笔记、收集素材的习惯，并注明出处、日期，整理成册等。假以时日，教师必大受其益。在日常教学和阅读中，教师要勤于总结反思，及时捕捉思维感悟的闪光点，记录整理下来，集腋成裘。苏轼诗云：“作诗火急追亡逋，清景一失后难摹。”论文写作也类似。

（四）论文的“选题”十分重要，是一个战略环节

论文“选题”具有战略性，具体写作是战术性的。战略的失误不能用战术弥补，所谓“方向比努力更重要”。论题选得有特色、有新意，角度新颖，论文写作就成功了一半；反之，如果论题陈旧、过大或过小、与他人观点相似或材料雷同、方法一致、论证重复，则事倍功半，即使再费力修改，也难有大的起色。

（五）论文写作过程应由粗到细

写作犹如把一块粗糙的石料逐步雕琢成精美的艺术品，应遵循从宏观到微观、由粗到细的原则。开始写作时，教师不要太在意字、词、句等细节的斟酌，要尽力把能想到的材料先写出来，免得遗忘缺漏；然后再进行结构调整，语言优化。如果刚开始过于关注语言等细节，一则会妨碍文思泉涌，影响文章整体的布局谋篇，因小失大；二则字词、句式的润色是服务于全篇的，如果某段文字最终要删除或调换，过早、过多地对字、词、句的润色就成了不必要的精力浪费。

（六）“修改”是论文写作中的重要一环

修改是一种高级形态的写作，是写作的深化和升华。成熟的作者都很重视文章的修改，精益求精，没有止境，没有最好，只有更好。从某种意义上讲，好文章是“改”出来的。越重视修改文章，文章层次就越高，越易出精品，这样才算真正会写文章。

修改文章一般有一个“短—长—短”的过程：刚开始，作者对某篇文章思虑不周，材料不充分，文章写不长；随着思考的深入、材料的扩充、信息量增加，文章变得充实，篇幅增长，但这时文章结构尚不严谨，语言尚不准确精练；最后就是调整结构，删繁就简，精练语言，提高信息量，使文章再变短。

（七）语言是文章的基本要素

语言与文章其他要素的关系犹如“皮”与“毛”的关系——皮之不存，毛将焉附。若语言文字不过关，其他要素的追求也就失去了依托和意义。论文语言要求准确、简

洁、清晰、信息量大。论文语言不追求散文化、文学化。辞藻华丽、句子冗长复杂，甚至饱含诗意，是论文语言的大忌，是作者清晰流畅表达思想的障碍。就像一个人用华丽的外衣遮掩了自身的气质一样，分神的花哨，效果适得其反。对于一个观点的表达和传递，没有比用简洁、清晰的词句更让人容易理解和接受了。

用语严谨精练、达意准确到位、认识深刻独到、内容充实条理，看似是表达形式，实则涉及人的思想深度和文化内蕴。思维是无声的语言，语言是有声的思维。“没有入木三分的见解，写不出生动感人的语言。”古希腊作家朗吉努斯说：“美妙的措辞就是思想特有的光辉。”思想宏大的人，语言自然宏大；卓越的语言永远属于卓越的心灵。要从根本上解决语言准确、简洁的问题，除了磨炼表达的“外功”，更需打造文化底蕴、思想修养的“内功”。

（八）论文的结构本着“提出问题—分析问题—解决问题”的逻辑思路

解决问题应是论文写作的重点所在。有些论文的问题提得尖锐深刻，分析得也头头是道，但对于怎样解决，则语焉不详。仅“破”不“立”，论文的价值就要打折扣。好论文既要有一定理论深度，又要联系教学实践。偏执一端的论文，或大而空，或小而浅，都不可取。理论和实践的结合，应是有机联系、水乳交融，不是简单组合、机械相加。

六、努力成为研究型、写作型、创新型教师

教研写作决定教师的创新潜能，写作强则创新强。剑桥大学学者认为，语言和写作决定人生发展的潜力。教研写作与否，决定了教师课堂教学创新性的强弱。一个写作型、创新型教师，视野更开阔、思维更活跃，课堂更富有创新性和艺术性。写作是人生的核心能力，写作强则人生强。

朱永新在《新教育写作的意义与价值》中分享了一个案例：美国学校管理者协会曾就“什么是 21 世纪最重要的生存技能”问题，请教了来自政府部门、教育界、企业界、社会学等领域的 55 位杰出专家。专家列举了 22 条重要的技能，其中“写作能力”名列榜首。

美国学者的研究发现，获得诺贝尔奖的科学家和美国国家科学院院士，与一般科学家之间最主要的差别，不是表现在智商、学历、性别上，甚至也不是在科学素养、行动力或专注力方面，而是在写作上。获得诺贝尔奖的科学家的写作能力，比一般科学家要强 20 倍以上。

蒲松龄在《聊斋志异》中曾说：“性痴则其志凝。故书痴者文必工，艺痴者技必良。世之落拓而无成者，皆自谓不痴者也。”一个人不管从事什么工作，如果仅把它当成一种谋生手段、一种职业，那将浑浑噩噩、了无生趣，甚至痛苦不堪；一旦把它当作一种事业去追求、去探索、去完善，甚至达到痴迷的程度，那么就会感到无限乐趣，幸福无比，会有一种感悟和升华，人生的境界就会大不一样。

拿破仑的名言：“不想当元帅的士兵不是好士兵。”同样道理，“不想当研究型、创

新型教师的教师不是好教师”。有句谚语这样说：“向天空中的星星射击，总比向矮树射击打得远些。”教师应把“不当教书匠，要做研究型、创新型教师”当作人生理想和目标，去奋斗、去追求，努力使自己成为一名研究型、写作型、创新型教师。

（本文原载《语文月刊》2015 年第 7 期。）

教学艺术

教学导入，课堂中的凤头

“良好的开端，是成功的一半。”教学导入，就是教师在新的教学内容和教学活动开始时，运用各种教学艺术（言语、动作、情境等），恰如其分地引导学生尽快进入学习状态的教学方式。教师要能够迅速创造一种融洽的教学情调和课堂氛围，把学生带入与教学任务和教学内容相适应的教学情境。

好的教学导入如同“凤头”，光彩照人，豁人耳目；如同路标，指引方向，引人入胜；如同序幕，紧锣密鼓，扣人心弦；如同开场，调动情感，酝酿铺垫；如同桥梁，联系新旧，沟通感情；如同火石，点燃求知，激发思维……

有一次钱梦龙老师异地教学说明文《中国的石拱桥》，听课者很多，学生们都正襟危坐，情绪紧张，神情肃穆。如果一开始就进入新课学习，会影响整堂课的教学氛围和效果，如同一唱歌就哑了嗓、走了调，下面就很难唱下去了。针对这种情况，钱老师这样导入：

> 师：你们下课以后回到家里，家长问起：“今天给你们上课的钱老师长什么模样？”假如一位学生这样回答：“钱老师嘛，脸的中间长个鼻子，鼻子上方有一对眼睛，眼睛上面有两道眉，鼻子下面是嘴巴，头部两侧各有一只耳朵，他五官不缺，四肢齐全……”（话未说完，教室里已笑声不断。）
>
> 师：你们说这个学生错在什么地方？
>
> 生：这是每个正常人都有的长相，他说的全是废话。
>
> 生：他没有抓住特点来说，说了等于没说。
>
> 师：对啊。要把一个人或一个事物介绍给别人，首先必须抓住特点。这堂课我们就来学习怎样抓住特点来说明事物。

这段教学导语非常巧妙实用，教师不但缓和了紧张气氛，沟通了师生情感，还导出了说明文的学习目标——抓住特点说明事物，引发学生的学习兴趣，为后面的学习做了很好的铺垫。

一、教学导入的作用

（一）集中学生精神

课前学生从事各种活动，上课伊始，他们的情绪、注意方向、兴奋点各不相同，教师有必要给学生一些恰当的、新颖的、较强的刺激，使其尽快把注意力集中到学习任务上来。所以教学导入要导出“学习前奏”。

（二）明确学习目标

好的教学导入，可以为教学起到定向、导向的作用，这在无形中明确了教学目标。所以，教学导入要导出“学习目标”。

（三）引发学习兴趣

恰如其分、新鲜有趣、引人入胜的教学导入，能够激发学生的学习兴趣、热情和动机，特别是学生对一篇文章不感兴趣或兴趣不浓时，更需要教师的引导。所以，教学导入要导出“学习兴趣”。

（四）铺垫后继学习

好的教学导入能为后面教学环节的顺利开展奠定良好的基础，并能由此产生良好的连锁反应，所以，教学导入要导出“学习情境”。

（五）沟通师生心理

师生之间良好的心理沟通是教师上好课的前提，良好的教学导入不仅可以消除师生之间的陌生感、紧张感（特别是异地教学、新班授课或借班上课），还可以使师生之间产生亲近感、认同感、敬佩感、尊重感。正所谓：“学莫便乎近其人”“故安其学而亲其师，乐其友而信其道”。学生对教师产生信任感、亲近感，教学就能事半功倍，促进学生学习效能的产生。所以，教学导入要导出“学习氛围”。

二、教学导入的原则

（一）合情入理

教学导入是为学习目标服务的，必须与教学内容产生密切联系，而且这种联系是合情入理的。合情，即合乎学生学习之情和心理之情；入理，即遵循教学原理，遵循新颖、直观、启发等原则。教师不能为教学导入而导入，不能花拳绣腿、牵强附会，甚至节外生枝。教学导入只有合情入理，才能达到预期效果。

（二）因课制宜

因课制宜表现在两个方面：一是不同类型的课选择不同的导入方法，如新授课、练习课、复习课、过渡课，学习目标不同，教学导入自然不同。二是不同学科的课选择不同的导入方法，如语文课、数学课、物理课、历史课、道德与法治课、地理课，教学内容不同，教学导入不同。即便同是语文课，记叙文、议论文、说明文等不同体裁的文章，课文、课时不同，教学内容不同，教学导入也不同。教学导入必须与教学内容密切联系，教师因课制宜，教学导入才能适宜有效。

（三）简洁明快

教学导入要简洁明快，三言两语，直奔主题，一般三五分钟即可。如果教学导入占用时间过多，不但喧宾夺主，而且影响教学任务的完成。教师要做到高效导入，从内容到形式都要精心设计。

（四）灵活多样

一是教学导入方式要灵活多变，常导常新，新颖别致，富有创造性。如果教师每堂课都是以同一种模式导入，让学生没有新鲜感，就不能起到激发兴趣的作用。二是教学导入过程要随机应变，教师根据具体教学情境、新的变化，及时调整导入方式。

三、教学导入的方式

（一）作用导入

教师一开始就把所讲授的知识的作用介绍给学生，激发其学习欲望。例如：学习解比例应用题，教师提问："谁能不爬树就测量出教室门外这棵大树的高度？"学生短暂讨论，教师引出主题："现在我们就来学习这种方法——解比例应用题。"

（二）问题导入

教学刘叙杰的散文《巍巍中山陵》的导入：2005 年 4 月，国民党主席连战访问大陆，你知道连战访问大陆的第一站是哪里吗？（学生答"南京"）。对。连战访问南京，曾拜谒中山陵，表达对这位革命先驱的敬仰和哀思。那么，中山陵有什么特点呢？假如你是导游，你将如何向连战主席解说中山陵呢？下面请同学们认真阅读课文。

（三）情境导入

教学柯岩的抒情诗《周总理，你在哪里》的导入：上课伊始，教师臂缠黑纱，胸戴白花，走向讲台。挂起周总理的遗像，播放低回哀婉的哀乐，并用庄重深情的语调讲述：1977 年 1 月，在周总理逝世一周年的日子里，诗人柯岩写下了《周总理，你在哪里》这首诗，喊出了亿万人民的心声。下面我们集体朗诵这首诗。学生们看着总理的遗像，听着哀乐和教师哀婉动情的讲述，产生了强烈的心理共鸣，许多学生潸然泪下，带着强烈的感情投入课文的学习中。

（四）任务导入

教学阿累的散文《一面》的导入：同学们，今年是鲁迅先生逝世 87 周年，电视台准备做一个纪念鲁迅先生的专题节目——《回忆鲁迅》，主要采访一些与鲁迅有过交往的人，《一面》的作者阿累先生就是其中一位。受电视台的委托，老师要在同学们中挑选几位学生记者（学生瞪大眼睛，信以为真）。入选的学生要过三关：

第一关，仪表关——仪表要端庄大方（学生们纷纷自我审视），同学们的仪表都没问题，人人通过（学生喜形于色）。

第二关，提问关——最重要的一关。学生记者要学会提问，要求：紧扣主题——纪念鲁迅先生逝世 87 周年；结合课文内容；提问要具体，能够激发采访对象的谈话兴趣。

第三关，模拟采访关——这是下一节课的内容。这一节课同学们主要通过提问关。下面请同学们认真看书，在熟悉课文的基础上，人人动笔，向采访对象提 1～3 个问题（学生带着任务，安静、专注地读书）。

（五）温故导入

物理课“电磁感应”的教学导入：前面我们学习了电流磁场，知道电流的周围存在磁场，即电产生磁；那么反过来，磁能否产生电呢？这一节课我们就来探究这个问题（板书：电磁感应）。

（六）实物导入

生物课“种子的结构”的教学导入：教师先请学生辨认几种植物的种子，并介绍：“世界上绿色开花植物大约有 20 万种，多数都是由种子发育而来的，我们现在看到的仅是几种。非洲有一种海椰子，一粒种子的直径有 50 厘米，重 30 千克，可算是世界上最大的种子。还有一种斑叶兰，一亿粒种子才重 50 克，可算是世界上最小的种子。尽管种子的大小、形状、颜色各不相同，但在适宜的环境中，它们都能长成一棵新的植物。这是为什么呢？因为它们的结构基本相同。今天我们将通过观察菜豆种子和玉米种子，学习种子的结构。”

（七）图表导入

教师运用插图、挂图、图画、表格等导入。历史课“资产阶级革命”的教学导入：同学们看教材插图《查理一世被押上断头台》。1649 年 1 月 30 日的伦敦，清冷而阴暗，天刚蒙蒙亮，人们便迎着凛冽的寒风三五成群地涌向广场，偌大的广场被挤得水泄不通。一点半，面对广场的宴会堂中间那扇门打开了，众目睽睽下，一个全身黑衣、面色惨白的瘦长男人被带到了断头台上，这就是被英国国会宣判死刑的国王查理一世。随着查理一世被处死，市民振臂欢呼，相互拥抱，纷纷把帽子抛向天空。英国国会为什么要处死国王？群众为什么欢呼？今天我们学习的“资产阶级革命”一课就能解答这些问题。

（八）演示导入

师生表演课文情境，根据教学内容设计一些趣味浓、操作性强的表演活动，如课本剧、情境对话。师生抓住课文典型动作、神情、语言等，表演出来，巧妙导入课文。如语文课“二六七号牢房”的教学导入：一位教师走进教室，确定好方位，一边踱来踱去，一边说：“从门到窗子是七步，从窗子到门是七步。这个我熟悉，走过去是七步，走过来是七步。是的，这一切我很熟悉。”这一口头语和形体语，既出乎学生意料，又合乎教材情理，像磁石一样把学生的注意力聚拢起来，学生自然把这一形象印入脑海，久久难忘。教师运用这种方法能使课上得有声有色，引人入胜。但一定要注意表演内容的典型性和与课文主旨的密切联系，不能喧宾夺主、哗众取宠。

（九）实验导入

实验导入是数学、物理、化学、生物等学科常见的导入方法。教师或学生动手做一些启发性、趣味性、直观形象强的实验演示，教师巧布疑阵、设置悬念，使学生明确学习目标，增强学习动机。物理课“物体的导热性能”的教学导入：教师先从口袋里拿出一块手帕，问学生：“假如我用火点这块手帕会发生什么事情？”学生们齐声回答：“手帕会燃烧。”教师立即用火柴点手帕，但手帕并没有燃烧，怎么回事？学生们很惊讶。教师打开手帕，里面包着一枚硬币。为什么包着硬币的手帕就不会燃烧呢？教师转身在黑板上写下“物体的导热性能”，并说道：“这就是今天我们要学习的内容。”这样，学生就带着极大的热情投入学习中。实验演示时，教师最好让学生也参与其中，既调动了学生的积极性、活跃了气氛，又让学生加深了印象。

（十）即兴导入

教师根据现场特点即兴导入。如学习白居易的《卖炭翁》，恰好雪过天晴，教师走上讲台即兴发挥：同学们，飘飘洒洒的雪花停止了。今天阳光明媚，天气晴朗。在我们看来这是难得的好天气，我们的心情也无比美好。可是在一千多年前的唐朝，一个穿得十分单薄的烧炭老人，却不喜欢这样明媚的天气，他希望大雪纷飞、寒风凛冽、越冷越好。他为什么会有这样反常的心理呢？他就是我们今天要学习的白居易的《卖炭翁》里的主人翁。

（十一）音乐、幻灯片等导入

如历史课“日本侵华战争的开始”的教学导入：开课伊始，录音机便放出了著名的钢琴协奏曲《黄河》。教师打开投屏，放出一张张日本侵略者屠杀中国民众、蹂躏我大好河山的历史照片。此情此景，教师不必多言，音像已经把学生的思绪带到那悲愤抗争的岁月……这种方式，最能激起学生的共鸣，达到先声夺人的艺术效果。

（十二）诗文、故事、成语、谜语等导入

数学课学习“等比数列”，教师可以由古印度的智者锡塔利用“等比数列”原理，与古印度国王锡拉斗智的典故——“麦粒与棋盘”导入。学习司马光的《淝水之战》，教师可由成语“风声鹤唳”“草木皆兵”导入。学习陈寿的《隆中对》，教师

可由对联“两表酬三顾，一对足千秋”导入。学习词义，教师可由阿凡提利用“要”的词义不同，智斗戏弄大阿訇的笑话导入。学习说明文英国作家哥尔斯密的《蜘蛛》、何雨飞的《奇妙的眼睛》等，教师可由谜语导入：“南阳诸葛亮，稳坐中军帐。摆起八卦阵，单捉飞来将。”“上边毛，下边毛，中间一颗黑葡萄。”

教师运用诗文、典故、故事、成语、对联、笑话、寓言、谜语、歇后语、名人逸事等进行教学导入时需注意：一是导语与教学内容密切联系，防止哗众取宠、离题万里；二是导语生动高雅、不粗俗，对学生有启发教育意义；三是导语短小精悍、简洁明快，不宜占时太长，以免喧宾夺主；四是导语与学生年龄相符。

教学导入方式丰富，教师教无定法，贵在创新。但无论哪一种教学导入，都需要符合“集中注意—明确目标—引发兴趣—进入学习”的要求。这是教学导入的出发点和归宿点，也是教学导入的内在规律。

四、教学导入“六忌”

（一）忌为导入而导入

教学导入要根据教学需要，应实用高效。不是每堂课都需要教学导入，教师要因课制宜。为导入而导入，则教学导入失去价值，也没有意思，很可能画蛇添足。

（二）忌时间过长

教学导入并无固定时间要求，但导入时间不应过长，若时间过长，就会喧宾夺主，影响后续教学。教学导入仅是教学的“引子”，不是教学主体，一般来说 3～5 分钟即可。

（三）忌不顾学生心理

教师的教学导入设计必须符合学生年龄、知识水平和接受能力，符合学生实际。教学导入不要过深过难、远离学生，这样不能起到积极作用。

（四）忌刻板单调

教学导入应自然生动、新颖活泼，忌做作、呆板。

（五）忌远离主题

教学导入与教学内容之间不应是表面肤浅的联系，而是深刻的内在联系。教学导入似是而非、牵强附会、生拉硬扯，则显得不伦不类、怪异混乱。

（六）忌教师演独角戏

课堂教学是师生多向活动，教学导入要考虑如何调动学生的积极性，教师只管自说自演，不顾学生的参与，教学导入就会失去意义，也不自然。

五、课例导入精选

（一）鲁迅《孔乙己》的教学导入

鲁迅的朋友孙伏园曾问鲁迅最喜欢自己的哪篇小说，鲁迅答道：“《孔乙己》。”鲁迅为什么最喜欢《孔乙己》呢？孔乙己到底是怎样的艺术形象？人们说古希腊的悲剧是命运悲剧，莎士比亚的悲剧是性格悲剧，易卜生的悲剧是社会悲剧。那么，孔乙己的悲剧是哪一种悲剧呢？同学们认真学习课文就可以找到答案。

（二）《论语十则》的教学导入

法国军事家拿破仑·波拿巴说：“世上只有两种力量：利剑和思想。从长而论，利剑总败在思想手下。”法国数学家布莱瑟·帕斯卡的名言：“人的伟大与尊严在于思想。”可见，思想的力量多么伟大。思想家在人类历史上之所以珍稀而伟大，就是因为思想之光能照亮人类前进的道路，推动社会不断前进。今天我们就来学习反映孔子教育思想的《论语十则》。

（三）夏衍《包身工》的教学导入

夏衍先生是我国著名的作家、电影艺术家。在他 95 岁生日那天，夏衍说：“有人为我做过统计，说我写了 700 多万字，我以为其中可以留下来的只有《包身工》。”

（四）闻一多《最后一次讲演》的教学导入

教师先展示闻一多的诗集《红烛》的封面——红烛不停地燃烧，蜡油不停地流淌。教师激情地朗诵《红烛》：“请将你的脂膏，不息地流向人间，培出慰藉的花儿，结成快乐的果子！”学生看画面，听序诗，诗画结合，引起学生心灵的震颤。诗人燃烧自己、照亮黑暗的高风亮节，引发学生极大的情感共鸣。

（五）莫怀戚《散步》的教学导入

师：我问同学们一个小问题，经常和父母一起散步的同学请举手（学生举手）。请一位同学谈谈和父母一起散步时的感受。

生：我觉得和父母一起散步可以谈谈心，一家人有说有笑，其乐融融。

师：是的，散步是家庭生活的一项重要内容，可以感受家庭的温馨幸福，增进家人的和睦情感。今天我们就来学习一篇写散步的优美散文。

（六）恩格斯《在马克思墓前的讲话》的教学导入

友谊是人类情感中最珍贵的情感之一。李白和杜甫的“醉眠秋共被，携手日同行”

的友谊，在文学史上传为佳话。鲁迅用“人生得一知己足矣，斯世当以同怀视之”来表达与瞿秋白的友谊。而有两个人的友谊，被列宁称赞为“超过了古人关于人类友谊的一切最动人的传说”，这两个人就是马克思和恩格斯。今天我们就来学习恩格斯安葬马克思时所写的一篇悼词，看一看恩格斯是怎样评价他最亲密的战友——马克思的。

教学提问，课堂中的发动机

一、教学提问是一门艺术

教学艺术就是提出问题和解决问题的艺术。问题可以点燃学生的好奇心，激发学生的求知欲。课堂需要解决问题，而教师或学生提出问题是解决问题的前提。所以教学提问是推动课堂不断前进深化的发动机；没有问题，课堂就失去了前进的动力和活力。教师提问或引导学生提问，能体现教师对教材把握的深度和教学技艺的高度。提问的内涵、方式和角度不同，会直接影响解决问题的效果。一个精彩的提问，可以激发学生的探究欲望，深化学生的思维，并将之延续到课外；一个不好的提问，会抑制学生的思维和兴趣，使学习陷于压抑被动的状态。

钱梦龙老师说，每堂教读课，教师要根据学生自读中的所惑之处，精心设计问题，或以大问题领起诸多小问题，或按教读顺序层层设问。问题提得好，犹如一颗石子投向平静的水面，能激起学生思维的浪花。尽管一般人都能认识到提问的重要性，但真正擅问的和鼓励学生提问的教师并不多。因为，提问是一门复杂的、需要不断探究的教学艺术。

二、教学提问的类型

根据不同分类标准，教学提问有不同的类型。

（一）根据提问主体分类

可分为“学生提问”和“教师提问”。

1. 倡导学生提问

过去人们较多研究教师提问艺术（这当然很必要），而对学生提问关注较少。其实创新高效课堂更应提倡、关注学生提问，使学生树立“提出问题比解决问题更重要”“没有问题的学生就是学习存在问题的学生”的学习理念。著名教育家陶行知先生有言：“发明千千万，起点是一问。禽兽不如人，过在不会问。智者问得巧，愚者问得笨。人力胜天工，只在每事问。”教育的真正目的就是让人不断提出问题，思索问题。

犹太人特别重视培养学生质疑提问的能力，孩子放学回家后，家长最常询问的不是“听讲”“分数”这类问题，而是“今天你提问了吗？”“提了几个好问题？”等问题。

华裔学者黄全愈到国内某重点中学做报告。互动提问阶段，有个老师发言道："今天我们学生按年级排座位，初一在前面，高三在后面。不知您是否注意到，越是前排的问题越多，越是后排的问题越少……"全场哗然，发人深思。

古希腊哲学家亚里士多德说："思维自惊奇和疑问开始。"美国教育家布鲁巴克认为，"最精湛的教学艺术，遵循的最高准则，就是让学生自己提问题。"美国教育家肯尼思·胡佛说，整个教学的最终目标，是培养学生正确提出问题和回答问题的能力。任何时候都应鼓励学生提问。遗憾的是，提问课中常常是按照"教师问、学生答"的反应模式进行。物理学家爱因斯坦说："提出一个问题往往比解决一个问题更重要。因为解决一个问题也许只是一个数学上或实验上的技能而已，而提出新的问题、新可能或从新的角度去看旧问题，却需要创造性的想象力，而且标志着科学真正的进步。"

一堂教读课，教师应鼓励学生先根据自己的阅读体验、理解和困惑提出问题，原则上什么问题都可以提，但更鼓励学生提出有独到发现、有一定深度和广度、有更大思维价值的问题。然后教师根据所提问题，组织、引导学生讨论和解答，教师点拨，最后归纳总结。在"学生提问"的基础上以"教师提问"补充。《学记》曰："善待问者，如撞钟，叩之以小者则小鸣，叩之以大者则大鸣，待其从容，然后尽其声；不善答问者反此。此皆进学之道也。"

譬如教学闻一多的《死水》，有学生提出："作者对'死水'的态度为什么不是净化、拯救，而是'不如多扔些破铜烂铁，爽性泼你的剩菜残羹'，让死水变得更脏？"此问有一定难度，教师可以引导思考：世界上的"水"有多种，人们对不同的"水"也有不同的情感和态度。一种是极为清澈、纯美的水，如九寨沟的水，人的情感是爱惜，态度是保护；一种是有一定污染的水，如珠江，人的情感是惋惜，态度是净化、拯救；一种是极度肮脏腐臭的水，如死水，净化、拯救既无必要，也不可能，人的情感是憎恶绝望，态度是诅咒、鄙弃——既然"死水"般的现实如此黑暗丑恶，让人绝望，倒不如让它更加腐烂发臭，加速它的灭亡，新事物才会更快地出现、成长。

鼓励学生提问比仅是教师提问的教学气氛、效率和效果都要更好，它可以促使学生更充分地预习；可以培养自主阅读、研究阅读并培养在阅读中发现问题、提出问题的习惯和能力；更能突出学生的主体地位，使课堂更富有生成性、创造性和灵活性。当然，学生提出的问题五花八门，有些可能超出教师的预设范畴，这就要求教师具备广博的知识和更充分地备课，这对教师的业务素质和应变机智都提出了更高的要求。

2. 倡导学生驳问

清代唐彪在《读书作文谱》中说："即先生讲解时，弟子亦宜驳问。先生所讲未彻处，弟子不妨心己见证之。或弟子所问，先生不能答，先生即宜细思，思之不得，当取书考究，学问之相长，正在此也。切勿掩饰己短，支离其说，并恶学生辨难。盖天下事理无穷，圣贤尚有不知，何况后学？不能解者，不妨明白语学生：我于此犹未曾见到。如此则见地高旷，弟子必加敬之，不如此，反不为弟子所重矣。"

清朝教育家戴震，少年时就是一个擅长驳问的人。他十岁时，老师给他讲《大学》，说此书记载了孔子的言论，由曾子记下。戴震驳问老师："你是怎么知道的？""是朱熹在注解里说的。""朱熹是什么时候的人？""南宋人。""孔子是什么时候的人？""东周人。""东周和南宋相隔多少年？""一千多年。""既然两人相隔一千多年，朱熹何以知道孔子和曾子的事？"老师语塞。戴震的驳问，虽然不一定全部合理（后人可以通过史书了解前人，不一定事事亲力亲为），但其不迷信盲从书本和权威的探究质疑精神，为其以后的发展打下了基础。戴震 22 岁就写出富有创造性的《筹算》一书。

卢纶的《塞下曲》："月黑雁飞高，单于夜遁逃。欲将轻骑逐，大雪满弓刀。"对这样一首脍炙人口的佳作，数学家华罗庚却认为有瑕疵，发表诗文质疑："北方大雪时，群雁早南归。月黑天高处，怎得见雁飞？"华罗庚按照生活常识和自己的理解，敢于质疑名家名篇的精神十分可贵。可是，当时有一位中学生对同样是"权威"的华罗庚的"质疑"也写诗提出了质疑："胡天八月雪，大雁未必归。月黑不见影，寻声知高飞。今人论古事，岂可用意推？"这位中学生肯定了大雁的未归，并解答了"怎得见雁飞？"的问题：月黑虽然见不到大雁的身影，可是通过"寻声"完全可以知晓大雁在"高飞"。这种不迷信权威、敢于质疑的精神，对于学生思维能力和创新精神的培养尤为可贵。

教学中教师谈及此例，有学生运用发散思维，变换角度提出：如果不把"月黑雁飞高"理解为单于遁逃之夜的实况描写，而是理解为诗人运用"比兴"手法，看作"单于夜遁逃"的比喻和渲染，是否可以这样解读：就像月黑之夜大雁高飞一样，单于逃跑了。这样"月黑雁飞高"作为一种"比兴"手法，和"大雪满弓刀"脱开了具体的时空关系，"大雁"和"大雪"同时出现不就没有时间、季节的矛盾了吗？这种质疑问难的独到发现，更加难能可贵。

（二）根据教学进程分类

1. 初始提问

初始提问主要用于教学起始。教学起始时，学生往往精力不集中、没有兴趣，这时提问要引发学生探索动机，引导学生从总体上把握教材，而不是纠缠在一些细小琐碎的问题上。教师提出的问题要有宏观性、概括性，有思考价值，而且是在认真阅读文章之后才能回答。例如，对鲁迅《祝福》的初始提问：（1）小说反映的是什么时代的生活？（2）这篇小说的叙事线索是什么？（3）小说着重写了祥林嫂的哪几个生活片段？（4）小说在结构上采用了什么叙事方法？

初读任务在于让学生在总体上把握全文，大致了解课文的内容和结构。以上四个问题从环境、线索、情节、结构入手，教师在引导学生回答问题的同时，着重训练学生抓要领、捕重点、做概括的能力。

2. 研读提问

研读提问主要用于教学过程中，目的在于让学生通过对教材细节深入细致地探索、研读，达到对教材透彻的理解。例如，对鲁迅《祝福》的研读提问：（1）作品两次写到祥林嫂长胖，一次是初来鲁四家做仆人之后，一次是嫁给贺老六之后，对此怎样理解？

（2）柳妈对祥林嫂说的“再嫁之妇死后要受锯刑”的话，如果换由四婶说，对作品思想有何影响？（3）亡夫丧子是妇女最大的不幸，这两件事在其他作家笔下可能会正面大力渲染描写，但鲁迅却通过他人之口侧面简介，为什么这样处理？（4）鲁四老爷两次皱眉和“可恶，然而……”的叙述包含了怎样的内容？

以上四个问题从作品深厚的思想内涵、侧面表现手法和精彩的细节等方面，引导学生体悟《祝福》深厚的思想性和艺术性。

3. 总结提问

总结提问的作用在于把学生从教材的局部分析再拉回到整体的认识上来，从而获得对教材深刻、完整的认识。例如，对鲁迅《祝福》的总结提问：（1）小说对祥林嫂的三次肖像描写，反映了祥林嫂怎样的精神磨难历程？（2）祥林嫂这一典型形象反映了怎样的社会现实？（3）小说为什么不以“祥林嫂”为题，而以“祝福”为题？（4）《祝福》艺术的独创性表现在哪里？

以上四个问题既是对研读结果的归纳，又是在研读基础上的深化。关于《祝福》的三个阶段的提问，教师都有明确的目的，各个阶段的提问又组成一个问题序列。问题的组合序列，既符合文章阅读规律，又符合思维认识规律。三组问题的设计思路遵循“整体—局部—整体”这样一个循环过程，即“出境—入境—再出境”。初始的四个问题到总结的四个问题，有一个由易到难的认知坡度，既构成阅读理解的普遍程序，又反映阅读理解的一般规律。

（三）根据问题的内部结构分类

1. 总分式提问

总分式提问简称“串问”，一个大问题统领许多小问题，许多小问题又围绕一个大问题，众星拱月，以大串小。小问题之间可以互不相关，但分别服务于大问题。学生理解了诸多小问题，也就基本解决了大问题。在《祝福》中，教师先总体提出“鲁迅是怎样描写祥林嫂的？”这一大问题，又陆续提出“鲁迅怎样描写祥林嫂的衣着？每个时期的衣着有什么变化？”“鲁迅怎样描写祥林嫂的眼睛？每个时期的眼睛有什么变化？”“鲁迅怎样描写祥林嫂的脸色、表情？每个时期的脸色、表情有什么变化？”等一组小问题。

教学《愚公移山》时，教师运用“串问”，先设计一个大问题：这篇寓言故事共写了几个人？（八人：愚公、愚公妻、子孙荷担者三夫、京城氏之孀妻、遗男、智叟），以此引导学生仔细阅读课文，落实诸多小问题：“且”“叟”“龀”“遗男”“荷担者三夫”“遂率”，以及主语省略句等知识，为学生分析后文厘清头绪。

“串问”的特点是以大领小，纲举目张。教师先从理解课文的关键处设计大问题，并以大问题带动若干小问题，为解决大问题，形成一串小问题。这种提问符合学生从具体到抽象、从个别到一般的认识规律，不仅能让学生体会教学内容各部分之间的内在联系，而且能锻炼学生的分析和总结能力。

2. 阶梯式提问

阶梯式提问简称“递问”，教师根据教学内容的内在联系，设计几个由易到难的问题，依次提出。各问题间呈现出较强的逻辑性，难易程度呈阶梯式递升发展。前一个问题是后一个问题的基础，后一个问题是前一个问题的深化。问题环环相扣，不断拧紧学生思维的发条，促使其加深认识。就像上阶梯一样，步步提升，教师把学生的思维引向求知新天地。“递问”有利于激发学生的探索兴趣，产生较大的思维空间，体现启发原则。

如教学契诃夫的《装在套子里的人》，鉴于小说主题理解难度较大，学生不易掌握，可由易到难设计一组“递问”：（1）别里科夫生活中都有哪些套子？（2）别里科夫只不过是个希腊文教员而已，为什么会有那么大的影响力？（3）他婚姻失败的根本原因是什么？他在柯瓦里连科兄妹的一推一笑中结束性命，说明了什么？（4）从以上问题中可以看出别里科夫是一个什么人物？（5）专制制度的维护者别里科夫死了，为什么“局面并没有因此好一点”呢？（6）作者塑造别里科夫这一形象在当时有什么社会意义？

以上问题组成层次分明的阶梯，学生每解决一个问题，就像上了一层台阶。问题解决完了，思维便达到了新高度，教学任务也就基本完成了。

再如教学朱自清的《荷塘月色》中的“递问”：（1）题目是《荷塘月色》，作者是否在第一段就写“荷塘月色”？（2）作者写荷塘月色前，为什么要写三个看似与“荷塘月色”无关的自然段？去掉行不行？（3）作者写完荷塘月色后，为什么不结束文章？转写江南采莲，是否画蛇添足？

这三个问题环环相扣，第一个问题的解决为第二个问题作铺垫，第二个问题的解决又加深了对第一个问题的理解。

3. 追踪式提问

追踪式提问简称“追问”。“追问”是教师针对某一学习内容，为使学生正确理解、彻底领悟，根据学生对前一个问题的回答情况，有针对性地再三发问，一问接一问，穷追不舍，激活学生思维，促进学生思维向纵深发展，直到学生完全理解到位。“追问”的前后问题之间要有密切联系，前一问的内容和思维角度应该是“追问”的起点，后一问思维的深度、广度要大于前一问，直到学生理解问题的实质为止。高效创新教学，提倡以学定教，顺学而导，“导”的方法之一便是“追问”。教师适时有效地追问，可以使课堂锦上添花，化平淡为神奇，闪烁智慧的光彩，更好地提升学生的学科素养。一个智慧的教师总能顺思而问、顺学而追，以问促思、以问促学，问出别样的精彩。“追问”集中体现了教师的教学素养、机智和能力。更重要的是，“追问”是学生在教师引导下的一个“再创造”的过程，可以及时地启发、激发学生的思维，拓宽思维的广度，增进思维的深度。

如用“追问”的方式，鉴赏张岱的《湖心亭看雪》“湖上影子，惟长堤一痕、湖心亭一点、与余舟一芥、舟中人两三粒而已”的审美意义。

师：作者形容“堤”“亭”“舟”“人”的词——“痕”“点”芥”“粒”，有什么共同的特点？

生：都比较小。

师：除了小，还有哪些特点？例如：芥，本义是草，这里把船比作一片草叶在湖面上漂着，什么特点？

生：特别轻盈。

师：又小又轻盈。“舟中人两三粒”，这个“粒”字，是什么形状？方形，还是圆形？

生：圆形的。

师：问题来了。作者原本是坐在船上看风景，前两句写看堤、看亭，一痕、一点——都是他在船上看远处景物的样子。可是，坐在船上看船，船怎么可能是一芥呢？坐在船上看人，人怎么会是两三粒呢？他从哪个地方看，船能变成一芥，人变成圆圆的小粒呢？（老师追问，抛出“重磅炸弹”。学生面露惊异神情，陷入深思。）

生：从远处看。

师：从远处看，看到的人也不一定是圆圆的小颗粒啊，还可能是直立的，只不过更细长罢了。（继续追问）大家想一想，你现在看我，站在这里，是直立的；你从哪个角度看，我会变成圆圆的一粒？

生：从高空看。（学生们兴奋地答道）

师：对。可是他本是坐在船上的，为什么写着写着，仿佛是从山上或者空中往下看，他仿佛忘记了什么？

生：他仿佛忘记了自己还在船上。

师：他的思绪飞到哪里去了？

生：飞到了高空中。

师：古人讲，天人是一种什么关系？

生：天人合一！

师：物我是一种什么关系？

生：物我交融。

师：物我交融，物我两忘。一个张岱在船里，另一个张岱已经飞到了天上。他静静地欣赏大雪后的西湖，观赏自己乘坐的那叶扁舟。哇，多么壮阔的景象！

美学大师宗白华对这种现象作了最好的诠释，他认为画家的眼睛不是从固定角度集中于一个透视的焦点，而是流动着飘瞥上下四方，一目千里，把握大自然的内部节奏，把全部景色组织成一幅气韵生动的艺术画面。

提问是教学艺术，而追问是更高品位的艺术。追问是教师通过一连串的提问，层层递进，或释疑，或引发认知冲突，引导学生一步步向正确的、完美的结论逼近。很多追问难以预设，所以追问是教师教学机智最直接、最充分的展现。

再如教师在地理课上追问：

师：为什么人类破坏森林会受到大自然的惩罚？

生：森林被破坏后直接影响气候，降雨不稳定。

师：恶劣的气候对地表有何影响？

生：地表侵蚀加剧，水土流失增大。

师：水土流失会产生什么后果？

生：河流含沙量增大，河道容易淤积，引发涝灾。

师：还有吗？

生：还可以引发山体滑坡、泥石流等灾害。

“递问”与“追问”有相似之处，二者都是环环相扣。但“递问”预设性更强些（预先设计有层级的几个问题），“追问”生成性更强（教师在课堂上随机应变，连续发问）。

4. 宏观提问和微观提问

宏观提问是对教材提纲挈领、高屋建瓴式提问，一般出现在教学开端和末尾阶段。如教学庄子的《逍遥游》宏观提问：（1）庄子“逍遥游”的特定含义是什么？（2）文中涉及哪些事物？（3）所涉及的事物中，哪些不能“逍遥游”，哪些能“逍遥游”？为什么？宏观提问能引导学生从全局上把握教材。

微观提问与宏观提问相反，微观提问引导学生深入探究教材细节，养成精思细想、见微知著的习惯。如教学庄子的《逍遥游》微观提问：（1）如此硕大的鲲鹏不能逍遥，那么小巧的蜩与学鸠、斥鴳是否逍遥呢？（2）它们对鲲鹏的壮举有一个共同的表情就是“笑”，这种“笑”是羡慕还是嘲笑？（3）全文的中心句“若夫乘天地之正，而御六气之辩，以游无穷者，彼且恶乎待哉”使用了倒装、反问句式，如果句意不变，把它改为顺装、陈述句式，应该怎么说？微观提问能培养学生深入探究教材的兴趣和能力。

（四）根据提问角度分类

1. 直问和曲问

根据提问的意向划分为直问和曲问。直问，即直截了当地问，获取直接答案。直问意思明确，不必拐弯抹角，学生便于把握，容易回答。如“小说写了哪些人物？主要人物是谁？小说是从哪些方面刻画人物的？”在课堂上，教师大量运用的是直接提问。其优点是单刀直入，开门见山，节约时间，方向性强，利于集中学生的注意力，能够在最短的时间内解决问题；缺点是启发性不强，技术含量不高，趣味性差，学生的印象不深。若教师在一堂课中运用直问太多，会显得课堂平板单调，缺少生气，不够活跃。

曲问，又叫“间接提问”“迂回提问”，即拐弯抹角，旁敲侧击，问在此而意在彼。学生要多动脑筋，通过一番思考才能作答。其优点是可以激发学生的兴趣，活跃学生思维，趣味性强，令人印象深刻，产生“投石冲破水中天”的效果；缺点是所占时间较长，成本较高。钱梦龙老师是“曲问”的践行者和倡导者，他认为，同样一个问题，由于提问的角度不同，效果也不一样。

如教学朱相远的说明文《食物从何处来》，直问：什么是食物？曲问：今天早上我吃了一个烧饼，两根油条，喝了一杯凉水，后来又吃了一个鸡蛋和一个苹果。请问我吃的全都是食物吗？无论回答“是”还是“不是”，都要从课本中找出依据。

教学鲁迅的《论雷峰塔的倒掉》，直问：本文有什么写作特色？或课文中“雷峰塔”象征什么？曲问：听说杭州人民建议重修雷峰塔，如果鲁迅先生健在，你认为他会同意还是反对？这个曲问看似与理解课文的写作特色无关，但巧妙地从一个全新的思维角度谈论写作特色，“一石激起千层浪”。学生或言“反对”，因为雷峰塔是封建势力的象征；或言“赞同”，因为新时代雷峰塔有不同的象征意义，莫衷一是。教师趁机点拨：“难道雷峰塔非要有什么象征意义不可吗？”这一问，学生豁然开朗：对呀，鲁迅文章中的雷峰塔象征封建恶势力，不过是借题发挥，针砭时弊。现实生活中的雷峰塔与鲁迅文章毫无关系，如果现在重建雷峰塔，鲁迅是赞成还是反对，只有他自己知道。

魏巍的《谁是最可爱的人》，课后“思考和练习”中有这样一个问题：作者用了哪些典型事例说明中国人民志愿军是最可爱的人？这样设问过于直浅，启发性不强。此时可运用“曲问”手法：作者为了说明志愿军是最可爱的人，只举了三个例子。有人认为多举一些例子更好，而作者认为用不着多举例子。你认为哪一种意见更好？为什么？两种问法的目的一致，即理解三个典型事例分别从三个方面体现志愿军的高尚品质。但“曲问”角度新颖，拐弯抹角，设置矛盾，易于引发学生的探究热情和深入的思考。

提问的角度不同，学生的反映也迥然相异。钱梦龙老师说，“直问”者，死问也，问得过于老实，直来直去，启发性不强；“曲问”者，活问也，问题多拐个弯，学生要多动一下脑筋才能作答，因此较能活跃学生思维——我爱“曲问”，力避“直问”。

茅以升的说明文《中国石拱桥》中有描写赵州桥的一句：“大拱的两肩上，各有两个小拱”，其中“肩”字用得特别准确生动，形象传神地写出了大拱和小拱的位置关系。如果采用直问，很简单：哪一个字准确地点出了大拱和小拱的位置关系？学生很快就回答“肩”字。如果采用曲问，有两种方式：

（1）填空：大拱的两________（A 边、B 头、C 肩、D 端）上各有两个小拱。

（2）画图：教师先画出石拱桥的简笔图形，然后让学生根据图形，描述大拱和小拱的位置关系。

生 1：在大拱的上方（上边），有四个小拱。

生 2：在大拱两边（两端），各有两个小拱。

生 3：在大拱的两边的斜上方，各有两个小拱。

…………

根据学生的描述，教师都不能准确地画出赵州桥大拱和小拱的位置关系。在这种情况下，教师引导学生看课本，原来书上写的是："大拱的两肩上，各有两个小拱。"这种"曲问"会使学生的印象非常深刻。

2. 正问和逆问

根据教学提问的角度划分为正问和逆问。正问，又称"顺问"，是指教师根据教学内容从正面提问，学生顺藤摸瓜，在探求问题答案中获取知识，如"什么是勾股定理？""加速运动的定义中有几个要点？"

逆问，又称"倒问"，是指教师不从正面问文章这样处理有何好处，而是从反面问不这样处理会怎样；或从相反的方面提出假设，或提出相反的观点，或以贬问褒等。正问一般是：这样写有什么好处？逆问则是：不这样写行不行？这实质上也是"曲问"，只是更"曲"了。教师不是旁敲侧击，而是从事物的对立面设问。例如：文章采用了"倒叙"手法，教师正问往往是：采用倒叙有什么好处？逆问则是：如果不用倒叙，用顺叙手法好不好？为什么？这样正反比较，就能更深入理解作者构思的奥妙。教师教学莫泊桑的《项链》时，为了帮助学生体会小说构思的精巧，教师采用逆问：假若不用"意料之外"的结尾方式点明真相，而是在情节开展中点明真相，可以吗？合乎人物的性格和生活逻辑吗？

以贬问褒也是逆问常用的方式，在作者匠心独运之处，教师以贬的语气从反面发问，引发思考。教师教学杜甫的《石壕吏》时采用逆问：有人认为《石壕吏》不是一首好诗，因为诗人杜甫在这首诗里始终是一个冷漠的旁观者，没有勇敢地站出来"表态"，你同意这个观点吗？（杜甫在这首诗里，是通过人物的刻画和情境描写来"表态"的。诗人虽没有直接出来讲话，但同情谁、憎恨谁，态度泾渭分明。）逆问是我国传统语文教学里"假设比较法"的继承和发展。

教师教学方苞的《左忠毅公逸事》时采用逆问：（1）文章题目是"左忠毅公逸事"，按理应多写左光斗的事迹，可从全文看，写史可法的笔墨却占了大部分。非常讲究文法的方苞，怎么会这样写？（2）文章一开始先交代"风雪严寒"的天气有何必要？这四个字去掉好不好？（3）左光斗仅在古寺里看了史可法的试卷，即面署第一，是否过于草率？（4）照理说第三段应该写史可法跟阉党如何斗争，为老师报仇之事。可作者却写了跟上文关系不大的带兵作战的事，这不是离题吗？（5）最后两段写史可法来往拜见史公家人的事和信息的来源，显得很平淡乏味，是否可以删掉？

3. 诱问

在诱导中提出问题。教师教学艾青的《大堰河——我的保姆》时，为了加深学生对大堰河“母爱”的认识，同时对学生开展孝敬父母的思想教育，教师先引导学生谈谈对母爱的感受。学生谈得生动感人。接着教师诱问：爸爸妈妈知道你们生日是哪一天吗？给你们祝贺生日吗？学生兴致高昂，大谈父母为自己过生日的快乐和骄傲。教师接着说：知道爸爸妈妈生日是哪一天的请举手。教师的声调很平缓，但是教室顿时安静下来，只有几人举手。虽然教师未做任何批评，多数学生眼中却流露出愧疚、自责和不安。

4. 转问

转问是指当学生提问时，教师不直接回答，而是改请其他学生回答。其优点是学生的问题由学生回答，更能体现学生的主体地位；将师生互动转化为生生互动，增强了学生之间的交流和学习热情，有利于活跃课堂气氛；同时教师也借此机会为思考所提问题赢得时间。

5. 反问

反问是指当学生提问后，教师要求学生本人解释提出问题的理由或提供可能的答案，促使学生深入思考。尽管反问在课堂上使用频率不高，但如运用恰当，效果也是显著的。它有助于学生养成思考再提问的习惯，也可防备学生故意提些刁钻古怪的问题。

6. 单问和复问

单问对象是一个学生。复问是在同一时间提问几个学生，即教师依次提问一个或几个问题，让不同的学生以不同的方式作答，或口头答、或书面答、或板书答、或图解答，然后逐个评定。复问的好处是增多了回答问题的人数，有效利用了时间，提高了效率。复问需要教师具有良好的注意力分配能力和组织调控能力。

三、提问设计艺术

俄国作家列夫·托尔斯泰在谈起《复活》的创作时说，他的小说的每一个情节，若不是独出心裁，就没有存在的价值。课堂上所提问题也是如此，每一个问题都应精心设计，独出心裁。曾有学者讨论“什么是好问题？”，结果认为好问题应有以下特点：（1）表现教师对教材的深入研究；（2）与学生智力水平和知识水平相适应；（3）能激发学生的学习欲望；（4）有助于实现教学过程中的各项目标；（5）富有启发性，并能使学生自省。

怎样设计好问题呢？

（一）问题设计要有科学性和目的性

问题设计是教师课前备课的一个重要环节，要吃透教材，进入作者的思路和意境；变作者的语言为自己的语言；跳出作品思路小圈子。教师不仅要考虑提什么问题，而且要考虑为什么提这个问题。问题要有思维价值，难易适度。鲁迅的《祝福》，文章以

“祝福”为题大有深意，“祝福”的细节描写在文中很重要，应通过“祝福”让学生了解祥林嫂性格和精神面貌的变化。教师为此设计了四个问题：（1）课文中，祥林嫂第一次到鲁家，祝福时她的表现和精神状况是怎样的？（2）祥林嫂第二次到鲁家后，祝福时她的表现和精神状况是怎样的？（3）祥林嫂在捐门槛后，祝福时她的表现和精神状况是怎样的？（4）祥林嫂最后是怎样惨死在祝福的爆竹声中的？这四个问题，抓住了“祝福”这个细节，紧扣课文主线，揭示了祥林嫂在封建礼教的摧残下的悲惨遭遇的主题。

（二）问题设计要有选择性

1. 抓关键文眼设问

一堂课可问的地方很多，但时间有限，不是所有的问题都值得提问。教师要精心选择，抓住最主要、最关键的问题设问。问题不要大而空，也不能小而碎。教师要善于抓住作者精心设置的“文眼”设问，“文眼”多出现在标题中。如教学施耐庵的《智取生辰纲》时，抓住文眼“智”字，设计几个问题带动全篇：（1）全文围绕一个“智”字展开，请问杨志如何智送？吴用等人如何智取？（2）杨志为何会失败？吴用等人为何会取胜？又如杨沫的《坚强的战士》中的“坚强”，契诃夫的《变色龙》的“变”，都是“文眼”。“文眼”或出现在文章开头，如朱自清的《荷塘月色》的首句：“这几天心里颇不宁静。”或出现在文中，如白居易的《琵琶行》中：“同是天涯沦落人，相逢何必曾相识。”或出现在课尾，如鲁迅的《论雷峰塔的倒掉》的最后一句：“活该。”单句成段，画龙点睛，酣畅淋漓地表现出对恶势力的嘲讽和胜利者的豪迈。

“文眼”有时需概括得出，如安徒生的《皇帝的新装》的“骗”，鲁迅的《孔乙己》的“笑”。抓住“笑”字设问，教师引导学生深入挖掘文章含义：（1）孔乙己一出场，就有一个字伴随着他，这是什么字？（2）课文哪些地方表现了孔乙己的可笑之处？（3）周围的人为什么讥笑孔乙己，这反映了什么问题？（4）孔乙己在讥笑中悲惨地死去，造成这一悲剧的原因是什么？（5）我们读《孔乙己》非但笑不起来，心中还隐隐作痛，这是为什么？这些问题处处问到点子上，个个激起思维波澜。“笑”的问题研究透了，课文也就理解到位了。

2. 在看似无疑处设问

宋代教育学家朱熹在《学六·读书读法》中说：“读书无疑者须教有疑，有疑者却要无疑，到这里方是长进。”“于未晓处质疑，于无疑处生疑”是文章品读的最高境界。文章中有些细节，初读觉得并无障碍，但细细品读，却可以读出疑问。文章中一些字词语句看似平淡无奇，一经教师提问，学生顿觉寓意无穷、妙趣横生，引起极大的探究热情，使学生养成认真阅读探究、发现问题、推敲句子的习惯。教学艺术，在某种意义上就是教师要善于挖掘那些学生容易忽视、实则匠心独运之处，引导学生品味、探究，点石成金。在曹雪芹的《林黛玉进贾府》中有一段：“老嬷嬷听了，于是又引黛玉出来，到了东廊三间小正房内……靠东壁面西设着半旧的青缎靠背引枕。王夫人却坐在西边下首，亦是半旧的青缎靠背坐褥……因见挨炕一溜三张椅子上，也搭着半旧的弹墨椅袱，黛玉便向椅上坐了。”作者为何反复强调“半旧的”三个字？《脂砚斋重评石头记》有旁批曰：“三字有神。”一般学生容易忽视“半旧的”三个字。这就需要教师的“点拨解读”，启发学生领悟这三个字的奥妙：全新是暴发户形象，全旧则是破落户光景，独独“半旧的”体现贾府富贵的源远流长，也暗示了贾府盛极而衰的败亡趋势。

曹禺的《雷雨》中有一处对白：周朴园问：“三十年前你在无锡？”鲁侍萍答：“是的。三十多年前呢，那时候我记得我们还没有用洋火呢。”这一问一答，初读起来似乎合情合理，但细究起来，则不禁生疑。按周朴园的问题流向，鲁侍萍只须回答“是的”就行了，后面的话完全是多余的，去掉可以吗？鲁侍萍为何单提“洋火”呢？很显然，去掉后面的话，剧情就无法发展下去。鲁侍萍单提“洋火”的细节，是因为三十年前有关“洋火”的生活情景在她心中的印象特别深刻：（1）鲁侍萍生孩子受了病总要关窗户，所以室内经常点灯，周朴园在灯下照顾鲁侍萍。（2）周朴园的衬衣被火烧了个窟窿，鲁侍萍在灯下为周朴园缝衣服（衬衣上的梅花由此而来）。“洋火”是鲁侍萍和周朴园二人曾经美好经历的见证。有了它，就能引发二人对往事的回忆，推动剧情发展，并充分展现周朴园对于鲁侍萍的复杂感情，让周朴园的形象更加丰满立体。

3. 在看似不合情理处设问

矛盾是引起认知冲突、激发思维的导火索，文中有很多表面看起来不合情理的地方，通过设问激发思维，效果非常好。

鲁迅的《社戏》中写“我”早年看戏的情景：“……于是看小旦唱，看花旦唱，看老生唱，看不知什么角色唱，看一大班人乱打，看两三个人互打，从九点多到十点，从十点到十一点，从十一点到十一点半，从十一点半到十二点——然而叫天竟还没有来。”这一段极为啰唆，鲁迅用笔一向简练，为什么这里不用简练的笔墨概括（“从九点多到十二点——然而叫天竟还没有来。”）？这一段“精致的啰唆”，细腻传神地表现出“我”索然寡味地看一帮无名小卒打唱个没完，耐着性子期盼名角“小叫天”出场，那种欲看不能、欲罢不忍的焦躁无奈的急切心理。

《祝福》中写祥林嫂数次向人喋喋不休地描述阿毛被狼吃掉的故事，同样的“语段”几乎一字不改地出现两次，这样不是太啰唆吗？一向崇尚简练的鲁迅为何这样写？后一次为什么不用“祥林嫂又几乎一字不差地向人描述了阿毛被狼吃掉的故事”这样简练的语言概述之？只有用繁笔如此反复，才能使读者更直观、形象、真切地感受到祥林嫂数次遭打击后，精神已变得异常的情态，而不是由作者代为抽象介绍。

高尔基的《母亲》中英雄的母亲，在火车站曾有过逃跑的念头，是否影响其高大形象？莎士比亚的《威尼斯商人》中，靠放高利贷为生的商人夏洛克，为何不要十倍于借款的还款，而非要借款人安东尼奥胸口的“一磅肉”？这合乎高利贷者的利益和性格吗？“无疑生疑设问”可以培养学生认真阅读探究、发现问题的兴趣和能力。

4. 在容易引起想象、联想处设问

教学莫泊桑的《项链》时，教师可想象设问：如果不丢项链，玛蒂尔德可能会有怎样的人生“际遇”？生活会不会幸福？没有丢项链的玛蒂尔德要么是在更加痛苦的煎熬

中郁郁度日，要么是堕落毁灭。如此设问既培养学生的想象力，又使其加深理解玛蒂尔德悲剧的必然性。教学安徒生的《皇帝的新衣》时，教师可想象设问：皇帝赤身裸体进行游行大典之后，想起那个天真小孩的话，他会怎样？教学《孔雀东南飞》时，教师可设问：假如刘兰芝、焦仲卿没有“举身赴清池”“自挂东南枝”，他们还有什么结局？教学郭沫若的《天上的街市》时，教师可设问：想象天上的街市究竟有哪些珍奇异宝？想象拓展设问有利于培养学生的想象力和学习兴趣。

5. 比较设问

比较设问，即教师将容易混淆的内容，通过比较，让学生分清彼此的联系和区别。

教学莫泊桑的《项链》时，教师可比较设问：丢项链对玛蒂尔德是断送，还是拯救？舞会前的玛蒂尔德和十年后的玛蒂尔德，哪一个更可爱？教学曹雪芹的《林黛玉进贾府》时，教师可比较设问：对林黛玉的肖像描写一共有几处？这几处各通过什么人的视角来观察？用意有何不同？（一共有三处。第一处通过“众人”之目，客观介绍林黛玉不俗气质和病弱身体；第二处通过“王熙凤”之目，用对贾母的奉承心理去发现、感受林黛玉的美；第三处是通过与黛玉“心有灵犀”的贾宝玉之目，方是最全面深刻的感受表现。）

教学鲁迅的《故乡》时，教师可比较设问：闰土称我“老爷”，豆腐西施称我“贵人”，称呼为何不同？他们对我的心态、感情是否一样？（不一样：一个是敬畏，另一个是奉承）。比较设问能培养学生鉴别关系、比较探究、举一反三的能力。

6. 变换方式、角度提问

有时学生对问题感到陌生或不感兴趣时，教师可以变换方式、角度，另辟蹊径进行提问。如教学历史课“鸦片战争前的中国和世界”一课时，如果教师问：鸦片战争爆发的时代背景是什么？学生可能感到茫然无趣。如果变化一下提问方式、角度：中英两国远隔重洋，19 世纪中期，从英国航行到中国必须绕行好望角，主要交通工具还是帆船，耗时数月。相距如此遥远的两个国家为什么在 19 世纪中期爆发战争呢？问题的方式、角度一变，学生的兴趣就浓了。

7. 抓难点、易混点设问

数学上有些表述学生易混淆，如“增加了”与“增加到”、“减少”与“缩小”、“时刻”与“时间”、“还剩下 1/2 吨”与“还剩下 1/2”等，这些都是截然不同的概念，教师要抓住这些难点、重点设问。

（三）问题设计要有层级性

《学记》曰：“善问者，如攻坚木，先其易者，后其节目，及其久也，相说以解；不善问者反此。”教师设计问题要循序渐进。有心理学家把问题解答过程叫作“解答距”，即解答的过程、距离。按“解答距”的深浅、长短，设问可分四个层级：

（1）微解答距。属初级阶段，学生只要参照例题、例文，就可解答。如鲁迅的《藤野先生》，教师提问：藤野先生外貌怎样？书上有写："黑瘦的先生，八字须，戴着眼镜……"

（2）短解答距。属中级阶段，所提问题无现成例子参照，不能照本宣科，是例题的变化翻新，需要学生进行一定的分析概括。教师可提问：从藤野先生的外貌看，他是怎样的一个人？学生分析概括后得出：他是一位生活俭朴、治学严谨的人。

（3）长解答距。属高级阶段，教师所提问题需要学生综合运用所学知识回答。如鲁迅的《祝福》，教师问：为什么说祥林嫂是一个没有"春天"的人？阳春之时，丈夫夭折；早春之时，被迫改嫁；暮春之时，痛失爱子；迎春之时，倒毙街头。

（4）新解答距。属最高阶段，学生创造性发展。教师所提问题要求学生调动创造性思维，采用自己独创的方式方法（无现成方法参考），创造性地解决问题。数学中教学 9+9+9+9+9+3 时，教师问：这道题你能用与众不同的方法解答吗？有的学生从左到右依次相加求出结果；有的学生用 9×5+3=48；有的学生用 10×5−2=48；有的学生用 8×6=48……教师将各种算式以板书的方式呈现，让学生陈述各自的思路和算理，相互比较启发，对各种算法均给予肯定和鼓励（特别是后三种）。

教师设计问题时，要注意以上四个层级应有一定坡度，使学生拾级而上，领略探究的乐趣。钱梦龙老师执教《愚公移山》时，就设计了四个层级性很强的问题（"递问"）：

（1）这篇寓言共写了几个人？（微解答距。8 人。）

（2）这篇寓言写了一件什么事？这事做起来难吗？（短解答距。教师把学生引导到移山的任务越艰巨，就越能显示出人们不同的精神面貌的层面上。）

（3）不同人对移山什么态度？愚公究竟笨不笨？（长解答距。教师把学生的思考引向新高度，深入挖掘愚公的伟大之处，把传授知识、培养能力、开发智力、思想教育四者完美结合。）

（4）最后还是天神帮助愚公移走了大山，有人说愚公到底是无能的，你们同意这种观点吗？请说明理由。（新解答距。教师鼓励学生创造性思维，把握寓言浪漫式结尾，突出愚公精神感人至深。）

四个问题孤立着看似乎很平淡，但联系起来就大有学问：第一问从人物入手，教师引导学生细读课文，既落实了具体字词，又为后面的分析理出头绪。第二问从人到事，是第一个问题的延续，教师把学生引到"移山任务越艰巨，就越能显示出人物的精神面貌"的认识上。第三问分析了不同人对移山的不同态度，为分析愚公精神做好铺垫。教师把学生的思考引向深入，深刻挖掘愚公精神伟大的教学重点和难点。第四问教师鼓励学生发表自己的独特见解，言之有理即可，培养学生独立思维、批判性思维能力。这四个问题环环相扣，紧紧围绕教学目标。教师把传授知识、培养能力、发展智力、思想教育联系在一起，使学生既从宏观上把握教材，又从微观上突破重点。

（四）问题设计要有新颖性

问题设计要有新意和创意，无论从内容到形式都力求有所突破创新。老生常谈的问题、司空见惯的问题、陈旧平板问法、内容过难过易都难以引起学生的兴趣。如教学司马迁的《田忌赛马》时，教师的一般设问是：田忌是怎样赢得赛马的？这样的设问太平直、太一般化。因为这一问题缺少陌生感，难以引发学生的认知冲突，激发学生的探究热情。教师不妨迂回设问（曲问）：孙膑通过变换赛马的顺序就一定能获胜吗？假如再进行第三场比赛，田忌还能取胜吗？孙膑的赛马策略是智慧的表现，还是破坏游戏规则的弄虚作假？这三个问题都富有思维的挑战性和趣味性，学生都不能直接从课本中得出答案，必须通过深入阅读和探究思考才能回答。一是孙膑变换赛马的顺序不一定获胜，他获胜的前提是齐威王不会变换赛马的顺序。二是如果再进行第三场比赛，胜负就要具体分析了。至于第三问，见仁见智，传统上看作智慧的表现，以现代价值观衡量，有破坏游戏规则之嫌。

（五）提问“五忌”

提问时应忌讳以下五个方面：

1. 忌形式主义

有些教师提问只注重有问有答的形式，而忽视提问的内在价值和作用。表面看有问有答热热闹闹，实际上教师所提问题没有多大思维价值，不能引发学生深入思考，这种提问是无聊的做作和消磨。

2. 忌随心所欲

课堂提问的每个问题都应经过教师精心设计、反复斟酌，是教师教学智慧的结晶，不能随随便便。当然也不是说教师不能根据教学情况随机应变，万事要灵活有度。

3. 忌频率失当

课堂提问频率过低或过高都不好。有些教师提问频率过低，整堂课都在“唱独角戏”，没有提问，或只有一两次提问，即所谓“满堂灌”。有些教师认为问答式就是启发式，问题越多越好，提问琐碎频繁，狂轰滥炸，连有价值的问题都被淹没了，使学生一直处于紧张或麻木状态，造成学生认知疲劳、心理厌倦。课堂应张弛有度，动静结合，富有节奏。

4. 忌过分控制

同一个问题可能会有不同的答案和解决方法，不仅文科如此，理科也是如此。教师不能以一己之见，控制学生；更不能拿书本教参、标准答案或权威言论等压制学生。教师应允许学生怀疑教师、怀疑书本、怀疑权威，培养学生敢于质疑、挑战的创新精神和能力。

5. 忌只问不结

有些教师只注重提问，不注重总结；对总结的必要性缺乏认识，对学生的答问采取放任态度；对答案错误的不予订正，不完整的不予补充，零散的意见不予综合，肤浅的认识不予深化。这样的课堂虽有问有答，但散乱的意见无法形成统一的认识，学生对教师的问题始终无法形成清晰、完整、明确的认知。有些教师认为保护学生的积极性、创新性，就是对学生的回答无原则地迁就包容。不管学生回答什么、回答得怎么样，教师都回答“好、好”“是、是”，甚至对学生明显错误的看法和认识，教师的态度也模棱两可，不置可否，无法发挥教师“平等中的首席”的主导作用，这比过分控制更有害。

四、问题导答艺术

问题导答是学生回答问题出现障碍时，教师给予学生适当引导启发的艺术。这是一项很重要的能力，是衡量一位教师教学艺术的重要标尺之一。课堂上常会出现教师提问后，学生或无动于衷，或应者寥寥，或答非所问，或回答不对、不全的情形。不少教师面对以上情况，往往干脆越俎代庖，代学生回答，将答案和盘托出。叶圣陶说，教师之为教，不在全盘授予，而在相机诱导。这就需要教师善于引导学生回答问题，帮助学生排除障碍，引导学生正确、全面、深入地认识问题，说出理想的答案。具体而言，导答艺术包括以下几个方面：

（一）澄清概念

有时学生不能顺利回答，主要原因是没听清或没有理解教师所提问题。这就需要教师作必要的澄清，或重复，或解释。如教学老舍的《济南的冬天》时，教师提问：为什么把松树上的雪比喻成看护妇？几个学生的回答都不得要领。教师意识到学生对“看护妇”不理解，于是告诉学生“看护妇”就是护士。学生恍然大悟，问题迎刃而解。

（二）化整为零

当学生回答不顺利时，教师要层层启发，逐步诱导，指点迷津，帮助学生接近正确答案。如教师教学周而复的科学小品《死海不死》时，如果笼统提问：“科学小品”具有怎样的特点？要求学生下定义，问题就太大、太难，学生不易回答。可以化整为零，先问：“科学”二字说明什么？（以介绍传播科学知识为目的。）再问：“科学小品”属于说明文，但和一般的说明文有什么不同？（具有文艺性、趣味性。）又问：“小品”为何不叫“大品”？是写给专家、学者看的吗？（不是。这种文体短小精悍，通俗易懂，是写给具有一般文化水平的普通读者看的。）最后教师板书：“科学小品就是一种……的文艺性说明文。”让学生把“科学小品”的几个知识要点总结串联起来，填空造句，形成“科学小品”的完整定义：科学小品就是一种以介绍传播科学知识为目的、给具有一般文化水平的读者看的、短小精悍、通俗易懂、有趣味的文艺性说明文。——教师提供定义的主语与宾语，让学生把定义的定语归纳串联起来。这样化整为零，降低难度，问题便迎刃而解。

再如教学鲁迅的《祝福》时，如果教师问：小说以“祝福”为题有何深意？这个问题就太大、太宽泛。可以化整为零：什么是祝福？请用课文中的话回答。文中共写了几次祝福？祥林嫂第一次到鲁家，祝福时她的表现和精神状况怎样？第二次到鲁家后，祝福时她的表现和精神状况怎样？祥林嫂在捐门槛后，祝福时她的表现和精神状况怎样？祥林嫂最后惨死在何时何地？这几个问题，抓住“祝福”这条主线，揭示祥林嫂在封建礼教的摧残下悲惨命运的主题。

鲁迅的《药》中有一段描写：“（夏四奶奶）忽然见华大妈坐在地上看她，便有些踌躇，惨白的脸上现出些羞愧的颜色。”如果提问：这样描写的含义和作用是什么？学生就不易回答，因为这个问题太宽泛，其中包含一个复杂的思维推理过程。如果化整为零，教师问：（1）这段文字对夏四奶奶做了哪些描写？（动作、心理描写。）（2）这些描写反映了她什么心理？（羞愧心理。）她为什么羞愧？（为儿子被官府杀死而羞愧。）（3）儿子为革命而牺牲，她应该感到自豪，为什么反而羞愧？（不理解儿子的革命行动的正义性。）（4）连母亲都不理解儿子革命行动的正义性说明什么？（辛亥革命脱离群众。）化整为散，成为相互串联的几个小问题（串问），解决起来就比较容易。解决了这几个小问题，也就理解了整段文字的含义了。

（三）提示引导

教学莫泊桑的《项链》时，教师提问：有人说，丢项链是玛蒂尔德人生命运的转折点，也是其性格的转折点，更是作者对其态度的转折点，为什么这样说呢？这个问题有一定难度，学生一时不知怎样回答。教师可提示引导：

师：“命运的转折点”不难理解，丢项链之后人物命运发生了巨大变化。“性格和作者态度的折转点”怎样理解？丢项链之前玛蒂尔德的性格主要表现为什么？

生：追求享乐，爱慕虚荣。

师：作者对她的态度主要是什么？

生：讽刺和批判。

师：丢项链之后特别是通过赔项链、还债务，表现了玛蒂尔德性格的哪一个方面？（学生一时不好回答）教师启发诱导：面对这不幸的灾难，他们有没有逃避，一走了之？（没有。）有没有耍赖，抵死不还？（没有。）有没有弄一条假项链欺瞒朋友？（没有。）玛蒂尔德甚至想都没有想过，更没有像《珠宝》里的朗丹夫人那样，堕落沉沦，出卖色相，换取珠宝。如果那样的话，她可以轻而易举地偿还项链和巨额债务。你看，她有这么多捷径可以选择，她都没有选，而偏偏选择了一条最艰难也是最让人敬佩的路——借债买来一条真的钻石项链还上，并靠劳动偿还巨额债务，用自己看似柔弱的肩膀承担起意外的灾难和生活的重压。这一切都显示出她性格中的哪些美好因素？

生：诚信而坚强。（得出理想答案）

师：对。诚信、坚强。从玛蒂尔德夫妇决定赔项链那一刻开始，作者便以什么态度来描写玛蒂尔德夫妇？

生：赞美和同情。（得出理想答案）

（四）缩小范围

当提出的问题难度太高或范围太大时，教师应及时调整，缩小思考范围。鲁迅的《记念刘和珍君》第七部分第二段：“我目睹中国女子的办事，是始于去年的，虽然是少数，但看那干练坚决，百折不回的气概，曾经屡次为之感叹。至于这一回在弹雨中互相救助，虽殒身不恤的事实，则更足为中国女子的勇毅，虽遭阴谋诡计，压抑至数千年，而终于没有消亡的明证了。倘要寻求这一次死伤者对于将来的意义，意义就在此罢。”这一段句式复杂，中心意思也难把握。如果教师笼统问：这段文字表达了什么意思？就大而不当。教师可以缩小范围提问：此段有几个句子？（3句。）关键句是哪一句？（第二句。）第二句是个长单句，怎样划出主谓宾成分？学生如果答不出，可以再缩小范围：“为”是谓语动词，前面的主语是什么？（“事实”。）与后面哪个名词搭配？（“明证”。）所以整个单句的主干（主语、谓语、宾语）就是：事实为明证——问题就迎刃而解了。

（五）牵线搭桥

有些问题难度过高，教师可以提供部分答案示范，抛砖引玉，牵线搭桥。教师通过“举一”让学生“反三”。例如：学习修辞或诗歌，让学生造句仿写，教师可以示范仿写一段，再让学生续写。教学莫泊桑的《项链》时，教师让学生给小说的6个部分添加小标题，此时若全部由学生命题会杂乱无措，教师可牵线搭桥，抛砖引玉，给予示范。

> 师：小说用间隔一行的方式，自然将课文分为六部分，第一部分集中写女主人公对那种“高雅奢华”的生活梦寐以求，如果命题为“想项链”，那么后面的各部分可以怎样命题？
>
> 生：想项链—借项链—失项链—赔项链—知项链。（得出理想答案）

教学郁达夫的《故都的秋》，教师的“牵线搭桥”式导答：

> 师：最后作者把“南国之秋”和“北国的秋”进行比较，说“南国之秋”：“比起北国的秋来，正像是黄酒之与白干，稀饭之与馍馍，鲈鱼之与大蟹，黄犬之与骆驼。”这是一组精美有趣的比喻，如果说“黄酒之与白干”，是说北国的秋味道更浓烈纯正，那么其他各组比喻的含义是什么呢？
>
> 生1：“稀饭之与馍馍”是说“北国的秋”更香甜，耐咀嚼。
>
> 生2：“鲈鱼之与大蟹”是说“北国的秋”更珍奇，更有秋味。
>
> 生3：“黄犬之与骆驼”是说“北国的秋”更高大帅气。
>
> 师：概括得不错。不过，“高大帅气”这个词单独用来形容骆驼还可以，可这句话毕竟是比喻“北国的秋”的，说“北国的秋”“高大帅气”似乎不太准确。谁能找到更恰当、准确的词汇形容“北国的秋”？
>
> 生4：“黄犬之与骆驼”是说“北国的秋”更壮美大气，意境更高远。
>
> 师：“更壮美大气，意境更高远”这样形容“北国的秋”，大家以为如何？
>
> 生：更准确，更好。

（六）追问导答

教学刘鹗的《明湖居听书》，教师采用“追问”，引导学生解答：

师：白妞长得漂亮吗？（学生有“漂亮”和“不漂亮”之争，让不漂亮派发言）

生：不是很漂亮。文中说她“相貌不过中人以上之姿”。

师：对。文中说白妞“秀而不媚，清而不寒”，那回目中为何说是“美人绝调”呢？“美人”如何理解？是那种“闭月羞花、沉鱼落雁”的美貌吗？

生：不是。白妞的美是一种气质神韵美。

师：对。这种“气质神韵”最能从哪里表现出来？

生：眼睛。

师：文中是如何描写白妞的眼睛的？

生：那双眼睛，如秋水，如寒星，如宝珠，如白水银里头养着两丸黑水银。

师：这一连串的比喻写出了白妞眼睛的什么特点？

生：明亮有神。

师：不是很具体。两个事物构成比喻的基本条件是什么？

生：本体和喻体之间有相似点。

师：秋水与眼睛的相似点是什么？

生：（顿悟）清澈纯净。

师：那么“寒星”呢。

生：明亮。

师：“宝珠”呢？

生：闪耀着美丽的光彩，熠熠生辉。

师：“白水银里头养着两丸黑水银”呢？

生：黑白分明。

师：仅仅“黑白分明”吗？那为什么用“养”，而不用“嵌”？谁能用生活中见过的现象，具体说明一下“养”字所表现的情态？

生：把生鸡蛋打开，蛋黄在蛋清里的状态很像“养”在里面。

师：很形象。这里用“养”字表现白妞眼睛的什么特点？

生：圆润灵动，水汪汪的。

这一连串追问，化整为散，由此及彼，环环相扣，步步推进，直达目的。

在实际教学中，往往不只用一种问题导答方式，而是多种问题导答技术的综合运用，运用之妙存乎于心。

五、学会观察学生

教师提出问题后，还要善于察言观色，通过观察学生的神态举止，对学生的思维状态和学习情况作出分析判断，并对自己的教学作出相应调整。有人把教师提出问题后学生的种种表现及其潜台词做了归纳：

（1）含笑举手，目光炯炯——胸有成竹，不成问题。
（2）频频举手，目光祈求——急不可待，快叫我答。
（3）笑得娴静，不求发言——镇定自若，这题早会。
（4）佯装走神，智求召唤——以假乱真，看你叫不叫。
（5）手举又止，三心二意——举棋不定，没把握。
（6）双唇翕动，温诵答案——演习一遍，求个把握。
（7）急问左右，速补缺漏——临阵磨枪，还欠火候。
（8）搔首翻眼，随便举手——装模作样，最好别点我。
（9）满面愁云，目光飘忽——一筹莫展，不知所措。
…………

六、课堂精彩问答示例

（一）《祝福》问答（追问）

师：假如祥林嫂突然出现在你面前，向你询问人死后究竟有没有“灵魂和地狱”，你怎样回答？

生：我对祥林嫂说，你不要相信鬼神，那是封建迷信！

师：这样回答，祥林嫂希望死后能见到思念的儿子和家人的愿望不就被打破了吗？对一个垂死的人，唯一一点可怜虚幻的愿望都不能满足，仁慈吗？

生：那我就对祥林嫂说，也许有灵魂和地狱。

师：这样回答，不是加重了祥林嫂担心死后被阎王锯开分给两个丈夫的恐惧吗？让一个垂死的人，带着巨大的恐惧走向死亡，仁慈吗？

生：……

师：“我”为什么对于祥林嫂关于灵魂有无的问题“支吾”“说不清”？

生：因为“我”无论怎样回答，都会增添祥林嫂的痛苦——而“我”不想增添祥林嫂的痛苦。

师：对。这正是作者说祥林嫂对灵魂和地狱“希望其有，又希望其无”的原因。她心里是矛盾的，始终摆脱不了痛苦和不安。

（二）《乡愁》问答

师：读这首诗的语调是明快，还是深沉？节奏是急促，还是舒缓？

生：语调深沉，节奏舒缓。

师：这首诗共四节，它们之间的顺序能否改变？

生：不能。诗歌是按时间顺序排列的。

师：对。还有情感越来越强烈的发展层次，比喻事物也是由小到大按序排列。“乡愁是一湾浅浅的海峡”，“浅浅的”改为“深深的”可以吗？谁能说明理由？要说服我。

生：不能改。与“小小的”“窄窄的”“矮矮的”一样，作者都是运用反衬手法，说明大陆和台湾的隔阂不是不可逾越的。

师：回答得很好。我觉得这首诗思想表达得比较含蓄朦胧，诗人内心的情感没有明确地表现出来。我把原诗修改一下，大家比较一下，看看修改了哪些地方？效果如何？

小时候，乡愁是对母亲的依恋，我在这头，母亲在那头。

长大后，乡愁是对妻子的爱恋，我在这头，新娘在那头。

后来啊，乡愁是对亡母的哀思，我在坟墓外头，母亲在里头。

而现在，乡愁是对统一的期盼，我在这头，大陆在那头。

生：不好。去掉了原诗的“邮票、船票、坟墓、海峡”等名词，修改后的诗太平淡直白，缺少原诗的意蕴。

师：说得好。这说明诗歌不能说大白话，要借用鲜明的形象表情达意。原诗中的“邮票、船票、坟墓、海峡”等名词，在诗歌中叫“意象”——富有情感含义的形象。每一段第二句都有一个“是”，把所有的“是”改为“像”行吗？为什么？

生：好像不能，改成“像”就不是原来的意思了。

师：对。这里的“是”不是暗喻，不能恢复成明喻，而是省略句：小时候，乡愁是寄托在一张小小邮票上的，其他诗句也是如此。这说明诗歌的语言是很精练浓缩的，含义是很深厚隽永的。

（三）《在马克思墓前的讲话》问答

师：上文写马克思在理论上的巨大贡献，接下来一句是：“但这在他身上远不是主要的。”这句话是否说马克思在理论上的贡献不重要呢？

生：不是。因为马克思首先是一个革命理论家，但和他伟大的革命实践相比，他的理论研究是次要的。

师：是的。理论研究是为指导实践，如果不能在实践中发挥作用，那就成了空洞的理论。马克思的理论研究之所以伟大，就在于这些理论对实践有巨大的指导作用。既然如此，为什么不先写马克思在实践中的贡献，后写理论上的贡献？

生：作者先写理论贡献，后写实践贡献，是以理论衬托实践，突出实践贡献更重要。

教学暂歇，课堂中的休止符

一、什么是教学暂歇

教学暂歇是指课堂上，在教师讲授或组织讨论的过程中，特意留给学生思索回味所呈现出的短暂沉静。这便使“课堂上出现一种灵敏的寂静的气氛”，“教室里静悄悄，学生们集中思维，要珍惜这重要的时刻”（苏霍姆林斯基语）。

正像一首美妙动人的乐曲，不仅要有高音、强音，还要有低音、歇拍，即人们常说的“休止符”一样。课堂教学，教师要想组成一首动人心弦的交响乐章，仅有阐发义理的“讲述”、热烈活跃的“讨论”还不够，还要有含蓄空灵的“暂歇”。教学暂歇就是课堂中必要的教学空白，恰似“此时无声胜有声”的“休止符”。这样虚实相济、张弛开合，方能形成魅力无穷的教学艺术。

以往教师偏重于研讨“讲述”的技巧，追求活跃的课堂氛围（这当然也是有必要的），而忽视了另一方面——必要的教学“暂歇”所形成的静默空灵的氛围。那种只有课堂活跃而没有凝神思虑和思维交锋，缺乏深度思维的课堂，是不健康的课堂。有些教师，课讲得太实、太满，片面追求“大容量、高密度”，错误地把提高课堂效率理解为45分钟内分秒必争，不给学生些许喘息思考的机会，致使教学臃肿、淤塞，甚至令人窒息。

教学需要动，更需要静。《礼记·大学》有言：“知止而后有定，定而后能静，静而后能安，安而后能虑，虑而后能得。”这句话充分道出了“静”在整个教学过程中的重要性。

苏霍姆林斯基说：“对少年的脑力劳动进行的观察使我们得出一条结论：如果滥用那些有趣的、形象的、鲜明的、花花绿绿的东西，就会导致学生过于兴奋。”吵吵闹闹的一堂课实际就是稀里糊涂的四十几分钟。学习需要兴趣引领、支撑，但是激发学生兴趣的不应是表面的花哨、调侃，不是浮躁的场面，而是知识本身。

静静地倾听，静静地思索，静静的时空，才能使学生迸发智慧的火花；给学生留有亲近文本、品味教材、展开对话的机会，帮助他们产生独特的感受、体验和理解。

课堂需要动，但更需要静。静是动的基础和前提，动是静的升华和表达。没有静的动，是盲目的戏耍、虚假的华丽。真正有效的课堂应该是动静结合、虚实相生。真正有效的课堂，教师应该兼顾知识的传授、情感的交流、智慧的培养和个性的塑造。

二、暂歇是高境界艺术的共性

老子云："大音希声，大象无形。"在老子看来，相对于"有声"和"有形"，"无声"恰是最完美的声音，"无形"是最完美的形象。综观各艺术门类，无不是有意或无意地以追求"以无示有、以虚显实"的"暂歇""休止"艺术为最高艺术境界的。

白居易笔下的《琵琶行》：当人们沉浸在众音繁会、激越昂扬的乐曲中时，忽然转为"冰泉冷涩弦凝绝，凝绝不通声暂歇"——"暂歇"恰似"抽刀断水"，更能撩起人们的情思，唤起听众的想象。人们借助思绪的"惯性"，于无限的遐思中获得丰足的回味。而当音乐声再起时，人们对音乐的理解和感悟就有了新的升华。这种"无声胜有声"的美感效应，就体现了"暂歇""休止"的魅力。再如中国画中的"计白当黑""无画处皆成妙境"，这"白"与"无画"也是一种空间的"暂歇""休止"；其他艺术，如书法中的"飞白"、雕塑中的"残缺"、戏剧中的"静场"、电影中的"定格"、舞蹈中的"造型"、园林建筑中的"断隔"……无不是借助"暂歇""休止"的原理来追求追魂摄魄的艺术魅力。

著名美学家李戏鱼在《中国诗论》中写道："诗在有字句处，诗之妙在无字句处。"可见"暂歇""休止"已不单是一般的时间概念，它是一种技巧、一种境界，一种为一切艺术所追求的高层次品位。各艺术门类，其技异，其根同，教学艺术也不例外。俄国教育家乌申斯基认为教育是"一切艺术中最渊博、最复杂、最高和最必需的艺术"，自然也应追求"暂歇""休止"的神韵和灵境，这也是衡量课堂教学艺术是否成熟的标志之一。探讨教学"暂歇""休止"的作用及运用，对提高课堂教学效率大有裨益。

三、教学暂歇的作用

（一）帮助学生理解消化

学生对教师的讲述不可能立刻全部理解，有些可能"食而不化"。"暂歇""休止"为学生提供了一个消化的机会，一个静心回味的余地。利用"暂歇""休止"，学生可以把教师的讲述做一番梳理、归整，融会贯通，加深理解，以防"积食伤胃"，为下一步学习奠定基础。这样"学"与"思"结合，张弛有度，学生在富有节奏的教学中，学得积极主动、扎实有趣。利用学生安静思考的"暂歇""休止"，教师可以从中发现学生真正的迷惑和不解，从而更好地把握课堂，提高教学效率。这样既有利于教师培养学生独立思考的能力，又能在这种"暂歇""休止"中，潜在地建立师生之间相互信任、相互支持的良好合作关系。

（二）孕育感悟

"暂歇""休止"使学生在沉静的思索中激荡想象的涟漪，散发感悟的闪光。心理学中格式塔学派认为："残缺""空白"的东西，容易使人产生一种急于"填补""充实"并使之匀称、完美的倾向，从而引发一种进取、追求、充满紧张感的内驱力。而当这种情不自禁的“完美追求”一旦实现，便给人极大的再创造的愉悦感。课堂“暂歇”“休止”，正是利用人的这一心理特征，以无示有，欲擒故纵，调动学生进取、追求的内驱力，让学生在正确领悟教师讲解内容的同时，进一步从教材和讲授中去发现和补充些什么，去丰富和发展些什么，尤其是从自己的生活经验和知识积累出发，举一反三联想些什么。这样学生求知的热情会更高，探索的兴趣会更浓，收获也就更大。

（三）酝酿形成高潮

“文似看山不喜平”，课亦如此。课堂教学不能没有高潮，高潮的作用是宝贵和令人难忘的。所谓“不塞不流，不止不行”。“休止”还可为高潮的形成酝酿、蓄势，起推波助澜的作用，从而形成更大、更撼人心魄的高潮。譬如有位教师教学都德的《最后一课》：将结课时，他激情地朗读课文，当读到“……祈祷的钟声响了，窗外又传来普鲁士兵的号声——他们已经收操了。韩麦尔先生站起来，脸色惨白……‘我的朋友们啊，’他说，‘我——我——’但他哽住了，他说不下去了……”教师也哽住了，难以卒读，“休止”使寂静笼罩着课堂。学生因受教材和教师情绪的感染，而沉浸在特有的气氛中默默地回味。正在这时，“当当当——”录音机里传来了沉重的钟声，学生既怔又诧，全神贯注（蓄势待发），而这时，完全进入角色的教师突然“转身朝向黑板”，像韩麦尔先生那样“拿起一支粉笔，使出全身的力量”奋笔疾书——“法兰西万岁！”（高潮）。学生被教师的激情震撼了，思想情感再一次被推向了顶点，眼前的教师幻化成了韩麦尔先生。而每一个学生都体验到了小弗朗士的情感，个个表情肃穆、庄严。此时，下课铃声响了，学生注视着教师，向他表示了前所未有的敬意。课在高潮中结束了，若没有前面的“休止”作铺垫，其效果恐怕要大打折扣了。所谓“山欲高，尽出之则不高，烟霞锁其腰则高矣；水欲远，尽出之则不远，掩映断其流则远矣”。所以说，恰当的“暂歇”“休止”能够为新的、更大高潮的形成蓄足气势。

（四）延续增强高潮

高潮处的巧妙“休止”，成为高潮的“倍增器”——在袅袅余韵中使高潮的作用延伸、扩展，或者形成另一种特殊形态的高潮——“静态高潮”（外静内动），给学生留下深刻的印象。譬如于漪老师执教柯岩的诗歌《周总理，你在哪里》，根据抒情诗的特点，她先用注满真情的语言把学生带入那个庄严肃穆、荡气回肠的环境氛围中。师生的情感酝酿着、积蓄着，当读到最后一声呼唤：“周——总——理——”，于老师巧妙地运用“休止”，恰到好处地戛然而止，课堂上顿时出现了一种异样的寂静，在短暂的“弦凝绝”“悄无言”之中，学生沉浸在人生况味的体验中。他们的心，随着那一声悠长而深情的呼唤，飞出课堂，飞越高山、大海、森林，跟随作者去寻觅周总理的踪迹。他们对周总理的缅怀崇仰之情，便凝聚升华在这个特定的“无言之美”的课堂暂歇之中了。这样，“课虽尽而意无穷”，师生的情感激流在内心，汹涌翻腾，向更深入、更细腻、更广阔、更自由、更高昂的境地奔涌。如果此时此处不用“暂歇”“休止”艺术，还能有什么更好的处理方式呢？

四、教学暂歇应注意的问题

“暂歇”是一种教学艺术，它不是课间休息，也不是一般的转折过渡，更不是无话可说的尴尬、无言可答的苍白沉默。运用“暂歇”艺术需要教师不断地探索实践。

一般而言运用教学暂歇应注意掌握两个原则：

（一）适当

“暂歇”应与教师的“讲述”合理搭配。在“有声”和“无声”这对矛盾关系中，“有声”是矛盾的主要方面，只有“实处工”才能“虚中得”。教师随心所欲、不合时宜地“休止”，只能破坏课堂教学的整体结构、和谐气氛，打乱学生的思路，使教学失去有机性。

（二）适度

“过犹不及”，教师要把握“暂歇”的长短度，过短起不到应有的作用，过长则会使“灵敏的寂静”变成“枯死的寂静”，挫伤学生的积极性，降低课堂教学效率。教无定法，“暂歇”艺术的运用当然也无定法，教师应根据课文内容、教学状况、教师本人素质等实际情况，灵活处理，正确运用。

让我们多一份匠心，少一点匠气，不仅能准确地把握、恰当地运用教学暂歇艺术，而且对其他教学艺术规律也能作全方位、深层次的探索和掌握，那么，我们的课堂定会形成生动活泼、充满魅力、高效率、优化的育人环境。

（本文原载《语文学习》1997年第12期，并被由人民教育出版社、清华大学、北京师范大学、国际教育文化出版集团等联合出版的大型教育工具书《中国教育大精典》收入，获得中国新闻工作者协会第七届中国教育期刊优秀作品评选一等奖。）

教学高潮，课堂中的胜境

“文似看山不喜平”，课也如此。课堂需要高潮波澜，忌沉闷平淡。一堂课不能没有高潮（至少要有一个高潮亮点），没有高潮的课，如同一个人没有眼睛和性灵，失去了神采和激情。教学高潮是课堂中令人神往和流连的胜境。

所谓教学高潮，就是教师的教学给学生留下最深刻鲜明的印象，并得到学生最强烈情感反应的时刻；是一节课中最精彩、最令人难忘的时刻；是教学艺术得到绝佳展示、获得最佳效果、呈现最佳境界的时刻；是最能体现课堂的广度、深度、热度、亮度的时刻；是师生都获得“高峰体验”的时刻。

优秀教师善于运用激情的诵读、高效的训练、深入的探究、精彩的对话、活跃的竞赛、投入的模拟、动人的歌乐、机智的应变、循循的诱导、适宜的拓展、精辟的剖析、动情的感染、多彩的想象、情境的体验、感人的情态、巧妙的解疑、新颖的激趣、精彩的问答、悬念的期待等各种手段，使课堂教学掀起一个个高潮。教学高潮依据学生的外在反应，可分为“动态高潮”和“静态高潮”两种形态。

一、动态高潮

动态高潮属“外显性”高潮，表现为学生情绪昂扬振奋、反响热烈、参与意识浓厚，课堂气氛活跃，师生合作默契。教师一般采用下列方式推动动态高潮：

（一）激情的诵读

教育家叶圣陶说，国文本是读的学科。不读不成其为语文课，而师生激情投入的诵读，常能造就高潮。教学田野的《难忘的一课》时，教师首先强调这是一堂“为学生生命奠基”的课。在完成了对课文重点研读后，拓展延伸，在悠扬的《思乡曲》中，师生共同朗读著名诗人余光中的《乡愁》（掀起一个小高潮）。

师：看得出来，同学们的心已经沸腾，此时此刻，还有什么话语可以表达我们对祖国的爱，表达我们激动的心情呢？只有那一句——

生：我是中国人，我爱中国！

师：放声朗读，来表达我们的心情吧！（生再读）

师：下面，请同学们拿起笔，再写一写这句话，并将它永远镌刻在你的心中。

（师生共同书写，教师用红笔。学生个个屏气凝神，神情庄重、神圣，含着泪写这句话。）

师：想读就读吧！

生：我是中国人，我爱中国！

师：语气虽不同，但感受和认识一样深刻，情感一样真挚！（激动地）同学们，通过这节课，相信你一定记住了“我是中国人，我爱中国！”这句话。世界上什么都可以选择，唯独母亲和祖国不能选择。或许有一天，你身在异国他乡，请你不要忘记这堂课，不要忘记在这堂课上你发出的“我是中国人，我爱中国”的誓言。请大家再读这句话吧！

生：（铿锵有力地）我是中国人，我爱中国！

师：同学们，咱们这堂课不是普通的语文课，而是一堂人生感悟课，生命奠基课。因此，也就称得上是——

生：难忘的一课！（教师在课题上加红色感叹号“！”，课在高潮中、在掌声中结束。）

（二）高效的训练

课堂中独具匠心的迁移训练，也可成为高潮。如教学巴尔扎克的《守财奴》时，临近尾声，教师联系课文，拓展训练，让学生模仿造句：“金钱能买到什么，买不到什么。”学生积极踊跃参与造句：“金钱能买到服务，买不到亲情。”“金钱能买到婚姻，买不到爱情。”“金钱能买到房屋，买不到家庭。”“金钱能买到药品，买不到健康。”“金钱能买到侍从，买不到朋友。”“金钱能买到书籍，买不到知识。”“金钱能买到享乐，买不到幸福。”“金钱能买到服从，买不到敬仰。”“金钱能买到职位，买不到信任。”……学生畅所欲言，精彩造句层现迭出，教学达到高潮。

（三）深入的探究

人们都希望自己是发现者、研究者、探索者，学生也如此。教师引导学生积极深入地探究，常可形成高潮。如教学莫泊桑的《项链》时，下课前 10 分钟，教师引导学生深入探究：

曾有人评价道：“莫泊桑留给我们一座富矿，有待大家进一步发掘；他的著作的含义绝不止我们看到的用文字表现的那些。”现在给同学们一段“深入探究”时间，大家在阅读中还有什么问题、发现、疑惑，现在可以提出来大家讨论。

学生纷纷提问，问题精彩纷呈：

如何看待虚荣心？主人公所谓的“虚荣性格”“人生追求”是人之常情，还是应该否定批判？作者对玛蒂尔德是同情还是讽刺？为什么玛蒂尔德的性格如此复杂多面？小说最后发现项链是假的，为什么不继续写下去？弥补经济上的损失，那样不是更合乎读者心理吗？……

师生深入探究、平等对话，气氛热烈，将课堂推向高潮。

教学归有光的《项脊轩志》时，小组交流探究成果：

师：现在汇报交流，分享深入探究成果，有请各组的小组发言人。

生 1：我们小组研究的是“亲人情感的不同”：母亲对我是慈母之爱，嘘寒问暖；祖母希望我读书有成，振兴家族；亡妻对我是夫妻恩爱，柔情蜜意，失去她是一种不可言说的悲痛。

师：亲人之爱，爱得不同。失去亲人之痛，痛得不尽相同，你们有一双发现的眼睛，很不错。谁还有补充？

生 2：老师，我们觉得不仅痛的内容不同，而且痛的程度也不同：失去母亲是“余泣，妪亦泣”——低泣之痛；失去祖母是令人“长号不自禁”——长号之痛；失去妻子是“室坏不修”“不常居”——无声无为之痛，“此时无声胜有声”，是更深一层的思念之痛。（师生热烈鼓掌，形成高潮）

师：听听这掌声，你值得拥有。谢谢你丰富了我们的认识。

（四）精彩的对话

课堂上师生机智精彩地问答对话，所展现出的智慧与才华，形成“预设”难以企及的“生成”效应，往往能成为课堂的亮色和高潮。譬如教学鲁迅的《祝福》，有学生回答问题时突然冒出一句：“我劝祥林嫂独身！”全场哗然。显然，这位学生是用现代理念要求祥林嫂了。这个问题既破坏了课堂原有的凝重、沉痛的气氛，也超出了本课所研究的范围。这就要求教师具备机智的应变能力，把问题巧妙引导到教学主线上。

师：祥林嫂理解“独身”的含义吗？

生：不理解。

师：即便理解，当时她能独身吗？

生：不能。

师：为什么呢？

生：当时她婆婆家不让她独身，卖了她，强迫她改嫁。

师：对。即便能独身，她能幸福吗？

生：不能。

师：为什么呢？

生：因为那是旧社会，妇女没有地位。

师：对。因为有旧政权存在。怎样才能让祥林嫂过上幸福生活呢？

生：推翻旧社会，建立新社会，彻底解放祥林嫂，让她和我们生活在一起吧，生活在社会主义大家庭里！（学生和听课老师们热烈鼓掌）

教师一连串追问，引导得巧妙，学生回答得精彩。精彩智慧的对话问答，使课堂掀起一个高潮，闪耀教学艺术的光彩。

（五）活跃的竞赛

魏书生说，大脑处于竞赛时的效率，要比无竞赛时的效率高得多。即使对毫无直接兴趣的智力活动，学生因热望竞赛取胜而产生的间接兴趣，也会使他们忘记事情本身的乏味而兴致勃勃投入竞赛中去。他在教学中常用各种竞赛手段制造高潮。如教学韩愈的《马说》时，魏书生老师说：“《马说》不长，老师朗读，你们或听或读。左边这一趟桌的同学堵上耳朵读；中间一趟桌的同学闭上眼睛听我读；右边一趟桌的同学边听边读，最后看哪一趟桌的同学记住得多。”教师铿锵朗读，学生全神贯注，或听，或读，或连听带读，唯恐漏掉一字一句。最后从每排中找一名学生做代表，在黑板上凭记忆写出文中语句，看谁写得多、写得准确。写得多的学生得意扬扬，写得少的学生抓耳挠腮。强烈的求知欲，使学生急于打开课本，对照注释，记住更多，恨不能把每个字都吞进肚子里。这正是教师需要的效果，为学生下面的学习做好铺垫。竞赛使课堂形成紧张而活跃的高潮，提高了教学效率和质量。

（六）投入的模拟

教材中一些个性化的、适合模拟的动作、语言、神态等，可启发调动学生模拟演示，使学生在兴高采烈的模拟中，加深对教材的理解。如孙犁的《荷花淀》中水生嫂的临别话语：“你总是很积极的。”其中有赞许，也有幽怨和牵挂。怎样读才能真切细腻地展现水生嫂复杂的心理和微妙的语气？又如战斗结束后，妇女们风趣活泼的对话：“坐在船头脸朝后的一个噘着嘴说：‘你看他们那个横样子，见了我们爱搭理不搭理的！’”“啊，好像我们给他们丢了什么人似的。”一个“啊”字，有对同伴的附和，也有对男人的不满和抱怨。怎样读才能展现农村妇女那种语气？鲁迅的《从百草园到三味书屋》中的老先生读书的声调、动作、神态，都可以调动学生模拟演示，既增强了形象感知和趣味性，活跃了课堂，又使学生加深了对课文的理解。

（七）动人的歌乐

根据教学内容，可适当引入音乐、歌声，使教学显得丰富多彩、生动活泼。教学《红楼梦》中有关章节，教师可以将电视剧中的相关歌曲引入，如《红楼梦序曲》《葬花吟》《枉凝眉》《红豆曲》《秋窗风雨夕》《题帕三绝》，那满腹惆怅、无限感慨、如怨如慕、如泣如诉的歌乐，非常契合《红楼梦》的情感基调，能带给学生强烈的感染力，使课堂在歌乐中达到高潮。

（八）机智的应变

教学仅有严谨的“预设”还不够，还要有灵动的“生成”。那种反映教师课堂机智的应变，常使课堂发异彩、增亮色，充满灵动性。如有位教师介绍完“记叙文的写作方法”后，有位学生不小心碰翻了讲台边上的一摞本子。学生急忙弯腰拾起散落的本子，坐在前排的学生也上前去帮忙。学生抱歉地对教师说：“对不起，老师，把您的本子碰翻了。”教师笑笑说：“没事，以后当心点。”教学本可以按“预设”继续进行，可教师灵机一动，放弃原先的教学计划，抓住这一“课堂插曲”大做文章，说：“刚才我们学习了记叙文的写作方法、技巧，现在请同学们运用掌握的知识，写一段文字，把刚才发生的事情记叙下来，要具体、细腻、生动。”本来是破坏教学结构的意外变故，被教师点石成金，妙手回春，转化为课堂教学精彩的有机组成部分，学以致用，使课堂平添几分亮色和灵气，让教学掀起了一个小高潮。

（九）循循的诱导

教学高潮的胜境往往是由课堂主导者——教师循循善诱、点拨启发而渐入的。如一堂培养想象能力的写作课《“0”的畅想》，教师问：“‘0’像什么？”学生开始面露困惑之色，沉静不语。片刻后，有人小声议论，但仍无人发言。教师请一位学生发言，学生说：“‘0’像圆圈，表示没有；‘0’像句号，表示停顿。”教师肯定他的大胆想象和发言，并启发说：“如果说得有些文采、有点诗意应该怎样说？”学生受到启发，思路渐渐打开。一学生说：“‘0’是一片空白，好画最新最美的图画；‘0’是一块处女地，要我们去开垦、播种。”受到同学的启发鼓舞，另一学生说：“‘0’是一口陷阱，盲目者陷身于此；‘0’是太阳，浑身散发着光和热。”教师称赞学生思维活跃、想象丰富，进一步要求一次说出三句以上有文采诗意的话。片刻的思考后，一学生说：“‘0’是一只救生圈，让弱者随波逐流；‘0’是浩瀚的海洋，让勇者劈波斩浪；‘0’是一面战鼓，催强者奋勇前进。”学生的思路被彻底打开，精彩造句，层见叠出，赢得阵阵掌声，将课堂推向高潮。

（十）适宜的拓展

教师把教学内容延伸拓展，跳出教材，把学生的目光引向课外，比较联系。如教学李白的《将进酒》，教师可以比较拓展李白的《宣州谢朓楼饯别校书叔云》和余光中的《寻李白》等。教学巴金的《灯》，教师可联系拓展巴金的《日》《月》《爱尔克的灯光》等。学习余光中的《乡愁》，教师可联系拓展余光中的《乡愁四韵》《风铃》，以及席慕蓉的《乡愁》和于右任的《国殇》。这些抒写乡愁的诗篇，内容和表达各具特色，通过比较阅读，学生兴味盎然，大受裨益。

二、静态高潮

静态高潮又称“震颤式”高潮，属“内显性”高潮。其特点是外静内动，课堂虽表面平静，学生或凝神沉思，或黯然神伤，或悄然动容，或咀嚼回味……但学生情思震颤，心潮难平，激情澎湃，思维活跃，呈现“喧腾而灵敏的寂静”。“寂静”中蕴含着巨大的问号或感叹号。“静态高潮”较之“动态高潮”，学生的内在情感反应更强烈、更深刻，因而也更珍贵、更难得，对教师的教学艺术要求更高。“心动”重于“形动”，所谓“此时无声胜有声”。一般采用下列方式推动静态高潮：

（一）精辟的剖析

课堂中教师恰到好处、精当深入的剖析，往往能打动学生。教学鲁迅的《孔乙己》，在下课前，教师用动情的语言、精辟的剖析，将师生的情绪推向高潮：孔乙己这个备受屈辱嘲弄、尽尝人间炎凉的穷读书人，这个善良又迂腐的书呆子，最后由于被打残，他不能用脚只好用一双“手”，悲凉地、艰难地走去——走出小酒馆，走出读者的视线，走出人世间，走向墓地。孔乙己就这样在笑声中出场，在笑声中度日，在笑声中死去。这是一种痛苦的笑，含泪的笑，无奈的笑——“笑中也有泪，乐中也有哀”。笑声与泪水共存，以喜剧的手法来表现悲剧的主题，是这篇小说突出的特色。孔乙己活着，封建社会嘲笑他、侮辱他，用封建意识毒害他。他死后，封建社会没有一点同情、惊动和反应，就像枯树上飘落一片败叶，荒野里死了一根枯草。他盲目挣扎了一辈子，被别人践踏，自己也糟蹋自己。这个可悲又可怜的下层小知识分子啊，这个被封建科举制毒害的牺牲品，最后被封建社会吃得干干净净！（讲到这里，教师随手把黑板上的“孔乙己”三个字擦去，只留下一片空白）

深刻动情的语言，入木三分的剖析，独具匠心地对“孔乙己”三个字的一擦，教师以感叹号的方式，给学生以强烈的震撼、巨大的心理冲击，在学生心中激起巨大波澜，振聋发聩，令人警醒，印象深刻。黑板上的一片空白包含了丰富的潜台词，蕴藏了无数的画外音，令人感慨良多，久久回味。多少感慨尽在不言中，那股潜入人心的苦涩情味，对人物的同情、对社会的控诉，久久难以排解——孔乙己的形象也就走进了学生的心坎，镌刻在记忆里。

（二）动情的感染

教师以触动学生心灵、拨动学生心弦的方式感染学生，收到感人至深、发人深省的教学效果。被誉为“情感派”代表的于漪老师，执教柯岩的《周总理，你在哪里》时，她臂缠黑纱，胸戴白花，神情庄严，步履沉重地步入课室；挂起总理的遗像，播放低沉的哀乐。在庄严肃穆的环境气氛烘托下，教师深情地朗读全诗，动情的感染竟使课堂上响起了啜泣声。教师用注满真情的诵读，把学生带入无限敬仰、深情追忆的情思中去。当读到最后一声呼唤：“周——总——理——”恰到好处地戛然而止，课堂上顿时出现了一种异样的寂静，学生被深深地感染。在短暂的“弦凝绝”“悄无言”之中，学生沉浸在人生况味的体验中。他们的心，随着那一声悠长而深情的呼唤，飞出课堂，飞越高山、大海、森林，去寻觅总理的踪迹。师生的情感激流向更深入、更广阔、更高昂的境界奔涌。他们对周总理的缅怀崇仰之情，便凝聚升华在这个特定的“无言之美”之中了。庄子说：“不精不诚，不能动人。”于老师说，备课时想了很多，教案是用泪水写成的。带着这样真挚的情感上课，学生怎能不被感动呢？——教师首先要感动自己，才能感染学生。运用“动情的感染”追求教学高潮，对教师的素养要求较高。教师既要有“编剧”的本领，又要有引导感染学生的“导演”才能，更要具备卓越优秀的“表演”才华。教学设计要注意形式与内容的高度统一，寻找能拨动学生心弦的动情点；自然贴切，不牵强做作；有充分的蓄势酿情准备，以情感人，以情促学。情感到位，水到渠成，发人深省，奏出教学最强音。

（三）多彩的想象

如教学鲁迅的《从百草园到三味书屋》时，学生齐读第二段。教师引导学生想象“百草园”的美景，并让学生将这一段扩写得更细腻、逼真。有学生写道：“百草丰茂的百草园，在身体四周铺展开来，空气中弥漫着百草清纯的芳香和泥土温和的气息。时而站在菜畦的垄上，弯腰间一间苗，菜叶上滚动着晶莹的露珠，阳光下闪耀着七彩光辉。时而站在井台上，用手摸一摸石井栏，洁白而光滑。仰起头来，看高大的皂角树，从墨绿的树冠上，透射下一缕缕笔直的光线，斑驳地印在地上，微风吹过，光斑闪耀。爬上桑树，把柔嫩的枝条拉弯，摘一把桑椹，又红又紫，晶莹剔透，不用吃，嘴巴里已溢满了口水……”富有诗情画意的想象和扩写训练，学生如临其境，更增添了对“百草园”的喜爱之情。

（四）情境的体验

教师引导学生体验课文中的某些情境，学生受到强烈感染。如教学吴伯箫的《菜园小记》时，教师引导情境体验：“咱们这一课要体验劳动的乐趣、田园的乐趣。怎么体验？先请同学们看书，看书之后合目，在大脑中放映出菜园的图像。这图像越来越鲜艳，越来越逼真，越来越大，好像不是平面的，而是立体的，不是在脑海里，而是在我们四围。一行行果树下面是一片片菜畦，我们站在菜园里，站在畦垄上，前后左右都是碧绿的菜苗，空气中飘来泥土的芳香、青菜的芳香。同学们踩到畦垄了吗？闻到土香、花香、菜香了吗？”学生们闭着眼睛，笑眯眯地说：“踩上田垄了，闻到土香、花香、菜香了！”“那我们就间一间苗吧！”同学们弯下身子间苗，课堂上洋溢着轻松愉悦劳动的气氛。

（五）感人的情态

教师富有感染力的神情教态，也可以强烈地感染打动学生。被叶圣陶赞为“常常有奇妙的表现力”的著名诗人徐玉诺，在抗战期间曾教学法国作家都德的《柏林之围》。临近课尾，他满怀激情地诵读课文，当读到“快拿武器！快拿武器！普鲁士人来了！”几句时，他用异常紧急的眼神扫视全班，就迅速合起课本，转身奋步跨出教室。据当时的学生回忆：“我们这些在座的学生，随着徐先生的举手投足，似若身临其境，目睹法兰西志士抗击侵略者的场面。”联系日寇侵占我大好河山的现实，激起学生强烈的爱国热情，恨不能马上拿起武器，投身抗日战场。感人的情态，不但把课堂推向高潮，而且长留余味。

都德的《最后一课》中的韩麦尔先生，就是以“感人的情态”方式结课的。语言：“我的朋友们啊！我——我——”；表情：脸色惨白，哽住话语；动作：转身朝着黑板，拿起一支粉笔，使出全身的力量，写了两个大字：“法兰西万岁！”震撼、敲击着每一个听课者和读者的心扉，表达了言语所难以表达的丰富的内涵，把课堂推向高潮，给人以深刻难忘的印象。

有位教师在教学朱自清的《背影》时，在情感浪潮的冲击下，进入情境，情不自禁地模拟“父亲”的动作，用手攀住黑板的上缘，做出吃力攀越站台的样子，完成了一个特写的定格镜头。教师用感人的情态再现了一幅活生生的“背影”图，学生感动得热泪盈眶，留下难忘的印象。

孟子曰：“教亦多术矣。”俄国教育家乌申斯基认为，教育是一门艺术，而且是“一切艺术中最渊博、最复杂、最高和最必需的艺术”。艺术贵在创新，有志于在教学艺术殿堂里有所作为的教师，应该用自己的教学实践，努力创设出更多、更精彩的推动、呈现教学高潮的方式方法，让更多的学生感受到课堂高潮的胜境和魅力，感受美国心理学家马斯洛所说的“高峰体验”，使教学艺术之花绽放得更绚丽多彩。

（本文原载《语文月刊》2009年第9期。）

教学结课，课堂中的豹尾

课堂教学不仅需要一个良好的导入——凤头，更需要一个隽永的结课——豹尾。谢榛在《四溟诗话》中指出：“凡起句当如爆竹，骤响易彻；结句当如撞钟，清音有余。”平庸拖沓的开端，会影响整堂课的教学；乏味草率的结尾，同样会减损甚至败坏前面的努力。教学应善始善终。从某种意义上说，结课比导入更重要，因为若导入差一些，后面还有弥补和挽救的机会，结课失败的话，就很难挽救和弥补了。常言道：“编筐编篓，重在收口；描龙画凤，重在点睛。”明代戏曲理论家王骥德在《曲律》中说：“尾声以结束一篇之曲，须是逾着精神，末句更得一极俊语收之，方妙。”无论是“收口”“点睛”，还是“俊语”“豹尾”，都是说结尾的重要性。最后关头决定事物的成败，课堂也如是，教师需要研究掌握结课艺术。

一、教学结课的作用

教学结课是一项融“时间性”和“艺术性”于一体的技术性很强的教学活动，是任何类型的课堂教学都必不可少的组成部分。教师在完成一项教学内容或教学活动时，在下课铃即将响起前，需要对教学内容进行归纳总结、概括升华、延伸拓展，以增强教学内容的广度、深度和系统性等，使学生的理解深化、升华。具体来说，教学结课有以下作用：

（一）梳理总结

梳理总结是常见的结课方式。一堂课不可能使每一位学生都掌握全部内容，因而教师结课时应抓住关键，进行有针对性的巩固，强化重点、难点，将主要内容简明扼要地梳理、归纳，帮助学生厘清知识脉络和纷乱思绪。心理学研究表明，及时回忆巩固知识，要比 6 小时后回忆的效率高 4 倍。譬如鲁迅的《拿来主义》的教学结课，教师采用问答式，帮助学生梳理巩固学习要点：

师：学习《拿来主义》的要点之一，就是要厘清文章思路。现在我们归纳梳理一下文章思路。我说上句，同学们回答下句。什么是拿来主义？

生：对待外国文化要“运用脑髓，放出眼光，自己来拿”。

师：为什么实行拿来主义？

生：这是对待外国文化唯一正确的做法。

师：如何实行拿来主义？

生：先占有，再挑选。

师：实行拿来主义的结果是什么？

生：创造新文化。

（二）余韵隽永

电影、戏曲常把好戏放在后面“压轴”，追求一种言有尽而意无穷、余味悠长的效果。高明的教师常把最精彩、最隽永的环节放在结尾，使教学更有深度，更有启发性和感染力。譬如郁达夫的《故都的秋》教学结课，教师用诗化的语言深情总结，给学生留下长久回味：

作者爱故都的秋爱得如此深切，“感天地，泣鬼神”。白居易是“常恨春归无觅处”，而郁达夫是“常恨秋归无觅处”。裴多菲是“若为自由故，二者（生命、爱情）皆可抛”，而郁达夫是“若为秋之故，生命、爱情皆可抛”。正因为郁达夫是在用整个生命去爱秋，用整个身心去拥抱秋，他把自己的血肉溶入墨汁，饱蘸着自己的情爱去书写秋，用灵魂去品味秋，才有这篇秋味十足的美文。郁达夫是一个真正懂秋、爱秋、懂得生活的人。他在文章中反复称道的“清、静、悲凉”之“秋味”，实际上是他几十年人生旅程中，所领悟体验到的人生之味。所谓秋之味，乃是生命之味也！

（三）承上启下

叶圣陶说，结尾是文章完了的地方，但结尾最忌的却是真的完了。课堂教学也是如此。结课是教学一个段落的结束，而不是教学的结束，更不是学习的结束。教学结课既是对该课堂的完美总结，又为下一节课做引导。教师应重视单元与单元、课文与课文、课堂与课堂的过渡，所谓“上引下联，承前启后”。

譬如鲁迅的《记念刘和珍君》教学结课，教师激情总结：

明明是爱国学生，却被诬蔑成“暴徒”，明明是自觉请愿，却被造谣者说成“受人利用”。在这种情况下，鲁迅先生能不义愤填膺吗？能不站出来为牺牲者说句公道话吗？能不挺身而出揭露反动派的丑恶嘴脸吗？鲁迅就是带着这种悲愤之情来写这篇文章的。“悲愤之情”就构成了本文贯穿始终的线索。下一节课，我们将重点寻找“悲愤之情”的感情线索。

这段结束语以火热、激情的语言，不仅能引起学生强烈的思想共鸣，给人一种“忘记自己，进入角色”的感觉，而且还指明了下一节课的学习内容，一举两得。教学结课是旧课的“收场”，也是新课的“序幕”，承上启下。好的结课能带给学生情感上的激发、认识上的升华、艺术上的享受。但这绝不仅仅是教师灵机一动就能达到的效果，需要通过持之不懈的努力去探索研究。

二、教学结课的原则

（一）水到渠成，自然妥帖

教学结课不仅是时间到了，也是因为教学内容应该告一段落。教学结课是外在客观时间与内在教学内容相统一的教学行为。因此，教师要把结课控制得恰到好处，做到水到渠成，自然妥帖，避免生硬牵强；做到瓜熟蒂落，按时下课。

（二）结构完整，首尾呼应

课堂教学应是一系列相互关联的教学环节组成的统一体，教学结课是其中必不可少的一个环节。教学结课应与前面的内容脉络相连，整节课结构完整，前呼后应，一脉贯通。

（三）语言精练，紧扣目标

结语要简洁明了，干净利落，紧扣教学目标，要画龙点睛，提升认识，升华情感，不能拖沓冗长。

（四）内外沟通，联系拓展

教学结课不能仅局限于教材和课堂本身，教师要使课内外相通，相互联系拓展，把学生引向更广阔的生活和知识海洋；给学生留有思考的余地和活动空间，使其增强各种能力，使结课既成为课堂学习的总结，又成为课外学习的指引，推动学生走向更广阔的学习空间。

三、教学结课的方法

清代沈祥龙在《论词随笔》中说："结有数法，或拍合，或宕开，或醒明本旨，或转出别意，或就眼前指点，或于题外借形，不外白石诗说所云'辞意俱尽，辞尽意不尽，意尽辞不尽'三者而已。"教学结课与写词有相通之处，方法灵活多样，下面介绍几种常见的方法。

（一）应用式结课

教师运用学以致用的方式结课，让学生体验知识的乐趣。孔子曰："学而时习（践习）之，不亦乐乎？"如数学课，学生在学完"能被 2、3、5 整除的数"的特征之后，下课铃响了。教师说："同学们，下课铃响了，先请学号是 2 的倍数的同学离开教室。"

接着又说："再请学号是 3 和 5 的倍数的同学离开教室。"最后教师问："同学们，老师应该说哪一个数的倍数大家就都可以离开教室了？"学生齐答："1 的倍数！""大家说得对，请学号是 1 的倍数的同学离开教室。"余下的学生都开心地离开教室。这种应用式结课非常巧妙有趣，既是对本堂课所学知识的巩固应用，又富有生活情趣，给学生留下深刻的印象。

（二）归纳式结课

如教学李白的《将进酒》，教师最后梳理总结：纵观《将进酒》全诗，围绕一"酒"字，借题发挥，抒发"激愤不平"之气。感情跌宕起伏，一波三折：悲感（第 1～4 句）→欢乐（第 5～14 句）→愤激（第 15～20 句）→狂放（第 21～27 句）→愁苦（第 28 句）。今天我们重读此诗，依然能强烈地感受到那潜藏在酒话底下的郁怒不平之气，如黄河之水，奔流翻腾，不可阻遏。

又如巴金的《灯》的归纳结课：纵观全文，就灯的作用在实现了两次由"具象物质的灯"向"抽象精神的灯"的象征性升华的前提下，又从两个角度——无意受惠和有意施惠——逐层深入地写了"三类灯"：无意中使人受惠的灯；虽是有意施惠，但仅是为亲人、情人而点的灯；不仅有意施惠，而且完全是为救助陌生人而点的灯——就如同三个里程碑，将作者的思路与情感步步推进，完成了主题发展与深化。

（三）拓展式结课

教师把教学内容延伸拓展，跳出教材，把教学结课作为联系课内外的纽带，将学生的目光引向课外，开辟第二课堂：或由此及彼地联想，或要求学生运用所学知识去实践，或水到渠成地介绍课外读物，或引导学生猎取相关课外知识，或由节选文字引导学生阅读全文、原著等。学生通过延伸拓展、比较鉴别、同中求异，加深理解、丰富知识、训练思维、获益匪浅。

如郭锦媛的科学小品《蝙蝠和雷达》教学结课时，教师问："人们从蝙蝠身上受到启发，发明了雷达，这是仿生学。你们还知道人们从什么生物身上受到什么启发，发明了什么？"学生争相回答："人们受飞鸟启发，发明飞机。""受海豚启发，发明声呐。""受野猪鼻子启示，发明防毒面具。""受鱼类启发，发明潜艇。""受青蛙启发，发明潜水脚蹼。""受苍蝇复眼启发，发明蝇眼航空照相机，一次就能照出千百张照片。"例子举不胜举。教师趁机又问："你们从中得到什么启示？觉得可以发明什么？"并要求学生课下积极进行小发明、小制作。这样，教师就把学生在课堂上的兴趣延伸到课外，鼓励学生探索大千世界的奥秘。这种教学结课，内外结合，理论联系实际，教师鼓励学生走进大自然、观察探究大自然，培养学生分析问题、解决问题的能力，开阔学生视野，激发学生学习兴趣。

（四）高潮式结课

教师在教学高潮中结课，常能给学生留下深刻的印象，唤起其强烈的共鸣。如教学施耐庵的《鲁提辖拳打镇关西》，最后播放《好汉歌》，师生伴唱："路见不平一声吼哇！该出手时就出手哇！风风火火闯九州哇……"豪迈、粗犷的歌声与教学内容相应相和、相辅相成，使学生在歌声中进一步体会到鲁达路见不平、出手相助的侠肝义胆的英雄品格，课堂在豪迈的歌声中达到高潮并结束，学生脸上洋溢着兴奋、喜悦之情。

（五）探索式结课

钱梦龙老师教学刘兵的《死海不死》，结课时，他设置了一个"高难度"探索问题：文章说由于死海蒸发量大于约旦河水的注入量，造成死海水面日趋下降。长此以往死海就会干涸，真的变成"死海"了。同学们同意作者的预测吗？你们能否从预测中得出不同的结论？学生一时不能回答。教师点拨：死海的蒸发量是永远不变的吗？学生的思路一下打开了：死海的蒸发量和死海的面积成正比，当面积缩小时蒸发量也随之减少。一旦减少到与约旦河的注入量相等时，死海就会维持一种"半死不活"的状态——既不像现在这样浩瀚，也不会完全干涸。结课时探索发现的乐趣，使学生的思维达到高峰。

（六）畅想式结课

畅想式结课是教师以教学内容为基础，让学生展开想象、发表见解的结课方式，适用于联想、想象的教学内容。如安徒生的《皇帝的新衣》结课：皇帝赤身裸体进行游行大典之后，想起那个天真小孩的话，他会怎样？《孔雀东南飞》结课：假如刘兰芝、焦仲卿没有"举身赴清池""自挂东南枝"，他们会有怎样的结局？学生展开想象，课堂在兴味盎然的畅想讨论中结束。

（七）激励式结课

激励式结课是教师结合教学内容用鼓舞的语言对学生进行激励的结课方式。学生正处于青春年少时期，激情满怀，豪情万丈，具有很强的好奇心和求知欲。教师结合教学内容对他们进行激励式教育，可收到很好的教学效果。如竺可桢的科学小品《大自然的语言》的教学结课：物候学是多么有趣的一门科学啊！大自然以它生动的语言——草木荣枯，候鸟去来，花香鸟语，草长莺飞……向人们倾吐心中的秘密，这些秘密好像斯芬克斯之谜，只有辛勤智慧的人才能破解，带来丰收的喜悦。我国卓越科学家竺可桢，84岁临终的前一天，还坚持用颤抖的手写下当天的物候情况。多么可贵的科学热情，多么可贵的严谨作风啊！物候学与我们同学一样，正处于青春年少、风华正茂时期，有志于此者，真是大有作为啊！这样的教学结课，能收到课已结而情又发的效果，教师能够在学生心灵中掀起情感波澜，产生学习动力。

（八）比较式结课

比较式结课是把两个以上的相似篇目进行比较联系，寻找异同点的结课方式。一些教学内容较为相似，教师引导学生通过比较寻找规律和相似点，使学生加深印象。这种比较式结课，实际上是教给学生一种学习方法——比较法。如教学欧阳修的《醉翁亭记》，结课时可与范仲淹的《岳阳楼记》比较：《醉翁亭记》和《岳阳楼记》都是游记，都是写景抒情的名篇，但又有独特的风格、艺术魅力和意境。《岳阳楼记》描写的是湖面上的景象，壮阔且细腻；《醉翁亭记》写的是山间景色，简洁明快。《岳阳楼记》的结构严谨，处处突出对比；《醉翁亭记》的布局洒脱而有法度，一气呵成。《岳阳楼记》抒发的是"忧"之情；而《醉翁亭记》表达的是"乐"之意。比较式结课应注意内容的可比性，学生要找出相同点和不同点，加深理解。

（九）训练式结课

训练式结课是课堂接近尾声时，教师运用学以致用的高效训练的结课方式。譬如教学归有光的《项脊轩志》，最后以"畅谈收获"的高效训练结课：

> 师：最后请同学们谈谈，学习本文后你在"阅读和写作"上有什么体悟和收获。
>
> 生 1：在阅读时不能忽视细节，而且越是看似平淡的细节越有研究的价值。
>
> 生 2：学习一定要善于发问，在问题中寻找答案。
>
> 生 3：平时我们总烦恼作文写不好，其实生活小事即作文，只要拥有了真情，不愁写不出好作品。
>
> 生 4：写作时，一定要有一些变化，在主线串联下安排变化会让写作更有深度，也更有感染力。
>
> 生 5：抽象的感情必须要借助可以触摸的人、可以描述的事或物等具体可感的东西来表达。
>
> …………

学生畅谈学习课文的体悟和收获，教师在高效的训练中结课。

（十）悬念式结课

教师以"欲知后事如何，且听下回分解"的方式激发学生探索思考的热情，产生期待继续学习的动力。如生物课教学叶的光合作用，临下课时教师给学生讲了一个故事：从前有一个人下菜窖取白菜，下去就没有上来。后来又下去一个人也没有上来。第三个人点了支蜡烛顺着梯子下窖，才下到一半，就听他大叫："有鬼！"同学们知道是怎么回事吗？回家预习《叶的呼吸作用》就可以揭晓谜底，下节课我们详细学习。这个悬念式结课把学生的胃口吊起来了，成为学生回去预习的强大动力，为教师上好下一课做好铺垫。

教学结课有法，但无定法。以上所列举方法，仅是常见的几种。还有很多结课方法：讨论法、朗读法、游戏法、迁移法、点睛法等，不一而足。教师应灵活运用，创造发挥。

四、教学结课禁忌

（一）忌草率蛇尾

有的教师非常重视导入，精心设计导语，而不在乎结课，课上到哪儿算哪儿，临近下课，看时间差不多，就紧急刹车，草草收尾。这样的课堂教学既没回顾梳理，也没高潮余味；仓促结课，虎头蛇尾。

（二）忌画蛇添足

与“草率蛇尾”相反，有的教学结课“画蛇添足”。有的教师教学节奏过快，留给教学结课的时间过多，于是就信口开河，无话找话，使结尾黯然失色；有的教师小题大做，故弄玄虚；有的教师为结课而结课，本来可以结束了，却非要喋喋不休……这样的教学结课都不是“画龙点睛”，而是“画蛇添足”。

（三）忌淡而无味

戏剧讲究演透而不要演绝，教学艺术也是如此。教师不能讲尽，讲尽就失去回味的余地，失去韵味，失去启发，失去想象的效果。这就要求教师以“有限”追求“无限”，突破课堂的时空限制，在结课时注意含蓄、浓郁、隽永的氛围，使学生感到“课堂有尽而意无穷”，课后回味咀嚼，主动探索学习。

（四）忌前后冲突

有的教师结课时没有注意到所讲内容的前后关联性，造成前后冲突；或是教学结课与导入所提问题冲突；或是教学结课所讲与教学内容冲突；或是教师观点与教材冲突，造成学生认知冲突，影响学习效果。

（五）忌延时拖堂

拖堂违反学生学习规律和教学规律，费时不讨好。所以教学结课绝不应拖泥带水，应当止即止，干净利落。

教学板书，课堂中的明眸

板书，既可理解为名词“教师在教板上书写的内容”，也可以理解为动词“教师在教板上书写”。板书能体现教师书法技艺的高下，更能反映教师对教材的解读、概括和表现能力。随着多媒体的普及和发展，板书有被某些教师忽视、弱化的倾向，这是不应该的。教师的板书，是随着教学的进程、学生的思维、师生互动等情况，动态逐次展现的，其特点是机动灵活、随机应变、重点突出、令人印象深刻。这是一次性和盘托出的多媒体板书所不能替代的，所以有必要强调重视板书。教师板书与多媒体展现，可以相辅相成、互为补充，二者相得益彰。过去所强调的教师“一张嘴、一双腿、一双手”的“三一基本功”，今天看来，并没有过时。板书依然是教师普遍使用的、重要的教学手段，是课堂上师生信息交流的重要方式，是教学不可或缺的重要组成部分。

匠心独具的精美板书是高度浓缩的“微型教案”，是反映教学的“镜子”、展现教学情境的“屏幕”、开启学生思路的“钥匙”、教与学的“桥梁”、引人入胜的“导游图”，是课堂中以一目尽传精神的“明眸”。通过板书，既可大致了解教师对教材理解把握的深度、广度和提炼概括能力，也可以反映教学目标、教学思路、教学风格、教学技能等。即便是同一篇课文，不同教师的理解深度不同，教学侧重点、目标不同，所呈现出的板书也就不同。所以教师要高度重视板书艺术的研究，时下甚至形成了一门专门学科——“板书学”。

一、板书的作用

（一）辅助教学，提高效率

板书可以弥补教学语言表达的不足，解决一些不易讲清楚的问题。有时一幅实用简明的板书，可以顶得上教师半天喋喋不休的讲解，省时高效。好的板书就是一篇“微型教案和学案”，体现教师对教材深刻独到的解读和概括提炼，体现教学思路流程、教学目标，以及重点、难点等。学生看了板书，就能从总体上把握课文。

（二）激发兴趣，启发思考

实用简明、条理美观的板书，可以激发学生的学习兴趣，活跃学生思维，给学生带来审美愉悦；借助形象感知，增强学生对教材整体而系统的认识。

（三）强化记忆，减轻负担

心理学研究表明，大脑能记住的信息，大部分来自视觉，少部分来自听觉，还有一些来自嗅觉和触觉等。系统条理化的知识更便于理解、记忆和迁移。

二、板书的原则：实用、简洁、条理、美观

（一）板书的功能——实用

实用是对板书最基本的要求之一。板书应实实在在服务于教学，是教学内容的反映和提炼。板书体现教学目标，突出教学中心、重点和难点，而且便于书画操作。板书不是花拳绣腿，不是为板书而板书的应景之作。

（二）板书的内容——简洁

板书是教学内容高度概括和浓缩的反映。优秀的板书设计均以简洁、凝练、鲜明取胜，有“一目尽传精神”的功效。有些教师不注重板书的简洁，纷繁芜杂，令人眼花缭乱，甚至写了擦、擦了写，浪费时间和精力，影响教学效率。教师要学会提炼概括、删繁就简、精心设计、精练词语，用最简省的文字、符号、图画等，表现丰富的内容。板书尽量不出现重复的词句，做到以一当十——这是衡量教师教学技艺的一项重要能力指标。英国剧作家威廉·莎士比亚说，简洁是智慧的灵魂，冗长是肤浅的藻饰。

（三）板书的布局——条理

条理是对板书布局、结构的要求。一块黑板犹如一张长方形的大纸，应有天头、地脚之分。天头正中是板书课题，地脚不应写满。这出于两方面原因：一是教师不便书写，二是学生不易看到。整块黑板写什么、怎样写，主、副板书的内容应上下左右对称、重点突出、条块分明、色彩协调等，教师要考虑周全、安排妥帖，做到胸有成竹、提高效率。教学内容的条理是板书条理的前提，依据教学内容和进程，板书应自上而下、从左到右逐渐展现。条理清晰、层次分明、严密有机、布局合理，显示出教学过程和内容的严密逻辑性，使学生易于解读和掌握。

（四）板书的形式——美观

美观是对板书形式的最高要求，这是引发学生兴趣、减少视觉疲劳的有效手段。精美的板书就是一件充满匠心的艺术品，不但有认识功能，而且有审美价值和美育功能。所以，板书不仅体现“删繁就简三秋树”的实用、简洁，还要追求“标新立异二月花”的美观、新颖——匠心独运，令人赏心悦目。优秀的板书常常以实用、简洁、美观的形式展现。因此教师在设计板书时，在不影响内容表达的前提下，应尽量选择生动美观的

方式。一般而言，板书都是采用对称呼应的设计模式，符合审美规律。圆形、方形、菱形、梯形、三角形等几何图形能产生美感效应。此外，色彩搭配也是突出重点、产生美感的重要手段。

需要强调的是，板书的美观要服务于实用、简洁，不能以削弱、牺牲板书的教学辅助功能而走向形式主义的极端。板书的目的是服务于教学，而不单纯是美术绘画作品；美观的内涵也不单指新奇花哨，有时大方质朴也是一种美，而且是更高境界的美，所谓“大巧若拙，大美若朴。”

三、板书的类型

了解板书的类型对教师板书设计有一定的帮助和指导作用。根据不同标准可以划分不同类型的板书（各类型间有交叉），常见类型有：

（一）主板书和副板书

根据板书内容的重要性可划分为主板书和副板书。主板书又称“中心板书”，反映教学目的和主要教学内容，一般处于居中位置，占据大部分空间，通常保留到教学结束。副板书，又称“附属板书”，反映次要教学内容，根据学情变化，随机出现，较为零散，可随时擦去，一般偏居黑板左右两侧，占据较少空间。主、副板书也可分为两大区域，主板书在左或上，副板书在右或下。副板书不可随意书写，也要有所设计和规划。主、副板书不可平分秋色，更不能喧宾夺主。如教学蒲松龄的《狼》的主、副板书：

<table>
<tr><td>（天头）
聊斋志异
狐鬼神妖
奇闻异谈
窘 jiǒng
苫 shàn
冥 míng
尻 kǎo
黠 xiá
隧 suì
（副板书）</td><td>狼　蒲松龄
一屠　　两狼
↓　　↓
遇狼　　缀行
↓　　↓
避狼　　贪婪
↓　　↓
杀狼　　变诈
（主板书）</td><td>以：介词（拿、用）
而：连词
之：代词
其：代词（它、他）
作业：翻译全文
（副板书）</td></tr>
<tr><td colspan="3">地脚（不写字）</td></tr>
</table>

（二）教师板书、学生板书和师生合作板书

以板书呈现主体划分，可分为教师板书、学生板书和师生合作板书。

1. 教师板书

教师板书，即由教师独自完成的板书，是板书中的常见类型。但教师也要争取让学生积极响应参与。教师最好能在教学中，根据课堂情况对预设的板书作微调，如有些词语的提炼书写，若学生的理解、提议更合理，不妨就直接采用学生的意见，让学生感到

板书虽是教师书写的，但却是对大家思维、学习情况的归纳和总结。板书中有学生的思维成果，可以提高学生参与的乐趣和自信。

2. 学生板书

学生板书是体现学生的主体地位、锻炼学生的学习能力、由学生在教师指导下书写的板书。学生板书打破了由教师一手包办、全盘授予的局面，学生成为板书的主人。学生板书能有效调动学生的积极性，发展他们的思维力和创造力，体现学生的概括书写能力和表达能力。但要充分考虑学生的实际情况，因人而异，因势利导。

3. 师生合作板书

师生合作板书是根据课堂教学的需要，由师生讨论或由师生合作共同完成的板书。师生合作板书可以增进师生交流，形成和谐的师生关系；思维共振，情感共鸣，培养师生合作精神；发挥师生智慧，创造更完美的板书，共同分享板书艺术之乐。如教学契诃夫的《变色龙》，教师先在黑板中心用红笔书写一个大大的“变”字，并提示道：整篇小说的核心就是一个“变”字，就看警官奥楚蔑洛夫怎样变来变去，变了几次？每次变化的“依据”和“表现”是什么？学生指出变化的“依据”是狗主人的身份，变化的“表现”是对狗的称呼。教师根据学生的分析概括，书写如下板书：

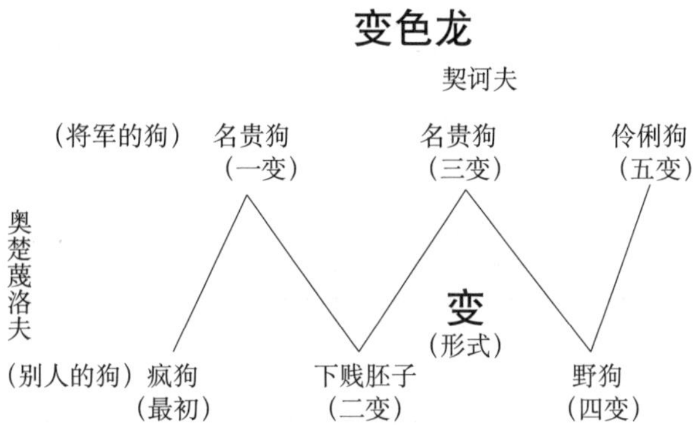

后来，一学生提出，奥楚蔑洛夫不仅对狗的称呼有变化，对狗主人的称呼也有变化。教师又上台将一变、三变、五变分别写出相应的文字——从“席加洛夫将军”到“将军”又到“他老人家”，与二变、四变形成字面上的呼应，这就更直观了。在教师的引导下，学生又说出：“奥楚蔑洛夫善变是表面的，他的‘媚上欺下、忠实走狗’的本质不变。”教师问：“怎样在板书上体现这一点呢？”学生上来在“变”字中间画了一条粗粗的横线。教师又在横线上写下“媚上欺下”“走狗本质不变”等。有学生觉得板书还可以进一步完善，奥楚蔑洛夫越到后来变化的频率越快，而原先板书的波峰、波谷是等距的，不能形象地表现奥楚蔑洛夫那种越来越迫切的趋炎附势、逢迎巴结的丑恶心态。又有学生说：“而且语气越来越‘肉麻’，所以板书应是越往后振幅越大，频率越快。”大家同意后又在黑板上进一步修改完善。于是在师生合作下，形成了整篇课文最准确、最完美的板书：

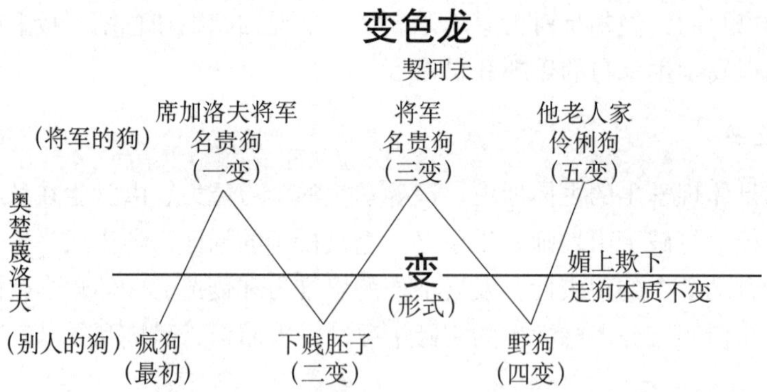

（三）表格板书、表解板书、留白板书、主题板书、纲要板书、图形板书等

以板书的主要表现形式划分，可分为表格板书、表解板书、留白板书、主题板书、纲要板书、图形板书等。

1. 表格板书

表格板书是用表格形式呈现出来的板书，特点是整齐、匀称、清晰、明了，适合将类似的知识放在一起呈现，具有归类、比较作用。如教学茅以升的《中国石拱桥》板书设计：

中国石拱桥	
赵州桥	卢沟桥
久、美、坚	
独拱 拱上加拱	联拱 石狮百态

2. 表解板书

表解板书是用大小括号、关联图框等形式，将纲目或要点组成一个系统地反映从属结构关系的板书，特点是系统完整、层次清晰。如教学恩格斯的《在马克思墓前的讲话》板书设计：

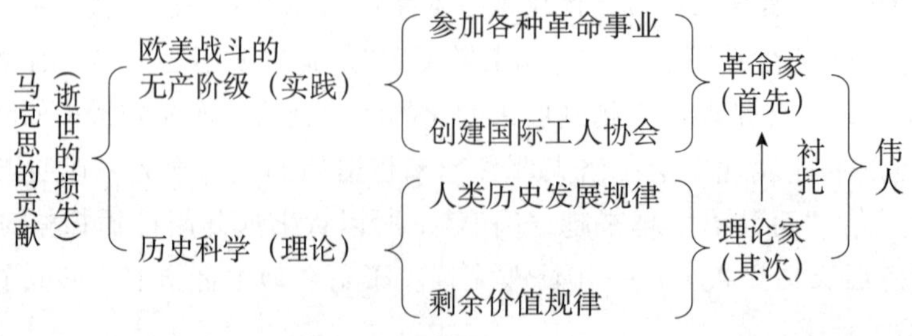

又如教学王安石的《伤仲永》板书设计：

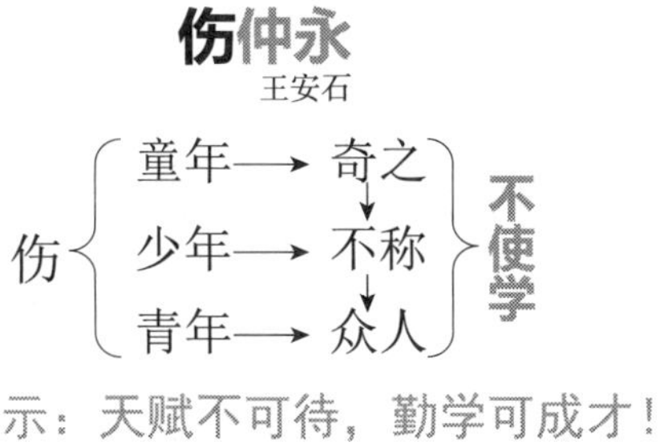

教学郁达夫的《故都的秋》板书设计：

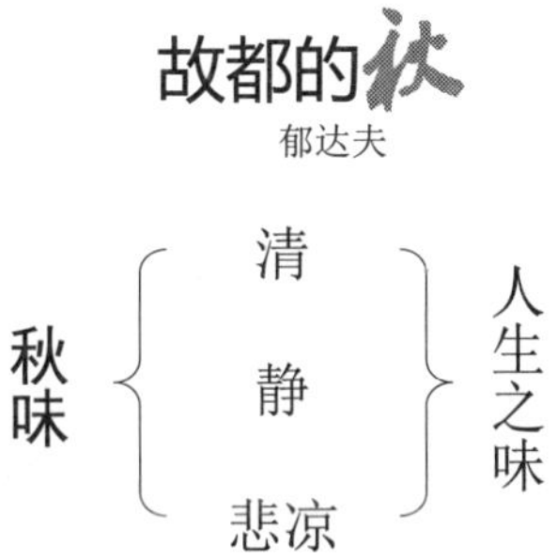

3. 留白板书

留白板书是教师故意留下一些空白，让学生思考填充的板书。这也是师生合作板书的一类，特点是富有启发性，有效调动学生积极参与和思考。如教学刘安的《塞翁失马》的板书，教师在引导学生学习课文的过程中，画出一条“阴阳鱼”，并留出两个小圆圈和一个方框，让学生在两个圆中各填入一个字，体现课文所揭示的事物福祸相依、相互转化的辩证哲理，并在方框中写入四字成语，与标题“塞翁失马”呼应。

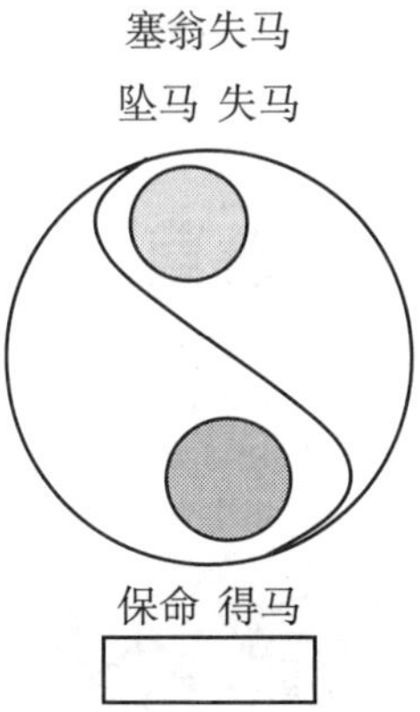

学生经过一番思考讨论后，走上讲台完成了留白板书，形成了如下完整板书。学生的认识得到提升，获得极大的满足感和成就感。

塞翁失马

坠马 失马

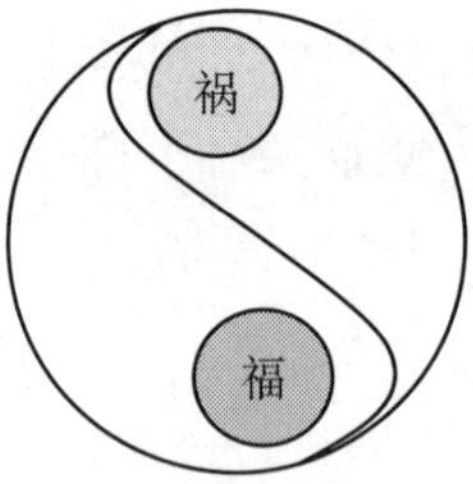

保命 得马

焉知非福

4. 主题板书

主题板书是为凸显教材的核心和主题而设计的板书。主题板书往往用最准确、最鲜明的一字、一词或一语，高度提炼概括教材核心主旨，书写于黑板醒目位置，点明文章最重要、最关键的核心所在。其特点是精要、浓缩、一语中的，有“一石击破水中天”的作用。教师设计这类板书，最关键的是准确深入地解读教材，吃透教材，并高度地提炼概括。如教学《逍遥游》板书设计：

逍遥游

《庄子》

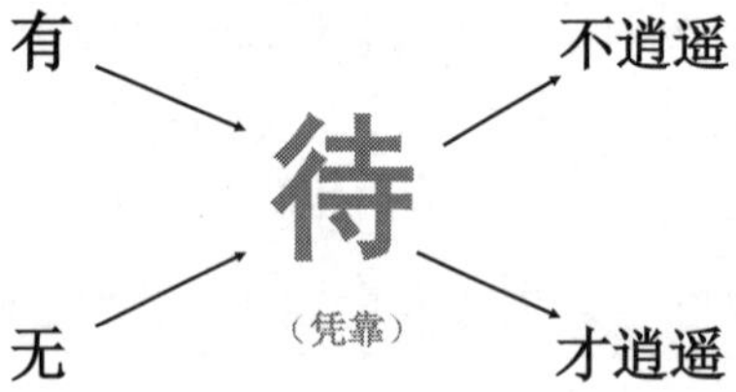

万物有所“待”——不能“逍遥游”（反面）
无所“待”以游无穷——才能“逍遥游”（正面）

教学《诗经·蒹葭》板书设计：

蒹葭

《诗经》

教学毛泽东的《沁园春·长沙》板书设计：

沁园春 ·长沙

毛泽东

绚 丽 蓬 勃

（写景提出）

↓

谁 主 沉 浮

↑

（抒情回答）

昂 扬 自 信

5. 纲要板书

纲要板书又称“事理板书”，是概括文章的主要内容，依据情节发展或事理逻辑，提纲挈领，表现事物发展过程或内在逻辑的板书。如教学班固的《苏武传》板书设计：

苏武传

班固

开端：出使修好、谋反受累
发展：殉国获救、卫律逼降
高潮：苏武牧羊、李陵劝降
结局：白发归汉、名垂青史

教学鲁迅的《拿来主义》板书设计：

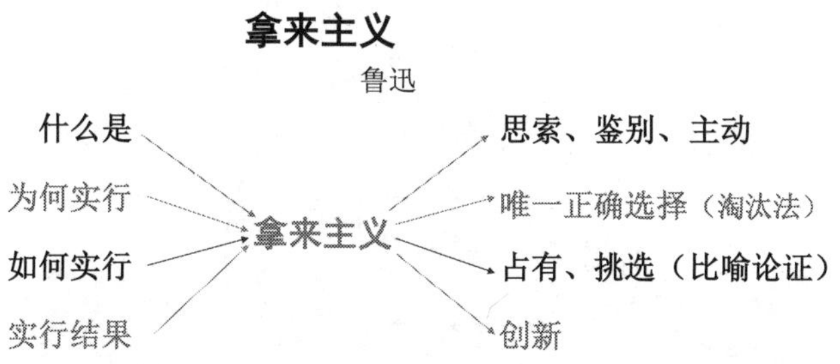

教学贾祖璋的《南州六月荔枝丹》板书设计：

南州六月荔枝丹

贾祖璋

6. 图形板书

图形板书是采用与教学内容完美结合的、较为形象的图形设计板书。这种板书的特点是形象生动，形式与内容高度统一，具有较强的审美特性。但也要注意不可过于追求形式而损害了内容的表达和操作性。如教学李白的《将进酒》板书设计（板书状若酒坛）：

将 进 酒

（唐）李白

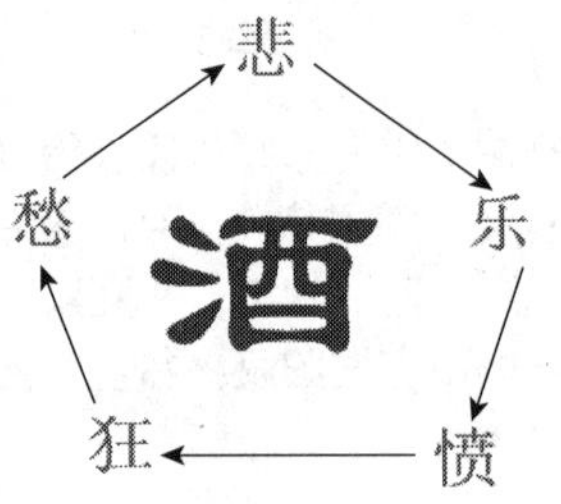

教学巴尔扎克的《守财奴》板书设计（板书状若铜钱）：

守财奴

巴尔扎克

教学巴金的《灯》板书设计（板书状若灯笼）：

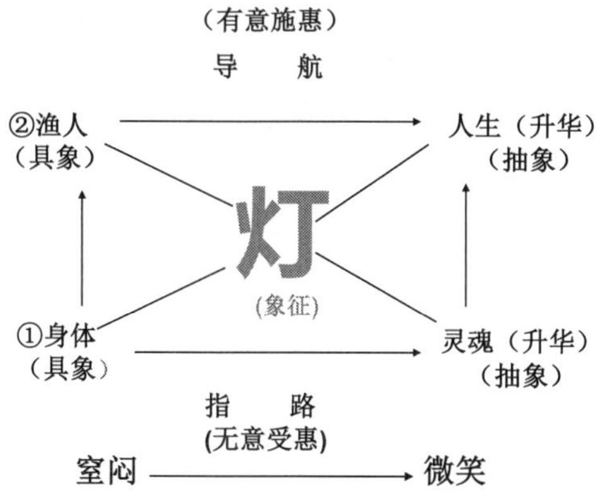

教学曹雪芹的《抄检大观园》板书设计：

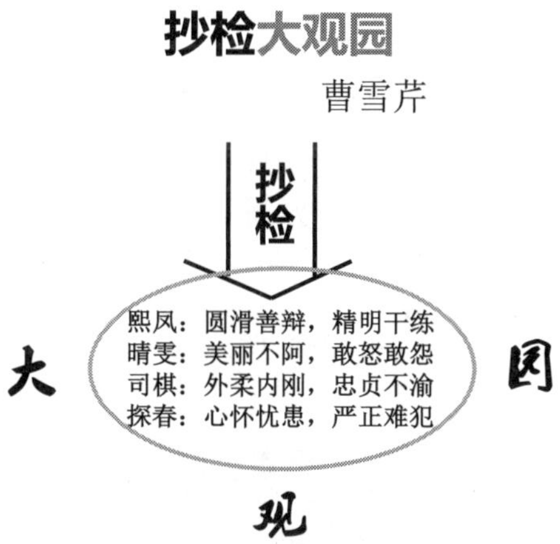

曹雪芹的《抄检大观园》板书设计中，椭圆代表“大观园”，黑色粗箭头代表封建恶势力“抄检”，形象直观。

还有其他各种类型的板书设计。在具体教学实践中，板书设计往往根据教材内容和教学需要，从教学实际出发，综合各种类型的板书优势设计而成。

四、板书的设计

（一）准确深入把握教材——板书的前提

教师只有对教材准确、透辟地理解把握，才能提纲挈领地设计板书。透过板书也可以窥见教师对教材的理解是否准确、深透、全面。

（二）高度概括提炼——板书的关键

教师应运用画龙点睛的精练文字或符号表现教材，以一当十，以简驭繁。如《孔乙己》的“笑”字、《逍遥游》的“待”字、《沁园春·长沙》的“谁主沉浮”等字句的提炼概括。如果教师对教材没有透辟地理解和高度地概括提炼，就不能准确得出结论。

（三）恰当完美表达——板书的功夫

教师对教材内容的透辟理解和精要概括，需要通过恰当完美的形式表现出来。优秀的板书都是内容和形式的完美结合。教师根据课型、教学目的、上课等实际情况，选用不同类型的板书（板书类型前面已有介绍，实践中往往是综合运用多种类型的板书），调动艺术审美和表现能力，设计出实用、简洁、美观的板书，如教学莫泊桑的《项链》有两种板书设计。

板书设计一：

项　链

莫泊桑

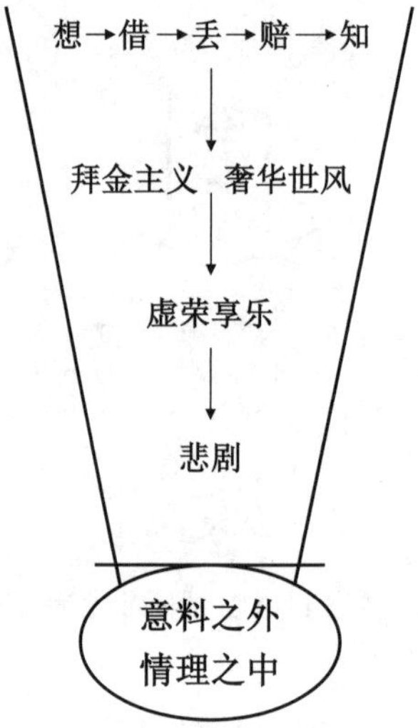

板书设计二：

项链

莫泊桑

（1）丰厚的意蕴：社会影响
享乐虚荣（讽刺批判）
诚信坚强（同情赞美）
断送？拯救？（福祸相依）
……
（2）精巧的构思：想—借—失—赔—知（项链）
意料之外，情理之中
……

这两种板书设计各有特色，都合乎板书设计原则。板书设计一是“图形板书”，个性更鲜明些，是对整篇小说从内容到形式的概括表现，可以作为全部学完《项链》后的完整板书。板书设计二是“纲要板书”，简明条理，朴实大方，更便于学生理解和操作，此板书可一分为二，适合一课时不能全部学完《项链》时的部分板书。从可操作性上看，板书设计二较之板书设计一，更便于操作。

五、不断完善创新板书

板书设计是一个不断深化、完善的过程。随着认识的不断深入和教学中暴露出的一些不足，教师所设计的板书也要不断调整、修改、完善，以臻于完美。

板书设计是一项富有创造性和技术含量较高的工作，需要较高的设计能力、审美能力和创新能力，是体现教学艺术的重要一环。艺术贵在创新，教师不应满足已有的板书设计，要不断推陈出新，创造发明；从不同的角度研究教材，思考问题；尝试以不同的形式设计不同风格的板书，设计从不同角度表现教材的板书。教师要力争设计出更能突出中心、更简洁明快、更具特色、更美观大方、更便于操作的板书。

如教学马中锡的寓言故事《东郭先生和狼》，教师开始是这样设计板书的：

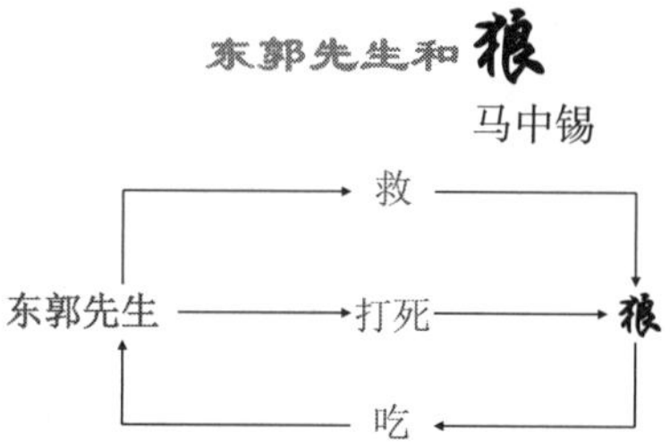

这个板书的形式并不复杂，但从反映的内容看，好像是东郭先生打死了狼，与课文中所写老农教育了东郭先生后“抡起锄头，把狼打死”的情节不符。于是教师对板书作了必要修改：

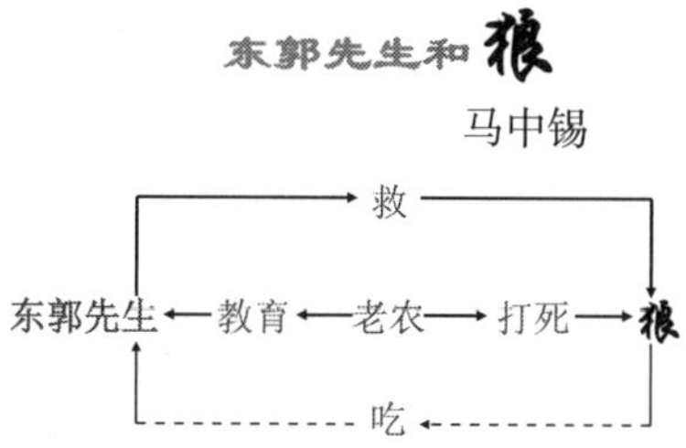

新板书加入了“老农”这一人物，并且表现了老农“教育”东郭先生和“打死”狼的内容。狼吃东郭先生是一种未实现的欲望，并非现实，因此用虚线表示更妥帖。这样修改后的板书既保持了原板书的简洁，又克服了不够准确的缺点，更加合理、严谨。

又如教学鲁迅的《药》的两种板书设计。

板书设计一：

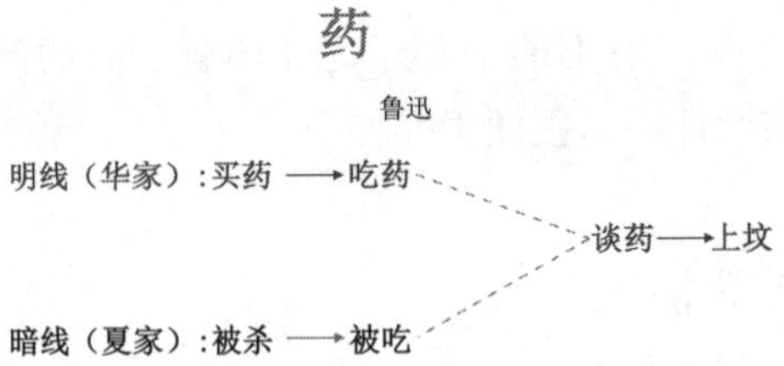

板书设计二：

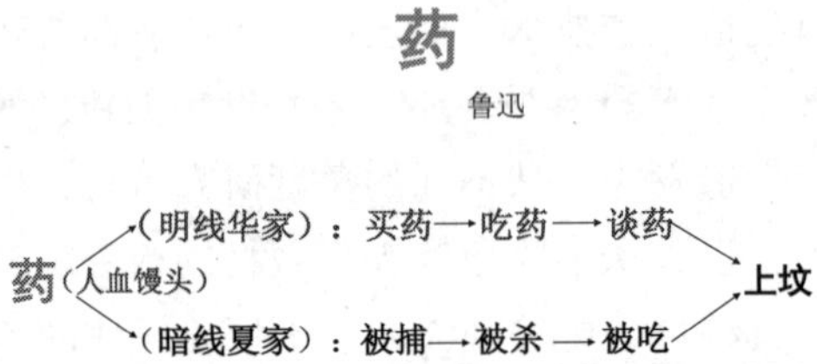

《药》的两个板书设计比较而言，板书设计二更能准确、全面地体现课文内容、主题和线索结构，也更对称美观。

教学蒲松龄的《狼》的两种板书设计。

板书设计一：

板书设计二：

（天头） 聊斋志异 狐鬼神妖 奇闻异谈 窘 jiǒng 苫 shàn 瞑 míng 尻 kǎo 黠 xiá 隧 suì （副板书）	狼　蒲松龄 一屠　　两狼 ↓　　↓ 遇狼　　缀行 ↓　　↓ 避狼　　贪婪 ↓　　↓ 杀狼　　变诈 （主板书）	以：介词（拿、用） 而：连词 之：代词 其：代词（它、他） 作业：翻译全文 （副板书）
地脚（不写字）		

《狼》板书设计一是“主题板书”；板书设计二是“主、副板书”，又含“事理板书”，各有特色千秋。

教学施耐庵的《鲁提辖拳打镇关西》的两种板书设计。

板书设计一：

鲁提辖拳打镇关西

施耐庵

起因——→怒闻怨情
发展——→义助返乡
高潮——→痛打郑屠
结局——→机智脱身

板书设计二：

鲁提辖拳打镇关西

施耐庵

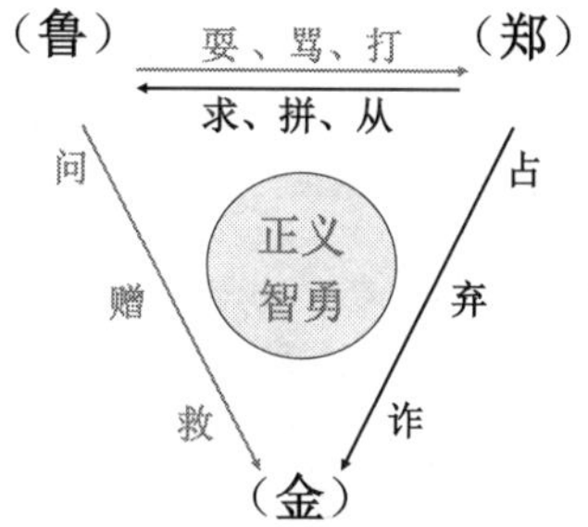

《鲁提辖拳打镇关西》板书设计一是“纲要、事理板书”，板书设计二是“主题、事理板书”，各有特色千秋。以上板书设计都符合板书设计的原则，也都是不错的板书。但相对而言，板书设计二较之板书设计一，更简洁美观、特色鲜明。所以板书设计没有最好，只有更好。

教学刘心武的《等待散场》的两种板书设计。

板书设计一：

等待散场

刘心武

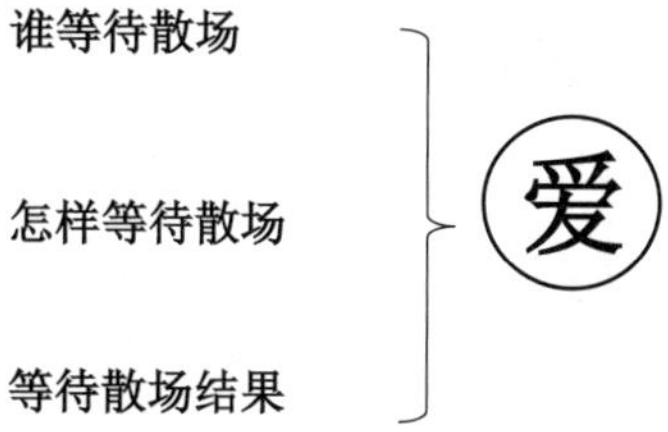

板书设计二：

《等待散场》的两种板书都是“主题板书”和“纲要或事理板书”相结合，都很实用、简洁、美观，各有千秋。

六、板书设计的符号

板书设计的符号在板书中的作用是具有象征性、约定俗成性，指示事物之间的关系，表示不同意义。符号不同，板书类型也不同。常见的板书设计符号有：

（一）字体

我国的汉字大致经历了甲骨文、金文、篆书、隶书、楷书、草书、行书七种字体的演变，称作“汉字七体”，另加“简化楷书”，共八种字体。如今通用的是简化楷书和行书，其他几种字体一般作为一种书法艺术而存在。各种字体可表现不同风格、内容和情感。篆书、隶书古朴典雅，适合表现古诗文。楷书较工整、端庄，适合表现庄重的内容，如议论文、说明文。草书、行书活泼洒脱，适合表现个性自由的内容，如小说、散文、现代诗歌。如果教师热爱书法，写得一手好字，并掌握多种字体，如篆书、隶书、楷书、草书、行书，在教学中根据教学内容需要，选择不同的字体与文章的体裁、内容合理搭配，能更好地表现文章，强化视觉效果，引发学生兴趣，提高教学效率和效果。但运用不同字体，也要考虑学生的年龄因素，对低年级学生就不太适合用草书。

（二）线条

线条有直线、波浪线、螺旋线、虚线、破折线、曲线、实线等。直线，表示力量、刚强、愤怒；波浪线，表示起伏变化、颤抖，给人流动感；螺旋线，给人升腾感；虚线，表示虚拟、连接、辅助、联想等状态；破折线，表示一波三折、跌宕起伏的复杂变化。

（三）箭头

箭头有单箭头、双箭头、实箭头、虚箭头等，用于表示方向、指示关系等。

（四）括号

括号有大、中、小括号，用于归纳、概括、表示归属。

（五）图形

一般板书都是采用对称的设计模式，符合审美规律。图形包括各种几何图形，如圆形、正方形、三角形、长方形、菱形、梯形、五角星形等。圆形给人柔和优美之感；正方形给人方方正正、不偏不倚、庄重安定之感；三角形给人坚实稳定之感。

七、板书设计的色彩

色彩对人的思维、行为、教师情感等有着重要影响，不同的色彩可以产生不同的心理效应，影响学生的认知心理和学习效果。不同色彩的板书可呈现提示、醒目、审美等效果。教师应对色彩学以及色彩在板书中的教育意义有所了解。“三原色”指色彩中不能再分解的三种基本颜色。三原色分为色彩三原色和光学三原色。色彩三原色：品红、黄、青（是青不是蓝，蓝是品红和青混合的颜色）。色彩三原色可以混合出所有颜料的颜色，同时相加为黑色。光学三原色：红、绿、蓝。光学三原色同时相加为白色，黑白灰同属无色系。

总体上色彩分“暖色”和“冷色”，红、黄给人温暖的感觉，被称为“暖色”；蓝、绿给人冰冷的感觉，被称为“冷色”。红蓝混合为紫，蓝黄混合为绿，红黄混合为橘黄或橘红。

色彩还有不同的象征意义和文化意义。红色象征热烈、正义、喜庆、豪迈；绿色象征生机、和平、和蔼、娴雅；黄色象征高贵、豪华；蓝色象征温良、冷静、深沉；黑色象征沉重、悲痛、神秘、邪恶；白色象征纯洁、轻快、真挚。如果教师掌握了色彩的情绪效应和象征意义，就可以根据不同的教学板书内容，采用不同的色彩设计，以达到板书最优化。

八、掌握一定的板画绘制技能

依据呈现内容与载体来分，板书可分为板写与板画。板写以文字为主，配以线条、符号；板画，又称简笔画、黑板画，是指教师在课堂上以简练的线条，在较短的时间内勾勒、概括出事物的形象或内在关系，清晰明确、生动有趣，如地理降水主要类型示意图。板画能唤起学生兴趣和求知欲，帮助学生理解教材，增强记忆力。板画对教师的素养和审美提出了更高的要求。一个优秀的教师应具备多项技能和修养，所谓“艺不压身”。

地理降水主要类型示意图

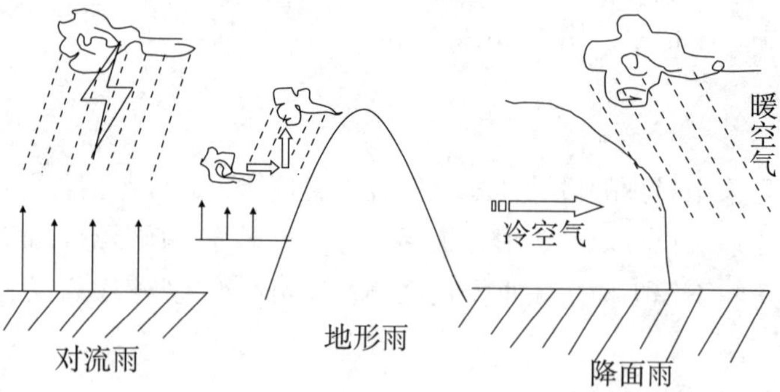

九、板书禁忌

（一）忌烦琐冗长

板书以简洁明快、画龙点睛为美。板书中不能大括号、中括号、小括号、尖括号一大串；不能写汉字一、二、三后又写（一）、（二）、（三），再写 1、2、3，然后写（1）（2）（3）；或者甲乙丙丁、ABCD 一起用……搞得学生眼花缭乱。一些教师误以为，板书越多、信息量越大越好，恨不能将所讲内容都搬上黑板，不善于以简驭繁、以一当十。要知道什么都写，等于什么都没写。大量书写既占用时间，又降低了效率。黑板上密密麻麻、模糊一片，重点难点被淹没，学生最后什么也记不住，事倍功半。

（二）忌平庸、无个性

板书以富有创造性和鲜明的个性为胜，最好令人耳目一新，印象深刻。一些板书平庸、无个性，体现不出教师对教材的深入理解和表达，表现在两个方面：一是照搬别人的板书，且与自己的教学目标和教学内容不相符；二是板书无个性，单调、呆板。有些教师备课时图省时省力，不深入细致设计，照搬参考，不分对象，不分文体，不看教学时数，不看实际效果，囫囵吞枣，照猫画虎，机械模仿，导致千篇一律，缺少创造性。优秀教师往往是以别人的东西为参考，充分利用自己的才智，创造出适合自己的教学内容的板书设计。参考不等于照搬，教师要有自己的创造。

（三）忌讲写脱节

板书应讲写结合，配合教学进度，边讲解边板书；或配合多媒体适时呈现。如果板书呈现时间不当，过快过慢，讲写脱节，无论板书设计得多么精美巧妙，都难免给人教学和板书不协调的感觉。

（四）忌只讲不写

一些教师上课只写课题（甚至连课题都不写），“君子动口不动手”，只讲不写，惜字如金，走向与烦琐冗长相反的另一个极端。教学内容只讲不写，声音消失，课也消失。下课后学生梳理巩固无所依托凭借，没有路径可寻，增加其复习难度。虽然不是每节课都必须精心设计板书，但必要的板书还是需要的。

（五）忌随写随擦

一些教师板书很多或板书虽不多，但喜欢在同一个位置板书。于是只好写了擦、擦了写。这种板书缺少条理性和系统性。板书应该有严谨的设计规划，哪些内容该保留、保留多长时间，哪些该擦掉、何时擦掉，教师都应心中有数。

（六）忌随意写画

板书以整齐美观为好。有些教师板书没有规划和艺术性，随心所欲，以致写画内容散乱无章，字迹如龙飞凤舞，模糊难辨。这样的板书缺乏科学性和艺术性，既无助于学生对教学内容的理解把握，也会对教师和学生造成不好的影响，不利于严谨学风的形成。

教学语言，课堂中的花蜜

教师的语言修养在极大程度上决定着学生在课堂上脑力劳动的效率。于漪老师说，语言虽不是花蜜，却可以将学生黏住。教学语言就像课堂中的花蜜，可以“黏”住学生。

课堂教学中最难掌握的艺术是什么？是语言艺术。教学语言是衡量一个教师，特别是语文教师业务水平的重要依据。教学语言不仅是口头表达技能的直接体现，还是教师文化底蕴、应变智慧、道德修养及性格特点的外在体现。教师要想使自己的课堂教学语言臻于完善，的确不是一件容易的事，需要经过长期的“修炼”。在所有语言种类中没有什么比教学语言难度更大的了。

运用教学语言需要注意：

第一，对象性强。教师面对的是青少年，他们的理解力、接受力都有限，这就要求教师应根据教学对象的特征，循循善诱，使教学语言浅显易懂，充满文化气息。

第二，规范性强。教师的语言本身就是学生学习的对象，它不同于街谈巷语，教学语言要求高度的准确、规范、严谨。

第三，是母语的载体。正确使用和宣传汉语，是每一位教师的神圣使命。

一、教学语言的特点

（一）普通话

使用普通话教学是对教师的基本要求。这不仅是行政要求，而且关系到中国语言的继承和发展，关系到民族凝聚力和向心力的强化，不是可有可无，而是必须做到的事情。特别是语文教师，语文教师如果不用普通话教学，还谈什么教学艺术？所以，几乎在所有的语文教学比赛中，普通话都是硬性要求。普通话说得不好，对教学效果和比赛成绩有极大的负面影响。

（二）交融性

教学语言是口语，但又有浓郁的文化气息，是口语和书面语的有机交融。完全使用口语太粗俗，不雅致；完全使用书面语又太古板，缺少生动性，二者应有机结合，水乳交融。教学语言应既简洁生动，又通顺有条理，逻辑严密。这比单纯的书面语难度更大，要求更高，如鲁迅的《拿来主义》教学交融语言：

同学们都知道，鲁迅是文学大师，他的主要文学成就是在杂文上。杂文是一种短小精悍的文艺性论文，不同于板起面孔讲大道理的政论文，杂文带有很强的“文艺性”，这主要表现在善用形象化的语言进行议论和幽默讽刺。鲁迅的杂文风格是鲜明而独特的，即人们常说的“举重若轻，寓庄于谐”“嬉笑怒骂，皆成文章”。今天我们要学习的《拿来主义》，就是一篇能反映鲁迅杂文风格的典范之作。

（三）准确性

教师（特别是语文老师）的教学语言，用语必须准确、得体、合语法、无语病，没有词不达意，不读错别字，不生造词，使用规范的现代汉语。特别是公开课，有时读写一个错别字，就可能使整堂课功亏一篑。语文教学语言，一字、一句都应经得起推敲。如莫泊桑的《项链》教学准确语言：

师：《项链》是名家名篇，可学的东西很多，但一堂课不可能面面俱到，我想选择突出两个要点：（1）丰厚的意蕴；（2）精巧的构思。请问，贯穿全文的线索是什么？小说围绕什么展开？

生：项链。

师：对，项链不仅是贯穿全文的线索，而且在文中已成为一种象征和隐喻。主人公对上流社会生活梦寐以求，又因为一串假项链而跌入人生陷阱。所以“项链”既象征那种光怪陆离的上流社会生活，又隐喻虚荣与圈套。小说用间隔一行的方式，自然将课文分为六部分。第一部分集中写女主人公醉心向往那种“高雅奢华”的生活，如果命题为“想项链”，那么后面各部分可以怎样命题？

生：想项链—借项链—失项链—赔项链—知项链。

（四）简明性

语文教师不说废话，“丰而不余一言，约而不失一辞”。言简意赅，简明扼要。教师力戒“这个”“那个”“嗯”“啊”“对吧”“是吧”之类的“口头禅”。重要的内容重复一两遍即可。即便是名师大家，如钱梦龙老师，上公开课前，都是反复斟酌、推敲、默念、背诵教学语言，达到烂熟于心、出口成章，这样才能在课堂上从容不迫，应对自如。

语速不快不慢，语调不高不低。语速太快，学生思维赶不上，听课吃力，应接不暇；语速太慢，学生容易疲惫厌倦。语调太高，刺激性太强，学生的状态很快从兴奋转入抑制麻木；语调太低，有气无力，缺少激情，学生昏昏欲睡。教学语言要抑扬顿挫，节奏合理，富有吸引力、感染力。如鲁迅的《拿来主义》教学简明语言：

鲁迅借题发挥，揭示出隐藏在“送去主义”行为背后的病态心理和不良情绪——无视中国积贫积弱的现实，以文明古国自居，抱残守缺，拒绝新知；以地大物博自诩，奉行“送去主义”。这种自大自满的病态心理和情绪，不仅不能激发民族的自尊心、自豪感，反而容易助长一种不思进取的惰性，使人沉醉于古昔的文明和疆土的辽阔，拒绝向别人学习一切于己有利的新知识、新观念，来创建新文化和新国度，结果落到更加贫弱、任人欺凌宰割的地步。可见，这种自满自大的病态心理和不良情绪，才是鲁迅矛头真正所向、批判的根源，不能浅显地理解为反对学艺交流。

（五）生动性

生动性，是在准确、简明基础上的更高要求，也是课堂语言富有感染力、吸引力的重要体现。语文教学语言必须具有强大的黏着力、感染力、鼓动性，具有抓住学生心灵、吊起学生胃口的魔力。于漪老师说，将教学语言的科学性和教育性，用艺术化的优美形式和方法诉诸学生感官，既准确、明晰、自信、沉着、雄辩，闪耀着理性的光辉，又风趣、生动、形象、亲切、自然，充满诗情画意，令人赏心悦目。教学语言必须事先设计好，以期达到最佳教学效果。

如李白的《行路难》教学生动语言：

在诗人思维的世界里，李白一会儿来到千里冰封的黄河渡口，一会儿又来到万里飘雪的太行山下。刚才还在碧溪持竿垂钓，忽而又乘船来到太阳旁边。时而是色彩绚丽的奇幻境界，时而是冰冷严酷的现实社会。诗人的思维跳跃驰骋，天上人间，古往今来，跨越时空。他把冰川、雪山、碧溪、红日、沧海、白帆等一系列意象交织在一起，令人目不暇接，惊叹不已。

又如曹雪芹的《抄检大观园》教学生动语言：

遭此浩劫，人间仙境大观园由盛转衰，情节急转急下，悲剧气氛越来越浓，贾府及四大家族也日渐衰败，灾难一个个接踵而至：异兆悲音，迎春误嫁，宝玉疯癫，元妃薨逝，黛玉魂归，直至贾府被抄……风雨飘摇，群芳凋残，“悲凉之雾遍被华林”，最后“好一似食尽鸟投林，落了片白茫茫大地真干净”。这是一个人人都不配有好命运的没落社会，更何况是生活在社会最底层，连人生和生命都不能自主的婢女，她们的悲惨命运几乎是生来就注定了。但凡在意识和情感上稍微流露出一点非奴性的“人性”，必将遭受戕害。所以“抄检大观园”是牵动全书的一个大转折、大波澜，预示着封建家族及封建社会无可挽回的崩溃结局。

（六）亲切性

教学语言应具有亲和力，如春风化雨，让学生“亲其师，信其道”，如教学贾祖璋的《南州六月荔枝丹》导入新课亲切语言：

师：我们今天学习第三单元的一篇课文，这一课介绍了一种美味的水果。大家猜到是哪一篇课文了吗？

生：《南州六月荔枝丹》。

师：对。吃过荔枝的同学请举手。哇，几乎所有的同学都吃过荔枝。荔枝是我国南方的特产。对广东的同学来说，荔枝既不陌生，也不稀奇。可对北方某些地区的学生来说，尽管现在交通发达多了，物流畅通多了，也并非所有北方学生都见过、吃过荔枝。如果一位没有见过荔枝的北方同学，现在就站在你面前，向你询问这种水果，你如何向他介绍呢？（请一位学生简介荔枝）

（七）幽默性

健康高雅的幽默，可以调节课堂气氛，缓解学生的疲劳，使学生思维活跃、思路开阔；激发学生兴趣，提高课堂效率。教学语言的“幽默性”可以通过以下渠道实现：

1. 挖掘教材中的幽默元素

如孙犁的《荷花淀》中，妇女们想念自己的丈夫，又不好意思明说，于是各自寻找种种可笑拙劣的借口掩饰，欲盖弥彰：“听说他们还在这里没走。我不拖尾巴，可是忘下了一件衣裳。”“我有句要紧的话得和他说说。”“哪里就碰得那么巧，我们快去快回来。”“我本来不想去，可是俺婆婆非叫我再去看看他，有什么看头啊！”

欧·亨利的《警察与赞美诗》中，种种事与愿违的艺术巧合：乞丐苏比为了度过寒冬，千方百计肇事想被捕入狱。他砸碎店铺玻璃，因为没有“一溜烟似地跑”，警察不相信他就是肇事者；他吃白食，侍者误以为他精神不正常，懒得惊动警察，把他干净利落地往外一叉了事；他扮演小流氓调戏妇女，偏偏遇上娼妓，缠着他不放；他装醉鬼大吵大闹，警察误以为大学生庆祝球赛胜利；他偷别人雨伞，恰恰遇上心虚的小偷……但当苏比被赞美诗的庄严神圣的旋律洗涤心灵，振作起来准备重新做人时，警察却以流浪罪名逮捕了他。他百端寻衅滋事想进监狱而不得，而当他老实本分时却被无辜逮捕。作者用黑色幽默的笔法，反映了资本主义社会警察执法的混乱荒唐、是非不分。

2. 使用幽默的教学语言

如教学毛泽东的《沁园春·长沙》时，教师用幽默语言介绍诗词要用形象思维和形象生动的意象表情达意，而不能像散文那样直说。

师：《沁园春·长沙》上阕提出“谁主沉浮”的问题，下阕为什么用这么多诗句，拐弯抹角地回答“谁主沉浮”的问题呢？直白简明地回答不是更明白易懂吗？例如：“青年学子担当大任，仁人志士主宰沉浮。”（笑问）我这两句诗写得比毛主席的怎么样？

生：不怎么样，诗味不浓，像口号，不像诗。

师：（笑问）比毛泽东的诗词“稍逊风骚”是吧？（学生点头而笑）

又如《南州六月荔枝丹》的教学幽默语言：

传说杨贵妃喜爱吃鲜荔枝——其实岂止杨贵妃爱吃荔枝，咱们一般人都爱吃荔枝对吧？（学生微笑默认），但杨贵妃却有条件和特权，让专人专马日夜兼程从南方向长安送荔枝。这也正说明荔枝难以贮藏、运输，否则也不至于如此兴师动众、劳民伤财。古代岭南被称为“蛮荒之地”，被贬到岭南，是很重的惩罚。但苏轼却说：“日啖荔枝三百颗，不妨长作岭南人。”你们看，当吃荔枝与进京做官，鱼与熊掌不可得兼时，苏轼宁可舍京官而取荔枝——可见荔枝的美味多么不可抗拒。（学生会心而笑）

3. 补充与教学内容有关的幽默内容

如教学鲁迅的《拿来主义》，对一些迂腐“国粹派”的批判，教师可引用鲁迅的一些讥讽妙论：“只要从来如此，便是宝贝。即使无名肿毒，倘若生在中国人身上，也便‘红肿之处，艳若桃花；溃烂之时，美如乳酪’。国粹所在，妙不可言。”（《热风·随感录三十九》）“什么叫‘国粹’？照字面看来，必是一国独有，他国所无的事物了。换一句话说，便是特别的东西。但特别未必就是好，何以应该保存？譬如一个人，脸上长了一个瘤，额上肿出一颗疮，的确是与众不同，显出他特别的样子，可以算他的‘粹’。然而据我看来，还不如将这‘粹’割去了，同别人一样的好。”（《热风·随感录三十五》）。“他们活动，我偏静坐；他们讲科学，我偏扶乩；他们穿短衣，我偏着长衫；他们重卫生，我偏吃苍蝇；他们壮健，我偏生病……这才是保存中国固有文化，这才是爱国！”（《从孩子照相说起》）。

又如学习《阿 Q 正传》，讲到“精神胜利法”时，可引用鲁迅文中提到的清朝一些迂腐可笑的精神胜利法表现，自欺欺人地吹嘘：“中国地大物博，开化最早，道德天下第一”“外国物质文明虽高，中国精神文明更好”“外国的东西，中国都已有过；某种科学，即某子所说的云云”（《热风·随感录三十八》）。谈到当时国人的世故圆滑，可引用鲁迅的散文诗《立论》：“我愿意既不说谎，也不遭打。那么，老师，我得怎么说呢？”“那么，你得说：‘啊呀！这孩子呵！您瞧！那么……阿唷！哈哈！Hehe！He，he he he he！’”在笑声中，领略到那一时期真假颠倒的荒唐和“哈哈主义”的圆滑与无奈。

4. 使用当代语言描述古人古事

如王安石的《伤仲永》的教学幽默语言：

师：仲永的诗作“以孝敬父母，团结邻里”为大意，思想内容非常健康。“团结邻里”，也符合当前倡导的和谐社会、和谐家庭的理念。你看，仲永在当地知名度已经很高了，用现在的话讲，俨然是个“小童星”，而且有不少“粉丝”。（学生笑）他父亲怎样看待这件事？

生：他父亲认为有利可图。

师：是的。他父亲俨然成了仲永的“经纪人”，每天的工作就是拉着仲永四处拜访县里的名人，目的就是让仲永作诗挣钱，把仲永当成了“摇钱树”。你看，仲永父亲多么具有商业意识和市场经济头脑，要是活到现在，肯定能当老板赚大钱。（学生笑）

师：面对仲永父亲的“短视”行为，如果你是仲永的邻居，你会怎样劝说仲永父亲？

生：我会说：“老方啊，你这样做可要毁了孩子，你应该让仲永上学，好好学习，这样他才能成才。”（学生笑）

5. 巧用各种修辞手法

幽默常常要借助比喻、双关、夸张、对偶、谐音、婉曲、移就等手法，这些修辞手法的巧妙运用能产生含蓄蕴藉的幽默效果。

教师介绍古代官吏制度、等级等，比较抽象枯燥，可用比喻的手法：“七品尚为芝麻官，九品呢，只能是菜籽官，四品呢，大概是蚕豆官吧。”学生笑了。

学习由于采用新技术，资本家获得了更多剩余价值时，有的学生提出“新的机器设备能创造剩余价值”的观点。对这一观点的理论说明较抽象、繁杂，教师用类比反问：“如果你用棍棒打死了一只鸡，你认为打死鸡的是棍棒吗？”这一类比既新颖又恰当，幽默风趣，揭示了问题的实质。

6. 用课堂幽默机智应变

课堂应该有笑声，笑声来自教师的风趣幽默。课堂上会出现一些意想不到的情况，只要不是学生恶意侮辱教师人格，教师大可不必较真，以幽默化解尴尬，效果更好。一位身材矮小的新教师刚进教室，学生失口而笑，并窃窃私语。教师见状，不急不躁，笑着说：“同学们，我因自己的身材矮小，差点当不了教师。今天我能和大家在一起学习，说明我们有缘分。今后，我一定努力取同学们之‘长’，补自己之‘短’，努力提高自己。”教师的临危不乱、风趣幽默，不但化解了尴尬，而且表现得智慧、豁达、潇洒，赢得了学生的尊重。幽默，是教师课堂智慧、学养、品位、知识、底蕴等的综合反映，与庸俗无聊的插科打诨、低级趣味、博取学生廉价笑声的哗众取宠截然不同。

二、教学语言的类型

教学语言特别是语文教学语言，不是单一风格的语言，是多种语言风格的综合体现。

（一）播音语言

语文教师的基本功就是读课文。教师范读课文要准确规范，字正腔圆，不读破、不读错，像播音员读广播稿一样规范。语文教师普通话的水平应是较高的，熟练掌握常用字的正确读音和正确写法，对多音字、地名、古诗文中的特殊读法，心中有数。正像板书一样，普通话也是语文教师的“门面”，是语文教师的“硬功”，对语文教师影响很大。语文教师讲一口标准的普通话，可先声夺人，让学生敬重，增强教学效果。有些教师其他方面的素质都不错，只是普通话不过关，就会丧失很多机会。

（二）谈话语言

谈话语言是日常教学中最常使用的语言之一，教师像节目主持人一样，以谈话的方式与学生沟通交流、切磋探讨。教师语气平和，神态亲切，娓娓道来，谈笑风生，幽默风趣，与学生平等交流，允许学生质疑、问难、反驳。这有利于构建和谐师生关系，课堂气氛轻松、活泼、高效。

一部《论语》让我们看到，孔子最主要的教学形式就是与弟子的谈话交流。这种教学模式虽然有时时间成本较高，但能最大限度地激发学生的学习热情，卓有成效地挖掘学生的潜能。因此有学者感慨地说：“这或许是人类接受教育的最佳方式！”

（三）朗诵语言

课文中许多精美的散文和诗词，适合用朗诵语言品读。教师通过声情并茂、情真意切、抑扬顿挫、充满艺术感染力的朗诵，能让学生切身感受到诗文的意境和韵律之美，能获得单纯的讲解分析难以企及的效果。如郭沫若的《天上的街市》、徐志摩的《再别康桥》、闻一多的《死水》，这些都是现代诗歌，学生没有过多的阅读障碍，但未必能深解其中味。教师如能感情充沛地朗诵一遍，学生就能有所感悟。又如杜甫的《茅屋为秋风所破歌》、李白的《将进酒》、范仲淹的《岳阳楼记》、郭沫若的《雷电颂》、朱自清的《荷塘月色》、余光中的《乡愁》，都适合朗诵。甚至有的教师模仿用湖南口音，朗诵毛泽东的《沁园春·长沙》《沁园春·雪》，以及七律《长征》《人民解放军占领南京》等诗词，亲切感人，恍如伟人声音破空而来，师生皆肃然起敬，悄然动容。这些都对教师的综合素质提出了更高的要求。

（四）演讲语言

演讲与朗诵不同。朗诵适于以情感人的诗文，演讲适于以理服人的论文，如《拿来主义》《最后一次讲演》《谈骨气》《说谦虚》。演讲要感情充沛，有气势。洪镇涛老师在教学闻一多的《最后一次讲演》时，模仿闻一多演讲时怒发冲冠、拍案而起的神情语气，怒斥道：“今天，这里有没有特务？你站出来！是好汉的站出来！你出来讲，凭什么杀死李先生？杀死了人还不敢承认，还要污蔑人，说什么桃色事件，说什么共产党杀共产党，无耻啊！无耻啊！”洪老师把课堂变成战场，他本人俨然化身成了闻一多，慷慨陈词，怒斥敌人，震撼人心，给学生留下深刻的印象。这类文章显然不适合用谈话语言。

（五）表演语言

表演语言是受影视演员的表演、念白的启发，教师对文学作品中的人物心理、语言、动作等，真切模仿演绎，使学生如闻其声，如见其人，如临其境。

例如：王愿坚的《七根火柴》中数火柴“一、二、三、四”的情节，大有讲究。这四个数是无名战士先数了一遍，后来卢进勇又数了一遍。两人的身体状况和心情不同，数法、语气、神情都应该有所不同。无名战士用生命保住了火柴，保住了生命的火种。他数火柴时生命垂危，但心情是欣慰的。当他拿出火柴数数时，“一”应当是用尽残存生命的最大力气，是激动颤抖的声调，声音适当放大点。但无名战士已经精疲力竭、虚弱至极，由于数“一”时的努力和激动引起身体强烈不适，因此数“二”时，应该带着突然出现的难受痛苦。无名战士毕竟是意志坚强、坚忍不拔的，他咬紧牙关，强忍痛苦，继续数下去，“三”应该是从牙缝里挣扎挤出的声音。无名战士的身体太虚弱了，他无力继续数下去，七根火柴只数到四，这个“四”的声音，应是从蠕动的嘴角发出的，轻微得几乎听不到声音……

当卢进勇赶上大部队，把火柴一根根递到指导员的手里，同时，又以一种异样的声调重新数了一遍：“一、二、三、四……”卢进勇是眼看着无名战士咽下最后一口气的，他深知七根火柴来之不易，重于泰山。他手捧的仅是七根火柴吗？不，那是无名战士的整个生命，是无名战士对红军的一颗火热的心啊！他数“一”时，心情激动，声音哽咽，音量较小；数“二”时，泪水流下，声音渐大；数“三”时，嘴唇哆嗦，声音颤抖；数“四”时，已是声泪俱下，听不清究竟是什么声音了……所有这些，都需要用表演语言，需要教师像影视演员的艺术表演一样，设身处地、身临其境，潜心体会模拟。

又如鲁迅的《祝福》中，祥林嫂反复诉说“狼吃阿毛”的故事。教师如果能像演员一样，设身处地，从语气、声调、表情等方面来表演诉说，感染力肯定更强。茹志鹃的《百合花》中，新媳妇夺过自己的结婚新被，掩埋小战士时，对卫生员气汹汹嚷的半句话是：“是我的——”，教师用怎样的语气、声调、表情来读，才合乎人物的身份和心理？才能展现人物复杂的内心世界？

（六）说书语言

说书之所以能深深地吸引人，是因为说书语言独具魅力。课文中一些情节生动的古典小说，很适宜用说书语言展现，如《林教头风雪山神庙》《智取生辰纲》《范进中举》《葫芦僧乱判葫芦案》《明湖居听书》《鲁提辖拳打镇关西》。如果教师能像评书演员一样，把课文绘声绘色地说一遍，那该多么生动有趣，多么富有感染力和魅力啊！这使语文课平添多少艺术色彩，使学生对教师产生多少敬佩和仰慕之情，会令学生对语文课终生难忘。当然这一切对教师的素质要求是很高的。所以说，教学艺术，特别是语文教学艺术，需要教师用终生的时间和精力去探索追求。

教学应变，课堂中的智多星

课堂不是风平浪静的港湾，更像是波浪起伏的大海。对课堂进行有效调控应变，机智处理突发事件，这便是教学艺术中极为重要的应变艺术，即教学机智。教学应变使课堂在精心“预设”中，又焕发“生成”光彩，做到“预设”与“生成”相结合。俄国教育家乌申斯基说，不论教育者怎样研究教育学理论，如果他没有教学机智，他就不能成为优良的教育实践者。教育的技巧在于随机应变。教学艺术是综合艺术，受时间（40分钟）、地点（教室）、对象（学生）、环境（课堂氛围）等限制，这就需要教学机智应变。教学应变，是课堂中的智多星，彰显教师智慧。

一、教学应变原则

（一）自我调控原则

教师要善于自我调控情绪，不把生活中的喜怒哀乐带入课堂；既不大喜，也不大悲；得志淡然，失意泰然；即使有人听课也不要过分紧张。

（二）实事求是原则

学生询问教师问题，或指出教师的过失，教师要实事求是。人非圣贤，孰能无过？教师不要强词夺理，文过饰非，不懂装懂，要勇于承认过失，并表扬学生独立思考的质疑精神，这样学生会更加敬重教师。孔子说：“知之为知之，不知为不知，是知（zhì，智慧）也。”不能强不知以为知。当然教师也不能经常出错，特别是不能经常出现知识性“硬伤”，或教学事故，这违背教学原则。经常出错，会直接影响教师的专业威信和专业地位。

（三）反省自问原则

在课堂上，对于教师提出的问题，学生可能会答不上来，此时教师不要急躁，更不能埋怨指责学生，而要反省问题是不是难度过大、太笼统？是否巧妙？是否是学生担心答错难为情？问题太大可以化整为零，降低难度，或换一个角度提问，或示范搭桥、抛砖引玉，给学生搭建一个阶梯。

（四）幽默风趣原则

课堂上常会出现一些意想不到的情况，只要不是学生恶意侮辱教师，教师大可不必太较真。以轻松幽默的话语化解，举重若轻的态度，更能显示教师自信的心态和驾驭课堂的能力。课堂应该有笑声，笑声来自教师的风趣幽默。轻松活泼的课堂更能启发学生思维，更具有高效率和创造性。

（五）因势利导原则

教师要善于化消极为积极，化被动为主动，将不良变故转化为教育契机，将学生的错误转化为新的教学资源。有时学生在学习中出现的错误，正是学生思维状态的最佳展现，教师不仅可以据此了解学生的思维障碍，启迪学生调整思维路径、找到解决问题的新方法，而且使其他学生在纠错、改错的过程中，提高认识水平，磨炼思维品质。

（六）冷处理原则

教师对课堂上一些突发不良事件，若"高温"激烈处理，往往会激化矛盾；而"降温"冷却处理，却能出奇制胜。

二、教学应变方法

（一）厚积薄发法

只有"厚积"，才能"薄发"。教师只有加强自身素质，才能以不变应教学之万变，从根本上解决"教学应变"问题。课堂上需要机智应变的情况，除了少量负面的意外干扰外，大多是学生提出一些教师"预设"之外的、有一定难度或较奇特的问题，使教师措手不及。首先，教师应该转变教育教学理念，鼓励学生多提问题。师生树立"提出问题比解决问题更重要"和"没有问题的学生就是学习存在问题的学生"的学习理念。美国教育家布鲁巴克认为，最精湛的教学艺术，遵循的最高准则，就是让学生自己提问。美国教育家肯尼思·胡佛说，整个教学的最终目标，是培养学生正确提出问题和回答问题的能力，任何时候都应鼓励学生提问。

学生提出任何与学习有关、千奇百怪的问题，教师都要积极回应。这当然要求教师具备深厚的学养和能力，以及充分扎实地备课，对教师的综合素质提出了更高的要求。针对教材的具体备课是"小备课"，是微观的、战术性的；而平时的阅读、写作等学养积淀、能力提升，是更高意义的"大备课"，是宏观的、战略性的。宏观决定微观，战略决定战术。战略的成功可以弥补战术的不足，而战略的不足却不能用战术的成功弥补。

教学仅有严谨的预设还不够，还要有灵动的生成。那种反映教师机智的教学应变，常使课堂发异彩、增亮色，充满生成的灵动性。当然这表面瞬间的"亮色"，背后蕴含着教师深厚的学养和艰辛扎实的备课。

（二）点石成金法

对课堂中一些负面的变故，教师要善于变被动为主动，点石成金，化腐朽为神奇，把干扰变为优化教学过程的契机和资源，把状况多变的课堂变成精彩纷呈的舞台，生发奇异的光彩。如叙事写人作文课，原教学设计，教师课上请一位会吹口琴的学生为大家演奏一支曲子，然后要求大家把过程写出来。可是当教师走进教室，发现黑板没有擦，这可是从前没有过的情况。教师默默地拿起板擦刚要自己动手擦，几个学生快步走上讲台，夺过教师手中的板擦，手忙脚乱地擦起来。几分钟过去了，教学进程受到影响。学生表情复杂，内疚、自责、抱怨……教师灵机一动，放弃原先请学生吹口琴、写作文的教学设计，说道："咱们这节是叙事写人作文课，请大家把刚才发生的事写下来，题目就叫《擦黑板》，要求发挥观察力和想象力，叙事生动有趣，写出人物的外貌、神情、动作、性格、心理等，看谁写得更细腻生动、更有文采。不少于500字。"学生一听，兴奋起来，热情高涨。眼前刚刚发生的事情，自己身处其中，有真情实感。一篇叙事写人的作文很快就写好了，连那些平时从不交作文作业的学生也写得很认真。值日生写得最出色，不但写出了老师、同学擦黑板时的神情、动作、语言，还写出了自己微妙的心理活动。这种教学应变，真是点石成金，化腐朽为神奇。教师利用情境写作，任务驱动，提高了学生的写作热情，实现了教学目标。

（三）因势利导法

因势利导法是教师根据教学变化，顺势引导，促成好的教学效果的应变方法。譬如教学司马光的《赤壁之战》，最后教师问："大战结束了，周瑜在庆功会上会怎样总结赤壁之战取胜的原因呢？同样，曹操也会总结赤壁之败的教训。如果你是曹操，会怎样做总结呢？"一个学生举手发言："我看过《三国演义》，曹操是个从不认错的人，他怎么会向部下总结自己失败的原因呢？那多没面子啊！"学生说得有道理，曹操不会自寻难堪。教学陷入了困境。教师没有急于输出观点，而是因势利导，先肯定学生爱看书和质疑精神，并启发道："你说得有道理，读书也很用心。咱们就不让曹操开失败总结会了。但是，你说曹操回去以后，独自一人时，会不会反思自己的失误？咱们就设身处地，把曹操自我反省的心里话说出来，好不好？"教师因势利导，顺势而为，学生讨论发言，课堂气氛又活跃起来。

又如数学课，学生学习计算平均数。有这样一道题：在五年级学生献爱心捐款活动中，某班26名女生平均每人捐款8元，28名男生平均每人捐款10元。全班平均每人捐款多少元？多数学生的计算方法是：$(26\times8+28\times10)\div(26+28)\approx9.04$（元）。有个学生说他有个更简便的方法：$(8+10)\div2=9$（元），计算结果稍有误差。大家不理解为何用这种方法计算。学生解释说："因为全班学生分为男生和女生两类，就用一个男生的钱加上一个女生的钱再除以2。"这个学生思路出错了，方法不妥。教师并没有简单否定学生，而是因势利导。请2名男生和5名女生上台，男生每人分3支粉笔，女生每人分10支粉笔。问平均每人分到几支粉笔？学生说每人分到8支粉笔。可是如果按照刚才那位学生的方法计算，将学生分为两类，用$(10+3)\div2=6.5$（支），结果显然不对。但教师却对那位学生诚恳地赞扬说："很感谢你提出了新的解题思路，尽管方法不可行，但创新精神很可贵，为大家提供了一个新的研究探索的思路和方案。其实很多科学发现和创造，就是在这种不断'试错'的摸索探索中实现的。所以'试错'证明哪条路不通，在创新发明中同样很宝贵。"

（四）冷却处理法

对课堂上一些不良事件，"高温处理"反而会激化矛盾，"冷却降温处理"却能出奇制胜。一位教师兴致勃勃走进教室，突然发现黑板上画着自己的肖像，教室里一阵骚动。教师热血冲顶，正欲发作，继而冷静下来，认真欣赏了一会儿，平静地说："画得还挺像。希望这位同学把绘画的技能用在黑板报、宣传栏等正道上，不是更好吗？"学生一阵应和后安静下来，教学正常进行。下课铃响，教师合上书本惋惜地说："时间不够了。"敏感的学生马上听出"弦外之音"，向恶作剧的学生投去不满的眼光。此后课堂上再无此类现象发生。

由于年龄、阅历和认知的差异，课堂上师生之间或学生之间，常会发生对某些问题的争论，莫衷一是。课堂时间有限，一味争论下去，没有结果，也没有意义。教师也没必要靠权威强迫学生接受某种观点，影响正常教学。如果教师采取"冷处理"方式，暂时停止争论，告诉学生有兴趣的话留待课下讨论，效果也许更好。

（五）幽默解嘲法

对课堂上的有些变故，如果教师太过认真、小题大做、怒目金刚，反而会事与愿违，因此不妨幽默一把，更显得轻松洒脱。有位历史教师讲"山顶洞人"一课，板书时漏写了"洞"字，写成了"山顶人"。学生给老师指出漏写了"洞"字，教师顿觉尴尬面热，仔细一看，发现黑板在"山顶人"几个字之间，恰巧有一个洞，马上神气地笑着说："你们没发现历史老师多么英明吗？怎么会忘记写'洞'呢？你们看看这黑板上不是明明有一个'洞'吗？"学生们哄然大笑，尴尬在笑声中化解。多年后，学生还对这个"典故"和"佳话"津津乐道，对教师的机智幽默深为感佩。

一位教师上公开课，由于紧张，书本落地。教师机智地笑笑说："看来牛顿的万有引力定律还是蛮有道理的。"教师下讲台，不小心绊了一下。教师解嘲说："同学们的回答太精彩，连我都佩服得差一点五体投地了。"幽默解嘲，化尴尬为风趣，课堂充满轻松活泼的气氛，原本可能成为变故的问题，在无形中被教师化腐朽为神奇了。

（六）宽容谅解法

宽容谅解是营造和谐师生关系的必要条件，也是处理课堂突发事件的有效手段。一位班主任走向讲台，发现讲桌上有一张纸条，上面写着：

> 老师，你以为当老师就可以压服学生吗？你高昂着头、铁青着脸。但是有谁怕你呢？
>
> 你最讨厌的、等待你发落的学生

这位教师不是马上查问学生，而是宣读了纸条的内容，并检讨了自己平时工作方法简单粗暴，感谢这位学生及时给自己提醒。接着教师结合教学内容给学生布置了一篇作文《假如我是班主任》或《给班主任说说心里话》。教师的宽容谅解，使学生感到由衷的钦佩，从而营造了和谐的师生关系。

（七）将错就错法

如课进行到一半时，教师发现还没有板书课题，他没有惊慌失措，而是不动声色地继续教学。在结课时，教师梳理总结教学内容，根据学生的发言，自然地补上了课题。这样，板书课题由原来的开门见山，变为最后画龙点睛，教学环节变化而不缺失，效果反而更好一些。

又如一位数学教师因计算和板书有误，导致最终答案前后不符。他意识到差错，遇事不慌地问一句："同学们，这个答案合理吗？"学生回答："不合理！"教师追问："错在哪里呢？我们不妨来分析一下。"接着教师在黑板的另一侧写下"正解"二字，同学们还以为教师在进行错题分析呢！教师将错就错、及时调整的应变机智，避免了因失误而陷入窘境。

（八）就地取材法

教师正在赏析叶绍翁的《游园不值》一诗："应怜屐齿印苍苔，小扣柴扉久不开……"突然"砰"的一声。一个迟到的学生撞门而入，径直走到自己座位上。教师并没有立刻责问批评，而是继续上课。教师提问大家："诗人去拜访朋友游园，为什么'小扣柴扉'，而不是'大叩''猛叩'？"学生答："'大叩''猛扣'不礼貌，没教养。"教师说："对。这位诗人有文化、有修养、懂礼貌、彬彬有礼。'大叩''猛叩'就显得粗鲁莽撞，令人不快。生活中我们也应该处处有教养，有礼貌。"边说边走到那位迟到的学生身边，轻声地问："你赞成'大叩'，还是'小叩'？"学生意识到自己行为的鲁莽，低头承认了错误。这种因教制宜、就地取材的应变机智，能获得良好的教育效果。

（九）台阶化解法

一位教师由于粗心大意，在课堂上错误地批评了一个学生，学生站起来辩解，其他学生都屏住呼吸，瞪大眼睛望着教师，课堂气氛十分紧张。教师意识到自己的失误，沉静了一下，笑着说道："经调查研究，本合议庭认为，对该同学的指控与事实不符，不能成立。经本审判长慎重决定，接受该同学的辩诉，撤销原判，为该同学平反，恢复名誉。"学生们释怀而笑，受委屈的学生也转怒为喜。教师巧设台阶，运用"降用"修辞（大词小用，降级使用），幽默的语言使双方都脱离困境，气氛缓和了。继而教师又诚恳地说："今天由于我事先了解情况不够，错误地批评了××。为此，我向××表示歉意。我以后遇事一定多作调查研究，欢迎同学们提醒和监督。"学生们向教师投去敬佩的目光，对老师知错认错的坦荡襟怀深为感佩。

（十）含蓄暗示法

在一位教师的公开课上，上课过程中一个学生走了出去。过了一会儿，又有一个学生走了出去。少顷，两个学生同时回来了。教师始终没有中断教学，也没有询问两个学生。这是怎么回事？课后听课老师询问上课教师，上课教师说："我上课时发现一个学生很难过，坐立不安，猜测他可能要上厕所，便踱到他身边示意他可以出去。过了一会儿，发现他还没回来，估计他忘了带手纸，就悄悄示意另一位学生拿手纸去厕所。果然不久他们就都回来了。"听课教师恍然大悟，感佩之至。上课教师不因为有听课者，担心学生进出扰乱课堂纪律，影响评课，就忽视学生感受；而是从学生的实际出发，体察学情，心细如发，关爱学生。教师用含蓄暗示的应变机智，解决课堂上突发事件，既不影响正常教学，又保护了学生的身体和自尊——这才是真正的教学艺术。

三、教学应变案例精选

（一）鲁迅的《故乡》教学应变

钱梦龙老师在教读《故乡》时，有个学生突然提出一个"打横炮"的问题："跳鱼怎么会有青蛙似的两只脚？"这个问题与理解课文关系不大，而且也讨论不出什么结果。但学生的好奇心是求知欲的一种表现，虽然幼稚，但如果像《从百草园到三味书屋》里那样，学生向先生请教"怪哉虫"是怎么回事，被先生以"不知道"轻率否定，势必挫伤学生探究知识的积极性。钱老师因势利导，避轻就重，巧妙地将学生旁逸斜出的思维引导到教学目标上来。

师：是啊，鱼怎么会有脚？

生：有啊！

师：什么鱼？

生：娃娃鱼。（笑）

师：啊，你真见多识广。哦，跳鱼也有两只脚，可是我没有见过，你们谁见过？

生：没有！（齐）

师：可是少年闰土就知道这种鱼，这说明什么？说明少年闰土见多识广，他"心里有无穷无尽的稀奇的事，都是我往常的朋友所不知道的"。

本来是一个没有多少讨论价值的问题，被钱老师机智应变，巧妙引导，点石成金，变废为宝。他既保护了学生提问的积极性，又加深了学生对少年闰土形象的理解认识，使教学闪放出艺术的火花。

（二）鲁迅的《论雷峰塔的倒掉》教学应变

有学生问："鲁迅为什么那么详细地叙述吃螃蟹？"有一个学生举手回答："文章用

蟹和尚的丑态讽刺倒行逆施的法海……”答案准确精彩。钱梦龙老师走近一看，回答问题的学生桌上摆着一本教学参考书。学生慌乱地抬起头，一言不发。钱老师说：“我建议同学们都向这位同学学习。”学生以为老师在讽刺他，脸涨得通红。钱老师继续说：“他能主动找一些参考书看，说明他有很强的求知欲和自学能力，这很值得大家学习。不过，现在我请这个同学暂时不要把参考书上的结论说出来，先听大家说说看，最后再请他根据参考书上的意见，评判一下说得对不对，好不好？”这位学生平静下来，一边认真听同学发言，一边自豪地等待行使“裁判”权利。教师的应变机智，既保护了学生的自尊心、上进心，又鼓励并带动了学生的自学积极性。

（三）鲁迅的《故乡》教学应变

师：小说为什么要写杨二嫂形象？

生：（一男生阴阳怪气）因为她是女的。（学生哄笑，目光齐聚教师）

师：（先是脸一沉，接着微笑）这位同学说得有一定道理。闰土是一个男性农民，同时刻画一个女性村妇，从侧面表现当时中国的现实，也是有道理的。

学生的戏谑调侃，在教师的教学机智下，变废为宝，既给了男生台阶，又保护了学生的积极性。如果教师大声呵斥：“严肃点！这是课堂！”学生会鸦雀无声，但同时课堂也失去了生气。

（四）陈淼的《桂林山水》教学应变

在引导学生体会“漓江的水真绿啊，绿得仿佛那是一块无瑕的翡翠……”这一比喻时，一个学生突然说：“漓江的水像我爸爸喝的酒。”同学们大笑。老师先是一愣，既而问：“你爸爸爱喝什么酒？”“爱喝青梅酒。”老师兴味盎然地说：“同学们，大家知道青梅酒是什么颜色吗？”学生齐答：“是绿色的！”教师郑重地说：“对啊！把漓江的水比作青梅酒很有想象力，词句也很优美。如果作者当时能想到这个比喻，一定会把这个比喻句写到文章里，那文章就更精彩了！漓江水和青梅酒颜色相似，味道都很甜美。这漓江的水啊，像青梅酒一样，喝上一口，让人心都醉了——怎能不令人流连忘返呢？”老师又对那位学生赞赏地说：“你能想到这个比喻句，说明你有当作家的潜质，多读书写文章吧！”其他学生向那个学生投去钦羡的目光。教师的应变和赞美，使学生爱上读书写作，或许从他的课堂里真能走出一位作家。如果当时教师一声呵斥，或许就扼杀断送了一位作家。

（五）寓言故事《揠苗助长》教学应变

当教师组织学生讨论《揠苗助长》这则寓言故事时，有一个学生突然质疑：“真有这么笨的农夫吗？”聪明的教师没有纠缠是否真有“这么笨的农夫”这一横生枝节的问题，而是紧扣教学目标——趁机给学生介绍“寓言”的特点：寓言是用寓意性的故事来寄托意味深长的道理、给人以启示的文学体裁，故事情节多是虚构的。“寓”就是“寄托”的意思，“言”就是故事，“寓言”就是把作者的思想寄寓在一个故事里，让人从中领悟到一定的道理。主人公可以是人，也可以是物。寓言常用比喻、夸张、象征、拟人等手法。

（六）政治课“透过现象看本质”教学应变

教师说：“一部《资本论》倾注了马克思全部心血，他在伦敦大英博物馆查阅大量资料，传言大英博物馆地板上还留有‘马克思的脚印’。”说到这里，许多学生情不自禁地用脚在地板上擦来擦去，教室乱作一团。教师见状，微笑着说：“看来大家都是马克思的崇拜者，不过我们是要模仿马克思用脚擦地板的表象，还是要‘透过现象看本质’学习马克思的刻苦学习、勤于思考的精神？”听到教师的话语，学生露出会心的微笑，停止了擦地板的动作，课堂恢复了正常教学秩序。

（七）贾岛的《题李凝幽居》教学应变

赏析“鸟宿池边树，僧敲月下门”一联，师生讨论“敲”好还是“推”好时，一个迟到的学生“砰”的一声撞门而入，径直入座。教师并没有立刻批评那个学生，而是即兴开导：“同学们，这句诗还可以提供两个动词供大家选择：‘撞’或‘踹’。”有学生说：“用‘推’或‘敲’都有道理。‘推’说明此处是和尚自己的住所，孤僧一人，步月而归，门自带自推。‘敲’说明和尚是去拜访他人，此处非他住处，当然要‘敲’。但无论如何不能用‘撞’或‘踹’。否则，那来访者就不是情趣高雅、知书达理之人，而是粗鲁莽撞、大闹五台山的花和尚鲁智深了。”“哗——”教室里爆发一阵掌声。那个迟到的学生也笑了。这时教师走到那个迟到的学生身旁，弯腰轻声问：“你赞同用哪一个动词呢？”这位学生红着脸说：“老师，我知道应该用哪一个动词了。”

（八）“连衣裙”教学应变

教师让学生在黑板上写“连衣裙”三个字，学生写成“裢衣裙”。教师没有直接指出错误，简单否定，而是因势利导，启发诱导：

师：你写这个“裢”字时是怎样想的？

生 1：连衣裙是衣服类，所以要加“衣”字旁。

师：哦，你能掌握形声字的规律，很好。但“连衣裙”是怎样一种衣服？

生 1：衣服连着裙子（稍停，自悟）啊，错了。“连”字表示连接，不能加“衣”字旁。

师：对。“连”表示上下衣服相连，不能加“衣”字旁。但“连”字的确可以加上不同形旁，构成不同的形声字，谁能说出几个？

生 2：莲、链、涟、鲢……

师：不错。还有刚才这位同学写的有“衣”字旁的“裢”，谁可以用这个“裢”组词？

生 3：裢襟、褡裢。

教师针对课堂出现的意外，采用的教学应变合理高效。教师不囿于原来的预设，而是因错制宜，应变生成，启发学生从词义去发现问题。这样既纠正了错别字，又保护了学生思维中对形声字的合理理解，并拓展学习相关字词，一举多得。课堂在“预设”中焕发出“生成”的异彩。

（九）“恶作剧”教学应变

一位教师刚走进教室门，只听“嗖”的一声，一枚纸折的火箭飞到讲台上。教师并没有生气发火，而是笑着说：“宇宙飞船上天，是人类探索宇宙的壮举；这只火箭飞上讲台，我想它的发射者一定为渴求知识而来。”恶作剧的学生，平时挨批评挨惯了，突然受到表扬，反而不好意思起来，这堂课他学得特别认真。

教学应变，看似是教师灵机一动，其实是有内在规律可循的：教师以学生为主体，尊重学生，保护其积极性；不墨守预设，因变生成，因课制宜，因势利导，化消极为积极，化被动为主动，灵活掌握教学契机；鼓励学生独立思考，创新思维，质疑问难，发现问题，提出见解……这些是教学应变产生的前提和土壤。对那些因学生品德不良而引发的事件，教师要严肃批评。对于学生调皮、无知、活泼等引发的事件，教师则无须小题大做，扩大事态。教学应变，绝不仅是教师随心所欲的“灵机一动”，它背后有教育理念的支撑，有教学智慧的领悟，有教学技能的把握，有教学科学性与艺术性的融合……但万变不离其宗，所谓“运用之妙，存乎于心”。

教学幽默，课堂中的调味剂

一、教学幽默的含义

（一）幽默的含义

“幽默”一词，是林语堂从英语“humour”翻译过来的舶来品，是一个音、意兼顾的翻译词，表达恰到好处。“幽默”，《现代汉语词典》解释为：“有趣或可笑而意味深长。”其关键是“意味深长”，令人在笑声中有感悟、启发和教益，有智慧，有品位，有高雅的境界。与哗众取宠、仅博一笑的粗俗浅薄的滑稽逗乐，有本质不同。林语堂认为幽默最能表现心灵的光辉与智慧的丰富。研究证明，一个人的幽默能力和其智商以及工作效率成正比。

（二）教学幽默艺术

教学幽默艺术是指教师将幽默运用于教学，并以其独特的艺术魅力，在学生会心的微笑中提升教学效果的教学活动。教师恰到好处的教学幽默，犹如高明的厨师在烹调美味佳肴时撒入“调味剂”，能把课堂这道“菜”烹调得更鲜美可口，让学生胃口大开。教学幽默艺术，既要有一般幽默的特点——机智性和娱乐性，又要有特殊规定性——教学中的教育性。在幽默的“形”之中，寓有教育的“神”，寓庄于谐，寓教于乐。

教学幽默艺术，是教师在组织教学、传授知识时所表现出来的一种机敏、风趣和巧智。教学幽默艺术以其较高的审美趣味和显著的教学实效，赢得越来越多的关注。魏书生老师要求自己“每堂课都要让学生有笑声”。人们为什么如此重视教学幽默艺术，并主张教师具备教学幽默能力呢？这是因为教学幽默艺术本身具有多方面独特的教育功能。一项社会学调查指出：有 75% 的学生喜欢幽默的教师。学生喜欢风趣的笑脸，对幽默型教师格外亲近、尊敬。一位心理学家说过，幽默是一种最有趣、最有感染力、最具有普遍意义的传递艺术。

二、教学幽默的功能

（一）激活课堂氛围

研究证明，幽默起码有九项功能：减轻压力、有助交流、战胜恐惧、使人舒适、让人放松、减轻疼痛、提高免疫力、培育乐观、传播幸福。幽默只能在宽松、和谐的课堂气氛中产生。课堂氛围是影响教学效果的重要因素，也是构成教学艺术情境的重要组成部分。而良好的教学幽默艺术，具有快速弥漫性和情绪感染力，能有效地活跃课堂气氛，使之不至于死水一潭，压抑思维。只有在轻松活跃的课堂氛围中，学生的思维才活跃，才能积极参与创造性教学活动，才能同教师一起把课堂教学开展得有声有色，共同创造出精彩高效的教学艺术成果。实践表明：课堂上的笑声会形成积极的气氛，使“教”与“学”变得轻松而高效。如钱梦龙老师教学鲁迅的《故乡》，在学生争论灰堆里的“碗碟”到底是谁埋的时，十分风趣地说：“这个问题是个历史悬案！”当一个学生说：“鲁迅写杨二嫂这个人物，是为了反映旧社会的妇女问题”时，钱老师幽默地赞赏道：“好啊，你考虑问题可真广，还考虑到了妇女问题，这问题提得很高级！”钱老师的课堂氛围始终是活跃的、积极的、趣味横生的。很多学生向听课老师反映：“听钱老师的课不觉得累，不知不觉就到下课时间了，还没听够。”这其中的奥秘之一，就是钱老师善于使用教学幽默艺术。

（二）和谐师生关系

人类学家研究表明，幽默可以起到缓解人际关系紧张的作用，它可以冰释误会、解释责难、缓和气氛、淡化矛盾、减轻焦躁等。教育研究表明，师生情绪严重对立时，学生会拒绝接受来自教育者的一切要求，这会阻碍他们对正确要求意义的真正理解，即所谓“意义障碍”。教学幽默是和谐师生关系、消除障碍的良药。幽默是一个好教师最优秀的品质之一。幽默有多种功用，最明显的功用就是它能使学生富有生气和积极注意。在教学中，幽默的真正目的要更为深入、更有价值，即在快乐之中，把教师和学生连接在一起。教学幽默因其语言含蓄、机智、隽永、富有感染力，使学生感受到教师和蔼可亲、平易近人、充满睿智的人格魅力，使学生放弃拘谨、胆怯与紧张，缩短师生间的心理距离，消除师生间的隔阂，达到“亲其师，信其道”的目的。学生只有在“亲其师”的氛围中，智慧之花才会绚丽开放，教学效果才会理想。

（三）调控课堂纪律

课堂上难免会出现学生扰乱课堂纪律的意外，教师固然可以批评，但教学氛围和效果必然会受到负面影响。教师如果能运用教学幽默，往往会获得出奇的效果。例如：学生学习南宋诗人曾几的《三衢道中》，当读到“绿阴不减来时路，添得黄鹂四五声”时，有学生竟学黄鹂吹起了口哨。教师没有严厉批评，而是幽默地说：“这两句诗描写得太精彩了，作者置身这样优美的环境中，该是怎样一种愉悦的心情啊！不过，我们这是课堂，不是山林，欣赏古诗只需要想象鸟鸣和意境，不需要学鸟鸣。那就败坏了别人想象的雅兴，有点大煞风景了。”教师充满幽默机智的妙语，不仅使课堂避免了混乱和压抑，也使学生认识到自己的失态和错误，获得了好的教学效果。

（四）开启学生心智

教学中教师恰当运用幽默的语言、神情、动作等，可以调动学生情绪，驱散学生疲劳，点亮学生心智之灯。有时一个风趣的比喻或反诘，引发一阵笑声之后，留下的将是难以磨灭的印象。幽默同时可以使教学内容趣味化，使学生保持浓厚的学习兴趣，促进学生对知识的理解与运用。例如：有教师在教学白居易的诗《草》时，在巩固训练阶段，设计了学生背诗给家人听的环节，教师先后扮演学生的奶奶、爷爷、妈妈等角色：

师：现在我当你的奶奶，奶奶没有文化，耳朵有点聋，请你注意。

生：奶奶，我背首古诗《草》给你听好吗？

师：那么多花儿不写，干吗写草啊？

生：（一愣）因为……因为草很顽强，野火把叶子烧光了，可第二年又长出了新芽！

师：哦，明白了，背吧！

（生背）

师：“离离原上草”是什么意思？我怎么听不懂啊？

生：“离离”就是草很茂盛的样子，这句话是讲草原上的草很茂盛。

师：还有什么“一岁一窟窿”？（众笑）

生：不是“一岁一窟窿”，是“一岁一枯荣”。枯是干枯，荣是茂盛。这句话是说，一年里春天草长得很茂盛，到了冬天就干枯了。

师：哦！听懂了。你看俺孙女多能耐，小小年纪就会背古诗、讲古诗。

这个教学设计富有幽默感和教学智慧，通过让学生模拟给老年人背古诗、讲古诗的活动，既让学生学以致用，达到教学相长的训练巩固效果，又妙趣横生，令人解颐。在幽默风趣的模拟对话中，训练了学生的理解、沟通、表达能力。

（五）健全学生人格

“幽默”产生的时刻，也正是人的情绪处于坦然开放的时刻。每当我们因为心中喜悦而开怀大笑之后，常会感到精神振奋，对周围的一切都充满了好感和信心。教学幽默会潜移默化影响学生的人格，使学生养成乐观豁达的气度和积极向上的精神，使其正确面对困难和挫折，以自信包容的眼光和胸怀去对待生活，并优化为非智力因素。一个具有幽默感的人，能时时发现事情有趣的一面，并欣赏生活中轻松的一面，从而建立起自己独特的风度和幽默的生活态度。这样的人，令人想去亲近；这样的人，使接近他的人也享受到轻松愉快的气氛；这样的人，更能增添人生的光彩。

（六）激发学生求知欲望

美国教育家哈曼说，那些不设法勾起学生求知欲望的教学，正如捶打着一块冰冷的生铁。而教学幽默艺术能有效激发学生的求知欲，有利于学生对知识的理解和掌握。研究发现，如果教师在叙述一个概念时紧跟着举一个幽默的例子，然后再解释概念，学生的成绩就会提高。有人曾设计过这样的实验：给 285 名小学生播放一组视听材料，然后请他们复述。结果发现，学生对含有幽默色彩的内容记忆更为深刻。在谈话里加入一些妙语，就像在面包里加入一些葡萄干，谈话会变得更有味道，耐咀嚼，有回味。

三、教学幽默的类型

课堂教学幽默艺术在教学过程中的表现是丰富多彩的，按其表达方式来分，可有以下几种类型：

（一）语言幽默

语言幽默，包括口头语言和书面语言两种。口头语言幽默是指教师授课语言，特别是导语、插入语和结语中，有意采用警句、双关、故错、飞白等修辞手法来制造幽默，获得愉悦、谐趣的艺术效果。有学生写作文时往往“文不加点”，或“一逗到底”。教师讲评时故意一口气读下去，以致上气不接下气，由站着念，到红着脸弯下腰，直到不得不蹲下去。学生困惑地说：“老师，停一下再念吧。”老师则喘着粗气笑着说：“可文章中没有标点啊！”学生在笑声中领悟到了标点符号的重要性。

书面语言幽默是指教师在批改作业中或板书中，以语言幽默达到教育目的。有一个学生好写错别字，有一次他在作文中写道：“一出家门，看到一堆狗粪，大吃一斤。”将“大吃一惊”误写成“大吃一斤”。教师批语也“将错就错”，幽他一默：“真是海量，佩服！”并给学生讲述《聊斋志异》中《嘉平公子》的故事：一位嘉平公子不学无术，常被人调侃耻笑。一天妻子看到嘉平公子写的一张便条，里面错字连篇：花椒的“椒”（jiāo，调味品）错写成“菽”（shū，豆类）；生姜的“姜”，错写成“江”；“可恨”，错写成“可浪”。妻子见状，又气又羞，就在便条背面写道：“何事‘可浪’？花菽生江。有婿如此，不如为娼！”教师以语言幽默方式教育学生养成正确书写的习惯，效果很好。

（二）情态幽默

情态幽默是指教师以幽默化的神情、动作、体势等手段，制造幽默效果、优化教学的方式。魏书生老师擅长“情态幽默”，他讲课讲到紧要处时，经常卖关子幽默地问学生：“老师现在是小声讲好，还是大声讲好呢？”“小声讲！”学生也纷纷幽默地说。魏书生老师就故意用很小的声音讲。学生们心领神会，知道教师又在使用幽默法激发他们的兴趣，前排的故意说：“老师，再小声点！”后面的同学正引头伸颈、侧耳细听呢，一听前面还要让再小声点，便着急地说：“不能再小声啦，我们脖子都伸疼啦！”一时间，课堂上泛起了轻松愉悦的笑声。魏书生老师随即放大音量，兼顾前后左右。学生便更认真地投入学习中去。每当学生读书或回答问题声音过小时，魏书生老师就会用手做出一个拧大音量按钮的动作，学生便会心一笑，随即放大音量。在一次教学中，魏书生老师发现一个学生想回答问题，但又不好意思，手几次欲举又止。他就模仿学生的样子，把手举了两举，又缩了两缩。学生都笑了，那个学生也笑了，并果断举手回答了问题——这就是幽默制造的高效精彩的课堂。在这种课堂氛围中，学生才能产生积极创造性思维，才能更积极主动地学习，才能肯学、乐学、好学。

（三）辅助幽默

一些辅助教学手段，如漫画、幻灯片、含幽默色彩的录音录像、教学模型、标本、挂图等，教师都可以挖掘其幽默因素，辅助教学。

（四）整体幽默

如果幽默成为一个教师经常使用的较为稳定的教学手段，并形成以幽默为基调的教学风格，即可称之为“整体幽默”教学风格。

四、教学幽默的原则

（一）科学性

科学性就是要求教师教学用语准确无误，恰如其分地遣词造句，科学逻辑地传道授业，令人信服地答疑解惑，幽默但不失教学的科学、严谨、规范。

（二）教育性

语言幽默的教育性在于它的思想性，要有利于培养学生正确的人生观、价值观。教师要抓住学生普遍关心的热点、难点，抓住教育的最佳时机，本着正面引导的原则，用新颖活泼的方法、令人信服的事实进行教育。解决学生的具体问题，从而获得最佳教育效果。

（三）美感性

美感性就是要求教师有高尚的人格品位，使用文明的话语，善于发挥汉语优势，运用各种修辞手法，在语音、语调、语速、语句等方面富有美感和趣味性。教学幽默高雅而不低俗，诙谐而不滑稽，富有智慧和文化内涵。那种哗众取宠、讽刺挖苦的浅薄语言，制造庸俗乏味、廉价的笑声，不能给人高雅的幽默美感。

（四）愉悦性

愉悦性要求幽默能激发学生轻松、愉悦、爽心的笑。幽默的教学语言所表现的内容，或巧智奇思，或矛盾乖戾，或巧合夸张，或荒唐滑稽等，是现实生活中幽默因素的集中放大。幽默使学生情感因素得到释放，情感交融，形成愉悦的教学氛围。

（五）启迪性

启迪性就是寓庄于谐，教师通过幽默的形式，含蓄暗示，启发思考，使学生在会心的笑声中，领悟教义，明辨是非，获得教益。老舍在《谈幽默》中说：“凡是只为逗人哈哈一笑，没有更深的意义的，都可以算作‘滑稽’，而‘幽默’须有思想性与艺术性。”

（六）适度性

适度性就是要求幽默运用得恰到好处，从“质”上看，幽默材料要健康，符合学生年龄、接受能力和教学需要，应以正面引导为主、反面讽刺为辅。从“量”上说，不可滥用，剂量适当，过犹不及。教师要把握“度”和“火候”。幽默是手段，教育是目的。教师应以教育效果作为衡量幽默适度与否的标准尺度，不可喧宾夺主、本末倒置。否则就会像老舍所说：“到了幽默论斤卖的地步，讨厌是必不可免的。”过度和不适当的幽默，都会使课堂失控，脱离教学中心。善于运用幽默的教师，总会在幽默过后，及时引导学生将精力集中到学习中来。

五、教学幽默的方法

幽默的技巧和方法不胜枚举，孙绍振教授所著《幽默答辩五十法》值得参考。其中说：“方法变化多端，全在曲尽其妙，大体则有，定体则无，动用之妙存乎一心。如无临变机智之巧，则百法而无一用，有法而成累赘，不如无法。若有七窍玲珑之智，则无法也能生法，一法能生万法，即所谓无法之法是为至法。”以下所介绍方法，仅供参考借鉴。

（一）婉曲释义法

教师对某些概念、词语的内涵、外延做巧妙婉曲，但又不失其本质的揭示，形成独特的幽默效果。给学生做思想工作，话语太直白不好，容易引发其抵触情绪。有教师用婉曲释义法，不说学生早恋，而说“男女间情感过近了”；不说“偷东西”，而说“没经主人允许把东西拿走了”；不说“打架”，而说“武力解决矛盾”；不说“考试作弊”，而说“借用别人学习成果”；不说“旷课”，而说“失去一次学习良机”；不说“上课随便说话”，而说“语言失控”。婉曲释义法的巧妙可见一斑。

（二）巧用笑典法

教师根据教学内容的需要，设计或引用幽默诙谐的典故，就可达到与教学内容相映成趣的教学效果。如学习柳宗元的《捕蛇者说》中“故为之说，以俟夫观人风者得焉”，“人风”即“民风”，唐朝为避李世民的“讳”，改“民”为“人”。为了加深学生对封建社会“避讳”的认识，教师讲了一个笑话：古代对地位和辈分比自己高的人，不得直呼其名，甚至连名字中的每一个字都不能说出口，否则就是大不敬，谓之“避讳”。相传，五代时有个大官叫冯道，他的门客讲《道德经》，第一句话“道可道，非常道”，因要避冯道的讳，只好改说：“不敢说，可不敢说，非常不敢说。”通过幽默笑话，学生更加深了对“避讳”的理解和认识，同时也活跃了课堂。

（三）行为夸张法

教师针对具体教学情境，采取夸张的行为，获得出奇制胜的幽默效果。有些学生经常不自觉地把小数点后的“0”留下来，有一次教师在订正时，突然从抽屉里拿出一把大剪刀，问学生：“谁知道我要用这把剪刀做什么？”学生发愣时，教师接着说：“我要把小数点后的尾巴剪掉！”同学们恍然大悟，在笑声中加深了认识，果然在之后的作业中这种现象消失了。

（四）举重若轻法

教师以类比、比喻，或轻松的语言，阐述重点难点问题，四两拨千斤。有教师针对学生刚学习写议论文的畏难情绪开导说：“议论文并不神秘可怕，我3岁的小孙女也会写议论文。有一次我孙女说：‘我最喜欢爷爷了。’这是论点。接着她说：‘爷爷喜欢我，不骂我，买冰棒给我吃，还带我到儿童乐园去玩。’举了四个论据。‘所以我喜欢爷爷。’这是结论，与开头呼应。你看议论文不是很好写吗？”这个例子一举，教室里充满了笑声。在笑声中学生理解了议论文的基本特点，消除了写议论文的畏难情绪。

（五）精细换算法

教学中将抽象模糊的事物进行精细化描述，可获得形象幽默的效果（修辞手法叫“换算”）。有位教师在讲解人体成分构成时这样描述：“构成人体的水，可以装满一只容量为45升的水桶；人体的脂肪可以制造7块肥皂；人体中的碳，可以制造9 000支铅笔；人体中的磷，可以制造2 200根火柴；人体中的铁，可以造2根铁钉；人体中的石灰，可以刷2个鸡棚；人体中还有少量的镁和硫……”教师精细的换算，使学生在笑声中获得对人体成分的形象感知。

当提醒学生珍惜时间时，教师引用统计学家的数据：“假如一个人的寿命为60岁，那么他总共有21 900天。一生时间的用途分别为：睡觉20年（7 300天），吃饭6年（2 190天），穿衣和梳洗5年（1 825天），上下班和旅行5年（1 825天），娱乐8年（2 920天），生病3年（1 095天），等待3年（1 095天），打电话1年（365天），照镜子70天，擤鼻涕10天。最后只剩下3 205天，即8年零285天做有用的事情。”教师统计数据的精细、引证的良苦用心，使学生听后既感慨万千，又获得教益。

（六）故错导引法

故错导引法就是教师在表述或书写名词、概念、观点等时，故意出差错，曲解其本义，因势利导，从而起到以错扶正的作用。如有教师在讲解“法人”概念时，故意望文生义地曲解：“法人就是法国人，法人就是犯了法的人，法人就是有办法的人……”，教师一连串荒谬的解释，在使学生解颐的同时，引导学生掌握了“法人”概念的真正含义，留下了深刻印象。又如学习《邹忌讽齐王纳谏》，教师板书时故意把“讽”写成“劝”，学生指出板书错误后，教师引导学生辨别“讽”（用委婉含蓄的方法劝导，与

“净”相对）与一般“劝”的区别。

“故错导引法”一般用在两个环节中：一是学生情绪低落时；二是学生易错易混处。教师让学生在参与找错纠错的过程中，获得“发现”的乐趣，活跃课堂，让学生集中注意力，在轻松自如中加深认识。

（七）出人意料法

教学中教师在必要的情境铺垫后，将教学目的“抖出”——意料之外，情理之中，使学生既惊喜又感佩。如一位教师上“场面描写”作文课时，一走进教室，便要求学生背诵并没有要求背诵的课文《神笔马良》。学生背不出，无一人举手。教师降低要求，只要背出几个自然段即可，学生还是摇头。教师随便点了一位学生，这位学生满脸通红，其他学生有的把头深深低下，有的无奈地望着老师。教师严肃地说：“谁坐得不好就让谁背诵！”大家立即坐好。正当大家认为课堂难以进展时，教师微笑地说：“我知道你们背不出，我们今天的作文要学习的就是‘场面描写’。请同学们体会刚才背不出课文的紧张场面，把它描写出来。”大家恍然大悟，露出会心的微笑，奋笔而书。

（八）逻辑归谬法

教师对学生的错误不正面指出，而是由此推出荒谬的结论，从而暗示其错误。如有位教师让学生写作文《放学路上》，结果大多数学生都写了一些虚构俗套的故事，惊人地雷同。这种虚假文风，教师正面批评固然可以，但不一定有效，或许还有些许尴尬，易挫伤学生的写作热情。有教师采用逻辑归谬法说：“你们的作文三分之一写捡钱包交给警察叔叔，三分之一写公交车上给孕妇让座，三分之一写扶老人过马路。别的且不说，光说捡钱包。我活这么大年纪，上下班走了这么多年，就没有你们这样好的运气。我怎么一次也没有捡到过钱包啊！”学生在呵呵笑声中流露出歉意。接着教师严肃认真地强调：“作文要写真事、抒真情，不能瞎编乱造。”学生既感受到教师的幽默，也接受了教师的观点。

（九）模拟演示法

教师通过模仿表演，运用语音的轻重、快慢、停顿等方法，获得幽默效果。如哲学课学习“事物的联系是客观的，不是主观臆造的”观点。有位教师模仿算命先生，装模作样为一个学生相面、看手相。他摇头晃脑，掐指一算，惊喜地说：“你的命真好啊！明年一定能考上大学。30岁发大财，40岁官运亨通，50岁荣华富贵……”学生都笑了。稍后，教师语气一转，正色道：“相面算命，所谓‘指纹手相决定命运’，这是臆造的联系，没有客观依据。”

（十）自我调侃法

自我调侃法就是教师拿自己开玩笑，自我幽默。教师恰当地拿自己幽默，并不会自掉身价，反而能拉近与学生的距离，使学生和自己放松，为教学艺术的发挥铺平道路。钱梦龙老师在异地上课时，由于听课的人多，学生有些紧张，不利于教学的展开。为了缓和气氛，拉近距离，钱老师一开始就拿自己的名字开玩笑："有个姓钱的，做梦都想飞黄腾达，你们说是谁呀？"学生会心地笑了，解除了紧张，缓和了气氛，师生心灵得到了初步沟通，为教学的顺利开展做好了铺垫。

六、教学幽默的训练与提升

（一）培养幽默感

幽默是一种素质，不过这种素质也可以后天培养和提高。教师要提高自己的教学幽默水平，首先要使自己成为一个有幽默感的人。一是幽默的心态涵养，幽默主要是一种创造和表现情趣的心力，一种感受和体会可笑的心力。或者说，幽默是智慧的结晶，是健全的理性和深厚修养的产物；也是感知挖掘世界中一切可笑因素的能力，一种理解和创造笑的艺术的才能；更是一种达观而敏锐、超拔而挚诚、直率而坦然的人生态度。

（二）开发幽默源

教师的教学幽默能力与幽默兴趣是呈良性循环的，而幽默兴趣表现为对一切幽默源的敏感度。教学幽默源有以下几种：

（1）生活中的幽默。对于周围教师、学生及其他人身上存在的一切幽默元素和生活中的趣闻轶事、诙谐谈吐等，教师要善于发现、积累、提炼。

（2）艺术中的幽默。各种幽默艺术，如相声、小品、喜剧、哑剧、漫画、谜语、趣联、歇后语、绕口令、打油诗、顺口溜、文字游戏，教师有时顺手拈来，课堂妙趣横生。

（3）教材中的幽默。现行教材中存在许多可以利用的幽默因素，这是教学幽默"富矿"所在。教学内容的幽默因素，最容易引起学生直接的兴趣。如阿Q的"精神胜利法"，吴敬梓的《范进中举》《两茎灯草》，李宝嘉的《制台见洋人》，鲁迅的《孔乙己》，奥楚蔑洛夫的善"变"与拙劣的掩饰，葛朗台和泼留希金的"守财""吝啬"，马克·吐温的《竞选州长》等教材内容，都能使学生在讽刺与笑声中领悟深刻的内涵。教材中的幽默，需要教师慧眼独具，善于发现，尽心体会，并引导学生感受、品味。

（4）加工完善幽默。各种幽默源中的幽默，往往是俗雅共存，教师运用时要认真筛选、加工、改造，并学会创造幽默，开发新的幽默源。这就要求教师具备发现幽默的眼光、品味幽默的味蕾、创造幽默的细胞。

（三）探索教学幽默的奥秘

（1）弄清教学幽默的机制，对教学幽默艺术的提升有较大影响。例如：悬念、伏笔，易扣人心弦；铺垫、渲染，隐而不显；反复、突转，要言不烦；任何贫嘴油滑、牵强附会、画蛇添足，都无助于教学效果的提升，只能适得其反。

（2）掌握教学幽默的修辞。据不完全统计，仅 1980 年以来，修辞学界归纳出来的修辞新格就不下 60 种，其中八成左右新格与诙谐幽默有关。熟练掌握并成功运用这些修辞技巧，对教师幽默艺术的提高会大有裨益。

（3）把握教学幽默的时机。古人很重视“笑候”，语速、音调、时间的控制等至关重要，因为它是引笑机制的关键。只有在铺垫和渲染充分时，再抖出“包袱”，才可优化教学幽默艺术的效果。

（4）流露教学幽默要自然。笑是不能勉强的，所以教学幽默不能矫饰、做作、卖弄，不能哗众取宠、浅薄、粗俗、恶趣，而应蕴藉、雅趣、自然。清代戏曲家李渔说：“我本无心说笑话，谁知笑话逼人来。”幽默机智表现为：好像一切都漫不经心、不假思索、脱口而出，是发挥幽默的最佳状态。

教学幽默不是雕虫小技，不是插科打诨，而是教学智慧和情感的自然体现，是科学，更是艺术。只有对学生充满真诚的爱，只有对教学真谛透彻理解、对教学内容深入把握，只有不断积累幽默素材、养成幽默素质、增加幽默细胞，教师才能在教学中得心应手，创造性地运用教学幽默，散发教学智慧的光彩。

教学拓展，课堂中的纵横捭阖

孔子说：“举一隅不以三隅反，则不复也。”可见孔子很重视教学中的由此及彼，拓展联系，举一反三，触类旁通。课堂中合理巧妙的延伸拓展、联系比较，可加大教学的广度和深度，使课堂显得丰满厚重，生动活泼，体现教师开阔的文化视野、丰实的知识底蕴、深厚的教学功力，体现教师旁征博引、深入挖掘、纵横捭阖的教学风采。学生通过延伸拓展、比较鉴别、同中求异、异中求同，加深理解、训练思维、丰富知识、获益匪浅。合理的教学拓展深受学生喜爱，这当然要求教师日积月累的文化积淀和深入的教学钻研，具有知识的广度和深度。

一、纵向延伸拓展

纵向延伸拓展就是以教材为出发点，进一步生发，纵深延伸拓展，使学生的认知更深入，增加学生的知识和思维的广度与深度。

（一）由此及彼，纵向拓展

如教学王安石的《伤仲永》，在训练环节，教师仿写一段文言文《仲永之父》，让学生阅读、加标点并解释，纵向延伸拓展，加深学生对教材的理解，训练其文言阅读，一举多得。

> 邻有士人者，语其父曰：“古有乐羊子者，远寻师学。久行怀思，中道而归。其妻方织，见羊子中道还，乃引刀断其织。学亦如机杼之织，不可中道而止也。羊子感而复学，卒业有成。今汝日扳仲永环谒邑人，寸光某小利，不使学，无乃不可乎？”父笑曰：“汝尝言卖油翁，自钱孔沥油入葫芦而钱不湿，皆以手熟耳。今小儿指物作诗，不亦日熟乎，何以学为？况人宾客吾父子，或遗吾以钱物，利莫大焉，安可止之耶？”卒不使学。

学习庄子的《逍遥游》，教师为了说明庄子所谓的“逍遥游”——不依靠凭借任何事物，不受任何限制束缚的绝对自由，以及“至人、神人、圣人”等，在现实生活中是不存在的，它只存在于庄子的想象中，可纵向拓展教材未选入的《庄子·逍遥游》后半部分所虚构的“神人”：“藐姑射（yè）之山，有神人居焉。肌肤若冰雪，绰约若处子；不食五谷，吸风饮露；乘云气，御飞龙，而游乎四海之外。”以及《庄子·齐物论》中：

“至人神矣！大泽焚而不能热，河汉冱（hù）而不能寒，疾雷破山而不能伤，飘风振海而不能惊。若然者，乘云气，骑日月，而游乎四海之外。”

（二）相反相成，纵向拓展

教师教学某一篇目，可拓展与篇目内容相关而题旨不同的篇目，比较阅读，使学生扩大视野、加深对教材的理解。学习《列子·愚公移山》，教师可以拓展清代小说家乐钧的《耳食录》中《皮先生学愚公》一文，讽刺那种东施效颦、机械模仿的“书呆子”，使学生加深对学习寓言精神而非形式的理解。

有皮先生者，鲁而好奇。慕愚公之移山也，而曰：“愚公年九十，我始半之。太行、王屋若是其高且广也，而可移；我盍试其少者？”

野有丘。率二子荷畚操箕，旦夕垦之，而欲以徙之。或笑止之曰：“愚公事，《列子》寓言耳；且彼为其塞出入之迂也，故欲平其险。今此培塿者，处于广漠之墟，居焉而不障于庐，行焉而不壅于途，葬焉而不窒于墓，种莳焉而不浸子之田壤，亦既避子之巧矣。子何为者？且是丘也，高仅可隐，广不及数亩之宫，平之不足以夸力，去之不足以鸣能，过之者如去毛发焉。而曾莫之知也，子何为者？”弗听，垦之期月，运土于溪中，溪为之塞。

是岁旱，溪涸。溪右之农，其田弗溉焉，苗且槁，以先生绝其源也，相与哄诸其门。先生惧，亟出溪中土置溪上，复成一丘。见者笑谓先生曰：“此夸娥氏之力也！”

二、横向比较拓展

横向比较拓展就是把与教材相似或相关的篇目横向比较拓展。通过比较，学生认识更深入、眼界更开阔。

（一）相似篇目不同题旨的横向拓展

学习寓言《愚公移山》，教师可以拓展比较希腊神话《西西弗斯》。先观看匈牙利根据希腊神话西西弗斯故事改编的、获 1976 年奥斯卡最佳动画片提名的动画片。

再提供文字故事：

西西弗斯触犯了众神。诸神惩罚西西弗斯，要求他把一块巨石推上山顶。而巨石每每快到山顶就又滚落下去，前功尽弃。于是西西弗斯就不断重复、永无止境地推石上山——诸神认为，再没有比进行这种无效、无望的劳动更为严厉的惩罚了。终于有一天，西西弗斯在这种孤独、荒诞、绝望的生命过程中，发现了新的意义——他看到了巨石在他的推动下散发出一种动感庞然的美妙，他与巨石的较量所碰撞出来的力量，像舞蹈一样优美。他沉醉在这种幸福当中，以至于再也感觉不到苦难了。当巨石不再成为他心中的苦难之时，诸神便不再让巨石从山顶滚落下来。

《愚公移山》《西西弗斯》，中外两篇故事，相同之处是，讲的都是为了克服某种困难而不懈努力奋斗的故事，只是结局和主旨不同。在面对困难时，《愚公移山》体现人定胜天，把握命运，战胜大自然的人生哲理；《西西弗斯》传达的是不再一味地把困难当作惩罚，从抗争中发现意义，以乐观豁达的心态面对困难的人生态度。

（二）不同篇目相似主题的横向拓展

学习余光中的《乡愁》，可拓展余光中的《乡愁四韵》："给我一瓢长江水啊长江水 / 酒一样的长江水 / 醉酒的滋味 / 是乡愁的滋味 / 给我一瓢长江水啊长江水 / 给我一张海棠红啊海棠红 / 血一样的海棠红 / 沸血的烧痛 / 是乡愁的烧痛 / 给我一张海棠红啊海棠红 / 给我一片雪花白啊雪花白 / 信一样的雪花白 / 家信的等待 / 是乡愁的等待 / 给我一片雪花白啊雪花白 / 给我一朵腊梅香啊腊梅香 / 母亲一样的腊梅香 / 母亲的芬芳 / 是乡土的芬芳 / 给我一朵腊梅香啊腊梅香。"

拓展余光中的《风铃》："我的心是七层塔檐上悬挂的风铃 / 叮咛叮咛咛 / 此起彼落 / 敲叩着一个人的名字 / 你的塔上也感到微震吗 / 这是寂静的脉搏 / 日夜不停 / 你听见了吗 / 叮咛叮咛咛 / 这恼人的音调禁不胜禁 / 除非叫所有的风都改道 / 铃都摘掉 / 塔都推倒 / 只因我的心 / 是高高低低的风铃 / 叮咛叮咛咛 / 此起彼落 / 敲叩着一个人的名字。"

还可以拓展席慕蓉的《乡愁》、舒兰的《乡色酒》、于右任临终诗《望大陆》（又名《国殇》），以及戴望舒的《游子谣》等。这些都是抒写乡愁的佳作名篇，主题相似，但在表达上各具特色、各有千秋。教师引导学生比较鉴赏，大有裨益。

（三）不同篇目相似手法的横向拓展

譬如学习白居易的《琵琶行》，教师可以拓展林嗣环的《口技》和刘鹗的《明湖居听书》。文章虽时代不同（唐代、明代、清代）、作者不同（白居易、林嗣环、刘鹗）、体裁不同（诗歌、散文、小说），但描摹声音的运动变化过程都是一波三折，惊人相似，都是"起始、发展、跌宕、高潮、结束"五个环节，具体表现为声音运动中的两次"波峰"、一次"波谷"，以及"高潮"中的戛然而止。这种"一波三折"的声音运动形式，足以简要充分地展现声音的丰富动人。这种艺术规律和表现技巧，被古今中外艺术家们共同认识和掌握，并在作品中不谋而合地表现出来。

又如学习莫泊桑《项链》的精巧构思、伏笔照应、悬念释念、抑扬结合，以及"意料之外，情理之中"的结尾等艺术技巧，可拓展莫泊桑另一篇小说《珠宝》。《珠宝》女主人公朗丹夫人，也像《项链》中的女主人公玛蒂尔德一样，貌美而家境贫寒，无奈嫁给了小职员，不甘于贫民的平庸生活，千方百计结识逢迎上流人物。不同的是，《项链》里的玛蒂尔德把借来丢失的假项链，当作真项链，并因此获得"拯救"，"假项链"换来"真爱情"；而《珠宝》里的朗丹夫人，把出卖色相换来的昂贵真珠宝，谎称假货收藏，她染病身亡，下场可悲，"真珠宝"换来"假爱情"。

学习莫泊桑《我的叔叔于勒》的明暗双线结构，侧面暗写的于勒，却出现在标题中。拓展施耐庵《智取生辰纲》的明暗双线结构，一路暗随、伺机智取的晁盖、吴用等人，作者也主要是侧面暗写，也是以标题的形式出现。鲁迅《故乡》中的反派人物“豆腐西施”杨二嫂，其“未见其人先闻其声”的出场方式和肖像描写，与曹雪芹的《林黛玉进贾府》中王熙凤的出场方式和肖像描写有相似之处。刘鹗《明湖居听书》中，白妞出场时“烘云托月”侧面表现手法，与罗贯中《三顾茅庐》中，诸葛亮出场时的侧面烘托手法相似。

（四）不同篇目相似题材不同手法的横向拓展

譬如教学鲁迅《从百草园到三味书屋》中的“白描”景物描写手法，像一幅水墨丹青：“不必说碧绿的菜畦，光滑的石井栏，高大的皂荚树，紫红的桑葚；也不必说鸣蝉在树叶里长吟，肥胖的黄蜂伏在菜花上，轻捷的叫天子（云雀）忽然从草间直窜向云霄里去了。单是周围的短短的泥墙根一带，就有无限趣味。油蛉在这里低唱，蟋蟀们在这里弹琴。”

可拓展史铁生散文《我与地坛》中的“工笔”写景笔法，如一幅逼真油画：

撅一杈树枝左右拍打，驱赶那些和我一样不明白为什么要来这世上的小昆虫。蜂儿如一朵小雾稳稳地停在半空；蚂蚁摇头晃脑捋着触须，猛然间想透了什么，转身疾行而去；瓢虫爬得不耐烦了，累了祈祷一回便支开翅膀，忽悠一下升空了；树干上留着一只蝉蜕，寂寞如一间空屋；露水在草叶上滚动、聚集，压弯了草叶轰然坠地摔开万道金光。满园子都是草木竞相生长弄出的响动，窸窸窣窣窸窸窣窣片刻不息……

学习《敕勒歌》，用“白描”手法写草原风光：“敕勒川，阴山下，天似穹庐，笼盖四野。天苍苍，野茫茫，风吹草低见牛羊。”拓展获 1984 年短篇小说一等奖的宋学武的《干草》，用“工笔”手法细腻描写大草甸子的景象，使人如临其境：

我常常躺在深深的草丛中，吸吮着草的芳香，仰望着浮动变化的白云，想象着远处天地相接的地方。草甸上星星点点的几只羊，在绿色的波涛里时隐时现，像白色的云朵……；偶尔有一只兀鹰，静止不动地挂在天空，展开双翼，呆呆地注视着草地，仿佛随时准备猎取草丛中的青蛙或者田鼠；间或掠过云端的一群雁的叫声，不知道在多么遥远的天际激起回响，给这恬淡、静谧的草甸子带来无限生机；有时，绿色的气浪把打瓜鸟子从密草深处托起，飘逸多姿地浮游在天空，一会儿在高处消失踪影，只剩一个小黑点在闪动，一会儿又翻转双翼，在阳光下一明一灭地辉耀着。

学生学习巴尔扎克《守财奴》中关于葛朗台油画般细腻传神的“工笔”肖像描写：“他身高五尺，臃肿，横阔，腿肚子的周围有一尺，多节的膝盖骨，宽大的肩膀；脸是圆的，乌油油的，有痘瘢；下巴笔直，嘴唇没有一点儿曲线，牙齿雪白；冷静的眼睛好像要吃人，是一般所谓的蛇眼；脑门上布满褶皱，一块块隆起的肉颇有些奥妙。”可拓展罗贯中《三国演义》中的传统“白描”肖像描写，张飞是：“身长八尺，豹头环眼；燕颔胡须，声若巨雷，势如奔马。”作者抓住人物的外貌特征，寥寥数语，犹如刀削斧凿，勾勒出一个雄壮威武的猛张飞形象。写孙权仅用“方颐大口，碧眼紫髯”八个字，描画出一个形貌奇伟、气质非凡的孙权形象。教师通过比较拓展，区别“白描”与“工笔”手法的各自特色。

（五）不同篇目相似形象和情感题旨的横向拓展

学习曹雪芹的《抄检大观园》，教师分析丫鬟司棋誓死捍卫爱情，最后与潘又安双双殉情的形象，可拓展乐府民歌《上邪》所表达出的炽烈忠勇的爱情：“上邪：我欲与君相知，长命无绝衰。山无棱，江水为竭，冬雷震震，夏雨雪，天地合，乃敢与君绝。”曹雪芹把这爱情的海誓山盟，化作一对感人的形象，在《红楼梦》中再现出来，令古今多少读者为之动容。

学习鲁迅《拿来主义》中批判某些国人妄自尊大，以文明古国自居，以地大物博自诩的“送去主义”时，可以拓展自欺欺人的阿Q的“精神胜利法”，以及鲁迅的《摩罗诗力说》：“故所谓古文明国者，悲凉之语耳，嘲讽之辞耳！中落之胄，故家荒矣，则喋喋语人，谓厥祖在时，其为智慧武怒者何似，尝有闳宇崇楼，珠玉犬马，尊显胜于凡人。有闻其言，孰不腾笑？”以及《华盖集·忽然想到（六）》中语段：“我们目下的当务之急，是：一要生存，二要温饱，三要发展。苟有阻碍这前途者，无论是古是今，是人是鬼，是《三坟》《五典》，百宋千元，天球河图，金人玉佛，祖传丸散，秘制膏丹，全都踏倒他。”

学习茅盾的《风景谈》中“人是风景的主宰，人类更伟大”的主旨，教师可拓展卞之琳的诗歌《断章》，以及莎士比亚的《哈姆雷特》中关于人类的赞美独白。

（六）不同篇目相似题材不同情感的横向拓展

教学毛泽东的《沁园春·长沙》和郁达夫的《故都的秋》，关于秋色的描写，教师可拓展比较古人写秋抒情的诗文，例如：宋玉的《九辩》：“悲哉，秋之为气也！萧瑟兮草木摇落而变衰。”曹丕的《燕歌行》：“秋风萧瑟天气凉，草木摇落露为霜。”杜甫的《秋兴》：“玉露凋伤枫树林，巫山巫峡气萧森。”马致远的《秋思》：“枯藤老树昏鸦。”李清照的《声声慢》：“满地黄花堆积”“梧桐更兼细雨”。曹雪芹的《代别离·秋窗风雨夕》：“秋花惨淡秋草黄，耿耿秋灯秋夜长。”秋瑾的绝命词：“秋风秋雨愁煞人。”比较发现，毛泽东、郁达夫与古人写秋抒情大不同：古人多是怨秋、悲秋，把秋写得肃杀悲凉，惨淡愁苦；毛泽东、郁达夫是颂秋、爱秋。但毛泽东和郁达夫的颂秋、爱秋又不同，毛泽东爱秋之绚丽蓬勃，昂扬向上；郁达夫喜“秋味”之清静悲凉。毛泽东诗词的意境超越前人，因其品格、胸怀超越前人。他不同于那些多愁善感的纤弱文人，所以他的诗词意境也不同凡响，洋溢着雄奇伟丽的崇高美，充满豪情壮志。

教学拓展的形式多种多样，纵横捭阖，不一而足；但都要求所拓展的篇目，在内容、形式、手法等方面，应有一定的可比性和相关性。教学拓展应围绕教学目标，目的明确，有助于教学中心和目标的实现和加强；不能漫无目的、盲目拓展，教师不能为拓展而拓展。

品味语言，课堂中的橄榄

一、品味语言是语文学科独有的特性

这是由语文学科的性质决定的，语文姓“语”，因此不能脱离语言架空分析，把语文课上成其他社会科学的课。在语文课上，起码有两样东西是必须具备的：一是诵读吟咏，二是品味语言。这是语文学科区别于其他学科的显著特性。特别是品味语言，如同课堂中的橄榄，咀嚼咂摸，回味无穷。

同样是文本世界，语文学科与其他学科的根本区别在于：其他学科关注的是“写的内容”，也就是“说了些什么”；唯有语文学科不仅关注“写的内容”，更关注“写的形式”，即怎么表达，怎样写的——为什么用这个词语或句式，而不用那个词语或句式？为什么这样说而不那样说？只有读者用心关注“怎么说”，立足于表达的形式，才能更准确地把握“说什么”，透彻领悟表达的内容。宋玉在《登徒子好色赋》中形容东家之子：“增之一分则太长，减之一分则太短；著粉则太白，施朱则太赤。”美得恰到好处，无与伦比。优秀作品的语言也是如此。在阅读教学中，教师要有意识地引导学生关注文本语言，推敲斟酌语言的准确性、生动性，培养学生对文字“尖锐的敏感，极端的谨严和极艰苦的挣扎”的精神和能力。教师长期不懈地坚持下去，必能丰富学生语言积累，培养良好的语感习惯，形成优秀的语文素养。

二、如何品味语言

（一）结合具体语境，诵读品味语言

抽象孤立地分析语言文字的优劣高下没有意义，《现代汉语词典》里的词语都是好的，都有价值，无所谓优劣。品味语言是指对具体语言环境中准确、生动、创造性地运用语言的品味。张志公先生在其主编的《现代汉语》“语义与语言环境”中指出：“分析语言现象，必须把它和它所依赖的语境联系起来。”譬如欣赏余光中的诗歌《乡愁四韵》：“给我一张海棠红啊海棠红”为什么不写成“红海棠”？联系语境，反复吟诵、品味：“给我一张海棠红啊海棠红／血一样的海棠红／沸血的烧痛／是乡愁的烧痛／给我一张海棠红啊海棠红。”就会发现，除了押韵的因素外（这只是表象），后文的“血一样”“沸血”等与“红”呼应，海棠红的颜色正是沸血的颜色。一想起故乡啊，就热血

沸腾，激情涌动。而且随着时间的推移，故乡留在诗人心中的景象，不是具体的红海棠，而是那一片艳丽炫目的红色。如此写，诗句才会显得更飘逸、更轻灵、更富有诗意。结合语境诵读，才可以品出那么一点意境、一点味道。

（二）善于发现关键词语，咀嚼品味语言

文章中一些“文眼”式的关键词语，往往起到纲举目张、提纲挈领的作用，要注意发现并把握。如闻一多的《死水》中：“这是一沟绝望的死水，清风吹不起半点漪沦。”“绝望”一词很关键，在整首诗中出现了三次，是“诗眼”。正因为诗人对“死水”一般黑暗陈腐、肮脏腥臭的旧中国极度失望，进而痛苦、悲愤而绝望，所以才会说出“不如多扔些破铜烂铁，爽性泼你的剩菜残羹”的激愤、诅咒之语。既然现实如此黑暗、丑恶、让人绝望，倒不如让它彻底腐烂发臭，烂得更快、更透、更彻底，加速它的灭亡，新事物才会更快地产生和成长。“绝望”一词，既包含诗人对旧中国的极度厌恶愤恨，也包含诗人迫切改变现实的强烈意愿，更包含对新社会的热切期盼和向往。

（三）善于发现看似寻常、实则意蕴深厚的语言品味

任何语言都只是一种表象的存在，作者要表达的思想情感往往隐藏在语言的面纱之后。阅读教学中，教师要善于发现“语言”这道“藏于深山人未识”的亮丽风景，见前人所未见，发别人之所未发。

譬如张岱的《湖心亭看雪》中一句：“天与云与山与水，上下一白。”有人认为，第一句七个字中就有三个“与”字，似乎不简洁，很绕口。如果去掉“与”字，改为：“天云山水，上下一白。”四字一句，不但简洁对称，而且更能体现天云山水彼此交融、浑然一体之感。就像马致远的《秋思》：“枯藤老树昏鸦，小桥流水人家。”如果添加“与”字成为：“枯藤与老树与昏鸦，小桥与流水与人家”，读起来就显得拖沓、滞缓、隔膜和单调。为什么《湖心亭看雪》作者在一句话之中使用这么多“与”字，用意何在？是否可以删去呢？

“与”字看似寻常、赘余，实则蕴含深意，很有审美意蕴：“天与云与山与水”，因为意象之间隔了“与”字，读的时候就会自然慢下来了，那种赏雪观景的闲情逸致，就自然而然地流露出来了；这个“与”字，还表现出作者视线慢慢游移和细腻的心理活动，由高到低，从上往下，有顺序地慢慢观赏大雪过后的天空、流云、群山以及静静的湖面；表现出天、云、山、水之间的空间距离感，画面的层次感，语言的节奏感等。如果改成“天云山水，上下一白”，看似简洁，但语速太急促，不像是作者在散步赏雪，而像是百米赛跑了。

再有一句：“湖上影子，惟长堤一痕、湖心亭一点、与余舟一芥、舟中人两三粒而已。”作者张岱似乎特别钟情“与”字。上一句“天与云与山与水”，用了三个“与”字，很有情致。现在这句中“与”字又出现了，“与余舟一芥”，两个“yu”音连在一起，读起来不免单调重复。在文言文里，除了双声叠韵，一般尽量避免前后两字的读音重复。但作者这里，不但不回避重音，而且违反常规使用“与”字。一般而言，用“与”

连接几种并列的事物，会把它放在最后两种事物之间。但作者在这五句话中，“与”字不是放在最后的四、五句之间，而是放在中间的三、四句之间，挑战人们的阅读和写作习惯，给学生的审美体验设置了一个醒目的路标。如果去掉“与”字改为：“惟长堤一痕、湖心亭一点、余舟一芥、舟中人两三粒而已。”读起来似乎更流畅通顺。这个“与”能否去掉？蕴含了什么审美秘密呢？

这个“与”字当然也不能去掉。因为这个“与”字有多种作用：表示从长堤、湖心亭的自然、静态景观，过渡到舟和人的人文、动态景观，“与”字隔开了自然与人文、静态与动态两个世界；前四句每句字数都是五个字，第四句若去掉“与”字，阅读节奏与前三句就不一致了；最关键、微妙的是，“与”字体现了作者视角的切换和思想的升华，他原本是坐在船上赏雪，“一痕一点”都是他看堤和亭的样子，这好理解，可是坐在船上观景，船怎么可能是一芥小草呢？人怎么会渺小得像圆颗粒呢？这时作者的视角已发生变化，仿佛腾空而起，居高临下，从高空鸟瞰俯察，船和人才可能化为“一芥”和“两三粒”。作者仿佛忘记了自己还在船上，思绪飞到了九霄云外——真是“精骛八极、心游万仞”“天人合一，物我交融”——一个张岱在船上，另一个张岱已经飞到了天上。作者静静地观赏大雪后的西湖景色，观赏自己乘坐的那叶扁舟——多么神奇的想象，多么壮美的图画！

美学家宗白华揭示了这种审美奥秘，画家的眼睛不是从固定角度集中于一个透视的焦点，而是流动着飘瞥上下四方，一目千里，把握大自然的内部节奏，把全部景界组织成一幅气韵生动的艺术画面。岂止是画家，所有艺术家的眼睛，都不是固定于一个角度观察——不是坐在船上，眼睛死死地盯住那道堤、那座亭，而是流动着飘瞥浏览上下四方。清代大画家石涛说，山川使予代山川而言也，山川与予神遇而迹化也。“迹化”就是艺术升华。“与”字背后，隐藏了多少审美秘密啊！真是“看雪独往湖心亭，一片闲情‘与’字中”。

（四）善于抓住看似矛盾、不合情理的语言品味

矛盾是引起认知冲突、激发思维的导火索。课文中很多看似矛盾，实则大有深意之处，我们可以通过品味，领略妙处。例如：鲁迅的《孔乙己》中最后一句：“我到现在终于没有见——大约孔乙己的确死了。”“大约”是估计，“的确”是肯定，放在一起看似矛盾，实则意蕴深厚：孔乙己是个微不足道的小人物，谁去关心他的死活；没人看到，无人提起，不能确定，所以只能估计；孔乙己本是一个好喝懒做的人，只要活着就会到酒店喝酒消遣，两年多没见到他，身残体废又无谋生技能的孔乙己，在那个比寒冬还冷酷的社会里，结局必然只有一个：死亡！

又如鲁迅的《从百草园到三味书屋》中：“连那最末次的相见也已经隔了七八年，其中似乎确凿只有一些野草；但那时却是我的乐园”。“似乎”是不确定，“确凿”是确定，这看似矛盾的词语组合在一起，表现出鲁迅记忆中的百草园，既朦胧又清晰，既遥远又贴近；有些印象深刻，有些记忆模糊；也表现出作者对百草园沧桑变化的怀念和伤感之情。

鲁迅的《秋夜》开篇：“在我的后园，可以看到墙外有两株树，一株是枣树，还有

一株也是枣树。”鲁迅为什么不简洁地说：在我的后园的墙外有两株枣树呢？细细品味，鲁迅这看似不合情理的笔法，实则很有情趣：不但写出看的结果——发现两株枣树；而且细腻真切地写出看的过程——夜色朦胧中，粗略看远处墙外有两株树，仔细看其中一棵，是枣树；视线移动，再仔细看另一棵，发现也是枣树。

又如鲁迅的《马上日记》写清晨外出：“走到丰盛胡同中段，被军警驱入一条小胡同中。少顷，看见大路上黄尘滚滚，一辆摩托车驰过；少顷，又是一辆；少顷，又是一辆；又是一辆；又是一辆……又少顷，摩托车没有了。”作者为什么不用“十几辆摩托飞驰而过”这样简洁的语言概括，而是不厌其烦地一一数来？一向崇尚简洁的鲁迅，这里为何如此啰唆？看似不合情理，其实如此写，既有细节的真实——在胡同中视野受限，不可能一览无余，确是一辆辆闪过，又真切生动地再现出军警摩托风驰电掣，令人眼花缭乱、目不暇接的强烈视觉冲击。语言风趣幽默，极具冲击力、感染力。

（五）相近词语的比较品味

苏轼的《念奴娇·赤壁怀古》中：“浪淘尽，千古风流人物。”毛泽东的《沁园春·雪》中：“江山如此多娇，引无数英雄竞折腰。”“千古”“无数”两词，看似意义相近，区别不大，但细一琢磨，有微妙差别，不可调换。“千古”突出纵向历史的深厚久远，“无数”强调横向数量的众多，其中包括毛泽东本人。

林嗣环《口技》中“几欲先走”，若改为“夺门先走”，不是更能反映口技的效果逼真惊人吗？“几欲”，几乎想“先走”，尚没有“先走”。尽管口技惟妙惟肖，效果逼真，但毕竟是看演出，观众尚未失去理智。“几欲”用词准确，夸张适度。若改为“夺门先走”，夸张失度，过犹不及。

李白的《梦游天姥吟留别》中“仙之人兮列如麻”的“如麻”，与杜甫的《茅屋为秋风所破歌》中“雨脚如麻未断绝”的“如麻”，以及成语“心乱如麻”的“如麻”——三个“如麻”的含义一样吗？“仙之人兮列如麻”是说仙人成排站立，像田野里成排生长的麻，写出了仙人的整齐众多；“雨脚如麻未断绝”是说雨脚（雨丝）就像挂在墙上的一条条的麻，写出雨丝绵密细长；“心乱如麻”是说心绪像一团乱蓬蓬的麻，写出心绪的繁乱无章。同是“如麻”，语境不同，对象不同，表现的情态不同。

（六）调换文中词语搭配，比较品味语言

郭沫若的《天上的街市》：“远远的街灯明了，好像闪着无数的明星。天上的明星现了，好像点着无数的街灯。”其中“明了”“闪着”与“现了”“点着”，能否互调搭配？显然不能。“明了”“点着”只能用来描写街灯，“闪着”“现了”只能用来描写明星。“街灯”是人为控制，要么明、要么灭，不存在由暗到亮的过程，只能说“明了”“点着”，不能说“闪着”“现了”。“明星”是自然发光，由隐到显，闪烁不定，可以说“闪着”“现了”，不能说“明了”“点着”；而且既称“明星”，再说“明了”就语意重复。

朱自清的《荷塘月色》中“有袅娜地开着的，有羞涩地打着朵儿的”。将“袅娜”与“羞涩”两个词对调行不行？显然不行。“袅娜”侧重表现盛开荷花的“形态”，与

“开着的”搭配；“羞涩”侧重表现含苞欲放荷花的“情态”，与“打着朵儿”搭配。

（七）通过想象模拟，品味语言

品味白居易的《卖炭翁》中“翩翩两骑来是谁？”中“翩翩”二字，教师让学生想象模拟出宫抢夺百姓财物的宫廷爪牙“黄衣使者白衫儿”，远远看去，是怎样的举止情态？（耀武扬威、大摇大摆、趾高气扬、得意忘形、飞扬跋扈的嚣张形象）。

庄子的《庖丁解牛》中庖丁成功解牛后：“提刀而立，为之四顾，为之踌躇满志，善刀而藏之。”他一连串的动作和神情是怎样的呢？（一边炫耀地提着寒光四射的宝刀，挺身而立，一副非我莫属的样子；一边环顾四周围观的人群，志得意满，自信满满地擦拭着刀上的血迹，重新把刀收好，自我感觉棒极了）。

鲁迅的《故乡》描写豆腐西施杨二嫂：“两手搭在髀间，没有系裙，张着两脚，正像一个画图仪器里细脚伶仃的圆规。”鲁迅为什么用“像细脚伶仃的圆规”比喻杨二嫂？想象两脚叉开站立的小脚女人是怎样一种形象？

鲁迅的《拿来主义》中：“不过因为原是羡慕这宅子的旧主人的，而这回接受一切，欣欣然的蹩进卧室，大吸剩下的鸦片，那当然更是废物。”这个“蹩进”是怎样一种动作、情态？课本、字典里都没有解释。鲁迅可能用了一个绍兴方言。要想确切了解这个词，最好问鲁迅本人，或去绍兴当地调查一下。但这在课堂上都不现实，怎么办呢？教师可以调动学生想象，根据上下文，把这个动作想象模仿一下：或是鬼鬼祟祟、躲躲闪闪的样子；或是扬扬自得、趾高气扬的样子；或是一瘸一拐的样子……总之应该是一种让人厌恶的丑态。

（八）改写原文句式、词语或修辞，比较品味语言

譬如泰戈尔的《金色花》中：“你到哪里去了，你这坏孩子？”教师引导学生变换句式：“你这坏孩子，你到哪里去了！”并将问号“？”改为“！”。比较两句表意微妙差异：原句表现妈妈焦急担忧孩子的去向，所以先问“你到哪里去了”，再说“你这坏孩子？”原文的问号，表明母亲不认为孩子真是坏孩子，嗔怪中更多的是关爱；变换句式，首先是责骂“你这坏孩子”，语气严厉，孩子真成了坏孩子，再问：“你到哪里去了！”关爱变成了严厉的斥责。

特别是“坏”字，单从字面看，是负面、责骂的语言，但从上下文语境看，却很精彩。这是一种修辞上的“倒词”，类似汉语中情人间互骂“冤家”。教师不妨用“替换法”来比较体悟：“你到哪里去了，你这好孩子！”“乖孩子！”“可爱的孩子！”“宝贝孩子！”或者“你到哪里去了，你这调皮孩子！”“淘气孩子！”“傻孩子！”显然都不如“坏孩子”细腻、传神、够味和内涵丰富。这里的“坏孩子”含有关心、疼爱、亲昵、欣赏、惊喜、嗔怪、佯责等丰富的情感，恰如其分地表达了母子之间的亲密默契，这一切尽在语言品味之中。

孩子的回答：“我不告诉你，妈妈。”如果句式变换为：“妈妈，我不告诉你！”同时将句末“。”改为“！”。原句重心落在“妈妈”以及“。”上，表现出孩子天真顽皮

中更多的是与妈妈的亲昵。变换句重心落在“我不告诉你”，孩子天真、得意的成分减弱了，“！”使得孩子亲昵、顽皮的语气变得粗野、蛮横。

改写王鼎钧的《那树》的原文词语和修辞，比较品味语言：

原文：“电锯从树的踝骨咬下去，嚼碎，撒了一圈白森森的骨粉。那树仅仅在倒地时呻吟了一声。”

改文：“锋利的电锯一下子把树锯为两截，碎枝、碎叶、碎皮撒了一地，还有那四处飞溅的木屑。”

原文：“两星期后，根也被挖走了，为了割下这颗生满虬须的大头颅，刽子手贴近它做了个陷阱，切断所有的动脉静脉。”

改文：“为了把这庞大的树根彻底铲除掉，伐木工人把土地上的所有根须斩断。”

教师让学生比较品味原文与改文语句和效果的不同。原文运用了“踝骨、白森森的骨粉、呻吟、生满虬须的大头颅、刽子手、动脉静脉”等拟人手法，包含强烈的感情色彩，表达出作者对人类滥砍滥伐的悲愤和对痛苦树木的悲悯。而改文只是客观冷静地叙述事件，缺乏浓厚的感情色彩。

（九）采用逆问法，正话反说品味语言

如品味毛泽东的《沁园春·长沙》中“鱼翔浅底”的“翔”字，教师可以故意说：有人认为“翔”字用得不准确，鱼儿怎能像鸟儿一样飞翔呢？改用“游”似乎更准确一些。其实“翔”字写出了鱼儿在清澈见底的水中游动得自由轻快，像鸟儿在天空中飞翔一样。蓝天倒映在碧水中，看上去鱼儿像在天空中游动，不是和鸟儿飞翔一样吗？所以古人有“秋水共长天一色”的名句。柳宗元写的《小石潭记》中“潭中鱼可百许头，皆若空游无所依”，就是类似的情境描绘。真是鸟在蓝天翱翔，像鱼；鱼在碧水漫游，像鸟。蓝天和碧水一样的清澈，鸟和鱼一样的自由。

鲁迅的《拿来主义》中说：“勃然大怒，放一把火烧光，算是保存自己的清白，则是昏蛋。”鲁迅这里用了“昏蛋”，而不是“混蛋”或“浑蛋”。有人认为鲁迅写了个别字，也有人说鲁迅是有意这么用。你们认为呢？“混蛋”或“浑蛋”（hún dàn）是骂人的话，谓不明事理、不讲道理的人；而“昏”（hūn）是指头脑糊涂，神志不清。鲁迅这里有意用“昏”，而不用“混”或“浑”，强调这种“全盘否定者”，头脑糊涂，是非不清。

（十）比较原文和改文，品味语言

鲁迅在《不应该那么写》中说：“应该这么写，必须从大作家们的完成了的作品去领会。那么，不应该那么写这一面，恐怕最好是从同一作品的未定稿去学习了。在这里，简直好像艺术家在对我们用实物教授。”

范仲淹写《严先生祠堂记》，最后歌曰：“云山苍苍，江水泱泱，先生之德，山高水长。”他拿给李泰伯看，李泰伯建议把“先生之德”改为“先生之风”。“风”比“德”好在哪里？孔子说：“君子之德风，小人之德草。草上之风，必偃。”钱穆认为：“德”

属私人的操守与品格，“风”则可以影响感染他人。“德”较抽象，不易感知，而“风”则是形象可感的，能引起读者关于“风貌”“风骨”“风格”“风韵”“风采”等词汇的联想。一字之易，品出了语言的准确和韵味。

鲁迅《无题》诗原文：“眼看朋辈成新鬼，怒向刀边觅小诗。”

改文：“忍看朋辈成新鬼，怒向刀丛觅小诗。”作者将“眼看”改为“忍看”，“刀边”改为“刀丛”。“眼看”是亲眼所见，“忍看”有“不忍看”之意，情感色彩更浓，更强烈地表达出作者无比悲愤的心情。“刀丛”更准确地表现了反动统治的白色恐怖——刀丛林立，杀机四伏。

老舍《骆驼祥子》原文：“看见过蚂蚱吧？独自一个儿也跳得怪远的，可是叫个小孩子抓住，用线儿拴上，连飞也飞不起来。”

改文：“看见过蚂蚱吧？独自一个儿也蹦得怪远的，可是叫个小孩子逮住，用线儿拴上，连飞也飞不起来。”为了更好地表现北平车夫的语气口吻，作者把“跳”和“抓”，改为“蹦”和“逮”。从语法上看，修改前后的动词没有区别，但改文用语更合乎人物的身份、声口，更有京味。

徐迟的《哥德巴赫猜想》原文：“白天在图书馆的小书库一角，夜晚喜爱煤油灯下，他又在爬，爬，爬了，他要寻找一条一步也不错的最近的登山之路，又是最好走的路程。”改文把“爬，爬，爬”，改为“攀登，攀登，攀登”。“爬”和“攀登”都是动词，都能表现科学工作者的进取精神。但“爬”是口语，欠庄重；“攀登”是双音节书面语，显得庄重严肃。更重要的是，“攀登”能更好地表现动作的方向——向上，生动地表现向科学高峰一步步前进的艰辛。

臧克家的《难民》头两句：“日头堕到鸟巢里，黄昏还没溶尽归鸦的翅膀。”后一句初稿是“黄昏里煽动着归鸦的翅膀”，二稿改作“黄昏里还辨得出归鸦的翅膀”，定稿才是“溶尽”二字。“溶”消融、溶化之意，准确生动地写出黄昏时光线渐渐暗淡，物象依稀难辨的情境。

鲁迅的《从百草园到三味书屋》中：“肥胖的黄蜂伏在菜花上，轻捷的叫天子（云雀）忽然从草间直窜向云霄里去了。”其中“伏”原稿是“趴”，“窜”原稿是“飞”。“趴”，一般描写体态较大的动物紧贴地面而卧，且口语色彩较重，和上下文的书面色彩不协调；而“伏”写出了黄蜂的轻盈。“窜”与“轻捷”搭配，更能表现叫天子从草丛间突然高飞的慌乱、敏捷。

（本文原载《中学语文教学》2011 年第 2 期。）

教学评价，课堂中的评判员

评价一堂课的要素和标准很多，体系也很复杂，因人、因地、因时、因体系而不同。从不同的角度，用不同的价值取向和标准来评价、衡量同一堂课，甚至会得出大相径庭的结论。教学评价，犹如课堂中的评判员，即对课堂教学做出评价判断，但又因为各个评判员的价值取向、素养和所持评判标准不尽相同，所以他们对一堂课做出的评判也有所差异，所谓见仁见智。这里仅就通常的“课堂教学评价要素和标准”作简要梳理和介绍。

一、一堂教读课的六个基本环节

（1）巧妙导入。
（2）整体感知。
（3）确定恰当的教学目标。
（4）重点内容的学习与训练。
（5）当堂内容的梳理与巩固。
（6）合理的比较、拓展、应用。

二、一堂好课的五个要求

一堂好课没有绝对的评价标准，但有一些基本的要求，大致表现在五个方面：

（一）真实、有意义

一堂课首先要真实、有意义，不弄虚作假，不搞形式主义。如为了应对听课，把学过的旧课当新授课上，预先安排学生提出和回答问题，有些教学环节徒具形式、没有实际意义等。一切教学活动的出发点和归宿点，都应该是为学生的学习服务，而不是为教师的“表演”服务，是真实教学的体现，而不是花拳绣腿、花架子。一堂课后，学生有实际收获和提高，他们上课前和上课后有了较大的积极变化。学生的变化体现在：一是学到了新知识；二是锻炼了新能力；三是在学习过程中有良好积极的情感体验，产生了进一步学习的强烈需求；四是会更积极主动地投入学习中去。这样的课才有意义，才有实际效果。

（二）高效率

高效率表现在两个方面：一是课堂上各个层次的学生都应该有事情做，有收获；二是在单位时间内，获得最大最好的效果，整堂课是充实而具有大能量的。

（三）生成性

一堂好课肯定不能没有预设，而且教师要下很大的功夫设计。一堂好课的成功，很大程度上取决于教师精心备课设计。但并不是完全循规蹈矩，在教学过程中，有师生多向的交流和临时生成性、不可预测性、不可重复性的情况；有师生真实的、情感的、智慧的、思维的投入和互动。既有资源的生成，又有过程状态的生成，气氛活跃有序，这样才是丰实灵动的好课。科学和艺术最大的区别就是，科学可以而且必须能够多次重复验证，而艺术则不可重复，重复就不叫艺术，重复就只有匠气了。教师每堂课面对的学生、过程、内容、互动、情境和细节处理，也是不尽相同、不可重复的，有时空的特定性。

（四）有待完善

世上万事万物都不可能完美无缺，都有缺憾，缺憾是真实的体现。课堂也有一种“缺憾美”。只要是真实的课堂就会有缺憾，真实原生态的课堂应该是有待完善的。追求课堂十全十美，无懈可击，这个预设目标本身就不科学、不必要、不可取，也不现实，更谈不上艺术性。这样的预设目标，给教师增加了很多心理压力和负担，导致大量、过度的准备。这样的课堂学习借鉴性也不强。有了缺憾，才能改进完善，才能进步。生活中的课堂，本来就是有缺憾的、有待完善的，这样的课堂才是真实、有潜质的课堂。

（五）常态性

一堂好课应该像推门课一样，是常态性的、原生态的、绿色无污染的，真实为学生学习服务的，可学习借鉴的；而不是作秀痕迹很重的、刻意打磨给听课人听的所谓“公开课”。当然，一些比赛课另当别论。

三、高效课堂教学的“三结合”

（1）学生自主学习与教师恰当引导最佳结合，即主体和主导的统一。

（2）教学的预设与生成的最佳结合。“凡事豫则立，不豫则废。”“工欲善其事，必先利其器。”没有备课、预设，教学必然低效、散乱，缺乏科学性，也就谈不上艺术性。但仅有预设，没有生成，课堂会僵化、呆板，缺乏生气、灵气，缺乏和谐融洽，也就体现不出学生的主体性和教师的教学应变艺术，效果也不会好。

（3）课堂气氛的热度与教学深度的最佳结合。仅有热度而无深度，课堂流于表面，是浅薄无效的热闹；仅有深度而无热度，课堂沉闷、缺乏生气。

四、课堂教学“六度”

课堂教学“六度”包括广度、深度、热度、亮度、训练度和延展度。

一堂好课，要有一定的广度和深度，忌单调浅薄；同时要有热度，即学生思维活跃，课堂探究气氛热烈。课堂不时有闪光点出现，形成高潮，即亮度。一堂好课不能没有高潮亮点（至少要有一个高潮），没有高潮亮点的课，难以给人留下深刻的印象。一堂好课要有一定的训练度，训练的含义不能只理解为做练习题，训练的形式——“听说读写”多种多样。课堂还要有延展度，有围绕教学目标、合理高效、由此及彼、纵横捭阖的教学拓展。

五、课堂教学艺术“八字诀”

课堂教学艺术“八字诀”：扎实、灵活、和谐、高效。对于教师来说，课堂教学艺术就是“教得巧妙，教出特点，教出美感，教得高效”。教师要把一堂课上成一汪清水，条理清晰、透彻严密、目的明确、重点突出，而不是混沌不清、漫无边际，“以其昏昏”肯定不能“使人昭昭”。

六、上好语文课的三种意识

（1）教师投入意识。

（2）学生参与意识。

（3）课堂研讨意识。

七、把握课堂的三个特点

（1）把握学科特点。如“语文”姓“语”，语文课不能脱离对语言的品味鉴赏；再就是读书，语文课不能没有学生的读书声，所谓“风声、雨声、读书声，声声入耳”，而且方式多样，不一而足：范读、教读、仿读、独读、领读、齐读、默读、轮读等，不读不成其为语文课。

理化生课，不能没有实验，教师不应仅讲理论，应让学生自己由实验现象归纳出结论，而不是教师先给结论，再用实验来“验证”前人的结论——前者是培养学生发现、探究、归纳的科学素养；后者导致学生迷信盲从前人和权威。顺序不同，教学理念和效果大相径庭。

（2）把握文体特点。如诗歌教学，需突出诵读、炼字、想象、意境等。

（3）把握篇目特点。每一篇课文都有其个性，都应有相应独到的教法和学法。

八、评价一堂课的"六看"

（1）看教育教学理念是否先进。先进的理念如培养创新精神和能力的理念、学生主体的理念、训练为主的理念。教师通过各种训练（不是仅做练习题），达到"教"为了"不教"之目的。课堂体现出能力为主的观念——没有知识就没有能力，但学生有了知识，未必有能力。

（2）看教学目标是否明确、恰当。

（3）看教学内容是否准确、到位、透辟。

（4）看教学能力和教学艺术是否成熟、高效。包括教材处理能力、课堂驾驭能力、节奏调控能力、课堂应变能力、师生沟通能力、引导探究能力等。

（5）看教学效率和效果。高效的"效"，首先是"效果"，其次是"效率"，根本指"效益"。效率，是单位时间内所达到的效果，表现为学生的吸收率，而非教师的输出率，是学生获得"有效知识和能力"（懂了—记住—会用）的程度。效果有近效和远效之分。近效，看目标达成度、学生的主动热情度，注重细节的处理和整体效果；远效，即对学生是否具有长远的、积极的影响和教育意义。高效课堂要关注两个度：精力流失度和目标达成度。精力流失度考察效率，目标达成度考察效果。高效只是理想课堂的价值取向之一，高效课堂不一定是理想课堂，但理想课堂一定是高效课堂。

（6）看教师素质基本功。普通话、板书、教态、沟通、驾驭能力等。

九、教师主导作用的六个方面

（1）确定恰当的教学目标。

（2）科学地组织教学。

（3）恰当地启发诱导。

（4）准确地解疑答难。

（5）扩展性地深入讲解。

（6）条理性地梳理巩固。

十、课型不同，评价的侧重点不同

（1）比赛型的课。主要看教师是否紧紧围绕教学目标展开教学，教学思路是否清晰、有条理；对教材有无创造性的挖掘和处理，有无匠心独具的教学设计和机智生动的应变生成；课堂有无让人印象深刻的高潮和亮点，有无令人难忘的闪光点和精彩处。总之教师要教出新意，教出特色，教出高效。

（2）应聘型的课。主要看教师基本功，有无发展潜质。

（3）日常课。主要看教学实效，以及学生的长期受益性。

比赛型的课和应聘型的课，都具有以一目尽传精神、窥一斑而知全豹的特点，而日常课具有长期教学的连续性，是众多教学环节中的一环。单独评价一堂日常课，难免以偏概全、挂一漏万。教学评价具有多样性和统一性，具体评价标准，因不同人、不同体系，而有不同的概括和表述，非富多彩。但教学评价的本质和内涵又具有统一性，那就是好课必须是学生爱学、效果好、效率高。

教学成长，教师人生的里程碑

教师的教学成长是有规律的，这种规律既符合一般人才成长的规律，又有其特殊性。根据教师教学成长的基本规律，可以大体分为六个阶段（具体阶段划分不尽相同）：（1）模仿学习阶段（适应期）；（2）独立教学阶段（成长期）；（3）瓶颈高原阶段（工匠型）；（4）探索成熟阶段（教研型）；（5）专家学者阶段（创新型）；（6）独具一格阶段（教育家型）。教学成长的各个阶段，犹如教师漫漫教学征途上的一个个“里程碑”，标志着一个教师在教学人生之路上所达到的层次和境界。而所能达到的每个阶段，都与教师的理想和进取密切相关，也就是说，一个教师希望达到什么高度和境界，并为此付出了多少努力和探索。

一、模仿学习阶段（适应期）

从教 3 年左右，一般而言教师正处于模仿学习阶段。教师要具备坚实的学科知识、必要的教育知识、良好的师德修养，掌握教育的基本方法技能，对所教年龄层次学生身心有必要的了解，特别是能够把书本上的教学知识通过实践，转化为教学经验和能力。课堂是教师的练功房，讲台是教师的训练场，学生是教师的好帮手。在这个阶段，教师强化“二字一话一机”（粉笔字、钢笔字、普通话、计算机）的基本功，通过学习借鉴老教师和名教师的成功经验，提高教学能力和技艺，初步具备教育教学的实践能力，成为胜任某学科教学的“合格教师”——在三尺讲台上“站住脚”。

二、独立教学阶段（成长期）

调查显示，从教 5～8 年，是一个教师教学能力提升最快的时期。在这一阶段，教师初步形成自己的一套教学方法和指导方式，从而构建起独立的教学经验体系，逐步走向独立自主的时期——在三尺讲台上“站稳脚”。

三、瓶颈高原阶段（工匠型）

独立教学阶段之后，一般会出现教师成长中的“瓶颈期”，心理学上称之为“高原现象”。处于这个阶段的教师，主要关注的是教科书上的知识点，精力集中在讲授活动上，主要考虑怎样“讲好”，而不是指导学生怎样“学好”。教师专业决策依据主要是教材、教参，缺乏独立备课能力，专业自主能力较低。

许多教师满足于自己的那点经验和技能，科研意识和写作能力不足，教改意识不强，导致裹足不前。许多教师在徘徊中度过漫长困苦的“瓶颈高原阶段”。调查显示，至少80%的教师终身停留在“瓶颈高原阶段”。由于他们缺乏教学研究和理论学习，难以突破“瓶颈”更上一层楼，难以百尺竿头更进一步。

“瓶颈高原阶段”在教师教学成长中是一个很关键的时期。所谓“教而不研则浅，研而不教则空”。有些人认为，从事基础教育的教师，只要上好课就可以了，没必要从事理论研究和撰写教育教学论文，好像理论研究只是大学教师或科研人员的事，这实在是一个天大的偏见。有人说：“教师搞科研、写论文影响教学。”此言更谬矣！教学与教研写作相辅相成、互为促进。如果说有影响，那也是积极正面的影响——“研”和“写”能更好地促进“教”。至于有些人所秉持的“论文写得好，课不一定教得好”的怪论，实则是一个伪命题，现实中极少看到这种现象。没有理论指导的教学，往往是盲目、低效的教学，不可能使教学达到较高的艺术境界。

四、探索成熟阶段（教研型）

从教10～15年，教师处于探索成熟阶段。那些有强大的内在驱动力，有强烈的求知、进取、科研、写作精神和能力的教师，乐于订阅教育教学报纸杂志、购买阅读教学书籍，善于学习先进教育理念和优秀教学经验，善于反思教研，指导自己的教学实践，提高教学技能。心无旁骛，孜孜不倦，上下求索，才可能跨过“山重水复疑无路”的“瓶颈高原阶段”，进入“柳暗花明又一村”的探索成熟阶段。此阶段的教师，教育决策能力和专业自主能力，比前几个阶段的教师要高出许多，他们对学科教学有独到见解，能从一般教师察觉不到的事情中发现问题，在具体的教育教学情境中，能根据实际情况合理地组织教育内容与过程，灵活地采用多种新的方式方法，具有自己的教学特色。他们总是把教育教学目标、内容、过程、自己与学生的特点相结合，进行通盘考虑。学生从教师这里感受到一种新鲜的空气和新颖的做法，教师向他们提出了新奇的要求，他们不仅掌握了特定的知识技能，还掌握了新颖的、有效的和有趣的学法。这些教师因为具有较强的教研能力和较高的教学水平，业绩突出，参加省市甚至全国的教学大赛，取得优异成绩（获得特等奖、一等奖），被评为省、市骨干教师、教学能手、名教师、学科带头人等，成为在一定区域内有一定影响力的“学科名师”——在三尺讲台上“站好脚”。

五、专家学者阶段（创新型）

从教20年以上，志向远大、努力进取的名教师，有可能成为教育教学的“专家学者型”（创新型）教师。处于专家学者阶段的教师，由教研型进入创新型阶段。创新型是专家学者阶段教师的本质属性。该阶段教师能够综合运用创造性思维和实践进行创造性劳动，探索新设想，制作新产品，对教育领域的发展做出较大贡献，教学艺术达到炉火纯青、纯熟高超的境界，具有完整成熟的教育教学理论和鲜明的教学风格。处于专家学者阶段的教师，不满足于自己在教学上已有的建树，孜孜不倦地科研、写作、进取，并把研究的触角延伸到教书育人的各个方面。

专家型教师是指在一定的学科领域或其他相对专门的教育领域有较长时间、较深入的研究探索，做出有分量的创造性成果的教师。如果说专家型教师的突出优秀之处是教学思路开阔、富有创见、教学技术高超的话，那么学者型教师的突出优秀之处就是文化底蕴厚、科学素养好、理论水平高，在知识的广博、精深和创造性认识方面赶超专业（专门）的研究人员。学者型教师的研究旨趣，不仅在自己任教的学科所属专门领域，还在教育科学及教育艺术方面。这类教师会在积淀深厚的教育教学基础上，形成自己的教育教学理念，构建理论体系，发表数量众多且颇具影响力的论文和出版教育教学专著，经常受邀外出讲学授课，成为教育教学领域的著名专家学者——在三尺讲台上“大放异彩”。

处于专家学者阶段的教师，不仅教学艺术出神入化，专业深厚，而且知识渊博、见识高远、思想独立、深邃前瞻。他们的教学富有时代的关切性和文化的原创性，特别注重新事物、新动向，关注教育改革的新动态。除了专业知识，他们能广泛吸取其他社会科学和自然科学的知识；站在社会发展的高度，高屋建瓴地审视、思考教育教学问题，拥有提出教育发展方向和教学目标的决策能力；从国家发展的战略高度，认识教学创新的重要意义，引领广大教师提高教育创新的意识和能力。

六、独具一格阶段（教育家型）

独具一格的教育家型教师，是优秀教师追求的最高境界，这种教师极具创造性和影响力，达到了教师职业生涯和成就的顶峰。与创新型教师的区别是，在理论上，教育家型教师对教育教学有深刻的理解和感悟；在实践上，在做好“经师”的同时，他们更注重做好“人师”，完全从教育对象出发，激发人、培育人，不仅形成了鲜明的教学风格，而且摸索形成独具一格的教学流派和模式体系，克服现存教育的缺陷：对教育工作者共同面临的教育难题发表富有创见的观点。他们的创造成果及影响力一般都跨越了任教的学科和专门领域，他们是社会和教育界承认和敬重的教育家型教师。不仅因为他们“立德”“立功”，也因为他们“立言”，其著述不是其个人教育教学经验泛泛而谈，而是具有足够的思想认识深度和创造意义。

无论是对我国优秀教师成长规律的探析，还是与国际上相关领域研究的比较，均已清楚地表明，“教学实践与教学研究”是教师成长的基本路径和模式，即实践＋研究＝教师成长。“向天空中的星星射击，总比向矮树射击打得远些。”教师应把“不当教书匠，要做教育家”当作理想和目标，去奋斗和追求，努力使自己成为一名教研型、创新型、教育家型教师。

教学感悟箴言录

作为一名老教师，我从教四十余载，得失都有，感慨良多。借此，我把自己几十年的教学感悟，集成箴言录，与青年教师交流分享，提供借鉴参考，为青年教师尽快成长成熟、步入教学艺术殿堂，提供一条可供参考的便捷之路。

● 一名优秀的教师，应该用四种耕耘方式才能培育好教育的桃李园："舌耕"——教学好，收获优质的学生；"目耕"——阅读广，收获渊博的学识；"笔耕"——写作勤，收获丰厚的作品；"足耕"——行路多，收获丰富的阅历，读好生活这部"大书"更有意义。

● 衡量一名教师教学是否成熟，主要标志有两个：一是看有没有明确一贯的教育教学思想的追求；二是看有没有独立备课和创造性处理教材的能力。一名优秀的教师一定不会被教材和教参束缚住手脚，死板地"教教材"，而是灵活地"用教材教"。

● 教师备课有四层境界，由低到高、由小到大依次是：(1) 写在备课本上；(2) 写在教科书上；(3) 写在教师心上；(4) 写在论文、著作上。

● 针对具体教材的备课，是技术性的"小备课"；阅读、写作等提升文化底蕴素养的活动，是战略性的"大备课"。"大备课"的成功，可以弥补"小备课"的不足；而"小备课"的成功，不能弥补"大备课"的不足。

● 苏霍姆林斯基在《给教师的一百条建议》中谈到一个教学案例：一位有三十多年教龄的教师上了一节非常出色的公开课。课后，一位听课教师问："我想请教您，您花了多长时间来备这节课？"那位教师说："对这节课，我准备了一辈子。而且，总的来说，对每一节课，我都用终生的时间来备课。不过，对这节课的直接准备，或者说现场准备，大约只用了十五分钟。"这就是"大备课"决定"小备课"的经典范例。

● 教学常规术语的使用大有讲究。例如：用"学课"替代"讲课"，一字之变，蕴含的教育理念大不相同："讲课"者，暗示课堂即"讲堂"，教师只管"讲"，学生只管"听"即可——这对培养学生主体意识和自主学习能力很不利。而"学课"则不然，它暗示强化"学生主体"观，课堂是"学堂"，是在教师指导下的学生的"学"为主。学生不仅要听，还要想、说、写、练……教学"术语"的一字之变，对学生"主体意识"潜移默化的影响是巨大的。教学观摩的"听课"，最好改称为"看课""观课""品课"。不能仅被动、片面地"听"教师"讲"得如何，更要主动、全面地"观看"教师组织引导学生"学"得如何，"品味"教学艺术功效如何。别小看仅是几个教学"术语"的改变，背后是教育理念的更新、师生关系的调整、教育本质的回归。

● 语文教育和学习的目的有两个：一个是“显性目的”——培养“理解能力”和“表达能力”；另一个是“隐性目的”——培养人文素质。虽然两个目的相辅相成，但有主与次、显与隐、本质与非本质之别。“显性目的”是语文教育和学习的核心目的——简而言之，就是“阅读与写作”。

● 语文教育不必过多纠缠什么“性”，如工具性、人文性，关键是明确语文学习的核心目的——“阅读和写作”。纠缠语文的性质，就像让蜈蚣研究走路先迈哪条腿一样，反而让蜈蚣不会走路了。“工具性与人文性的统一”这个说法本身就欠严谨性、科学性，逻辑上“工具”与“目的”相对应，“人文”与“科学”相对应。把“工具”与“人文”对应，颇有“关公战秦琼”的味道，这本身就是个“伪命题”。

● 语文从本质上讲是一种能力，不仅是知识，如阅读能力、写作能力等。但学好语文的前提和基础却是掌握必要的知识。知识之于能力不是“充分条件”，而是“必要条件”——有知识才有能力，没知识就没能力；但有了知识，也未必有能力。知识是手段，能力是目的，训练是桥梁——通过训练，把知识转化为能力。所以学生学好语文需要一个好记性，也需要积累，所谓“博闻强志”。但仅有“好记性”还不够，更要有“韧性和悟性”。

● 对于教师而言，阅读和写作密不可分，如鸿之双翼、车之两轮，互为依存，各有作用。“阅读”是吸纳、积累，是语文学习的生命之源，对生命成长、文化积淀、素养形成具有奠基作用；“写作”是输出、创造，是在阅读基础上的发展提高，对思维能力的提高作用巨大。一个语文素养较高的人应该具有较强的驾驭、运用语言文字的能力。

● 一路走来，阅读拓展了我的人生宽度，写作增强了我的人生亮度。读写之路，似在山间行走，虽有崎岖坎坷，但风光旖旎，花果满坡，吸引激励着我不断前行——人生不就是一个精彩的旅程吗？读书，是向内旅行，丰富精神世界；旅行是向外读书，探索天地苍穹。读书是精神的旅行，旅行是身体的读书——“路漫漫其修远兮，吾将上下而求索”。

● 教学实践，铺就教师人生之路的长度；教学研究，扩展教师人生之路的宽度，增强亮度，提升高度，引导教师在教学征途上跨过一个个“里程碑”，达到更高的教学层次和境界。而一个教师所能达到的教学层次和境界，都取决于教师为自己设立的理想目标，取决于教师希望达到什么样的高度和境界，并为此付出了多少努力和探索。

（本文原载《中学语文教学》2016年第10期，封面人物《教师语录》。）

教学课例

莫泊桑的《项链》教学实录和点评

一、导入新课

师：同学们，在世界文学宝库中，有一颗璀璨的明珠，问世一百多年以来，它以丰厚的意蕴和精巧的构思，深深打动着无数中外读者的心，让人回味无穷、爱不释手，它就是法国作家莫泊桑的短篇小说《项链》。有人说：“《项链》即使再过一百年，那穿越时空的艺术力量，也照样震撼人心。”今天我们一起来观赏这串光彩夺目的“项链”。（板书课题）

二、整体感知

师：看过课文的同学请举手。（很多学生举手）现在请一位同学把情节简要复述一下，要言简意赅，重点突出。

生：（概述）

三、明确目标

师：《项链》是名家名篇，可学的东西很多，但一堂课不可能面面俱到，我想选择突出两个要点：

（1）丰厚的意蕴。

（2）精巧的构思。（板书）

四、引导探究阅读

（一）丰厚的意蕴

师：贯穿全文的线索是什么？小说围绕什么展开？

生：项链。

师：对，项链不仅是贯穿全文的线索，而且在文中已成为一种象征和隐喻，主人公梦寐以求那种上流社会生活，又因为一串假项链而跌入人生陷阱，所以“项链”既象征那种光怪陆离的上流社会生活，又隐喻虚荣与圈套。小说用间隔一行的方式，自然将课文分为六部分，第一部分集中写女主人公醉心向往那种高雅奢华的生活，如果命题为“想项链”，那么以后各部分可以怎样命题？

生：想项链—借项链—失项链—赔项链—知项链。（板书）

师：好。现在请同学们给五个部分分别写上小标题。其中“还债务”部分，虽也隔行分开，但从本质上讲，仍属于“赔项链”范畴，故可合为一部分。

师：小说的主人公是谁？

生：玛蒂尔德。

师：是的，或者叫罗瓦塞尔太太。

师：作者在第一部分“想项链”中，对人物的思想、性格作了静态集中的展现，请一位同学把第三自然段读一下。

生：（读）

师：下面几个自然段也写到她类似的幻想和追求。你看，她每天的精神支柱和功课，就是在“白日梦”中寻求安慰和满足，一面对现实就痛苦万分（譬如她有一位有钱的女友，可她不愿去看她，每次回来她都要伤心、痛苦地连哭好几天）。从这几个自然段中可以看出主人公的人生追求和性格特点是什么？

生：追求享乐，爱慕虚荣。

师：（板书）作者开篇极力渲染女主人公追求享乐、爱慕虚荣的思想，还交代她有一个有钱的女友，有什么用意和作用？

生：为后面一系列情节发展做好铺垫，特别是为“参加舞会”“借项链”等情节提供依据和条件。

师：是的。人物的这种思想、性格与人物的人生悲剧之间有没有联系？

生：有联系，正是她这种追求享乐、爱慕虚荣的思想、性格导致了她的人生悲剧。

师：主人公追求享乐、爱慕虚荣的思想、性格，确实是导致其悲剧的重要因素。但是她的悲剧根源难道仅仅是其性格造成的吗？能把这完全归结为一个“性格悲剧”吗？她的这种思想、性格是与生俱来的吗？

生：她这种思想、性格是受社会影响产生的。

师：不错。人离不了社会的影响。实际上享乐虚荣、拜金主义的思想并非玛蒂尔德独有。谁能在小说中找出其他人物也有享乐虚荣的事例，证明这一点？

生：（学生阅读思考）玛蒂尔德的丈夫费了很大的力气，搞到教育部长的舞会请柬。

师：是啊。玛蒂尔德的丈夫费尽周折，费了大力气，搞到教育部长的舞会请柬，又肯舍弃好不容易积攒的买猎枪的钱，为妻子置办舞服，难道仅是为了妻子痛快玩一夜吗？

生：也是为满足自己的虚荣心，结识、巴结上流人士。

师：对。其实罗瓦塞尔先生要买一支猎枪，好在夏季的星期天和几个朋友一道到南泰尔平原去打云雀，某种程度上也反映了他虚荣享乐的思想：猎枪的价格实在不菲，

400 法郎，但在生活中的用途却不大，一年里也用不了几次。生活还很拮据的罗瓦塞尔为什么热衷这种高消费活动？什么人才有资格从事这种活动？

生：有钱人。他在学有钱人赶时髦，摆阔气。

师：对。因为用高级猎枪打云雀，在当时是一种时髦、高雅的贵族活动，是“有钱而且有闲阶级”才有资格从事的一项活动，穷人这样做就是虚荣，附庸风雅。

生：还有福雷斯蒂埃夫人专门为不值钱的假项链配了一只华美的首饰匣，也是虚荣的表现。

师：对啊。那芸芸大众呢？你看“夜里做生意的旧马车，这种车在巴黎只有在天黑了以后才出现，仿佛在白天它们自惭形秽，不出来”。“旧马车”为什么白天不出来？

生：自惭形秽，怕影响市容。

师：这当然是虚荣的反映。更主要的是大庭广众之下的白天，有没有人敢坐这种旧马车？

生：没有。众目睽睽之下坐旧马车，多没面子、丢脸、让人耻笑。

师：是的，赶破马车的人也深知乘客的心理，白天没人敢坐，没生意，所以只好夜晚出来拉活。此处的细节看似闲笔，实则大有深意，表面上是写旧马车主人自卑、虚荣，实际上也侧面表现了巴黎广大市民的虚荣心理。

大家看，从罗瓦塞尔这样的小职员，到福雷斯蒂埃夫人这样的贵妇人，再到遍布大街小巷的普通百姓，无不遭受着拜金主义、享乐虚荣思想的侵蚀。玛蒂尔德生活在这样一个环境中，怎么能不受影响？不被熏染？所以她那近乎变态的享乐虚荣思想，其实有着相当深厚的社会基础和生活土壤，是“社会影响”（板书）使她形成了“享乐虚荣”的性格。她的悲剧既是“性格悲剧”，也是“社会悲剧”——这一点很重要，一般认为玛蒂尔德的悲剧仅是“性格悲剧”，这是很不够的，还要上升到社会层面。巴尔扎克也不止一次说过：“黄金是这世界上人要顶礼膜拜的一种力量。”（《幻灭》）。“生活不是一部由金钱开动的机器吗？”（《高利贷者》）。“没有一个讽刺作家能写尽隐藏在金银珠宝下的丑恶。”（《高老头》）。莎士比亚在《雅典的泰门》中对金钱这样描述：“金子！黄澄澄的金子！发光的，宝贵的金子！只要这一点儿，就可以使黑的变成白的，丑的变成美的，错的变成对的，卑贱变成尊贵，老人变成少年，懦夫变成勇士。”

师：玛蒂尔德为一个小舞会下了大本钱，又是做舞服，又是借项链，不遗余力，费尽周折，做足了准备，那么舞会的情况是怎样的呢？

生：（读）“晚会的日子到了。罗瓦塞尔太太得到了成功，她比所有的女人都漂亮、高雅、迷人……她在这一片幸福的云中舞着。”

师：“功夫不负有心人”，玛蒂尔德如愿以偿获得了巨大的成功，她成了舞会上最漂亮、高雅、迷人的女宾，吸引了所有人的目光，包括部长大人。这证明了玛蒂尔德的自信：比起那些贵妇人，她毫不逊色，甚至比她们更有资格进入上流社会。玛蒂尔德达到了其人生辉煌的顶峰，虚荣心得到了极大的满足。可是乐极生悲，舞会后灾难接踵而至——她把项链弄丢了。她为此付出了“十年辛劳和美貌消失”的巨大代价，代价可谓沉重。真是“一夜风光项链变锁链”。十年后她是什么境况呢？

生（读）：“罗瓦塞尔太太现在看上去像个老太婆了……如果没有弄丢那串项链，今天又该是什么样子？谁知道呢？谁知道呢？生活是多么奇怪！多么变幻无常啊！一件微不足道的小事可以把你断送，也可以把你拯救出来！”

师：这段文字多么像玛蒂尔德的内心感慨和心理独白。她时常设想“如果没有弄丢那串项链，今天又该是什么样子”，那好吧，我们就来替她设想一下，如果不丢项链，她可能会有怎样的人生际遇，生活会不会幸福？

生：一种境况是，舞会后她把项链还给女友，事情就这样过去了，她还像原来那样过日子。

师：这样她当然无须受十年的磨难，但这样她会幸福吗？她的灵魂会安宁、平静吗？（读第二自然段）请注意这一段中的“身份”“等级”“门第”“出身”“唯一的等级”等字眼，这一段反映了玛蒂尔德以及所有巴黎妇女怎样的人生观、价值观？在当时看来，判断一个女人有没有资格进入上流社会的标准是什么？

生：是不是漂亮。

师：对。不分门第、等级，只凭脸蛋儿是否漂亮来判断女人是否有资格进入上流社会。这看上去似乎是一种公平竞争，实际上反映了一种最大的不公平——男女间的不平等。而玛蒂尔德本来就“天生丽质难自弃”，觉得凭自己的“美丽、娇艳”，有足够的“资格”进入上流社会，过高雅奢华的生活。而舞会的成功更进一步验证、强化了她的这种感觉。可现实中的她，处境却与那些贵妇们有着天壤之别，“心比天高，命比纸薄”的玛蒂尔德，面对这样强烈的反差，心理会平衡吗？会甘心吗？

生：她会更加痛苦。

师：为什么说“更加”？

生：幸福本来就是一种主观感受，舞会的成功使她更觉得有负花容月貌，心理会更加不平衡，更加想入非非。

师：说得好。可见即便没有丢项链，她也会在郁郁寡欢中、在更加痛苦的煎熬中、在无休止的怨恨中，痛苦度日，家庭也存在解体的风险。而丢项链后十年的劳作，使她成为一个堂堂正正、自食其力的人，日子过得辛劳而充实，是不是比空虚、痛苦强得多？

生：是的。

师：若不丢项链，她还可能有怎样的人生境遇呢？

生：她凭着一夜的成功，结识了上流人士，进入上流社会。

师：这样她就会幸福吗？（学生深思不语）对这种假设，莫泊桑通过他的另一篇小说《珠宝》作出了解答。《珠宝》描写了一位朗丹夫人，也是很貌美却出身贫寒，无奈嫁给了一个小职员。朗丹夫人也是不甘于过平庸的底层生活，她混迹于上流社会，靠出卖色相换取珠宝，结果染病而逝，下场可悲。玛蒂尔德如果步朗丹夫人的后尘，她就彻底丧失了人格和尊严，成了一只高级“寄生虫”、供人玩弄的“花瓶”，其下场也是可以想象的。

所以说，没有丢项链的玛蒂尔德，生活轨迹是可以预见的：要么是在更加痛苦的煎熬中郁郁度日，要么是沉沦堕落——这比丢项链更糟糕，绝无幸福可言。

有人说："丢项链不仅是玛蒂尔德人生命运的转折点，也是其性格的转折点，更是作者对其态度的转折点。"为什么这样说呢？"命运的转折点"不难理解，丢项链之后人物命运发生了巨大变化。"性格和作者态度的转折点"怎样理解？丢项链之前玛德尔德的性格是怎样的？

生：追求享乐，爱慕虚荣。

师：作者对她的态度主要是怎样的？

生：讽刺和批判。（板书）

师：丢项链之后特别是通过赔项链、还债务，表现了玛蒂尔德性格的哪一个方面？面对这不幸的灾难，他们有没有逃债，一走了之？没有。有没有耍赖，抵死不还？没有——他们比现在很多欠债不还的"老赖"强多了。有没有弄一串假项链欺瞒朋友？没有。他们甚至想都没有想过。更没有像《珠宝》里的朗丹夫人那样，堕落沉沦，以出卖色相换取珠宝。如果那样的话，她可以轻而易举地偿还项链和巨额债务。你看，面对困境，她有这么多捷径可以选择，她都没有选，而偏偏选择了一条最艰难也是最让人敬佩的路——借债买来一串真正的钻石项链还上，并靠劳动偿还巨额债务，用自己看似柔弱的肩膀承受意外的灾难、生活的重压——这一切显示出她性格中有哪些美好因素？

生：诚信而坚强。（板书）

师：对。诚实、守信、坚强。从罗瓦塞尔夫妇决定赔项链那一刻开始，作者便以什么态度来描写罗瓦塞尔夫妇？

生：赞美和同情。（板书）

师：对，同情小人物的不幸，赞美她的诚实和坚强。十年艰辛，何等不易。

玛德尔德的性格是多面立体的，她的享乐虚荣与诚信坚强是对立统一的，作者对她的讽刺和同情也是并存的。以丢项链作为分水岭，之前侧重讽刺其享乐虚荣的一面；之后侧重肯定其诚信坚强的一面，同情她的不幸遭遇。正像莫泊桑的恩师福楼拜所说："讽刺并不妨碍同情，相反，如果分寸掌握得好，讽刺往往也加强了同情的一面。"

现在我们继续探讨问题，文中说："一件微不足道的小事可以把你断送，也可以把你拯救出来！"那么，"丢项链"对玛蒂尔德来说是"断送"，还是"拯救"？（板书）舞会前的玛蒂尔德和十年后的玛蒂尔德，你更喜欢哪一个？

（"断送派""拯救派""断送拯救派"争论）

师：当她十年后终于还清了债务，一身轻松，在公园邂逅依然"年轻、美丽、动人"的福雷斯蒂埃夫人时，如果按她以前虚荣、自卑的性格，她会怎样？

生：她会躲着走。

师：对。避之唯恐不及，要知道十年前，当她年轻美丽的时候，她都不愿去看望福雷斯蒂埃夫人，每次回来都要哭好几天。而此时的玛蒂尔德地位更低微，处境更悲惨，连引以为豪和自信的青春美貌也消磨殆尽。如果她还是先前那个极度虚荣和自卑的玛蒂尔德，她会主动和依然年轻美丽的福雷斯蒂埃夫人打招呼吗？会告知其实情吗？当然不会，她也就永远不会知道真相。

但是此时的玛蒂尔德却带着“激动”的心情、“自豪”的笑容、平和的心态，主动上前打招呼，她为什么会这样？

生：她还清了债务，心情轻松、自豪。

师：对。更主要的是她的性情和以前相比是怎样的？

生：变了，变得真实、自信了，不那么虚荣、自卑了。

师：对。十年的磨难，恍若大梦初醒，她认清了现实，找准了自我。虽然她的形象苍老了、粗糙了，但她的精神却饱满、健康、自信、乐观了，由一个外在形象美的女性转化为内在精神美的女性——可以说丢项链虽然断送了她的青春和美貌，但拯救了她的性格和人生。她以前向往的那种浮华的生活，就是走向虚荣的圈套；丢掉项链，就是摆脱虚荣的圈套，回归真实的人生。

丢项链还断送了什么？拯救了什么？丢项链之前他们的物质生活是怎样的？

生：还可以吧，有仆人用，有肉汤喝。

师：是的。他们的生活比上不足，比下有余，但他们的婚姻和家庭稳定吗？有没有解体的危险？

生：有。她不满意自己的丈夫和平淡的生活。

师：丢项链之后是怎样的呢？

生：丢项链虽然断送了她安逸的生活，但拯救了他们的婚姻和家庭。

师：说得好。丢项链使她获得了比项链更宝贵的东西——夫妻真情。他们的婚姻因此更牢固、更美满。大祸临头，罗瓦塞尔有没有对妻子抱怨、责骂？没有。有没有像有些人那样“夫妻本是同林鸟，大难来时各自飞”的离异抛弃？没有。罗瓦塞尔积极行动，解决问题：先是沿街寻找了一夜，接着拿出所有积蓄，又不顾一切地四处借钱，花了三万六千法郎，买回真的钻石项链赔偿。之后他努力工作，拼命挣钱，无怨无悔，默默奉献，与妻子相濡以沫、不离不弃。他所做的一切，一般人难以做到。他感动了读者，更感动了玛蒂尔德。他虽然很平庸，没有什么过人的才干和丰功伟绩，但对妻子的理解、体贴和疼爱，终于使妻子懂得什么是人生最宝贵的，懂得了她原先向往的那些东西，就像福雷斯蒂埃夫人的项链，每一颗都是假的；而用十年辛苦换来的夫妻真情，每个环节都是真的。一个女人拥有真心实意、始终如一爱自己的丈夫，比一个在物质上应有尽有，而丈夫却极端自私虚伪、对其三心二意的女人要幸福得多——所以说，丢项链虽然断送了马蒂尔德的安逸生活，但却拯救了她的婚姻和家庭。

《项链》是一篇内蕴丰厚、意味隽永、充满哲理的小说。女主人公收到请柬、舞会成功，看似是机遇，但背后却埋藏陷阱；丢失项链，看似断送，却因此得到拯救——塞翁失马，焉知非福？也应了老子所说的：“祸兮福之所倚，福兮祸之所伏。”（板书）左拉在莫泊桑的葬礼上说，读他的作品，可以笑，可以哭，但永远发人深思。

《项链》“丰厚的意蕴”远不止这些，问世一百多年来，评论它的文章可谓见仁见智，汗牛充栋。同学们通过自己的思考，也可以有不同的解读，如作品对主人公更多的是同情还是讽刺？对主人公所谓的“虚荣性格”“人生追求”，应该否定批判，还是看作人之常情？你们都可以有不同的看法和解读。

（二）精巧的构思

师：小说构思精巧，匠心独具。鲁迅十分推崇《项链》，说《项链》无论是从形式、结构，还是表达手法来看，都达到了短篇小说要求具备的高度。同学们读《项链》的时候，觉得小说精巧的构思主要体现在哪里？或者说小说哪一部分给读者带来的艺术冲击力最大、留下的印象最深？

生：结尾出人意料，让人震撼。

师：好，现在就让我们分角色，用适合的表情朗读这一部分内容，要投入，要读出人物的语气、心情、性格。

（两个女生分别扮读福雷斯蒂埃夫人和玛蒂尔德，一个男生旁白）

师：“艺术的打击力量要放在最后。”这是对艺术规律深刻的认识和总结。玛蒂尔德付出的巨大代价竟如此不值，命运给她开了一个多么残酷的玩笑啊！如果少了这个出人意料的结尾，《项链》就是一篇平庸之作，有了这个结尾，画龙点睛，通篇生辉。那么这个“意料之外”（板书）的结尾，是否在“情理之中”（板书）呢？是否合乎生活的逻辑，前面有没有暗示、伏笔呢？

生：有的。玛蒂尔德借项链时，福雷斯蒂埃夫人慷慨允诺：“当然可以！”若是贵重首饰她会这样爽快吗？

师：是的。那装满珠宝的大匣子，里面有多少真货？而从这配上华丽盒子的假项链，让人联想到那富丽堂皇的资产阶级上流社会，又有多少真东西呢？还有伏笔吗？

生：玛蒂尔德这么久不还项链，福雷斯蒂埃夫人也没有催要；收回项链时，福雷斯蒂埃夫人也漫不经心，不屑查看，也暗示出是假项链。

师：不错。还有吗？

生：还有当她询问珠宝店老板时，老板说：“只有盒子是在我这儿配的。”说明盒子与项链不配套，是福雷斯蒂埃夫人特意为假项链配了一只精美的首饰盒。

师：对。文章开头说玛蒂尔德“没有漂亮衣服，没有珠宝首饰……”暗示什么？

生：暗示她见识不广，不辨真伪，不识货。

师：对。所谓“贫穷限制了想象力”，也限制了观察力。最重要的是，在那个虚荣浮华的社会里，以假充真、装点门面的事比比皆是，并不稀奇。小说精巧的构思，不仅表现在与“意料之外”的结尾相照应，更表现在“情理之中”的伏笔铺垫。单纯追求结尾的“意料之外”并不难，难在必须又在“情理之中”。这就需要前面有巧妙的伏笔铺垫：伏笔需要恰到好处地把握分寸和巧妙的艺术设计——太明显，容易被读者提前识破，暴露作者意图；太隐晦，起不到伏笔的照应作用。伏笔要恰到好处，无过无不及。这非常考验作者艺术把握的分寸和功力。

为了进一步体会小说精巧的构思，我们不妨换一个角度设想：假若作家不用“意料之外”的结尾方式点明项链是假的，而是在情节开展中点明，如在玛蒂尔德借项链时，由福雷斯蒂埃夫人讲明；或者在玛蒂尔德归还项链时告知实情，再由福雷斯蒂埃夫人挑明真相，可以吗？合乎人物的性格和生活逻辑吗？

生：不行。这样就不会有后面的赔项链、受磨难的情节了。

师：不错。而且这合乎福雷斯蒂埃夫人的人物性格吗？

生：不符合。对虚荣心也很强的福雷斯蒂埃夫人来说，事前，她绝不会揭自己的老底，说出项链是假的。

师：分析得很有道理。爱虚荣、摆阔气是资产阶级的癖好。她那些热情大方的话——“挑吧！亲爱的，还有呢。”与其说是仗义，不如说是炫耀。让她自己揭自己的老底，说出有失体面的话，这根本不可能。设想玛蒂尔德归还项链时，把丢项链、买项链的实情告知，再由福雷斯蒂埃夫人挑明真相，可以吗？合乎人物的性格和情节逻辑吗？

生：这样也不妥，性格诚实又很爱面子的玛蒂尔德，最担心的就是福雷斯蒂埃夫人当面打开盒子，发现里面不是原来的项链——掉了包，把她当成一个“贼”。所以只要朋友不打开盒子检查，她就谢天谢地了——她根本不可能做任何解释。

师：是啊，当她花三万六千法郎巨款，买来真钻石项链还给朋友时，还唯恐朋友发现了可能抵不上原物价值的“代替品”，把她当成一个“贼”。这正是由于阶级地位和经济状况的悬殊所造成的弱势心理的反映，也反映了玛蒂尔德诚实、善良的性格特点。最主要的是，如果采用以上在文中点明真相的方式，失去了戏剧性的“意料之外”的结尾，艺术效果是怎样的？

生：艺术效果大为逊色，对读者不再有强烈的震撼。

师：如果那样，主题就得不到强化突出，不能进一步揭示浮华世风和虚荣性格对人物命运造成的巨大伤害：一个人苦有应得还不算苦，苦得冤枉才苦不堪言。若提前点明真相，艺术感染力就大为削弱了，精巧的构思也体现不出来，世界文学宝库中也就不会有这串光彩夺目的“项链”——当然，今天我们也就不会在这里鉴赏这串光彩夺目的“项链”了。

（三）深入探究

师：小说为什么把道具“项链”设计为赝品？用真品不也能表现作品主题吗？作者最后为什么不继续写把真项链讨回换钱，弥补经济上的损失，这样不是对读者多少有些精神安慰吗？

生：赝品对主人公和读者的情感冲击力更大，更能表现主题。

师：不错。文学艺术上有一个奇特的现象，就是“情感价值”往往超越“实用价值”，二者一般成反比。即“实用价值”越低，“情感价值”就越高，反差越大，艺术感染力就越强。小说中的“项链”是赝品，其“实用价值”是很低的，所以主人公为此付出十年辛劳和青春代价的“情感价值”才显得那么高。如果是真货，两种价值的差距缩小了，“情感价值”就降低了。同样，小说最后不写把真项链讨回换钱，弥补损失，而是戛然而止，就是因为再写下去完全是“实用价值”了，对读者的“情感价值”就会降低，从艺术角度上看就大煞风景了。

这一节课我们主要欣赏学习了《项链》的两点：“丰厚的意蕴”和“精巧的构思”。法国一位评论家曾说：“莫泊桑留给我们一座富矿，有待大家进一步挖掘；他的著作的含义绝不止我们看到的用文字表现的那些。”（板书省略号“……”）现在留给同学们一段时间，大家在阅读学习中还有什么问题、疑惑、发现，现在可以提出来，大家讨论。

（学生纷纷提问，问题精彩纷呈。例如：如何看待虚荣心的问题？玛蒂尔德是正面人物还是反面人物？为什么玛蒂尔德的性格是复杂多面的？这样塑造人物有何好处？丢项链看似偶然，背后有无必然因素？《项链》到底要揭示一个什么样的人生哲理？教师引导探究、讨论，气氛热烈，将课堂推向又一高潮。）

师：《项链》的内蕴是深厚的，艺术上可借鉴之处也是多方面的，即使再有几课时，也是说不完道不尽的。莫泊桑说：“我进入文坛如一颗流星，出文坛则要响起一记惊雷。”毋庸置疑，《项链》恰如惊雷，穿越时空，在今天的世界文坛上空，依然余响不绝。今天就学到这里，下课！

五、板书设计

[板书一]

项　链

（法）莫泊桑

（一）丰厚的意蕴：社会影响
享乐虚荣　（讽刺批判）
诚信坚强　（同情赞美）
断送？拯救？（福祸相依）
……

（二）精巧的构思：想—借—失—赔—知（项链）
意料之外，情理之中
……

［板书二］

项　链

（法）莫泊桑

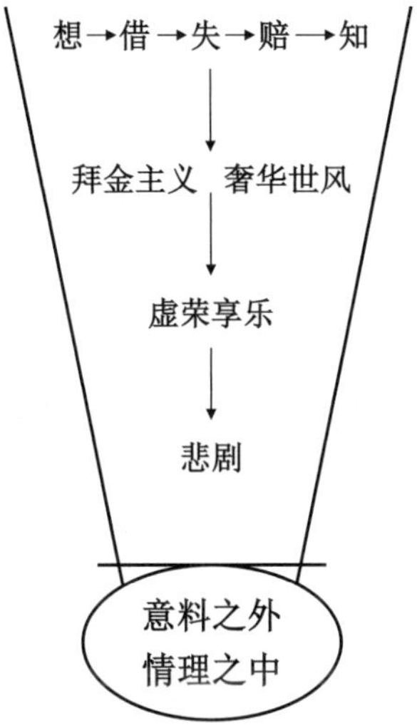

关于《项链》课堂“探究”的对话（摘要）

——以“问题探究”带动课堂

对话人：张超

管然荣（北京教育学院丰台分院特级教师）

管然荣（以下简称“管”）：我觉得，针对《项链》这一传统名篇，您是想运用新课程理念中的探究这种教学方式，做一些尝试吧？

张超（以下简称“张”）：是的。我力图体现新课程理念，教出新意，教出特色，教出广度和深度，以问题带动学生探究阅读，注重提问的艺术性，注重文本的多元解读。

管：这一理念的确很先进。但问题的关键是，究竟什么样的“探究”才是真正具有语文学科特色的“探究”？您能不能结合本案例再做一点具体的解释？

张：我认为从文本出发，引导学生认真读课文，发现问题、解决问题，就是具有语文学科特色的“探究”。例如：

第一，玛蒂尔德时常设想“如果没有弄丢那串项链，今天又该是什么样子”，那好，我们就来替她设想一下，如果没有丢项链，她可能会有怎样的人生“际遇”？生活会不会幸福？

第二，文中说：“一件微不足道的小事可以把你断送，也可以把你拯救出来！”那么，“丢项链”对玛蒂尔德来说是“断送”，还是“拯救”呢？这个问题不能简单而论，要辩证分析：“丢项链”对玛蒂尔德来说，既有“断送”，更有“拯救”。

第三，为了体会《项链》构思的精巧，不用正问：“小说如此结尾有何好处？”而是采用逆问法：“假若作家不用‘意料之外’的结尾方式点明真相，而是在情节开展中点明真相，如在玛蒂尔德借项链时，由福雷斯蒂埃夫人讲明可以吗？或者在玛蒂尔德归还项链时，把丢项链、买项链的实情告知，再由福雷斯蒂埃夫人挑明真相，可以吗？合乎人物的性格和情节逻辑吗？”

管：我发现您这节课的“探究”有两种形式：一种是具有明确教学目标的探究，也就是在您的引导下进行的探究；另一种是让学生自己提出问题探究。我非常赞同这种做法。既有预设，又有生成。紧扣文本的、精心设置的教育教学目标的探究，自然为下面的学生自主探究作了很好的示范性铺垫。这样，下一个探究环节——学生自主探究，既水到渠成，又不至于像有些“放羊式”探究课那般散漫无效——除了表面的热闹假象之外，几乎没有任何有价值的教育教学效果。

张：你说得很对。“预设”与“生成”虽是一个老话题，但不少人似乎并没有真正弄清二者的辩证关系。我以为课堂的最佳境界是达到“三结合”：教学的预设与生成最佳结合，课堂气氛的热度与探究深度最佳结合，学生的自主学习与教师恰当引导最佳结合。现在有一种说法：课堂教学应该追求教学过程的生成性，于是提倡非预设性教学。但过分强调非预设性教学，课堂就容易漫无边际，迷失探究的真正目标，效率不高。

管：再回到您的课堂。从开头这一部分来看，您与学生一起阅读文本、感受文本、分析文本，如对主人公虚荣性格的分析，都是您引导学生从文本中找信息、找依据，并从个人与整个社会环境关系的角度，做了细致全面的分析。准确地说，这样的探究可以称为“尊重文本的探究”。由此看来，真正有价值的探究，绝不能沦为脱离文本的架空分析。

张：是的。引导学生对文本实事求是地深入探究，认真品读课文，发现问题、解决问题，而不是架空分析，这是有识之士的共识。我很欣赏孙绍振教授的“还原法”——还文本本来面目、于细微处见精神的解读法。《项链》中我引导学生发现鉴赏精彩传神的细节描写就是一例。我引导学生在阅读中发现虚荣心并非玛蒂尔德独有，而是充斥整个法国社会，从罗瓦塞尔这样的小职员，到福雷斯蒂埃夫人这样的贵妇人，再到遍布大街小巷的普通百姓，无不遭受着虚荣心的侵蚀的几处细节，来证明玛蒂尔德的悲剧不仅是“性格悲剧”，更是“社会悲剧”。

管：您这节课在教材的详略处理方面也是可圈可点的！这些问题的探究，都旨在培养学生的思维、想象力，旨在提升学生真正的语文智慧。根据您对这种教育理念的认识，您对自己这节课是否满意呢？

张：我对这一课的设计思路基本上是满意的。孟子曰：“教亦多术矣！”俄国教育心理学奠基人乌申斯基说，教学是一门艺术，是“一切艺术中最渊博、最复杂、最高和最必需的艺术”。课堂教学是一种师生共生的艺术，也是一种遗憾的、有待完善的艺术，所谓教无止境。所以即便是同一位教师教同一篇课文，在不同的时间、地点，面对不同的学生和环境，教学内容、过程、细节、效果也不尽相同，总有一些不尽如人意的地方。我觉得如果课堂能更加贴近学生，引导再自然、深入些，再给学生更多的自主探究时间和空间，学生能提出更多有价值、更有深度的问题来探究，可能更理想些。正应了那句俗语："没有最好，只有更好。"

（本文摘自发表于《中学语文教学》2009 年第 7 期的《〈项链〉教学实录和与编者对话》。
赏析文章《断送？还是拯救？——〈项链〉重读》发表于《名作欣赏》2010 年第 2 期。
《项链》现场教学，曾获全国教育科学"十一五"教育部规划课题全国精品课"一等奖"；
中国教育电视台、中国教育电视协会第四届全国中小学公开课电视展示活动一等奖；
中央教科所全国优质研究课一等奖。）

回归语文教学常态的"探究"（摘要）

——评张超老师执教的《项链》①

陈寿江，李本东

张超老师执教的《项链》体现了当下人们津津乐道的语文教育的新理念、新方法、新方式。但我们与其赶时髦般地贴标签，还不如回到文学教学的常态，深入思考高中文学教学应教什么和怎样教。我们认为，这是一堂坚守语文本位的常态课。如果说有探究性质，也只能算是回归文学教学常态的探究。

一、始终紧扣文本，以精心设置的问题为导向

张老师的不同之处，就是把人物置于特定环境中，通过引导学生整体感知作品，既让学生看到玛蒂尔德的性格是顺应环境产生的，也是为环境所逼而转变、形成和发展的。张老师能引导学生感知并把握背景，认识和理解环境与人物性格的关系，正体现了小说教学的应有之义。

二、注重人物性格的立体化分析

高尔基不止一次强调，人是杂色的，没有纯粹黑色的，也没有纯粹白色的。面对《项链》这一名篇，张老师始终紧扣文本，致力于作品丰富意蕴的挖掘。他看到玛蒂尔德既有追求虚荣享乐的一面，又有诚信坚强的一面，是"享乐虚荣与诚信坚强的对立统一"。与此相对应，作者对人物的态度既有讽刺批判又有同情赞美。人物性格分析是小说教学的重要内容，像《项链》之类意蕴丰富的小说，教师就应这样教，就应引导学生这样读。这本是文学教学的常态，只不过我们以往被占统治地位的习见、陈见乃至定论所左右，或是不动脑筋照本宣科，或是不敢质疑探究。于是，每当我们读到《项链》，都会近乎本能地说出小说的主题是讽刺和批判了资产阶级妇女的虚荣心。而今天我们看到张老师回到文学教学的常态，紧扣文本，具体问题具体分析，就认为这是探究了。这与其说是探究，还不如说是对以往背离文学教学常态的一种反驳。如果说张老师执教的这一课具有探究性质的话，其意义也就在这里。

三、《项链》可下放到初中教，也可拿到大学中文系教

单就张老师执教的《项链》看，最大的亮点就是所选择的教学内容体现了高中阶段文学教学的层次性，即始终紧扣文本，顾及全篇，抓住关键，注重培养学生的文学想象力和推理能力。

① 本文原载《中学语文教学》2009 年第 11 期。

其中“断送”和“拯救”是抽象的语词，只有置于全篇，才能还原或明确其具体的意义。这就要求学生必须回顾前文，进行还原性再造想象，使抽象的“断送”和“拯救”具象化；同时又必须在具象的基础上，进行分析、比较和归纳，尽可能准确地把握“断送”和“拯救”的具体内涵。倘若教师这样教，就是在培养学生的形象思维能力和逻辑推理能力——这些张老师都做到了。

最值得称道的是，张老师通过拓展文本情境——假如玛蒂尔德当初没有弄丢那串项链，激发和引导学生想象和推导玛蒂尔德可能会有的生活和结局。在学生创造性地想象描述和推理过程中，在教师主导的师生、生生紧扣文本的对话过程中，学生的想象力和推理能力得到训练。

教师巧妙得体、有倾向性的启发引导，培养了学生正确的情感、态度和价值观，培养了学生的文学想象力、推理能力。高中语文教学虽不担负培养作家的任务，但也不应错过培养作家的时机。但凡有过文学创作经历的人都知道，文学创作，主要是小说、戏剧创作，正是在假定的情境中按照生活中可能存在的逻辑驰骋想象、进行推理。张老师充分利用文本资源，组织和引导学生阅读、讨论和鉴赏作品，实际上是把那些具有文学创作潜质的学生引上创作之路，尝试由读到写的转换。形象的感知、情感的熏陶、价值观的确立，无疑是文学教学的重要内容。但如果教师忽略了对学生文学想象力、推理能力和表现力的培养，也还不是完全意义上的文学教学。据此，我们认为张老师对高中阶段文学教学的理解是比较全面准确的，教学实施也是比较到位的。

四、纵观整个教学过程，教学目标明确，教学内容集中且重点突出

教学过程的展开自然。尽管在师生交流的过程中缺乏双方思想的交锋，少了些绚丽的浪花，有一切都在教师掌控中之嫌，但仍给人行止自如的自然流畅之感。质言之，张老师是在老老实实上课，而不是在课堂上表演。

庄子的《逍遥游》教学实录

一、教学说明

传统文言文教学的“串讲”方式，看似对文言字词、句式等“砸”得较实，但效果未必好。而且这种“字字落实，句句翻译”的“填鸭式”串讲，使文言文支离破碎，失去了整体美感。似乎文言文的学习，就是学习字、词、句的翻译。这使文言文教学枯燥乏味，失去趣味性和吸引力。

文言文首先是“文”，而且是千百年流传下来的优秀的“文”，而不是“言”的简单的堆砌。文言文只不过是用“文言”写成的“文”，教师要当作“文”来教学，同时把“言”的学习落到实处。“言”是手段，是浅层次的；“文”才是目的，是深层次的。只有“言”与“文”结合，才能让“言”的学习，在赏析品读整篇文章中，灵活扎实地落到实处。学生只有理解和掌握了“文”，才能真正理解落实“言”。即使学“言”，教学也要灵活巧妙、生动活泼，尽可能避免刻板传统的“串讲”。这样学生既学习掌握了文言词句，又提升了古文审美鉴赏水平，传承了中华优秀传统文化，发展了思维，一举多得。

二、导入新课

师：在正式上课之前，我们先讨论一个问题：“什么是自由？”

生：“自由”就是不受约束，随心所欲地做事。

师：损人利己、违法乱纪的事也可以做吗？

生：不，在道德、法律允许的范围内活动。

师：对，这个补充很必要。我们所说的“自由”是相对的，要受到一定的限制、约束。今天我们要学习的就是一篇谈论“自由”的文章，庄子的《逍遥游》(板书课题)，看看庄子所言的“自由”与我们理解的自由有什么不同。

庄子的思想和文章在先秦诸子百家中是与众不同、独树一帜的。他的文章想象丰富奇特、意境壮阔、汪洋恣肆，有很浓郁的浪漫色彩。鲁迅评价庄子的文章说：“其文汪洋辟阖（pì hé），仪态万方，晚周诸子之作，莫能先也。”(多媒体显示)

《逍遥游》是《庄子》中的第一篇，集中体现了庄子的思想和文风。《逍遥游》是一篇奇文，像这样的文章在中国文学史上是不多见的，特别是语言怪谲，最能代表庄子的文章风格。清代学者胡文英评价《逍遥游》："如烟雨迷离，龙变虎跃……千古奇文。"前人说："开宗不了逍遥字，空读《南华》三十篇。"《庄子》也叫《南华经》，只有读懂了《逍遥游》，才算真正掌握读《庄子》的钥匙。

三、整体感知

学生齐读课文，感受庄子想象丰富、汪洋恣肆的文风，要求读准字音。（教师正音、正字）

四、学习目标

（1）理解庄子"逍遥游"的特定含义，认识其局限性。

（2）领略庄子想象丰富奇特、汪洋恣肆的浪漫文风。

（3）掌握重点文言字词、语句。

（多媒体显示"学习目标"和需重点掌握的文言字词、语句。）

1. **怒**而飞，其翼若**垂**天之云。是鸟也，**海运**则将徙于南冥。2. **抟扶摇**而上者九万里，去**以**六月**息**者也。3. **而后乃今培**风；背负青天而**莫之夭阏**者，而后乃今将**图南**。4."我**决**起而飞，**枪**榆枋，**时则不至**而**控**于地而已矣，**奚以**之九万里而南**为**？"**适**莽苍者三飡而**反**，腹犹**果然**。5. 小**知**不及大知，小年不及大年。**奚以**知其然也？朝菌不知**晦朔**，蟪蛄不知春秋。6. **穷发**之北……**绝**云气……此小大之**辩**也。7. 故夫**知效**一官，行**比**一乡，德**合**一君**而徵**一国者……且**举**世而誉之而不加**劝**，举世而非之而不加**沮**，**定乎内外**之**分**，辩乎荣辱之**竞**。未**数数然**也。虽然，犹有未**树**也……犹有所**待**者也。若夫**乘**天地之**正**，而**御**六气之**辩**，以游无穷者，彼且**恶乎待**哉！故曰：**至人**无**己**，**神人**无**功**，**圣人**无**名**。

五、学习探究

教师给学生 6 分钟左右的时间，要求学生借助课文注释大体读懂课文，着重掌握以上重点字词、语句，同时思考下列问题（多媒体显示）：

（1）庄子"逍遥游"的特定含义是什么？

（2）文中共罗列了哪些事物？请一一列举出来（尽可能不遗漏）。作者列举这些事物的目的何在？

（3）作者所列举的事物中，哪些不能"逍遥游"？哪些能"逍遥游"？为什么？

（4）画出文中正面阐述"逍遥游"的文句（即全文中心句）。

（5）作者认为什么人才能做到"逍遥游"？条件和途径是什么？

（鼓励学生自读时与前后左右的同学讨论、切磋。学生自读后，师生共同解答部分思考题，多媒体显示。）

（一）“逍遥游”的特定含义

不依靠、凭借任何事物，不受任何限制、束缚的绝对自由（包括物质和精神两方面）。

庄子认为，一个人应该突破功、名、利、禄、权、势、尊、位的束缚，使精神活动达到优游自在、无记挂、无阻碍的绝佳境地。

（二）文中所涉及的事物

鲲，鹏，野马，尘埃，生物，舟，芥，杯，蜩，学鸠，斥鴳，适远者，朝菌，蟪蛄，冥灵，大椿，彭祖，知效一官、行比一乡、德合一君、而徵一国者，宋荣子，列子，至人，神人，圣人等（20余种）。

师：文中涉及的20余种事物中，哪些不能“逍遥游”？哪些能“逍遥游”？为什么？

（学生尚不得要领，一时答不好。）

师：这个问题我们暂且放一下，在下面的学习中，边思考边解决。文章一、二段涉及两个事物——鲲和鹏。鲲与鹏是什么关系？

生：鲲变化为鹏——化而为鸟。

师：用一个字概括它们的特点是？

生：大。

师：文中说它们“不知其几千里也”。文章一开始就以寓言的形式，给我们描绘、渲染了一个波澜壮阔的鲲鹏遨游、奋飞的壮美情境，形成美妙意境，显示了庄子想象丰富、意境壮阔的神奇文风。鹏这种大鸟，它的起飞，是像后文的蜩与学鸠一样“决起而飞”——很迅捷地就飞起来呢，还是很用力地起飞？

生：很用力地起飞。

师：何以见得？

生：文中说它“怒而飞”。

师：“怒”是愤怒之意吗？

生：不是，是“奋力”的意思。

师：谁能再说出一个“怒”字当作奋发、旺盛之意的句子？

生：心花怒放。

师：能触类旁通，很好。孔子最喜欢能举一反三的学生。“其翼若垂天之云”——它的翅膀像天边的云彩。“垂”，是“垂下”的意思吗？

生：不是，“垂”通“陲”，天边。

师：对。鹏是在什么特定的时间、地点，借助什么才可以起飞？

生：时间是六月，地点是波涛汹涌的大海，借助大风才可以起飞。

师：从哪些句子可以得知？

生：“海运则将徙于南冥”“去以六月息者也”等。

师：（引导学生强化“运”——波涛汹涌；“以”——凭借；“息”——大风等字词。）后文还有哪个字指出鹏要“凭借”大风？

生：培风的“培”。

师：鹏所借助的大风是一般的暴风、台风吗？

生：不是，是一种旋转而上的暴风——扶摇。

师：大概就是常说的龙卷风吧。鹏凭借龙卷风直冲云天吗？

生：不是，是旋转着上升——抟。

师：对。一、二、三、六段中共有四处描写鲲鹏变化、翱翔的文字，将这些文字综合扩展，展开想象，将之扩写（或口头描述）为一段更为形象、细腻、生动的文字。

（一两分钟后，教师选择一两名学生口头描述。教师完善，多媒体显示。）

在极荒远不毛的北方，有一个浩瀚无垠、深不可测的黑色大海，叫天池。里面生活着一种叫鲲的大鱼，大鱼像几千里山脉一样广大、望不到边际。鲲到一定的时候便变化为一种叫鹏的大鸟，鹏的脊背像巍峨的大山，有几千里那么宽广。每当六月龙卷风吹起时，海水汹涌澎湃，大鹏先在水面上拍打翅膀，激溅起的水花达三千里，然后再奋力乘着龙卷风，盘旋着冲上九万里的高空，穿过云层，背负青天，翅膀遮天蔽日，像天边堆积的乌云。最后大鹏向更广阔的南海飞去，再没有什么可以阻挡它。

师：鲲鹏展翅九万里，翱翔南徙，看上去似乎很逍遥，但它达到了庄子所说的“逍遥游”了吗？

生：没有。它还有所凭借——大风。

师：对。如此硕大的鲲鹏不能逍遥，那么小巧的蜩与学鸠、斥鴳是否可以逍遥呢？它们对大鹏的壮举有一个共同的表情，那就是——

生：笑。

师：这种笑是羡慕还是嘲笑？

生：嘲笑。

师：嘲笑大鹏什么呢？

生：嘲笑大鹏要凭借大风，费很大的力气奋飞，升至九万里高空才飞翔，不如它们显得轻松。

师：它们所说的意思也差不多，它们是怎么说的？谁来解释一下。

生：我一下子（决起）飞起来，触到（枪）榆树、枋树就停下来，有时还飞不到树的高度（时则不至）就落在（控于）地上，哪里用（奚以）飞到九万里高空再往南飞呢（为）？

师：注意，“奚以……为？”是古汉语的固定句式，译为“哪里用……呢？”“奚以之九万里而南为？”怎么解释？

生：哪里用飞到九万里高空再往南飞呢？

师：注意“奚以”是“哪里用”。“之”字是动词“飞到”。下文有“奚以知其然也？”两个“奚以”意思一样吗？

生：不一样，“奚以知其然也？”的“奚以”是“凭什么”。

师：对。后一个“奚以”就是“以奚”的倒装——“凭什么”。它们说话的语气也差不多，谁能把它们嘲笑大鹏的语气读出来？

（一学生试读，另一学生完善，教师指导，再读这几句。）

师：那么庄子对它们“嘲笑”大鹏是否赞同？

生：不赞同。

师：为什么？

生：蜩、学鸠与斥鴳，虽然不像大鹏那样需凭借大风起飞，但也要凭借外物空气，并没有达到真正的逍遥。

师：是的。正如上文中的“野马”“尘埃”一样，它们都需要外力空气才能漂浮——尽管所需外力很小。它们对大鹏的“笑”是“五十步笑百步”——只是大小、数量的差异，没有本质的区别。而且，它们以自己短浅的目光、鄙陋的见识，嘲笑胸怀大志的大鹏，颇有“燕雀安知鸿鹄之志哉”的味道。所以作者接着以“适远者”——适莽苍者，适百里者，适千里者——出行的远近不同，对粮食的需求量也不同，说明事物的大小不同，对外物的依靠程度也不同的道理，它们都不可能做到完全逍遥。最后作者轻蔑地说：“之二虫又何知！”——这两个小东西又懂得什么！“之”代词“这”。它们不懂得大小不同，对外物的依靠程度也不同的道理——小知不及大知，小年不及大年，所以它们嘲笑大鹏本身就很可笑。接着作者列举朝菌、蟪蛄、冥灵、大椿、彭祖等事物，也在说明什么道理？

生：世间万物无论大小，都要受到一定的限制，都不能做到逍遥。

师：万物是如此，那么人怎样呢？下面作者列举了四种人——“故夫知效一官、行比一乡、德合一君、而徵一国者”，谁来解释一下这几句话？

生：所以那才智（强调“知”——“智”）能够胜任一官之职（强调“效”）、品行能够团结（强调“比”）一乡民众、德行可以合乎（强调“合”）一国之君的要求、能力可以令一国的民众信服的人（强调“而徵”）。

师：“胜任愉快。”这四种人都是很胜任的，他们工作、生活得游刃有余，得心应手，看上去似乎活得很惬意、很潇洒。但庄子说它们“其自视也亦若此矣。而宋荣子犹然笑之”。“此”指什么？宋荣子为什么笑它们？

生：“此”指代上文中的蜩与学鸠、斥鴳，宋荣子笑这四种人也像蜩与学鸠、斥鴳一样，目光短浅，自鸣得意，自以为逍遥，没有认识到自己也受到功名利禄的束缚、限制。

师：回答得好。庄子对宋荣子的“笑”是否赞同？

生：赞同。

师：庄子认为宋荣子“笑”得应该。宋荣子的境界比上面四种人要高多了，达到了什么境界？

生：整个（强调“举”）社会都赞美他，可是他并不因此更加奋勉（强调“劝”）；整个社会都指责他，可是他并不因此更加沮丧。

师：用一个成语形容宋荣子这种状态，那就是——

生：宠辱不惊。

师：对。宋荣子这种人有没有人生追求？

（学生分为“有派”和“没有派”，一时争执不下，教师趁势引导。）

师：无论说“有”还是“没有”，都要从课文中找出依据，不能凭空说。

（学生认真看书后，一学生举手。）

师：你属于哪一派？

生：我本来属“有派”，现在是“没有派”。

师：为什么？

生：文章说宋荣子“彼于世，未数数然也”——他在世上没有拼命追求什么。

师：对。宋荣子的境界已经难能可贵了——“不戚戚于贫贱，不汲汲于富贵”，但他达到“逍遥游”的境界了吗？庄子怎样评价他？

生：没有。庄子说：“斯已矣……虽然，犹有未树也。”——不过如此而已……即使这样，他还没有达到最高境界。

师：是的。列子能驾风而行，像神仙一样来去轻快——“浩浩乎如冯虚御风，而不知其所止；飘飘乎如遗世独立，羽化而登仙”，他的境界比宋荣子更高，但他能逍遥吗？

生：不能。“犹有所待也”——还是有所依靠（御风而行）。

师：对。宋荣子不受外界舆论的影响，然而庄子对他仍然有所保留和存有遗憾——“犹有未树也”——仍然没有达到“逍遥游”的最高境界。列子“御风而行”，没有风，他无法行，也没有达到庄子“逍遥游”的最高境界。因为他们都仍然有所“待”——有所依靠。庄子“逍遥游”的理想境界是“无所待”——不依靠、凭借任何事物，达到绝对的自由，这才是庄子最理想的境界。

可见所有的“自由”都是相对的，相较而言的：蜩与学鸠比鲲鹏，对外物——风能依存度较少，相对更自由；小舟比大舟，对外物——积水依存度较少，相对更自由；雾气、尘埃比蜩与学鸠，对外物——气息依存度较少，相对更自由；去近郊的人比去百里、千里的人，对外物——粮食依存度较少，相对更自由；短寿的比长寿的，对外物——时空依存度较少，相对更自由；四种“能人”比“常人”“庸人”，对外物——赏识依存度较少，相对更自由；宋荣子无视毁誉、宠辱不惊，较之四种“能人”，对外物——荣辱依存度较少，境界较高，相对更自由；列子御风而行，免受行走之苦，较之徒步者，对外物——路况依存度较少，相对更自由……但所有这些都未能达到庄子最高的理想境界——“逍遥游”——都不能“无所待”而存在。

至此，庄子否定了反面列举的所有事物，一言以蔽之——具“有所待”——都有所依靠凭借、受一定限制束缚，因此都不能算“逍遥游”。至此，文章蓄势已足，时机成熟，然后笔锋一转，水到渠成地亮出自己的正面观点。大家齐读——

生：“若夫乘天地之正，而御六气之辩，以游无穷者，彼且恶乎待哉！”

师：这是全篇的文眼、中心句。谁来解释一下？

生：至于顺应天地万物的自然本性（强调“乘”“正”，也就是尊重自然规律，与自然和谐相处），进而把握“六气”（阴阳、风雨、晦明）的变化（强调“御”“辩”），在无穷无尽的境界中遨游的人，他们还凭借什么呢？（强调“恶乎待”，即“待恶乎”的宾语前置）。

师：最后两句是倒装句、反问句，如果改为顺装、陈述句怎么说？

生：不凭借任何东西，在无穷无尽的境界中遨游。

师：什么人能做到这一点？

生：至人、神人、圣人——道德修养最高的人。

师：需要什么条件、途径？

生：无己、无功、无名。

师：最后作者推出最理想化的人物——“至人、神人、圣人”。庄子认为，道德修养最高的人要忘掉自我，不求功利，不计名位。而“无己”又是关键的前提。庄子认为，人生之所以有诸多烦恼，就是心中有太多的自我，有了自我，就有了功名欲望，心中塞满了各种私心杂念，就如同屋子里塞满了各种杂物一样，遮挡了光线。要想使屋子明亮就要清扫杂物，要想使心房明亮就要清除私欲杂念，庄子把这个过程叫作“扫心斋”。

这样看来，全文围绕一个什么字展开？——有这个字就不逍遥，没这个字才逍遥。

生：待。

师：对！（板书大红色“待”字）。那么庄子所谓的“逍遥游”——这种不依靠、凭借任何事物，不受任何限制、束缚的绝对自由，以及“至人、神人、圣人”在现实生活中存在吗？

生：不存在。

师：是啊，这连庄子本人也做不到。如果有人要庄子列举出生活中的一个“至人、神人、圣人”，他列举不出来，所以他只能在想象中虚构这样一个人。在课文没有节选的《逍遥游》的后半部分，他说（多媒体显示）：“藐姑射（yè）之山，有神人居焉，肌肤若冰雪，绰约若处子，不食五谷，吸风饮露。乘云气，御飞龙，而游乎四海之外。”（在遥远的姑射山上，有个神人住在那里，肌肤像冰雪一样洁白，姿态如处女一般柔美。不吃五谷，吸清风饮露水。乘着云气，驾驭飞龙，而遨游于四海之外。）又在《庄子·齐物论》中说：“至人神矣：大泽焚而不能热，河、汉沍（hù）而不能寒，疾雷破山而不能伤，风振海而不能惊。若然者，乘云气，骑日月，而游乎四海之外。”（至人神妙极了！山林焚烧而不能使他感到热，江河冻结而不能使他感到冷，雷霆撼山岳而不能使他受到伤害，狂风激起海浪而不能使他感到惊恐。像这样的圣人，驾着云气，骑着日月，而游于四海之外。）

庄子追求的这种“逍遥游”，实际反映了他对现实的不满和无奈，是借此逃避现实的一种主观唯心主义哲学。人们赞叹本文是神文，除了文章的语言意境瑰丽神奇外，还因为庄子在《逍遥游》中提出了一个深刻的哲学命题，也是文章探讨的核心——“相对自由与绝对自由”的关系。如果把庄子的“绝对自由”理解为在现实社会中无拘无束、为所欲为，那就错了，起码理解得不到位、不全面。庄子所谓的“逍遥游”是一个“理念”，一种他认为应该不懈追求的“理想境界”，是对人精神的阐释和追求。庄子认为，作为“形体”的生命，是没有绝对自由的，也不可能有，谁也做不到。而作为“精神”

的生命，是有绝对自由的，也应该有。

中国古代哲学有所谓“形而上”和“形而下”之说。任何一个人，一生中总有“心为形役”的烦恼。精神被身体驱使，不得不做些违心之事。——也就是陶渊明在《归去来兮辞》中所说：“既自以心为形役，奚惆怅而独悲？悟已往之不谏，知来者之可追。实迷途其未远，觉今是而昨非。”古代文人理想追求的是“形为心役”，于是“形”和“心”此起彼伏，各有消长。这种交互起伏，构成人生基本矛盾。当“心为形役”时，即处于“形而下”（物质）状态；当“形为心役”时，即处于“形而上”（精神）状态。时上时下，有上有下，上上下下，下下上上，永无休止。庄子提出精神自由，是想彻底解决这对矛盾。他的理想就是，人应该达到“形而上”的理想精神状态，并永远保持。他希望自己的精神天马行空，无所羁绊，进而让精神生命解放形体生命，从而达到物我两忘、超然物外的境界。

庄子的《逍遥游》，无论是其思想，还是描绘的各种艺术形象，都对后世产生了很大的影响，特别是对文人的影响尤其深远。如陶渊明、李白、苏轼等人的思想，都受庄子的感染，打上了庄子的印记，这也是庄子对中国哲学的贡献。

现在大家看这篇文章在构思谋篇上有什么艺术特色？

（学生思考回答，教师总结。）

师：文章要阐发“逍遥游”的观念，但开篇并不开宗明义、正面立论，而是先从反面起笔。反面起笔也不是抽象理论说教，而是展开想象，以寓言形式，描绘渲染了鲲鹏、野马、蜩与学鸠、斥鴳等诸多神奇瑰丽的意象，让人沉醉迷幻其中，最后亮出观点，使人在不经意间接受了他的主张。

六、联系拓展

（一）庄子与第欧根尼

庄子的思想主张与古希腊哲学“犬儒学派”的代表人物第欧根尼的思想主张颇为相似（庄子与第欧根尼、亚里士多德大体生活在同时代）。第欧根尼愤世嫉俗，无所欲求，崇尚自然，倡导简朴。他身体力行，蓄髯赤足，披麻素食，连住房也不要，寄居在一只大桶里，过着自然逍遥的生活。第欧根尼认为：“一无所求是神的特权，所需甚少是类神人的特权。”第欧根尼连喝水用杯子都觉得有所凭借不够自然，改用手捧水喝。第欧根尼最有名的轶事典故，莫过于和亚历山大大帝的对话：亚历山大屈尊造访他，问：“我能帮你什么忙吗？”第欧根尼回答道：“能的，就是——不要挡住我的阳光。”第欧根尼面对权贵的惠临垂问，不求施舍，也不依附，他的精神何其高贵自由。“阳光”除了表层意思外，还象征自然馈赠、基本需要、简朴生活、光明自由等。“亚历山大”象征权势、名望、财富、欲求等一切世人所看重的东西。“不要挡住我的阳光”，其深层含义是：不要让欲求挡住自然，不要让依赖挡住自由，不要让功利挡住生命，不要让习俗挡住本性，不要让权势挡住思考……无怪乎亚历山大大帝感叹道：“如果我不是亚历山大，我愿意做第欧根尼。”

庄子和第欧根尼的哲学思想何其相似，二人都强调减少对外界事物的依赖，追求绝对的精神自由。两千多年前，东西方两大哲学巨匠，竟能相隔万里之遥，不谋而合地“神交”，实现心灵的“握手”。

（二）有关鲲鹏形象的诗词

“大鹏一日同风起，扶摇直上九万里。”（李白《上李邕》）
“大鹏飞兮振八裔，中天摧兮力不济。”（李白《临路歌》）

渔家傲

李清照

天接云涛连晓雾，星河欲转千帆舞。仿佛梦魂归帝所。闻天语，殷勤问我归何处。我报路长嗟日暮，学诗谩有惊人句。九万里风鹏正举。风休住，蓬舟吹取三山去！

念奴娇·鸟儿问答

毛泽东

鲲鹏展翅，九万里，翻动扶摇羊角。背负青天朝下看，都是人间城郭。炮火连天，弹痕遍地，吓倒蓬间雀。怎么得了，哎呀我要飞跃。

借问君去何方，雀儿答道：有仙山琼阁。不见前年秋月朗，订了三家条约。还有吃的，土豆烧熟了，再加牛肉。不须放屁！试看天地翻覆。

七、板书设计

逍遥游

《庄子》

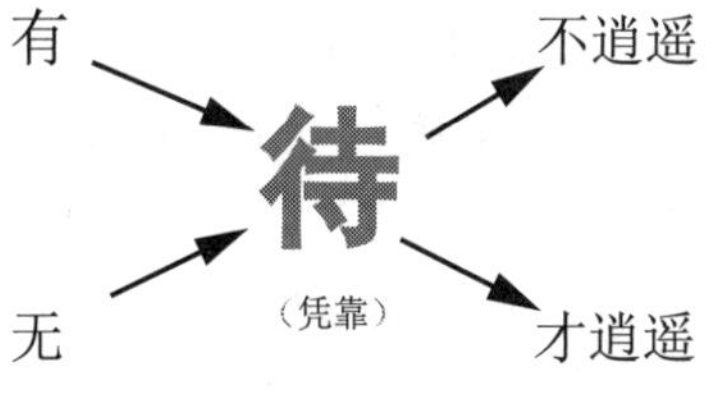

万物有所“待”——不能“逍遥游”（反面）
无所“待”以游无穷——才能“逍遥游”（正面）

［本文原载《语文教学通讯》（高中刊）2014年第11期。《逍遥游》现场教学，获全国教育科学“十一五”规划教育部课题、全国课堂教学精品课“特等奖”和“突出贡献奖”；中国教育电视台、中国教育电视协会第四届全国中小学公开课电视展示活动一等奖。］

毛泽东的《沁园春·长沙》教学实录和点评

一、课前沟通

师：上课前先做个民调，喜爱读诗歌的同学举手。很多同学不太爱读诗歌，特别是不爱读现代诗歌。其实诗歌是人类最早的文学样式，诗歌鉴赏是高层次文学鉴赏的基础。一个不喜欢诗、不懂诗的人，很难说他懂得文学。美学家朱光潜在《谈读诗与趣味的培养》中说："要养成纯正的文学趣味，最好从读诗入手。能欣赏诗，自然能欣赏小说、戏剧及其他种类文学。……一个人不欢喜诗，何以文学趣味就低下呢？诗比别类文学较谨严，较纯粹，较精致。……如果不能欣赏诗歌，对小说、戏剧、散文中富有诗意的深层次的东西就难以理解和把握。"特别是古典诗词更是中华民族文化的瑰宝，希望通过这节课的学习，能有更多的同学热爱诗词。

二、导入新课

师：大家知道，毛泽东是一位古典诗词的爱好者。有人统计，他的一生，认真评点、圈画过的诗词总计在 1 600 首以上，一般性地翻阅、欣赏，至少在 2 000 首以上，凭记忆书写的有 100 多首，许多是长篇叙事诗。在长期的革命生涯中，毛泽东还创作了大量的诗词，而且取得了很高的艺术成就。一位外国人感叹："一个诗人赢得了一个新中国。"著名诗人臧克家盛赞说："毛泽东诗词是伟大的篇章。"今天我们就来欣赏学习这"伟大的篇章"中很著名的一篇——《沁园春·长沙》(板书课题)。

三、整体感知

师：先听老师把诗词朗诵一遍。

(教师感情充沛地朗读全词；用 1～2 分钟，让学生对照课文注释，把诗词大意梳理一下。)

四、学习目标

（1）诵读、想象。

（2）品味、鉴赏（略作解说）。

五、品读鉴赏

师：《沁园春·长沙》最初发表在1957年1月由臧克家等人主编的《诗刊》创刊号上。当时刊载了由毛泽东亲自审校的18首诗词，而排在第一位的就是这首《沁园春·长沙》。可见这首词在毛泽东心目中的地位——那是Number One（第一）。《沁园春·长沙》与《沁园春·雪》，从形式到内容都有相通之处，堪称“姊妹篇”。所以探赏《长沙》自然要联系到《雪》。

这首词写于1925年，当时毛泽东32岁（多媒体显示毛泽东32岁图像），正是风华正茂的年纪。32岁的毛泽东，就已经是一位非常成熟的杰出诗人了。青年时期的毛泽东与同学们常来长沙岳麓山的“爱晚亭”指点江山（多媒体显示长沙岳麓山的爱晚亭）。“爱晚亭”因为杜牧《山行》中的诗句“停车坐爱枫林晚”而得名。开头三句——“独立寒秋，湘江北去，橘子洲头”，透露了哪些信息？

生：点明时间、地点和背景——深秋、湘江、橘子洲（多媒体显示毛泽东“独立寒秋”的图片）。

师：“独”字说明什么？

生：一个人。

师：不错。但“独立”除了表明一个人，还体现出什么精神？能否改为“孤立”“自立”“站立”等？显然不能。联系当时的背景，毛泽东正在湖南从事农民革命运动，正要取道长沙，赶往广州主持“农民运动讲习所”——就是现在广州的“农讲所”。湖南军阀赵恒惕正在通缉毛泽东。诗人明知道自己身处险境，却能“独立寒秋”，饱览秋色，“独立”一词写出了诗人什么精神？

生：临危不惧、坚强不屈的精神。

师：对，坦荡从容。“孤立”“自立”“站立”等词汇，就表现不出这一点。唐朝诗人柳宗元有一首题为《江雪》的绝句，大家还记得吧？

生：（齐背）“千山鸟飞绝，万径人踪灭。孤舟蓑笠翁，独钓寒江雪。”

师：背得好。这是“永贞革新”失败以后，柳宗元被贬永州、身处逆境时写的一首诗。诗人通过孤舟独钓的渔翁形象，表露了倔强不屈、决不妥协的心志。柳宗元是“独钓寒江”，毛泽东是“独立寒秋”，意境是不是有点相似？当然封建士大夫与革命青年的胸襟、气度是不可同日而语的。一个“看”字，一直控制到哪里？

生：“万类霜天竞自由”。

师：对，共七句。在古诗词中这叫“一字领起”，俗称“领字”（板书），一般上下阕各有一个，读诗词要注意找出这种领字。我们初中学过的《沁园春·雪》上阕的领字是哪个？

生：望。

师：对。也是控制七句，直到“欲与天公试比高”。这说明相同词牌的词具有怎样的特点？

生：同样词牌的词的格式、句式相似。

师：是的。同词牌的词格式、句数，各句字数，都应该是相似的。这里诗人都“看”到了哪些秋景？请一位朗诵水平高的同学来读一下。

（学生读：“看万山红遍……万类霜天竞自由”七句。）

师：读得不错，个别地方处理得再细腻些就更好了。“看”是领字，要稍顿，以下几句要读得抑扬顿挫，充满兴奋喜悦之情，最后一句“万类霜天竞自由”是哲理概括，要有彻悟、慨叹之情（教师范读此七句，学生再齐读此七句）。

这几句视角变化和写景顺序极有特色：前两句“看万山红遍，层林尽染”，诗人是怎样看？

生：放眼望去。

师：对，是“远眺”，写的是“远景”。接下来两句“漫江碧透，百舸争流”，诗人的视线又怎样？

生：收回来。

师：对。这是“近观”，写的是“近景”。“鹰击长空”是“仰视”，写的是“高景”。“鱼翔浅底”是“俯察”，写的是“低景”。真是“远、近、高、低各不同”啊！这种全方位、立体式、富有条理的写景手法，同学们今后在写作中要注意学习。在这几句中，哪几个动词用得特别好？

生：染、击、翔。

师：“染”为什么好？用“层林尽红”不好吗？

生：“染”用了拟人手法。

师：对。满山遍野火红的枫林，就像天公用彩笔渲染过的一般。真是“霜叶红于二月花”，多么富有诗情画意。其实古人早就巧用过“染”这个字，王实甫的《西厢记》中就有“晓来谁染霜林醉，总是离人泪”的名句。

师：“击”改“飞”可以吗？

生：不好。“击”能显示出雄鹰振翅高飞、搏击大气的强劲有力，给人奋发向上的感觉。“飞”的表现力太一般了。

师：说得太好了。“翔”改为“游”好像更准确一些，鱼儿怎能像鸟儿一样飞翔呢？

生：“翔”写出了鱼儿在清澈见底的水中游动得自由轻快，像在天空中飞翔一样。

师：你很有想象力，回答很精彩，听你回答也是一种享受。“浅底”并非真的水浅，而是清澈见底，显得水浅。大家想，蓝天倒映在碧水中，看上去鱼儿就像在天空中游动，在天空中游动不是很像飞翔一样吗？所以毛泽东在《登庐山》一诗的“热风吹雨洒江天”的诗句中使用了“江天”一词。王勃的《滕王阁序》中有“落霞与孤鹜齐飞，秋水共长天一色”的名句，唐代散文家柳宗元的《小石潭记》中也有类似的情景描写，谁还记得？

生：“潭中鱼可百许头，皆若空游无所依。”

师：背得很好。“空游”就是好像在空中游动，情景很相似吧。真是：“鸟在蓝天翱翔，像鱼；鱼在碧水漫游，像鸟。蓝天和碧水一样的清澈，鸟和鱼一样的自由。”你们看，毛泽东用词多么精妙、传神。据说：毛主席为追求词句的准确生动，真是呕心沥血。“常在屋里踱来踱去，时而凝眉沉思，时而昂首吟哦，时而停住脚步，坐在桌前写几句，又摇摇头，把纸揉成一团……次日清晨，工作人员发现纸篓已装满大半。”毛泽东常说：“诗难，不易写，经历者如鱼饮水，冷暖自知，不足为外人道也。”（多媒体显示毛泽东写作图片）。毛泽东这种“语不惊人死不休”的锤炼语言的精神，值不值得我们学习？

生：值得学习。

师：下面我们做一个活动，一个训练想象力的活动。法国作家雨果说：“想象，是人类思维中最美丽的花朵。”现在请同学们把自己想象成诗人，“独立橘子洲头”，饱览大好秋色，把诗人描绘的绚丽秋景在“大脑荧屏”上放映出来（最好是闭目冥想）。可分四步：第一步，“勾勒轮廓”，将群山、层林、船只、雄鹰、游鱼……的轮廓勾勒出来；第二步，“染上色彩”，把“黑白荧屏”变为“彩色荧屏”，火红的枫林、蓝天白云、青山碧水、白帆苍鹰……第三步，“使画面动起来”，秋风送爽，枫叶舞动，江水流淌，船只竞发，雄鹰翱翔，游鱼嬉戏……第四步，在脑海中来几个特写镜头，譬如精美的枫叶、耀眼的白帆、明亮的鹰眼、游鱼的细鳞、水底的沙石……同学们在“大脑荧屏”上看到绚丽的秋色了吗？嗅到秋天的气息了吗？

生：看到了，嗅到了！（兴奋而喜悦）

师：所谓“有一千个读者，就有一千个哈姆雷特”，同样的诗句，在不同人的脑海中会浮现出千姿百态、各具特色的画面。现在我们看看画家和摄影师是如何想象和展现毛泽东诗词意境的，看与我们的想象有无相似之处（多媒体显示“万山红遍”“漫江碧透”“百舸争流”“鹰击长空”“万类霜天竞自由”等画面）。

最后一句“万类霜天竞自由”对眼前景象作了哲理性概括——既然世间万物都在秋光中争着过自由自在的生活，在斗争中获得生存自由，那么作为万物之灵的人类，特别是被压迫、被剥削的劳苦大众，不是更应该竞自由吗？这实际上是号召被压迫人民怎样？

生：起来反抗旧制度。

师：对。如同说：“起来，饥寒交迫的奴隶！为生存的自由而斗争。”毛泽东笔下的秋色，恰似一幅绚丽多彩、雄奇伟丽的山水画卷，展现在人们面前。同学们看，毛泽东笔下的秋景，给人的总体感觉是什么？是绚丽蓬勃，还是肃杀悲凉？

生：绚丽蓬勃，生机盎然。

师：是的。绚丽蓬勃（绿色板书）。可是古人写秋一般是怎样写的？谁能说出一些古人描写秋天的诗文名句？

生 1：马致远的《秋思》：“枯藤老树昏鸦，小桥流水人家。”

生 2：杜甫的“无边落木萧萧下，不尽长江滚滚来。”

生 3：杜甫的“万里悲秋常做客，百年多病独登台。”

生 4：刘禹锡的“自古逢秋悲寂寥”。

…………

师：背得很好，古诗词应该多背诵一些，这也是一个人文化底蕴的体现。还有宋玉的“悲哉，秋之为气也！萧瑟兮草木摇落而变衰”，曹丕的“秋风萧瑟天气凉，草木摇落露为霜”，杜甫的“玉露凋伤枫树林，巫山巫峡气萧森”，李清照的“满地黄花堆积，梧桐更兼细雨……这次第怎一个愁字了得”，《红楼梦·秋窗风雨夕》中的“已觉秋窗秋不尽，那堪风雨助凄凉”，秋瑾的“秋风秋雨秋煞人”……大家看，古人写秋有什么特点？

生：古人把秋写得萧杀悲凉，惨淡愁苦。

师：对。古人多是怨秋、悲秋。毛泽东是喜秋、颂秋。那么，毛泽东笔下的秋为何如此绚烂多彩、充满生机呢？为何如此与前人不同呢？这与一个人的什么有关？

（学生沉思。）

师：与一个人的性格、气度、胸襟有关。毛泽东最与众不同的是什么？他是一介普通书生吗？

生：不是。他是革命伟人。

师：对。他首先是胸怀大志的革命青年，是杰出的政治家，然后才是诗人。古人云：“诗的品评在意境的高下，而意境的高下，又决定于人的品格的高下。”毛泽东诗词意境、气魄超过前人，是因为他的品格、胸怀超过前人。毛泽东有博大的胸襟，伟大的抱负，奋发向上、永不言败的乐观性格，不同于那些多愁善感的纤弱文人。所以他的诗词也不同凡响，洋溢着雄奇伟丽的崇高美，充满豪情壮志。

上阕即将结束时，诗人面对大好秋色，提出了一个巨大而严肃的社会问题——“怅寥廓，问苍茫大地，谁主沉浮？”“主沉浮”是什么意思？

生：主宰国家的命运，掌握民族的前途。

师：对。“谁主沉浮”是全诗的“诗眼”和主题。毛泽东常说：“诗言志”（多媒体显示毛泽东手书“诗言志”）。“谁主沉浮？”道出了青年毛泽东的伟大志向。诗人面对广阔的宇宙，感叹思索，禁不住向苍茫大地发问：谁来主宰你的沉浮荣衰？谁来掌握国家的命运前途？这样上阕通过“写景提出”（板书）“谁主沉浮”（红色大字板书。展示毛泽东“谁主沉浮”画像）。下面齐读一下上阕。

（学生齐读上阕。）

师：上阕提出“谁主沉浮”的问题，下阕是怎样回答这一问题的呢？“携来百侣曾游，忆往昔峥嵘岁月稠。”“百侣”，同学战友们。毛泽东与同学战友们常来橘子洲游览，回忆往昔那不寻常的岁月太多了。下阕的领字是哪个？（学生回答“忆”字，教师点拨）先看《雪》下阕的领字是哪个？

生：“惜”。

师：对，往下领起七句到“只识弯弓射大雕”。根据相同词牌的词格式相同的特点，据此推断《长沙》下阕的领字是哪个？

生：恰。

师：对，“恰”正当、正值的意思。“恰”一直“领”到哪里？

生：“粪土当年万户侯”。

师：也是七句，下面请一位同学把这七句读一下。

（学生诵读。）

师：“恰”应稍顿一下，突出其领字作用。以下几句语速应稍快，要读得激昂慷慨，充满自信（教师范读后，要求学生再齐读一遍）。“恰”——正值，同学们正值青春年少，风华正茂，知识青年们意气风发，“挥斥方遒”，自由奔放，正强劲有力。他们指点江山，“江山”代指什么？

生：国家。

师：“指点江山”即评点、关心国家大事。并且写出激浊扬清或激励昂扬的文章，宣传真理，蔑视权贵，视其若粪土。这些青年有没有能力“主沉浮”？

生：有能力。

师：为什么这样说呢？理由依据是什么？要透彻地理解这个问题，还需联系堪称《长沙》“姊妹篇”的《雪》。《雪》里的“秦皇汉武，唐宗宋祖，成吉思汗”，都是历史上赫赫有名的一代帝王豪杰，雄才大略，建功立业，可诗人用一个什么字将他们全部否定了呢？

生：惜。

师：可惜他们什么呢？是可惜他们没有本领，没有才干吗？

生：不是。是可惜他们“略输文采，稍逊风骚”。

师：“文采、风骚”指什么？

生：文化水平。

师：对。“略输、稍逊”什么意思？

生：略微差一些，稍逊一筹。

师：没错，就是“梅须逊雪三分白，雪却输梅一段香”那个“逊”和“输”。在毛泽东的眼里，这些人武功尚可，文化理论水平可就差多了。成吉思汗更是“只识弯弓射大雕”的一介武夫，更不值一提，更谈不上文采。“俱往矣，数风流人物，还看今朝”——这些人都成为历史了，要数真正的能主沉浮的风流人物，还要看当今。“风流人物”指什么人物？

生：有文化、有才能的杰出人物。

师：是的。“风流人物”一词，出自苏轼《念奴娇·赤壁怀古》中“大江东去，浪淘尽，千古风流人物”，指既建立功业又儒雅、有文采之人。毛泽东要做的正是文武兼备的风流人物。《长沙》这首词里所列举的包括诗人在内的革命青年，都是些什么人物？

生：有文化、有才干、能文能武的“风流人物”。

师：对。这些人有能力，有热情，文武兼备，这样的人不主沉浮，谁主沉浮？天不降大任于斯人，更于何人？毛泽东的老师杨昌济，在病重之际还向当时的教育总长章士钊举荐毛泽东和蔡和森，说："二子海内人才，君不言救国则已，救国必先重二子。"历史证明，毛泽东的确是能担当大任、能主沉浮的风流人物。他用自己成功的革命实践，实现了青年时期立下的做"主沉浮"的"风流人物"的鸿鹄之志。

上阕写景——写了绚丽蓬勃之景；下阕抒情——抒发当仁不让、舍我其谁的"昂扬自信"（绿色板书）之情。通过"抒情回答"（板书）"谁主沉浮"这一重大问题。

可能有同学要问：下阕为什么不能直截了当地回答"谁主沉浮"呢？譬如说："青年学子担当大任，仁人志士主宰沉浮。"（幽默笑问）我这两句诗比毛泽东的诗怎么样？没有拐弯抹角、含而不露，是不是更直白、易懂些？

生：不怎么样，太直白了，像口号，不像诗。（学生们笑）

师：和毛泽东的诗比"稍逊风骚"了点是吧？（师生笑）。毛泽东曾在与陈毅元帅谈诗歌创作时说："诗要用形象思维，不能像散文那样直说。"外国友人评价说："毛泽东诗词没有教条、口号，每一行诗都是一个美的世界。"诗歌讲究"意境"，我这两句就太直、太白了，有"意"而无"境"，所以不像诗。

《沁园春·长沙》和《沁园春·雪》是姊妹篇，内容和形式都有关联。现在我用《长沙》中的一句出上联，请同学们用《雪》中的一句对下联好吗？对联是我国特有的文学样式，很能体现一个人的文化素养。上联：问苍茫大地，谁主沉浮？

生：数风流人物，还看今朝！

师：很棒，对仗工整，内容一脉相承。最后三句："曾记否，到中流击水，浪遏飞舟？"多么大的气魄，这么大的气魄当然能主沉浮（多媒体显示毛泽东"中流击水"画面）。青年时代的毛泽东就写出了"自信人生二百年，会当击水三千里"的豪迈诗句。大家知道，毛泽东酷爱游泳，这一爱好一直保持到老年。他简直是逢河必游，国内的大江大河他几乎游遍了。晚年他甚至突发奇想，要到美国游密西西比河，到印度游恒河，到非洲游尼罗河……可惜，这些美好的愿望都未能实现，这也算是一代伟人人生中一个小小的遗憾吧。（多媒体显示毛泽东手书《沁园春·长沙》）。毛泽东的书法也是那么潇洒狂放，自成一格，人称"毛体"。现在全体起立，朗读全词，要感情充沛，气势高昂，读出诗人"谁主沉浮"、舍我其谁的自信和气概。

（学生起立齐读全词。）

师：所谓"善歌者使人继其声，善教者使人继其志"。学诗歌，应该使我们更加爱诗歌，特别是热爱毛泽东的诗词。为了表达对诗人毛泽东的崇敬之情，也为了纪念毛泽东诞辰 130 周年，本人不避"草堂赋诗"之嫌，见贤思齐，作《诗人毛泽东》一首，与同学们共勉。

诗人毛泽东

你用平平仄仄的枪声，

写诗，

二万五千里是最长的一行。

马背上吟哦，
马蹄声碎，
锻打出千秋绝唱。
战地黄花，如血残阳，
成了最美的意象。

有时潇洒地吸烟，
抬头望断南飞雁，
宽阔的脑际却有大江流淌。
雪天更善畅想，
神思飞扬起来，
飘成梅花漫天的北国风光。

相信你是最严肃的诗人，
屈指数算，
一首气势磅礴的诗，
调动了半个世纪的酝酿。

轻易不朗诵，
天安门城楼上只那一句，
便站成了世界的诗眼，
嘹亮了东方！

六、板书设计

沁园春·长沙

毛泽东

绚 丽 蓬 勃

（写景提出）

↓

谁 主 沉 浮

↑

（抒情回答）

昂 扬 自 信

读出诗意，品出韵味

——评张超的《〈沁园春·长沙〉教学实录》

程翔（北京大学附属中学副校长，著名特级教师）

看到张超老师的《〈沁园春·长沙〉教学实录》，我着实有些兴奋：一则本篇实录有诸多地方启人心智；二则表现出张超老师的教学的确“更上一层楼”。

课前沟通和导入部分表现出执教者视野的开阔：朱光潜的论述、臧克家的评语以及毛泽东的阅读数量，一一摆列出来，学生对毛泽东的敬仰之情油然而生。这大概是创设情境，为学习诗词做铺垫吧？

执教者是深谙语文教学真谛的。你看，为了学习领会“独立寒秋”四个字，执教者先抓住“独”字，初析匠意，然后联系《江雪》一诗进行对比，从而突出毛泽东一代伟人的胸襟。接着，教师抓住一个“看”字，带出七句写景的文字。这表现出执教者思路是十分清晰的。然而执教者没有满足这种条分缕析，而是以语言为依托，抓住关键字词，让学生含英咀华，细细品味语言的美妙。含英咀华，必须是有选择地品味重点词句，执教者抓住“染、击、翔”等生动字词，细嚼慢咽，反复揣摩，通过联想、想象、解说等手法，挖掘出这些字词的丰富含义，给学生留下深刻的印象。含英咀华还必须通过诵读来实现。执教者没有忘记“诵读”是语文课的本色。您看，有一句一句地读，有一段一段地读，有全词一遍一遍地读；有发挥想象地读，有突出情感地读，有男女生轮读，还有教师范读、教读，学生齐读、独读、仿读、默读……我一直认为，没有读的语文课不是好的语文课，尤其是这样精美的文字，如果不读，不仅是遗憾，简直就是贻害学生。我相信，通过这些品读，学生会背下来的。

张超老师还很注重借助诗词培养学生的想象力。学诗词不能没有想象，否则就难以领悟诗词意境的美妙。执教者采用“大脑荧屏再现法”，巧妙地帮助、引导学生把“文字”还原成“画面”。执教者还善于比较联系，延伸拓展，如将《沁园春·雪》与《沁园春·长沙》比较鉴赏，在比较中加深理解，从而把握诗词的“领字”和“风流人物”的内涵。又如将古人笔下的秋与毛泽东笔下的秋的意境比较，从而反映出诗人“品格”的高下。

板书设计，富有匠心特色，基于对诗词透辟的理解和把握，对诗词高度概括提炼。抓住“谁主沉浮”的诗眼，简洁明快，重点突出，印象深刻。尤为难能可贵的是，执教者以身示范作《诗人毛泽东》，既是教学内容的延伸扩展，加深学生对诗人毛泽东的认识和热爱，又引导学生读诗、爱诗、写诗，给人留下深刻的印象，表现了张超老师多方面的才华。

（本文原载《语文教学通讯》2000 年第 1 期。公开课获中央教育科学研究所全国优质研究课一等奖，中国教育电视台、中国教育电视协会第四届全国中小学公开课电视展示活动一等奖；课程录像光盘由中央教育科学研究所、中国国际文化音像出版社出版发行。）

郁达夫的《故都的秋》教学实录

一、教学导入

秋天，以其特有的魅力，吸引着一代又一代骚人墨客。古往今来，写秋的诗文，汗牛充栋。在众多咏秋佳作中，郁达夫的《故都的秋》，别开生面，独树一帜，意境高远新奇，富有创意，成为咏秋散文的精品。今天，我们就来学习这篇影响深远的散文名篇（板书课题“故都的秋”）。

二、教学目标

（1）诵读品味。
（2）理解郁达夫喜爱故都秋的“清”“静”“悲凉”之“秋味”的独特。
（3）理解郁达夫所钟爱的故都的秋，不在繁华绚丽的名胜景观，而在寻常巷陌。
（4）理解郁达夫伤感文人的典型特质。

三、整体感知

教师声情并茂范读课文。要求学生边听读边画出自己认为重点、优美词句，并思考作者为什么特别喜爱“故都的秋”。

四、诵读品析

（学生齐读：“秋天，无论在什么地方的秋天……这故都的秋味。”）

师：这两段中，大家觉得哪些字词特别关键和重要？可以看作全文的“文眼”？

生：第一段中的“秋天总是好的”“清”“静”“悲凉”。第二段中的“秋味”。

师：很好，对文字的感知很敏锐准确。古人多怨秋、悲秋，写秋的肃杀、衰落、伤感。谁能说出一些古人描写秋天肃杀伤感的诗文名句？

生1：马致远的《秋思》：“枯藤老树昏鸦，……断肠人在天涯。”

生2：杜甫的“万里悲秋常做客”。

师：同学们对古诗文掌握得不错。还有宋玉的“悲哉，秋之为气也”，曹丕的“秋风萧瑟天气凉，草木摇落露为霜"，李清照的"满地黄花堆积，梧桐更兼细雨……这次第怎一个愁字了得"，《红楼梦·秋窗风雨夕》中的"已觉秋窗秋不尽，那堪风雨助凄凉"，秋瑾的"秋风秋雨秋煞人"……都是怨秋，悲秋。可郁达夫却与古人不同，认为"秋天，无论在什么地方的秋天，总是好的"。赏秋、爱秋、赞秋，这就与古人不同，有自己独特的审美情趣和视角。那么，作者喜爱秋，特别是喜爱"北国的秋"什么特点呢？谁能用课文中的语句回答？

生："北国的秋，却特别地来得清，来得静，来得悲凉。"

师：很好。概括起来，就是特别喜爱北国秋的"清""静""悲凉"（板书），请同学们特别关注这几个词，这是全文的"文眼"，笼罩提领全篇——后文就紧紧围绕这几个词具体描写北国的秋如何"清""静""悲凉"的。第二段"我的不远千里，要从杭州赶上青岛，更要从青岛赶上北平来的理由，也不过想饱尝一尝这'秋'，这故都的秋味。"这是一个长单句，请同学们划分出主、谓、宾语。

生：主语"理由"，谓语"想饱尝一尝"，宾语"秋味"。

师：不错。作者千里迢迢去北平的"理由想饱尝一尝秋味"（板书"秋味"）。

那么作者第一段说特别喜爱故都秋的"清""静""悲凉"，而且这是全文的文眼。第二段又说去北平的理由，就是为了饱尝"秋味"。一、二段所说去北平的目的似乎不一致。那么"清""静""悲凉"和"秋味"到底是什么关系呢？

生："秋味"就具体表现为"清""静""悲凉"，两者内涵是一致的。

师：你的理解很到位。"清""静""悲凉"就是"秋味"具体的体现；"秋味"就是"清""静""悲凉"另一种形象的说法。这是一种"通感"的修辞——把不同感觉相互沟通转移的修辞手法。"清""静""悲凉"本来是视觉、听觉、感觉等，转化成了味觉。

文贵创新，郁达夫的《故都的秋》的内容和视角都很有新意，与众不同。古人多怨秋、悲秋；郁达夫是爱秋、赞秋——情趣与古人大不相同。今人多喜秋、赞秋，写秋之绚丽收获；郁达夫也喜秋、赞秋，却写秋之清、静、悲凉——品位与今人也大不同。秋风萧瑟，残荷听雨，可谓秋有声，故欧阳修有《秋声赋》；霜叶黄花，秋草碧水，可谓秋有色，所以峻青有《秋色赋》；天高云淡，望断南飞雁，可谓秋有形，于是毛泽东有《六盘山》……郁达夫慧心独具，不写"声"，不写"色"，不写"形"，独写"味"——角度也与他人不同，这一切都充满了新奇和创意。

（一男生读："江南秋当然也是有的……赏玩不到十足。"）

师：这两段中重要的词句和意思概括起来有哪些？

生：南方的秋，慢，润，淡，秋的味，色，意境，姿态，看不饱，尝不透，赏玩不到十足。

师：对。总之，作者觉得南方的秋不如北国的秋更有"味"。

（一女生读："秋并不是名花……潭柘寺的钟声。"）

师：这两段中重要的词句和意思概括起来有哪些？

生：南国的秋"半开、半醉"，领略秋"不合适"。北国的秋有"陶然亭的芦花，钓鱼台的柳影，西山的虫唱，玉泉的夜月，潭柘寺的钟声"。

师：对。第五段说，如果把秋比作名花或美酒，要么不开、不醉；要么全开、全醉。南国的秋“半开、半醉”不透彻，领略秋不合适。

第六段作者用排比整句，概括了故都几个有代表性的赏秋名胜景点：“陶然亭的芦花，钓鱼台的柳影，西山的虫唱，玉泉的夜月，潭柘寺的钟声。”但是，作者到了北平以后，是否去了上面他所列举的赏秋的名胜景点呢？

生：没有去。

师：他去了哪里？在故都他是怎样赏秋的？

生：“在北平即使不出门去吧，就是在皇城人海之中，租人家一椽破屋来住着，早晨起来，泡一碗浓茶，向院子一坐，你也能看得到很高很高的碧绿的天色，听得到青天下驯鸽的飞声。”

师：“租人家一椽（chuán）破屋”欣赏风景，为什么要“破屋”？新屋不是更舒适美观吗？

生：“破屋”时间更久远，更有历史。

师：回答得很好。新屋太美观了，太舒服了，只有实用价值，但缺乏历史沧桑感和深厚的文化底蕴，缺乏精神价值。千年故都，历史悠久，一切（包括秋味）都不在表层，而在深层底里。为什么要“泡一碗浓茶”？浓茶是苦的，但有回味之甘，在清净悠闲中，慢慢地品味，才能品出秋之滋味，才能越品越有味，才有雅趣的姿态和内涵——文化修养不够的人，是不能胜任这种审美的。

这一段主要体现了文眼“清”“静”“悲凉”中的哪个字？

生：清。

师：对。你看“早晨起来，向院子一坐”，仰望“碧绿的天色”，“听着青天下驯鸽的飞声”，多么清幽、清闲、清净。作者为什么不去名胜盛景赏秋，而选择在普通人家、寻常巷陌赏秋呢？

生：因为在这些普通人家和景象里，能更方便自然地体会到故都的“清”“静”“悲凉”的秋味。

师：对啊！不用大费周章地专程跑去所谓名胜景区赏秋，那样太费事，也太矫情了。郁达夫所钟爱的秋，超越了都市的喧嚣，具有乡村的宁静和自然的野趣。在郁达夫看来，“清”“静”“悲凉”之秋味，不在都市的繁华喧闹，不在五光十色的商场街道，不在人头攒动的公园名胜，也不在绚丽多彩的枫叶菊花。而是在破屋、浓茶、院子、青天、飞鸽，以及北国常见的牵牛花、槐蕊、秋蝉、秋雨、秋枣……这些多数人感到平平常常、索然无味的事物。郁达夫觉得这些平常事物，比之北京闻名遐迩的景观，更具有故都的秋味，更值得玩味品尝。这些普通的景观和花草，传达出作者心目中最美好的秋味，就源于北平的角角落落，源于寻常百姓之家，源于自然界那些自生自灭、不被常人注意的普通事物中。郁达夫是悟透“故都的秋”之真谛者，他知道该从这种平凡景象入手，才能捕捉到秋之精髓和真意，从中品尝出绵长不尽的秋味——如此写秋，看似平淡无奇，实则秋味更足，意境更深。

师：（读“从槐树叶底……尖细且长的秋草，使作陪衬。”）作者写牵牛花，为什么认为牵牛花“蓝色或白色者为佳，紫黑色次之，淡红色最下”？

生：因为“蓝色”是冷色调，“红色”是暖色调。

师：你的知识面很广，学过美术吧？不错，“蓝色”是冷色调，“红色”是暖色调，“紫黑”是红蓝的混合，有冷有暖。我们常说“清冷”“热闹”，冷色调才显得清而冷，暖色调就显得热而闹。而作者开头说过他最喜爱故都秋的什么特色？

生：“清”“静”“悲凉”。

师：对。郁达夫是偏爱“清、静、悲凉”的冷色调，而厌避红艳热闹的暖色调。所以，作者认为蓝色或白色，清冷淡雅，“为佳”；“紫黑”是红蓝的混合，有冷有暖，作者认为“次之”；红色太暖了，不合乎作者审美情趣和标准，所以作者认为“最下”。注意，作者对牵牛花颜色的高下评判，是客观标准，还是主观臆断？

生：主观臆断。

师：是的。是作者独特的审美情趣和标准，带有强烈的主观色彩。其他人的审美标准也许不同。作者为什么认为：“在牵牛花底，教长着几根疏疏落落的尖细且长的秋草，使作陪衬”更雅致、更富有诗意呢？青草不是更美好、更富有生命力吗？

生：秋草更富有衰落、悲凉色彩。

师：是的。青草显示生命的蓬勃，要欣赏不难。枯草表现生命的衰败，增加了萧瑟的秋意，这是郁达夫独有的情趣所在，是作者特意营造出的一种充满北国情调的清凉氛围。郁达夫认为秋天的悲凉、草木衰亡，本身是值得玩味欣赏的，是美妙的——赏玩“秋花惨淡秋草黄”，也是对人生境界的提升和审美情趣的拓展。

（一女生读：“北国的槐树……还觉得有点儿落寞。”）

师：这两段主要写了什么？

生：秋槐的落蕊。

师：对。秋槐的落蕊有什么特点？

生：“像花而又不是花，早晨起来，会铺得满地。脚踏上去，声音也没有，气味也没有，只能感出一点点极微细极柔软的触觉。”

师：“一点点”和两个“极”字，使我们眼前浮现出一个特意为寻觅“秋味”而迈动纤步，全神贯注，用心去获取感受的文人雅士的形象。这几乎无法感觉到的、无法言传的触觉，强烈反衬出环境的寂静和心境的恬适。写牵牛花和槐蕊的文字，主要体现了文眼“清”“静”“悲凉”中的哪个字？

生：静。

师：是的。大家觉得这几段文字，除了表现自然环境的“静”，更反映出哪方面的“静”？

生：心灵的静。

师：是的。不是万籁俱寂，哪能有如此细微的体验；没有宁静似水的情怀，更不会有这样精微的触觉感受。环境的静和心灵的静，哪个更重要些？

生：心灵的静更重要。

师：是的，心灵的静更关键。所谓“心如朗月连天静，性似寒潭彻底清”。唯有心境超尘拔俗的“恬静”，屏气宁神，用全身地去感受，用纤细的神经去触摸，方可品尝到深邃无限的秋之醇味。否则，满腹的世俗杂念，心浮气躁，即便满头大汗地跑到西山，面对遍山红叶，夕阳层林，也只能浮光掠影地感受到点滴的物候变化，于秋之精义毫无所得。

（一男生读：“古人所说的梧桐一叶……户户都养在家里的家虫。”）

师：这两段主要写了什么？

生：秋蝉的嘶叫。

师：这两段主要体现了文眼“清”“静”“悲凉”中的哪个词？

生：悲凉。

师：对。为什么秋蝉的嘶叫能体现“悲凉”呢？

生：因为秋蝉接近死亡，它们“衰弱的残声”是最后的挽歌，显得很悲凉。

师：回答得非常精彩。古人也说“寒蝉凄切”——秋蝉的叫声凄凉悲切。“秋蝉的衰弱的残声”与“落蕊”一样，也是对生命衰亡情趣的体味，落寞而深沉。寒蝉垂死凄切的“嘶叫”充满整个北平，遍布角角落落。悲切的“啼唱”，是家家户户都能听到。从一个更广阔的角度，写出群蝉齐唱生命挽歌的悲壮。震动人的耳鼓，引发人的思绪，叩击人的心扉，萧瑟的气氛使人无处躲藏。此情此景，能不让人顿生“悲凉”之感吗？

（学生齐读：“还有秋雨哩……这念错的歧韵，倒来得正好。”）

师：这部分文字主要写了什么？主要体现了文眼“清”“静”“悲凉”中的哪个词？

生：写了秋雨，也是体现“悲凉”。

师：是的。作者说：“北方的秋雨，也似乎比南方的下得奇，下得有味，下得更像样。”北方的雨怎样体现了“奇”“有味”“像样”？请两位同学分别说一下。

生 1：“在灰沉沉的天底下，忽而来一阵凉风，便息列索落地下起雨来了。一层雨过，云渐渐地卷向了西去，天又晴了，太阳又露出脸来了。”——雨来得快，去得也快，很“奇”。

生 2：“着着很厚的青布单衣或夹袄的都市闲人，咬着烟管，在雨后的斜桥影里，上桥头树底下去一立，遇见熟人，便会用了缓慢悠闲的声调，微叹着互答着地说：‘唉，天可真凉了——’（这个字念得很高，托得很长。）‘可不是吗？一层秋雨一层凉了！’——阵雨过后，北平都市闲人穿着言行，神情语调，很有味道。

师：是啊。秋雨触发了他们苍凉惆怅之情，使读者也受到深深的感染。“秋雨图”是一幅生动浓烈的北国民俗画。我们仿佛可以嗅到秋雨过后，那带有泥土气息的清新空气，耳边仿佛可以听到那悠长悠长、平平仄仄的京腔京调，浓郁的乡音、乡情，一缕乡愁，一缕寂寞的悲凉，不是油然而生吗？——这一切多么有味，多么更像秋天的模样！

现在大家推荐两位模仿能力强的同学，把北平的“都市闲人”，雨后遇见熟人，用缓慢悠闲的声调，微叹着相互应答的对话模仿一下。看谁读得最有京腔京韵，最有“悲凉”的味道。

生 1（仿读）：“唉，天可真凉了——”

生 2（仿读）：“可不是吗？一层秋雨一层凉了！”（笑声，掌声）

师：不错，有点京腔京韵、悲凉的味道。下面作者又写到枣子等果树。作者为何说枣子“淡绿微黄的颜色的时候，正是秋的全盛时期”“枣子、柿子、葡萄，成熟到八九分的七八月之交，是北国的清秋的佳日”？全熟了，红透了，不更好吗？

生：果子全熟红透了，就太暖色了，显得不“清”“静”“悲凉”了。

师：是的。果子淡绿微黄最佳，也是作者独特的审美趣味。

（学生齐读：“南国之秋……换得一个三分之一的零头。”）

师：最后作者把“南国之秋”和“北国的秋”进行比较，说“南国之秋”：“比起北国的秋来，正像是黄酒之与白干，稀饭之与馍馍，鲈鱼之与大蟹，黄犬之与骆驼。”这是一组精美有趣的比喻和排比，而且雅语和俗语交织在一起，诙谐幽默，妙趣横生。如果说“黄酒之与白干”，是说北国之秋味道更浓烈纯正，那么其他各组比喻的含义是什么呢？

生 1：“稀饭之与馍馍”是说北国之秋更香甜、耐咀嚼。

生 2：“鲈鱼之与大蟹”是说北国之秋更珍奇、有味道。

生 3：“黄犬之与骆驼”是说北国之秋更高大帅气。

师：都概括得不错。不过，“高大帅气”这个词单独用来形容骆驼还可以，可这句话毕竟是比喻北国的秋的，说北国的秋“高大帅气”似乎不太准确。谁能找到更准确的词汇形容北国的秋？

生 4：“黄犬之与骆驼”是说北国的秋更壮美大气，意境更高远。

师：“更壮美大气，意境更高远”这样形容北国的秋，大家以为如何？

生：更准确，更好。

师：同学们的语感和表达都很棒，回答得太精彩了，都有当作家的潜质。郁达夫认为其他地方的秋天都比不上故都的秋，可我们也常看到不少人的诗文，赞美其他地方的秋景最美好。同学们认为他们谁说的对？为什么？

生：都对。各自喜爱自己故乡的秋天。

师：对。都是主观感受和偏爱，而非客观比较，所谓“月是故乡明”嘛。

最后我们来探讨一个比较有深度和有趣的问题。郁达夫为什么特别喜爱故都秋的“清”“静”“悲凉”呢？把“清”“静”作为美来欣赏，尚不难理解，也并非郁达夫首创，而把“悲凉”当作美来欣赏，就有些令人费解了，是郁达夫的独创。郁达夫为何认为秋的“悲凉”是美的呢？（学生沉思不语）在郁达夫看来，凡是属于生命的景象都具有感悟生命的价值：生命的蓬勃，自然可以激起内心欢愉的体验，是一种美的感受；生命的衰败，启示人类沉思生命的周期，引发悲凉沧桑之感，也是一种生命的体验，也具有审美价值。正如印度诗人泰戈尔在《飞鸟集》中所说：“生如夏花之绚烂，死如秋叶之静美。”生命的衰败，在生活中是负价值的，在艺术中却可能是正价值的。

郁达夫的恋秋情结，特别是对“清、静、悲凉”的偏爱，还与他的身世经历有关。郁达夫是位典型的伤感文人，幼年丧父，从小就体验了生活的艰辛，养成了忧郁、沉寂的性格。他成年后又去日本留学，受尽异族的歧视，更增添了苦闷、消沉的心理，所以他的文风有一种特有的伤感、灰冷的色调。

作者最后深情地哀诉道："秋天，这北国的秋天，若留得住的话，我愿把寿命的三分之二折去，换得一个三分之一的零头。"

爱故都的秋爱得如此深切，"感天地，泣鬼神"。白居易是"常恨春归无觅处"，而郁达夫是"常恨秋归无觅处"。裴多菲是"若为自由故，二者（生命、爱情）皆可抛"，而郁达夫是"若为秋之故，生命、爱情皆可抛"。正因为郁达夫是在用整个生命去爱秋，用整个身心去拥抱秋，他把自己的血肉溶入墨汁，饱蘸着自己的情爱，去书写秋，用灵魂去品味秋，才有这篇秋味十足的美文。郁达夫是一个真正懂秋、爱秋、爱生活的人。他在文章中反复称道的"清、静、悲凉"之"秋味"，实际上是他几十年人生旅程中，所领悟体验到的人生之味。所谓秋之味，乃是生命之味也！（板书）

五、板书设计

故都的秋

郁达夫

秋味 { 清 / 静 / 悲凉 } 人生之味

［本文发表于核心期刊《中学语文教学参考》1995年第12期，被收入国家规划教材《中等师范学校阅读和写作（试用本）第二册教学参考书》。］

辛笛的《风景》教学实录

一、导入新课

上课前我先做个调查：喜爱读诗歌的同学请举手。不是太多，很多同学不喜欢读诗歌，更不喜欢读现代诗歌。可是大家知道吗？诗歌是人类最早的文学样式，诗歌鉴赏是高层次文学鉴赏的基础。一个不读诗、不懂诗的人，很难说他真正懂得文学。美学家朱光潜在《谈读诗与趣味的培养》一文中说：“要养成纯正的文学趣味，最好从读诗入手。能欣赏诗，自然能欣赏小说、戏剧及其他种类文学。”“一个人不欢喜诗，何以文学趣味就低下呢？”“诗比别类文学较谨严，较纯粹，较精致。”

这节课我们就来鉴赏一首辛笛写的现代诗歌《风景》，希望通过这节课，能有更多的同学喜欢读诗歌，甚至喜欢写诗歌。（板书课题）

二、整体感知

师：什么是“风景”？“风景”的含义是什么？

生：人们看到的美好的景色。

师：对。风景是能给人美感的、可以观赏的自然和人文景观。风景虽是个名词，却有强烈的感情色彩，风景总是和“美”联系在一起（板书“美”）。

下面听老师朗读全诗，看看诗里所写的景象，是我们通常所理解的“风景”吗？注意字音、节奏和重音、轻音。

风景

辛笛

列车/**轧**（yà）**在**/中国的/**肋**（lèi）**骨**/上
一节/**接着**/一节/**社会**/**问题**
比（紧靠）**邻**/而居/的是/**茅屋**/和/田野间的/**坟**
生活/距离/**终点**/这样/**近**
夏天的/土地/绿得/**丰饶**（ráo，丰富）/**自然**
兵士的/**新装**/黄得/**旧褪**/凄惨

惯爱想/一路来/行过的/地方
说不出/生疏/却是/**一般**的/**黯淡**（àn dàn阴暗无光）
瘦的/耕牛/和/**更瘦**的/**人**
都是/**病，不是**/风景！

一九四八年夏，在沪杭道上

师：辛笛（1912—2004），现代诗人，年轻时留学英国。此诗是作者刚从海外归来，在1948年由上海去杭州的火车上写的。谁知道1948年中国是什么情况？

生：正是抗日战争结束后解放战争末期。

师：对。新中国成立于1949年，1948年正是新中国成立前夕，贫穷落后，民生凋敝。

三、学习目标

（1）诗歌诵读、鉴赏（思想、手法）。

（2）理解诗人对衰败、凋敝、病态的旧中国愤懑、悲苦的思想情感。

（3）学习比拟、比喻、对比、反讽等修辞手法。

四、诵读诗歌

师：不管是古典诗词，还是现代诗歌，诗歌鉴赏，简单地说就是完成两个任务：一是理解诗歌表达的思想感情，二是清楚诗歌所运用的艺术手法。只要搞清楚一首诗歌采用什么艺术手法，表达了什么思想感情，就基本完成了诗歌鉴赏任务。

诗歌鉴赏的方法：首先是诵读，最好能熟读背诵。下面齐读全诗三遍：第一遍读准字音（学生读），第二遍读准节奏（已经用斜线标出来）（学生读），第三遍读出重音、轻音和情感（诗歌中加粗和着重号的字词，都是重音）（学生读）。朗读是一门艺术，与读者对诗歌的理解深度和艺术处理技巧有很大关系。

五、鉴赏诗歌

师：全诗共十句。**第一句**：“列车**轧在**中国的**肋骨**上”，是什么意思？按照一般的说法应该是：列车**轧在**中国的土地上，或者**轧在**铁轨枕木上。诗中怎么是“**轧在**肋骨”上呢？

生：这是把中国当成一个人，一个很瘦弱的人，“铁轨枕木”就像中国的肋骨。

师：对。诗人用了拟人手法，触目惊心。中国就像一个瘦骨嶙峋的巨人仰面躺在大地上，任凭列车碾压蹂躏。这个巨人让我们想起远古神话里的哪个人物？

生：夸父、盘古。

师：是啊。传说追日的夸父死后，他的身体化为山川、草木和大地。不过神话里夸父是什么形象？什么体魄？

生：高大、健壮。

师：是啊，伟岸、健壮的夸父留在远古的神话里。现实的旧中国已经衰弱得瘦骨嶙峋，奄奄一息。这一句不但写出了旧中国虽然广袤，但土地贫瘠、荒芜，而且写出了旧中国羸弱的躯体和人们愚钝麻木的神态。“列车**轧在**中国的**肋骨**上”，读着这句诗，我们仿佛看到瘦弱的巨人被碾压的惨状，听到那骨头断裂的声音和痛苦的呻吟——第一句对读者的视觉和心灵的冲击力很大吧？

第二句：“一节**接着**一节**社会问题**”是什么意思？诗人用了什么修辞手法？

生：比喻，诗人把车厢比喻成社会问题。

师：是比喻，但是“车厢”和“社会问题”谁是本体？谁是喻体？应该是把旧中国的“社会问题”比喻成“车厢”，社会问题太多了，就像列车车厢，一个接着一个，连绵不断，一眼望不到头。

第三句：“比邻而居的是**茅屋**和田野间的**坟**。”“比”就是紧挨着，靠得很近，“比肩接踵”“天涯若比邻”。这句诗是说“茅屋”之间挨得近,“坟墓”之间挨得近，还是“茅屋”和“坟墓”挨得近？

生：“茅屋”和“坟墓”挨得近。

师：正常情况下，“坟墓”要远离人的聚居地。而诗中的“茅屋”和“坟”竟然比邻而居，说明什么？

生：旧中国去世的人太多了，没有专门的墓地掩埋，只能草草掩埋在茅屋的旁边。

师：是啊。活人也没有心情和能力找一处所谓“风水宝地”居住，只能与死人比邻而居，人鬼为邻，屋坟杂处，浑浑噩噩，阴阳不分。

鲁迅的小说《药》描写坟场景象：

> 西关外靠着城根的地面……路的左边，都埋着死刑和瘐毙的人，右边是穷人的丛冢。两面都已埋到层层叠叠，宛然阔人家里祝寿时的馒头……微风早经停息了；枯草支支直立，有如铜丝。一丝发抖的声音，在空气中愈颤愈细，细到没有，周围便都是死一般静。

鲁迅写的坟场尽管阴森恐怖，令人毛骨悚然，但毕竟还是远离活人聚居地。

杜甫的《兵车行》中：

> 生女犹得嫁比邻，生男埋没随百草。
> 君不见，青海头，古来白骨无人收。
> 新鬼烦冤旧鬼哭，天阴雨湿声啾啾！

毛泽东的《七律二首·送瘟神》中：

绿水青山枉自多，华佗无奈小虫何！

千村薜荔人遗矢，万户萧疏鬼唱歌。

这些诗文，虽然出自不同时代的不同人之手，但却都反映了劳动人民的苦难。

第四句：“生活距离**终点**这样**近**”，“终点”指哪里？

生：死亡。

师：虽说人一生下来就逐步走向死亡，但从来没有像现在这么近——一步之遥、一墙之隔，就是死亡，就是坟墓。这里的“近”，仅是写空间距离很近吗？

生：还写了时间距离也很近。

师：对。谁知道新中国成立前中国人的平均寿命是多少岁？

生：30 多岁吧？

师：我查过资料，新中国成立前中国人的平均寿命是 35 岁，现在是多少？

生：70 多岁吧？

师：对，2018年中国人的平均寿命是77岁，是新中国成立前的两倍还要多。35岁，现在很多城市里的青年人还没有结婚成家。可是在旧中国，很多人已经到了生命的“终点”。旧中国饥饿、疾病、战乱、灾荒等天灾人祸，随时威胁人们的健康和生命，人们随时有生命之虞。

第五句：“夏天的土地绿得**丰饶自然**”，诗人为什么特别强调草木长得“**丰饶自然**”？

生：这说明土地荒芜，很少人劳作。

师：是啊，中华民族一向以勤劳著称。正常情况下，人们是不会让田间的野草任性疯长的，早就铲除了。可当时有劳动能力的中国人太少了，即便活着，也是羸弱不堪，哪有精力除草耕地。这让人想起杜甫《蜀相》里的哪两句诗描写类似景象？

生：“映阶碧草自春色，隔叶黄鹂空好音。”

师：碧绿的野草自为春色，没有人观看；黄鹂的美妙叫声也没有人倾听——都是写人迹稀少，荒芜冷清。

第六句：“兵士的**新装**黄得**旧褪**凄惨”，既然是“新装”，为何“旧褪”（陈旧褪色）？

生：因为旧中国物资极为匮乏，即便是新兵穿的新军装，也显得陈旧。

师：是的，旧中国极为贫困，即便是新兵穿的新军装，布料质地也很粗劣简陋。军装黄，也因为褪色而浅淡寒碜。士兵们的精神委顿凄惨，“凄惨”一般用来描写神情或境况，“新装”怎么会“凄惨”呢？

生：这是借“新装”写出士兵们的神情“凄惨”。

师：仅仅是神情“凄惨”吗？

生：内心更凄惨。

师：对。他们是自愿打仗，走向战场吗？

生：不是，他们是被强抓来的壮丁。

师：是的。**第七、八句：**“惯爱想一路来行过的地方，说不出生疏却是**一般**的**黯**

淡”，诗人眼中的景象都不生疏，都很熟悉。“一般的”就是同样的，到处都是黯淡无光，贫穷落后，缺少生机。这种比较，仅是横向的、在空间上不同地点的比较吗？要知道这时诗人刚从海外归来。

生：也有诗人出国前和归国后时间上的比较——出国前后，国家没有任何变化，一样的贫穷落后，黯淡无光。

师：是的。如果说有变化，那就是变得更贫穷破败了，看不出社会的丝毫进步。这让人想起鲁迅的《故乡》开头对故乡景象的描写：

> 我冒了严寒，回到相隔二千余里，别了二十余年的故乡去。时候既然是深冬；渐近故乡时，天气又阴晦了，冷风吹进船舱中，呜呜的响，从篷隙向外一望，苍黄的天底下，远近横着几个萧索的荒村，没有一些活气。我的心禁不住悲凉起来了。
>
> 阿！这不是我二十年来时时记得的故乡？

你看，鲁迅笔下的故乡的景象和辛迪写的景象多么相似，都是那样萧条、冷落、荒凉，没有一些活气，与二十年前比更衰败了。

第九句：“瘦的耕牛和更瘦的人。”牛瘦，人更瘦，这个“瘦”字和前面哪句诗呼应？

生：第一句：“列车轧在中国的肋骨上。”

师：对，“瘦”和“肋骨”遥相呼应。

最后一句：“都是病，不是风景！”最后一句点题，卒章显志。大家看哪个字是全诗的关键字，可以看作全诗的诗眼统摄全篇？

生 1：“瘦。”

生 2：“病。”

师：都对。“瘦”“病”都是关键字，是诗眼，统摄全篇。瘦和病其实是一回事，瘦，是外在表象；病，是内在本质——旧中国病入膏肓，才瘦弱不堪。全诗就是围绕“瘦”和“病”这两个关键字展开。（板书：舊中國，瘦、病、丑）。“舊”“國”这两个繁体字认识吗？

生：“旧”和“国”的繁体字。

师：对。“舊”和“國”老师为什么用繁体字？

生：表示“旧中国”。

师：是的。旧中国病态的人畜、病态的景象、病态的社会。这种病态的旧中国的景象，在不同的作家、诗人、艺术家笔下都有不同的表现形式。近代画家蒋兆和创作于1941—1943年间的鸿篇巨制《流民图》，反映了“世乱民多散、年荒鬼亦饥”的深刻主题，震撼人心。（多媒体显示蒋兆和的《流民图》）

六、提问探究

现在给大家一些时间提问，大家有什么疑问都可以提出，我们一起讨论。能提出问题，说明爱思考，是学生的优秀品质。

（学生纷纷提问，探究，解疑……课堂呈现高潮。）

师：既然诗歌内容是写丑陋的病态，为何用“风景”作为标题？按诗歌所写内容，应该起个什么标题才恰当？风景的反义词是什么？

生：病象、惨象。

师：是啊，标题写作“病象”“惨象”可以吗？

生：也可以。

师：二者和“风景”相比哪个更好呢？

生：“风景”更好，用反语，讽刺意味更浓。

师：对。风景是美的，病态是丑的——标题和内容形成强烈对比和反差，更增强了反语讽刺的效果。（板书：对比、反讽）

七、板书设计

八、背诵诗篇

师：下面给同学们两分钟，看谁能在最短的时间内把诗歌背下来，展示自己超强的记忆力，大家给他点赞。

（学生背诵。）

九、联系拓展

师：与辛笛同时代的其他诗人，也写过很多与辛笛相似题材和情感的诗篇。大家比较阅读，谈谈感想。

死水

闻一多

这是一沟绝望的死水，清风吹不起半点漪沦（yī lún）。

不如多扔些破铜烂铁，爽性泼你的剩菜残羹（gēng）。

也许铜的要绿成翡翠，铁罐上绣出几瓣桃花；
再让油腻织一层罗绮（qǐ），霉菌给他蒸出些云霞。
让死水酵（jiào）成一沟绿酒，漂满了珍珠似的白沫；
小珠们笑声变成大珠，又被偷酒的花蚊咬破。
那么一沟绝望的死水，也就夸得上几分鲜明。
如果青蛙耐不住寂寞，又算死水叫出了歌声。
这是一沟绝望的死水，这里断不是美的所在，
不如让给丑恶来开垦，看他造出个什么世界。

发现

闻一多

我来了，我喊一声，迸（bèng）着血泪，
“这不是我的中华，不对，不对！”
我来了，因为我听见你叫我；
鞭着时间的罡（gāng）风，擎（qíng）一把火。
我来了，不知道是一场空喜。
我会见的是噩（è）梦，哪里是你？
那是恐怖，是噩梦挂着悬崖，
那不是你，那不是我的心爱！
我追问青天，逼迫八面的风，
我问，拳头擂（léi）着大地的赤胸。
总问不出消息；我哭着叫你，
呕（ǒu）出一颗心来，——在我心里！

三代

臧克家

孩子　在土里洗澡；
爸爸　在土里流汗；
爷爷　在土里葬埋。

老马

臧克家

总得叫大车装个够，
它横竖不说一句话。
背上的压力往肉里扣，
它把头沉重地垂下！
这刻不知道下刻的命，

它有泪只往心里咽，
眼里飘来一道鞭影，
它抬头望望前面。

十、齐读全诗

下课前师生齐读《风景》，读出节奏、轻重音和情感，在诵读的高潮中结课。

鲁迅的《拿来主义》教学实录

一、导入新课

同学们都知道，鲁迅是文学大师，他的主要文学成就集中在杂文上。杂文是一种短小精悍的文艺性论文，它不同于板起面孔讲大道理的政论文，它带有很强的“文艺性”。这主要表现在杂文作者善用形象化的语言进行议论和幽默讽刺。鲁迅的杂文风格是鲜明而独特的，即人们常说的“寓庄于谐，举重若轻”，“嬉笑怒骂，皆成文章”。今天我们要学习的《拿来主义》，就是一篇能反映鲁迅杂文风格的典范之作（板书课题）。

二、整体感知

请一位同学把课文朗读一遍。注意，这不是一般性的朗读，而是把自己想象成鲁迅，体会其语调、表情、动作，向大家作演讲式朗读。我们以 10 分为基准分上下浮动：不用普通话扣 1 分，读错一个字扣 1 分，有明显的断句错误扣 1 分，扣满 5 分为止；表情达意特别好的，每有一个动人之处加 1 分，加满 5 分为止。大家洗耳恭听，认真计分。

（学生朗读毕；正音、正字、正句；评判、亮分。）

三、学习目标

（1）把握文章主旨。

（2）厘清文章思路。

（3）学习比喻论证。

四、研读课文

师：《拿来主义》的主旨是什么？或者说这是一篇谈论什么问题的文章？简而言之，“拿来”什么？

生：这是一篇谈如何对待文化遗产的文章。

师：你为什么这样认为？能否从文章中找出依据？

生：文章中有一段关于“大宅子”的阐述，“大宅子”就是比喻文化遗产。

师：这样说似乎有一定道理。其他同学还有不同看法吗？

生：我认为《拿来主义》的主旨是谈论如何对待外国文化。

师：为什么这样说？能从课文中找出依据吗？

生：因为文章中谈了好多“主义”：“闭关主义”“送去主义”“送来主义”等，都和“外国文化”有关，所以“拿来主义”也应和外国文化有关。

师：这位同学不仅看书认真细致，还善于分析思考，大家要向他学习。是的，许多人因为这段“大宅子”的比喻论证，认为《拿来主义》的主旨是谈如何对待本国文化遗产的。可联系当时的背景和通观全文，《拿来主义》的主旨应是谈如何学习外国文化的。怎样对待外国文化呢？鲁迅的观点是全盘否定，还是全部吸收？

生：有选择地学习外国文化。

师：是的。鲁迅的观点既非全盘否定，也非全部吸收，而是主张有选择性地“拿来”为我所用——当然，鲁迅的这一观点也适用于对待本国文化，甚至一切文化遗产。那么标题改为“批判（或有选择）地学习外国文化”可以吗？

生：改动后虽然可以，但不太像杂文的标题，倒像一篇政论文的标题。

师：是的。杂文的语言特点是形象生动、风趣活泼；政论文的语言特点是庄重、质朴，这也体现在标题上。“拿来主义”这个命题，是鲁迅独创的，充分反映了鲁迅杂文的风格。

这篇文章的思路可以依次概括为四个问题：

（1）什么是拿来主义？

（2）为何实行拿来主义？

（3）如何实行拿来主义？

（4）实行拿来主义的结果是什么？

（一）什么是拿来主义（板书）

师：大家看课题，什么叫“主义”？（学生语塞，教师启发）不一定说得非常严谨、科学，根据你的理解大体谈谈，联系马列主义、社会主义、唯物主义等。

生：一种理论或主张。

师：对。“拿来”是具体行动的形象说法。这样看来标题既含有“具体行动”又有“理论升华”。（*在标题下板书“行动＋理论”*）没有理论指导的行动是盲目的，仅有理论没有行动又是空谈。鲁迅把这二者很好地结合了起来。哪位同学能在文中找出一句结论性质的话，集中阐释“拿来主义”的内涵？

生：“所以我们要运用脑髓，放出眼光，自己来拿！”

师：这是全文的中心句。“运用脑髓”说明“拿来主义”首先要怎样？

生：思索。

师：对。（*板书“思索”*）为什么不说“运用脑筋、脑袋或脑瓜”呢？这些词不也能表现思索吗？

生：“脑髓”强调了不是一般简单的思索，而是绞尽脑汁、认真深入地思索。

师：这位同学也很善于运用“脑髓”，理解得很深入。可见实行拿来主义的前提是“思索”。“放出眼光”强调什么？

生：高瞻远瞩，认真“辨别”。

师：对。（板书“辨别”）“自己来拿”强调什么？

生：按自己的意愿和需要“主动”地拿。

师：对。（板书“主动”）不是被动地靠别人的施舍。中心句的三句话，顺序能否颠倒呢？

生：不能颠倒。三句话的前后逻辑顺序很强。

（二）为何实行拿来主义（板书）

师：大家看中心句，开头有一个什么关联词？

生：“所以。”

师：说明这句话仅是个结果，有果就有因，这个“因”该往哪里找？

生：往文章前面找。

师：对。我们看鲁迅都谈了哪些原因，导致必须实行“拿来主义”。鲁迅开篇谈到“闭关主义”，什么是“闭关主义”？

生：“自己不去，别人也不许来。”

师：这是清政府奉行的闭关自守的政策，一种夜郎自大、与世隔绝的政策。这种政策带来了什么恶果？

生：落后、挨打。

师：是的，割地赔款，丧权辱国，即文中所说“给枪炮打破了大门之后，又碰了一串钉子”。一部中国近代史就是一部“闭关锁国、落后挨打”的屈辱史。这种“闭关主义”已被历史证明是一种自我封闭、自我窒息、自我扼杀的愚蠢政策，不利于中华民族的发展。那么“现在”国民政府正在实行一种什么主义呢？

生：“到现在，成了什么都是‘送去主义’了。”

师：“送去主义”又是一种什么东西呢？

生：就是把自己的东西不断地送给别国。

师：而且“送去”成了一种“主义”，一种国策。“什么都是”说明不限于某一领域，政治、经济、科学、文化、艺术等各方面都在实行“送去主义”。但鲁迅为什么单举当时“学艺”上的表现呢？

生：说明“学艺”上的“送去主义”特别突出、严重。

师：是的。而且当时贫穷落后的中国也只有“学艺”上，还有一点东西可送、可炫耀，其他方面想送可实在“拿不出手”。我们看“学艺”上都送去了些什么？

生：“一批古董”“几张古画和新画”，还有京剧——“送梅兰芳博士到苏联去”。

师：“送去主义”者这样做的意图是什么呢？难道是“学艺”交流吗？

生：不是。交流是双向的，而这是单方面送去。

师：这“送去”的背后是一种什么心态在作祟呢？

生：向外国人夸耀、讨好。

师：锈迹斑斑的“古董”意在夸耀什么？

生：历史的悠久。

师：所谓“文明古国”“国画”“京剧”意在夸耀什么？

生：独特的文明。

师：是的。所有这一切都可归结为一种心态，那就是——

生：以文明古国自居，以独特文化自喜、自我陶醉、妄自尊大的心态。

师：在当时这样做是爱国精神的表现吗？

生：不是。爱国主义是从根本上维护民族的利益和尊严，而“送去主义”是害国、误国、媚外求荣。

师：是啊。当时常有些人不正视中国贫困落后的现实，一味自欺欺人地吹嘘：“外国物质文明虽高，中国精神文明更好”“中国开化最早，道德天下第一”“五千年文明史，文明古国”等，不一而足。鲁迅及所有的有识之士对这种“合群的自大”极为反感、厌恶。它是世界上文化竞争失败之后，一个民族不能振兴自强的重要“病因”。当时的世界已进入了工业化时代，科学技术突飞猛进，西方国家借助现代科技日益强大，而曾经辉煌的中国落伍了。贫弱的中国急需现代科技、新文化、新文明富国强邦，促进民族振兴、国家进步。“送去主义”者却依然沉湎于往日的辉煌，热衷于把一些缺乏新鲜活力的、鲁迅认为应该“全部放掉”的“华夏传统的所有小巧的玩艺儿”视为“国粹”，向洋人炫耀邀宠，只能令本来就瞧不起中国文化且别有用心的人更加嗤之以鼻，让深感民族落后的有识之士更加羞愧痛心。不过以现在的眼光看，这些国画、古董、京剧等应不应该保存和交流？

生：应该。

师：但在当时一味地把玩、炫耀这些“小巧的玩艺儿”是没有多大意思的，当时贫弱的中国更需要的是现代科学文明。鲁迅极力抨击这种不肯放下文明古国的“臭架子”，以及以阿Q的“精神胜利法”来自欺、自慰的行径。他在《摩罗诗力说》一文中沉痛地说：“故所谓古文明国者，悲凉之语耳，嘲讽之辞耳！中落之胄，故家荒矣，则喋喋语人，谓厥祖在时，其为智慧武怒者何似，尝有闳宇崇楼，珠玉犬马，尊显胜于凡人。有闻其言，孰不腾笑？”“漫夸耀以自悦，则长夜之始，即在斯时。”一味地夸耀祖先，实则是无能、无奈的表现。祖先为你留下了可资夸耀的东西，你为后人留下什么可资夸耀的东西呢？鲁迅在《华盖集·忽然想到（六）》中大声疾呼：“我们目下的当务之急，是：一要生存，二要温饱，三要发展。苟有阻碍这前途者，无论是古是今，是人是鬼，是《三坟》《五典》，百宋千元，天球河图，金人玉佛，祖传丸散，秘制膏丹，全都踏倒他。”鲁迅用了哪两个传神的动词，嘲讽了这种荒唐可笑、妄自尊大的“送去主义”？

生：捧着、挂。

师：“捧”是种什么动作？大家模仿一下。把“捧”改为“拿”“送”可以吗？

生：不好，失去了讽刺意味。

师：对。鲁迅有意用“捧着”这个极为庄重的动作搭配“微不足道”的“几张古画”，造成一种失衡、不协调，讽刺了“送去主义”者毕恭毕敬、媚外求荣的可怜相。而“拿”“送”较抽象，也缺乏讽刺意味。如果不带情感色彩，客观地说把画作在欧洲各国给人看，应该用哪一个词？

生：展览。

师：鲁迅为什么不用“展览”而用“挂”呢？该字突出了什么？

生：“挂”字是口语，也更形象化。

师：对。“挂”字突出了炫耀和滑稽，就那么可怜兮兮的几张画，还要煞有介事地一路“挂过去”，极力张扬，语气奚落、嘲讽，讽刺意味很浓，突出了炫耀者的妄自尊大、滑稽荒唐。这种“送去主义”的结果是什么？

（学生齐读第三段。）

师：“不算坏事情”，激愤之反语，对本民族来说坏透了。“掘起地下的煤来，就是够全世界几百年之用，但是，几百年之后呢？”难道中华民族几百年之后就不需要生存发展了吗？如果说“学艺”是精神上的“送去”，那么这种物质上的“送去”，又暴露了某些中国人的什么心态？

生：以地大物博自诩、以丰富大度自夸的心态。

师：其实我们并不富裕，这是“打肿脸充胖子”的穷大度。鲁迅针对某些国人的愚昧无知，以思想家独有的犀利，在《黄祸》一文中沉痛地教诲道：“倘是狮子，自夸怎样肥大是不妨事的，但如果是一口猪或一匹羊，肥大倒不是好兆头。”鲁迅为什么这样说呢？

生：狮子强壮凶猛，夸肥大更可怕；猪羊软弱，夸肥大会被人宰割。

师：是啊！所谓“重量”不等于“力量”，“肥大”不等于“强大”。寥寥数语，一个简单的比喻，就把国家若“强而大”则令人敬畏，若“弱而大”就不仅引人垂涎还将任人宰割的道理阐发得深入浅出、触目惊心。

鲁迅把自比太阳、只“给予”不“取得”、最后发了疯的尼采，与一味“送去”不“拿来”的中国相提并论，是什么手法？

生：比喻。

师：比喻是不同事物相比，意在形象生动。尼采和中国是同类事物相比，意在表明一个道理，这是“类比”。鲁迅通过这一“类比”，意在告诉人们什么道理呢？

生：只“给”不“取”的尼采最后发了疯，如果中国一味“送去”没有“拿来”，也不会有好下场。

师：对。鲁迅用这个类比为中国人敲响了警钟，一味送去，最后沦为乞丐，亡国灭种。鲁迅认为我们应该多为本民族计，为子孙后代留下点东西，否则，几百年之后他们“只好磕头贺喜，讨一点残羹冷炙做奖赏”。什么叫“残羹冷炙”？

生：吃剩的饭菜。

师：尚且只有“一点”，强作欢颜，摇尾乞怜，只能得到这样的“奖赏”，多么可悲可怜。这是对你先前穷大度的奖赏，是对你献媚讨好、精神上承受巨大屈辱的奖赏。不要认为这是鲁迅危言耸听，这是严酷的现实和历史的必然性。看来“送去主义”也不能实行，它只能使我们更加贫弱。“送去主义”与“闭关主义”看似是两种不同的“主义”，其本质是怎样的？

生：都反映了某些人夜郎自大、不肯虚心向别国学习的心态，由一个极端走向另一个极端。

师：是的。这里有两点需要澄清：第一，鲁迅是不是绝对反对“送去”呢？

生：不是。鲁迅说：“‘送去’之外，还得‘拿来’”，可见鲁迅不是一味反对送去，而是强调还得“拿来”，要礼尚往来，互通有无，不能光送不拿。

师：这位同学看书认真，善于思考。其实“送去”和“送去主义”不是完全相同的两个概念。问题是我们当时落后了，特别是科学技术落后，我们没有送去的资格和本钱，我们当时更需要的是“拿来”！

第二，鲁迅是不是坚决反对把“古董、国画、京剧”等艺术送出去，反对中外“学艺”上的交流？鲁迅的本意是针对这些具体行为吗？

生：不是，他是批判这种行为背后的思想。

师：对。他是借题发挥，揭出隐藏在这种行为背后的病态心理和不良情绪——无视中国积贫积弱的现实，以文明古国自居，抱残守缺，拒绝新知；以地大物博自诩，奉行“送去主义”。这种自大自满的病态心理和情绪，不仅不能激发民族的自尊心、自豪感，反而容易助长一种不思进取的惰性，使人沉醉于古昔的文明和疆土的辽阔，拒绝向别人学习一切于己有利的新知识、新观念，结果落到更加贫弱、任人欺凌宰割的地步。可见，这种自满自大的病态心理和不良情绪才是鲁迅批判的根源，而不能浅显地理解为反对学艺交流。

鲁迅常说：“只有民族的才是世界的。”这句话要辩证分析，不是民族的所有东西都可成为世界的，只有民族中优秀进步的文化才可成为世界的。如中国的书法、绘画，可以为世界接受。现在时常讲“让中国文化走向世界”，我们时常看到在世界各国举办中国画展、影展、民俗展、音乐演出等。为什么现在可以呢？

生：时代不同了，现在是交流，相互学习。

师：对。现在是让世界了解中国，同时中国也了解世界。过去是单方面的送去、炫耀；现在有强大的国力、高科技作后盾。所以对鲁迅的文章和观点要辩证地看，离开具体的历史背景是不行的。在极端贫弱、缺乏现代科技的旧中国，鲁迅的这种观点意在促人猛醒。“送去主义”要不得，那么“送来主义”怎么样呢？

（学生齐读第四段。）

师：鲁迅这里提出了三个概念：“抛来”“抛给”“送来”。先看后两个概念：“抛给”与“送来”有什么关系，本质上有区别吗？

生：没有区别。“送来”是“抛给”的一种文明的说法、一种美称。

师：对，二者是一回事。我们再来看“抛来”与“抛给”有什么异同？二者都是“抛”，说明这个东西对于抛的人来说怎么样？

生：不太需要的，没有多少价值的。

师：所以“抛来”可理解为没有多少恶意的施舍，也可以是正常的贸易往来。而

“抛给”的“给”字强调了什么？

生：目的性、针对性。

师：还有强迫性，甚至包含险恶用心。我这样抽象地说，同学们可能不太好理解，结合课文看看别人都“抛给”我们什么东西：“英国的鸦片”不仅掠走了我们大量的黄金白银，而且还有亡国灭种的杀机；“德国的废枪炮”卖给封建军阀，一方面处理废旧军火，捞取钱财，另一方面使中国混战、割据，造成中国长期分裂，列强坐收渔利，一举两得；“法国的香粉”于中国的国计民生毫无助益，它只为骗取中国钱财；“美国的电影”是毒害中国人民的精神鸦片，传输他们的价值观，并借此进行文化侵略；“日本的印着‘完全国货’的各种小东西”。日本人将写有汉字“完全国货”的各种小东西投入中国市场，有意造成一种怎样的错觉和结果？

生：造成好像是中国产品的假象，使中国人放松警惕不加抵制，甚至争相采购。

师：以此挤压中国民族产业，这更是一种手段狡诈的经济侵略。可见“送来主义”的结果是什么？

生：祸国殃民，深受其害。

师：“送来”的洋货的泛滥和造成的恶果，导致“连清醒的青年们，也对于洋货发生了恐怖”，好像凡外国的东西皆可怕、皆可恶、皆应排斥。鲁迅认为洋货——外国文化都可恶吗？

生：不能一概而论，关键是如何利用。

师：鲁迅认为外国文化并不可怕，甚至于中国的发展、进步有益。可怕的是“那是‘送来’的，而不是‘拿来’的”，不是根据自己的需要主动选择、挑拣的。看来“送来主义”，也不能实行。

这里有个问题需要讨论：有人说鲁迅虽是杂文大家，但行文构思也有百密一疏的时候。这篇文章的标题是“拿来主义”，中心是论述“拿来主义”，可文章开篇却大谈“闭关主义”“送去主义”“送来主义”的危害，这是否有点文不对题，有点绕弯子呢？（教师以“逆问”方式激发学生思维，引起争论，使其加深对课文思路、论证特色的理解。）

生：这种说法不对。这恰是鲁迅匠心独运——先批判“闭关主义”“送去主义”“送来主义”的错误，然后引出正确的主张——“拿来主义”。

师：很好。这正是本文论证方法上的一大特色：先破——因为其他种种主义都是错误的，后立——所以只有“拿来主义”才是唯一正确的选择。（板书“拿来主义”）这用了什么论证方法？

生：因果论证。（板书“因果论证”）

师：这也是逻辑上的一种“淘汰法”或“排除法”。（板书）国家间的交往方式无非就是这四种：“闭关主义”——互不往来；“送去主义”——只出不进；“送来主义”——只进不出；“拿来主义”——择善而用。排除了错误的前三种，剩下的只有第四种——“拿来主义”。这就更充分有力地证明了“拿来主义”的正确性、必要性和唯一性。

（三）如何实行拿来主义（板书）

师："拿来主义"的真谛和精髓就在于唤起一种"忧患意识"，召唤国人放下架子，虚心地向外国学习一切于己有利的东西。但这种学习不是盲目地兼收并蓄，而是"汲取精华，剔除糟粕"。不过鲁迅在具体论述"如何实行拿来主义"时，是像我刚才那样抽象地谈大道理吗？

生：不是。

师：他用了一种什么方法？

生：比喻论证。

师：对。这又一次体现了杂文的文艺性、形象性。

（学生齐读"大宅子"一段。）

师：鲁迅把外国文化比作什么？

生：大宅子。

师：对待大宅子及里面的东西有几种态度？

生：四种。

师：第一种是什么态度？

生："怕给他的东西染污了，徘徊不敢走进门。"

师：不敢接触，实则是"闭关主义"的翻版，鲁迅称之为什么？

生："孱头"，是懦弱无能的人。

师：第二种是什么态度？

生："放一把火烧光。"

师：全盘否定，鲁迅斥之为什么？

生："昏蛋。"

师：以上两种错误做法是鲁迅最为反对的。注意，鲁迅这里用了"昏"（hūn），而不是"混"或"浑"（hún），有人认为鲁迅写了个别字，也有人说鲁迅是有意这么用，你们认为呢？

生："混蛋"是骂人的话，而"昏"是指头脑糊涂、神志不清。鲁迅这里有意用"昏"，而不用"混"或"浑"，强调这种"全盘否定"者头脑糊涂。

师：有道理。这个"昏"字用得妙。第三种是什么态度？

生："欣欣然的蹩进卧室，大吸剩下的鸦片。"

师：全盘吸收，"更是废物"。这个"蹩"是怎样的一种动作？课本上没有注释，字典上也查不到对这个动作的解释。我想鲁迅可能用了一个绍兴方言。要想确切地了解这个字，只有问鲁迅本人，或去绍兴当地调查一下。但眼下这都不现实，怎么办呢？我们可以根据上下文，把这个动作大体上揣摩一下。哪位同学说说看？

生：应该是一种扬扬得意、趾高气扬的样子。

师：你能模仿一下吗？（学生模仿，众笑。）

生：我觉得应该是一种心里得意又怕别人看见，躲躲闪闪的样子。

师：你能模仿一下吗？（学生模仿，众笑。）

生：我觉得应是一种一瘸一拐的样子。

师：你能模仿一下吗？（学生模仿，众笑。）

…………

师：大家的理解都有一定的道理，总之应该是一种让人厌恶的丑态。鲁迅批判了三种错误的态度，那么对待外国文化正确的态度应该是什么呢？

生：占有、挑选。

师：（板书“占有、挑选”）这是真正的“拿来主义”。鲁迅又一次运用了“淘汰法”（板书）——先破后立，淘汰错误的，树立正确的。首先以主人翁的姿态“占有”，这比较容易做到；接着是“挑选”，挑什么？怎样挑？大有学问。“鱼翅”比喻什么？

生：好东西，精华。

师：对。有益无害的东西，要吃掉，为多数人服务，而不是为少数人服务——“宴大宾”。

师：“鸦片”比喻什么？

生：毒品。

师：“鸦片”有害也有益，鸦片的害处人所共知，无须多言，但它有哪些好处呢？

生：可做止痛药、镇静剂。

师：对。“烟枪和烟灯”比喻什么？

（学生思考。）

师：无益也无害的东西，可算作一种历史文物，可“送一点进博物馆”供后人观瞻，了解历史。“一群姨太太”比喻什么？

生：坏东西，封建糟粕。

师：对。有害无益的东西，打发“走散为是”，要不然“拿来主义”就会变质，成为“包圆儿主义”，变得和旧主人一样腐朽。鲁迅的这段比喻论证多么精彩、生动，把一个抽象的大道理——“批判地学习外国文化”，阐述得既深入浅出又耐人寻味、妙趣横生。题目虽大，道理虽深，但却能以小喻大，通俗易懂，让人在会心的微笑中接受他的观点，这就是杂文的优势和魅力——形象、幽默、风趣。

鲁迅的“拿来主义”的精神和主张是超越时空的真理，不但适用于当时的情景，也适用于现在的改革开放；不但适用于文学艺术，也适用于政治、经济等各领域。本着学以致用的原则，我们共同创设一个比喻论证。如果我们把尚未开放的国家比喻成一间门窗关闭得很严的教室，那么改革开放可比作什么？

生：打开门窗。

师：打开门窗的目的是什么？

生：呼吸新鲜空气。

师：进来的仅是新鲜空气吗？

生：还有苍蝇、蚊子等害虫。

师：那怎么办呢？学习鲁迅的“淘汰法”，先说会有哪些错误的做法？

生：愤然关窗。

师：这种“闭关主义”被鲁迅斥之为什么？

生：“孱头”“昏蛋”。

师：其他错误做法呢？

生：听之任之，不理不睬。

师：鲁迅斥之为什么？

生：“废物”。

师：正确的做法应是什么？

生：安装纱窗、纱门。

师：既使空气流通，又防止了蚊蝇，这就是鲁迅倡导的“拿来主义”——占有、挑选，有选择地学习。

（学生齐读最后一段。）

（四）实行拿来主义的结果是什么（板书）

生：创建新文化。

师：（板书“创新”）“占有”是前提，“挑选”是关键，“创新”才是目的。但这种创新不是凭空产生的，鲁迅说：“新的艺术，没有一种是无根无蒂，突然发生的，总承受着先前的遗产。”“没有拿来的，人不能自成为新人，没有拿来的，文艺不能自成为新文艺。”同学们看这最后一句话，有三个逗号、一个句号，其中哪一个逗号如果改为分号，句意层次就更清楚了？

生：把第二个逗号改为分号。

师：对的。多层复句第一层与其他层是并列关系，一般用分号。你有勇气给鲁迅修改文章，很了不起，而且改对了。我们学习大师但不迷信大师，这种精神很可贵，对待鲁迅的文章我们也应该实行“拿来主义”。

五、回顾梳理

师：本文的学习，我们应掌握三个要点：第一点，《拿来主义》的主旨是什么？

生：批判地学习外国文化。

师：第二点，厘清文章思路。我说上句，同学们回答下句。什么是拿来主义？

生：思索、辨别、主动。

师：为什么实行拿来主义？

生：唯一正确的选择。

师：如何实行拿来主义？

生：占有、挑选。

师：实行拿来主义的结果是什么？

生：创新。

师：第三点学习比喻论证。课后联系改革开放的实际，用比喻论证写一篇杂文：《新时期的“拿来主义”》。下课。

六、板书设计

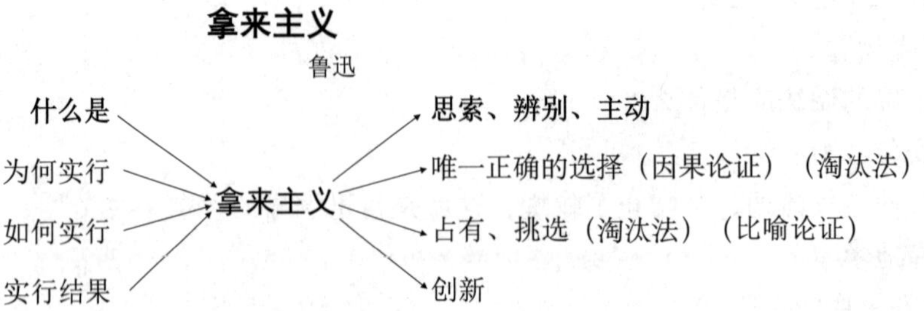

［《忧患开放的意识，跨越时空的主义——〈拿来主义〉深度解读》发表于《语文教学通讯》（高中刊）2015 年第 10 期和《2010 年鲁迅研究年鉴》。］

鲁迅的《从百草园到三味书屋》教学实录

一、教学设想

《从百草园到三味书屋》是鲁迅散文中的精品。教学重点应在“百草园”部分，而“三味书屋”部分，因其距离学生的生活略显遥远，可略学。所谓批判封建教育制度束缚儿童身心发展之说，有概念化之嫌，可不涉及。教师可采用“情境体验教学法”，通过引导想象（如百草园的美景）、动手实践（如雪地捕鸟）、模拟表演（如私塾先生读书），并通过口头造句、书面写作等形式，使学生积极参与学习，创设生动活泼的课堂氛围，变“讲堂”为“学堂”。

二、导入新课

每个人都有自己难忘的童年，回忆童年趣事，是温馨而甜蜜的。中年时的鲁迅为了追寻这种甜蜜，特意写了一组回忆散文，结集为《朝花夕拾》。单看书名，此散文集就洋溢着浓浓的诗意。今天我们学习其中较有代表性的一篇——《从百草园到三味书屋》。（板书课题）

三、整体感知

教师范读全文，语调轻松愉悦，幽默风趣，感染学生。

四、学习目标

（1）学习描写事物的方法。
（2）学习遣词造句的精妙。

五、赏析训练

（一）详学“百草园”部分

师：作者回忆描述了“百草园”和“三味书屋”两地的童年生活，文章以此分为两部分。大家觉得哪部分最有趣，最爱读？

生：百草园。

师：那我们就重点学习“百草园”部分。能否给这一部分另加一个小标题？

生 1:《百草园》

生 2:《百草园趣事》

生 3:《我的乐园——百草园》

生 4:《童年乐园》

…………

（鼓励学生畅所欲言，答案不求一致。）

师：具体描写“百草园”最精彩的是哪一段？

生：第二段。

[师生齐读第二段：“不必说碧绿的菜畦，光滑的石井栏，高大的皂荚树，紫红的桑椹；也不必说鸣蝉在树叶里长吟，肥胖的黄蜂伏在菜花上，轻捷的叫天子（云雀）忽然从草间直窜向云霄里去了。单是周围的短短的泥墙根一带，就有无限趣味。油蛉在这里低唱，蟋蟀们在这里弹琴……”反复诵读精彩语段，并限时背诵。]

师：这段文字使用了一个容量很大的句式：“不必说……也不必说……单是……就……”大家看，第一个“不必说”写景顺序是什么？

生：从低处写到高处。

师：对。而且是写植物、静态、春景，给人清新辽阔的感觉，对吧？再看第二个“不必说”，写景顺序是什么？

生：又从高处写到低处。

师：对。是写动物、动态、夏景，使人感到人迹罕至的百草园充满生机。“单是”以后又写什么？

生：又从动物写到植物。

师：对。动物又分有声和无声，植物分可吃与不可吃，是秋景。鲁迅对各色动植物的形状、声响、滋味等各方面都作了精彩的点染，使人感到百草园确实生机盎然、乐趣无穷。鲁迅描写景物是不是很有条理？这启发我们写景状物时要讲究什么？

生：描写景物要有条理和顺序。

师：对。（板书“写景：条理、顺序”）大家再看这段文字，作者抓住事物怎样的特点，用了哪些形容词和动词，把“百草园”的各种景象描写得栩栩如生，使我们如身临其境一般？

生：形容词有“碧绿”“光滑”“高大”“紫红”“肥胖”“轻捷”等；动词有“长吟”“伏

在”“直窜”“低唱”“弹琴”等。

师：对。先看形容词，描写“菜畦”用“碧绿”，描写“石井栏”用“光滑”，描写“皂荚树”用“高大”，描写“桑椹”用“紫红”，描写“黄蜂”用“肥胖”，描写“云雀”用“轻捷”——这些形容词，都是准确而简练的。

再看使用的动词（让学生比较品味各动词之间的微妙差别），写“鸣蝉”是“长吟”，而不是“长鸣”“长叫”，写“黄蜂”是“伏”，而不是“趴”“停”“落”，写“云雀”是“直窜”，而不是“直飞”“直跑”，写“油蛉”是“低唱”，写“蟋蟀”是“弹琴”——这些动词也都准确生动。这启发我们运用形容词、动词描写事物时要怎样？

生：准确、简练、生动。

师：对。（板书“用词：准确、简练、生动”）现在大家展开想象，仿佛你就置身“百草园”中，茂密的草丛和碧绿的菜畦在你的脚下展开，你举头眺望四周的景色，吸嗅着草木花果的芳香，在“百草园”中尽情玩耍。把这段写“百草园”的文字扩写得更具体、细腻、生动。

（一段时间后，学生展示扩写作品。）

> 百草丰茂的百草园，在身体四周铺展开来，空气中弥漫着百草清纯的芳香和泥土温馨的气息。时而站在菜畦的垄上，弯腰间一间苗，菜叶上滚动着晶莹的露珠，在阳光下闪耀着七彩光辉；时而站在井台上，用手摸一摸石井栏，洁白光滑；纵身从井台上跳下，仰头看高大的皂角树，从墨绿的树冠上，透射下一缕缕笔直的光线，斑驳地印在地上，微风吹过，光斑闪耀，像一地明丽的碎花瓣儿；爬上桑树，把柔嫩的枝条拉弯，摘一把桑椹，又红又紫，晶莹剔透，还没吃，嘴巴里已溢满了口水……

（富有诗情画意的想象和扩写训练，使学生如临其境，更增添了对“百草园”的喜爱之情。）

师：史铁生的散文《我与地坛》中，有一段描写地坛公园的精彩片段，与百草园的景物描写可谓异曲同工，各有千秋：“……撅一杈树枝左右拍打，驱赶那些和我一样不明白为什么要来这世上的小昆虫。蜂儿如一朵小雾稳稳地停在半空；蚂蚁摇头晃脑捋着触须，猛然间想透了什么，转身疾行而去；瓢虫爬得不耐烦了，累了祈祷一回便支开翅膀，忽悠一下升空了；树干上留着一只蝉蜕，寂寞如一间空屋；露水在草叶上滚动、聚集，压弯了草叶轰然坠地摔开万道金光。满园子都是草木竞相生长弄出的响动，窸窸窣窣窸窸窣窣片刻不息。”

大家看这两段对园子景物的描写，你更喜欢哪一个？为什么？

（学生畅所欲言，言之有理即可。史铁生的散文《我与地坛》，用“工笔”手法描写地坛公园，课文用“白描”手法写“百草园”，各具特色，各有千秋。比较拓展阅读，扩大学生阅读面。）

师：为表现“百草园”中内容丰富，趣味无穷，作者采用了一种什么句式？

生：采用了“不必说……也不必说……单是……就……”的句式。

师：对。这种句式是鲁迅独创的，容量很大，层次分明。既全面概括，又突出重点。不但在“不必说”“也不必说”之中，简略概括了重点景色，又以“单是”“就”详细描述了次要景色——让人感到“单是周围的短短的泥墙根一带”的次要景色，就已经趣味盎然，让人流连忘返了。可想而知，“百草园”其他还没详说的主要景色，该是多么趣味无穷，妙不可言，更勾起人们无限的神往和遐想。这种句式详略兼顾，主次分明，条理明晰，激发人想象，应学习掌握，以后在作文中要有意识地学习运用这种句式。（要求学生反复朗读，限时背诵，并模仿造句。）

（学生展示仿写造句。）

跨入新校园，我感到一切都很新鲜：不必说花木繁茂的植物园，也不必说浓缩大千世界的地理园，还有琳琅满目的实验室、图书馆，单是校道内两侧的宣传栏，就有无限的趣味：“时事要闻”“文苑天地”“数理世界”“学生风采”……

（学以致用的仿写造句训练，为学生将知识转化为能力架设了桥梁。值得注意的是，某些学生的仿写造句存在不少问题，譬如有的学生仿写的句子，仅是形似，而神不似——课文是先“不必说”主要的，再“单说”次要的，有的学生反其道而行之，先不必说“次要的”，再单说“主要的”——“次要的”本来就不必多说。这样仿写句子的内在逻辑和精神实质就与原句不一致了，教师要强调仿写不但要“形似”，而且要“神似”。教学中教师针对学生“仿写”出现的各种问题，启发纠正，使学生受益良多。）

师：仿写造句要特别注意“形神兼备”，不能仅是形似——仿用某种句子的形式，还要注意“神似”——合乎原句的逻辑实质，“神似”更重要。具体来说，“不必说”的应该是更重要的、更精彩的景色，却略说；“单是”强调的应该是次要的、不是很精彩的内容，却详说——这样才能给人更大的想象空间。

（第四段文字描写生动精彩，是学习重点。文中插入的“美女蛇故事”，可略加点拨：这是由“赤练蛇”引发的相关联想，意在丰富文章内容，增添阅读情趣。即便是惊心动魄的“美女蛇故事”，也是趣味盎然的“百草园”的一部分。）

师：春夏时的“百草园”是美丽迷人、充满趣味的，那么冬天的百草园是怎样的呢？

（学生齐读“冬天的百草园比较的无味；雪一下，可就两样了……”一段。）

师：作者描写雪后的百草园也是充满乐趣的，重点写了什么？

生：捕鸟。（请一学生读捕鸟一段。）

师：“雪地捕鸟”一段作者连续运用了哪些动词？

生：扫、露、支、撒、系、牵、拉、罩。

师：这又一次启发我们描写事物使用动词时要怎样？

生：准确、简练、生动。

师：对。谁有过类似的捕鸟经历，给大家分享一下过程和心情好吗？

（学生畅所欲言，兴致高昂。）

（教师准备竹筛、短棒、长绳等捕鸟用具，让学生按照鲁迅文中所指示的方法，动手演示捕鸟过程。这样，既引导学生认真读课文，体会一系列动词的准确连贯，又给学生提供了动手实践的机会，增添课堂情趣。）

（二）略学“三味书屋”部分

师：作者是怎样从描写“百草园”转到“三味书屋”的？

生：用了过渡段。

（学生齐读过渡段，体会童趣，以及少年鲁迅对百草园的眷恋不舍之情。）

师：私塾先生给大家留下的最深的印象是什么？

生：读书的样子。

师：（让学生依照书上的描写，模仿先生读书的样子。）鲁迅为使人物形象、生动、传神，描写了人物的哪些方面？

生 1：鲁迅描写了语言——“铁如意，指挥倜傥，一座皆惊呢～～～～；金叵罗，颠倒淋漓噫，千杯未醉嗬～～～～……”。

生 2：鲁迅描写了神态——微笑起来。

生 3：鲁迅描写了动作——将头仰起，摇着，向后面拗过去，拗过去。

…………

师：对。你们看，描写先生读书的语言、神态、动作等，鲁迅把人物写得多么传神生动。这启发我们写人物要怎样写？

生：语言、神态、动作结合。

师：对。语言、神态、动作，甚至心理、环境等多方面结合，才能使人物形象丰满生动。（板书“写人：语言、神态、动作”）先生读的书：“铁如意，指挥倜傥，一座皆惊呢～～～～；金叵罗，颠倒淋漓噫，千杯未醉嗬～～～～……”出自清末刘翰的《李克用置酒三垂岗赋》。文中的“声浪号”是鲁迅发明的标点符号，表示声音起伏不断，很形象，可惜现在标点符号不用了。“呢”“嗬”是先生读书陶醉时，自己加上的语气词。先生读的文句和刘翰的原文有点出入，可能是读得太投入了，个别字句读错了，但意思差不多。原句是：“玉如意，指挥倜傥，一坐皆惊；金叵罗，倾倒淋漓，千杯未醉。”意思是：拿着玉如意，指挥比画，潇洒自如，满座的人都惊奇。大金杯斟满了酒，溢出来四处流淌，喝千杯也不醉。在这些描写中，我们看不出作者对私塾先生的厌恶感。尽管老先生有些迂腐古板，但仍不失为一个教学认真、正直善良、好玩可爱的老人。他就是深受鲁迅敬重的启蒙老师——寿镜吾（板书）老先生。在鲁迅看来，“三味书屋”的生活和“百草园”一样，都是值得留恋和回忆的。

（三）深入探究

师：谁知道“三味书屋”的“三味”是什么意思？

（学生沉思、议论。）

师：“三味”有多种解释，其中比较流行的有两种：一是用三种食物的味道来比喻读三类书籍的滋味：“读经味如稻粱，读史味如肴馔（yáo zhuàn，精美的菜肴），读诸子百家味如醯醢（xī hǎi，醯：醋；醢：用鱼或肉制的酱，泛指调料）。”意思是：读四书五经就像吃米面，是食之本；读史书就像吃美味佳肴，是丰盛大餐；读诸子百家就像吃醋酱肉酱，别有风味——这种解释有历史渊源，是比较正统、传统、明面上的解释。

二是寿镜吾先生私下多次解释的“三味”内涵：“布衣暖，菜根香，诗书滋味长。”“布衣暖”就是甘当老百姓，不去当官；“菜根香”就是满足于粗茶淡饭，不求山珍海味；“诗书滋味长”就是认真体会诗书中的深奥内容，从而获得深长的滋味——这是寿家祖先制定的家规，读书不为升官发财，是寿家赋予“三味”的独特内涵，当时不足为外人道。两种解释均有合理性，可以并存。

六、作业训练

师：刚才我们一起分享了鲁迅童年的趣事。同学们刚刚走出童年的大门，童年就像珍藏在记忆深处的“桃花源”，有青山、绿水、幻想、冒险；有晚归的牛羊、牧童的短笛，更有母亲那一声声悠长的呼唤……童年，浓缩了一段令人回味留恋的历史；童年，沉淀了一个瑰丽迷人的童话；童年的幻想美丽迷人，童年的故事说不完……同学们能不能用这节课学到的写景和写人的方法，把童年的趣事写出来，与大家分享，和鲁迅先生比一比高低呢？

七、板书设计

从百草园到三味书屋

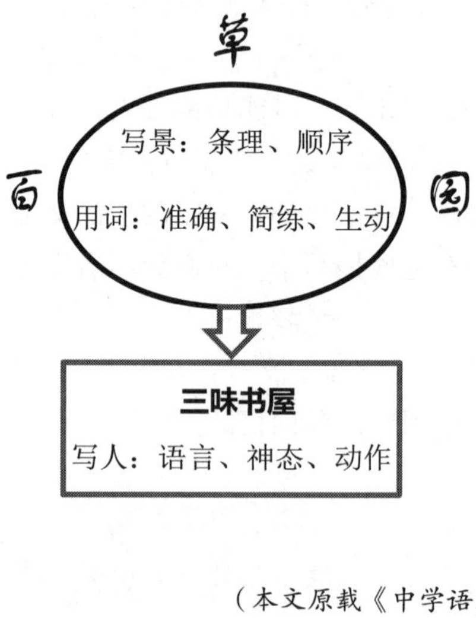

（本文原载《中学语文教学》2002 年第 7 期。）

王安石的《伤仲永》教学实录

一、教学说明

教师采用“言”“文”结合方式教学文言文，在赏析品读整篇文章中，让“言”的学习灵活、扎实地落到实处。只有真正理解掌握了“文”，才能更好地理解落实“言”。即使学“言”，教师也要灵活巧妙、生动活泼，尽可能避免刻板传统的“串讲”。这样学生既学习掌握了文言词句，又提升了古文审美鉴赏水平，传承了优秀传统文化，发展了思维，一举多得。

二、导入新课

师：同学们听说过“神童”这个词吧？怎么解释这个词？

生：特别聪明的儿童。

师：大家是不是都希望自己是个神童？

生：是。

师：可是你知道吗，“神童”并不等于“成才”。古今中外，一些所谓的“神童”真正成才的并不多。相反，一些“常人”通过努力却成才了，取得了非凡的成就。那么，成才与天赋之间是什么关系呢？怎样才能成才呢？今天我们就来学习宋代大文学家王安石写的一篇反映一个真实“神童”案例的文章——《伤仲永》，相信会给我们一些有益的启示。（板书课题）

三、整体感知

师：仲永是人名，“伤”是什么意思？是姓吗？

生：不是姓，是哀伤、惋惜。

师：对，哀伤、惋惜。“伤”是全文第一个字，也是全文的文眼，贯穿全文。作者哀伤、惋惜仲永什么呢？请同学带着这个问题听老师把课文读一遍。（范读课文）

四、学习目标

（1）学习文言文意动用法。

（2）理解文章的思想意义。

五、研读课文

师：请同学们结合课文注释，用几分钟时间，把文中的重点字句解释清楚，理解全文大意。（多媒体显示文中重点字句。）

（几分钟后。）

师：我们先来解决第一个问题——“文言文的意动用法”。“不耻下问”“席地而坐”这两个词是什么意思？

生1：不认为向比自己学问差、地位低的人请教是耻辱的。

生2：把大地当作席子坐下。

师：对。这里“耻”本来是形容词“羞耻”，但是在“不耻下问”中活用作动词了，解为“以……为耻”。凡是文言文中，名词或者形容词活用作动词，解释为“以……为……”就称为文言文的意动用法。“以……为……”又可进一步细化为两种解释：一种解为：“认为……怎样……”；另一种解为“把……当作……”。那么，本文中有哪些字词是意动用法，大家能不能找出来？（多媒体显示。）

生：“邑人奇之”的“奇”。

师：怎样解释？

生：认为他是个奇才。

师：对。还有没有意动用法？

生：“宾客其父”的“宾客”。

师：怎样解释？

生：把他的父亲当作宾客。

师：对。还有意动用法吗？

生：“父利其然也”的“利”。

师：怎样解释？

生：认为这样做有利可图。

师：很好。通过这几个实例，大家对文言文的意动用法有了进一步的了解。现在请一位同学用简练的语言，把意动用法总结一下。（多媒体显示。）

生：凡是文言文中，名词或者形容词活用作动词，解为“以……为……”，又可进一步细化为两种解释：一种解为：“认为……怎样……”，另一种解为“把……当作……”的，就称为文言文的意动用法。

师：很好。我们解决了第一个“学习重点”——意动用法。现在我们解决第二个“学习重点”——思想意义。大家把课文齐读一遍。

（学生齐读课文。）

师：我提个问题，仲永的父母是不是读书人？

生：不是，是农民。

师：你们怎么知道的？

生：“世隶耕。”

师：什么意思？

生：世代耕田为业。

师：“隶”为何义？

生：属于。

师：这样看来，仲永出生在一个父母都是目不识丁的农民的家庭。可是奇怪的事情发生了，是什么事情？

生：仲永五岁时，忽然哭着要读书的工具。

师：对，古代读书的工具是什么？

生：笔、墨、纸、砚等。

师：是的。仲永以前见过这些东西吗？

生：没有。

师：你怎么知道的？

生：书上说：“未尝识书具。”

师：哪个字解为“见过”？

生：识。

师：没见过“书具”却哭着要，这不奇怪吗？这可谓“一奇”。他的父亲对此有什么感觉？

生：“父异焉。”

师：什么意思？

生：父亲对此感到很诧异。

师：对。焉，兼词“于之”，解为“对此”。父亲面对儿子的要求做了什么？赶快去商店买？

生：不是。从邻居那里借来给他。

师：哪个词解为“邻居”？

生：“旁近。”

师：于是第二件奇怪的事情发生了，是什么？

生：“即书诗四句，并自为其名。”

师：就写了四句诗，并题写了诗的题目，是吗？

生：不是，是题写了自己的名字。

师：“书”是名词“书本”的意思吗？

生：不是，是动词“书写”。

师：对。这可谓“二奇”。没读过书，甚至连见都没见过“书具”，仲永却能写诗，并能题写自己的名字。仲永写了哪四句诗？

生：文章没说。

师：文章没有具体介绍，老师也不知道。但诗的大意是知道的，有什么内容？

生：“以养父母、收族为意。”

师：什么意思？

生：以赡养父母、团结家族为大意。

师：思想内容非常健康。“赡养父母”反映了中国哪一项传统美德？

生：孝。

师：对。“团结家族”反映了传统道德中的“仁爱”，也符合当前倡导的和谐社会、和谐家庭的理念。你看，一个五岁的孩子能有这样的思想境界，是不是很可贵？这可谓“三奇”。接下来还有“四奇”是什么？

生：“自是指物作诗立就，其文理皆有可观者。”

师：什么意思？

生：从此别人指着一样东西，他立刻就能写成一首诗，而且文采和道理都值得一看。

师：哪个词解为“从此”？

生：自是。

师：“就”意为写成、完成，谁能再说一个“就”当“完成”意思的成语？

生：一挥而就。

师：很好。“文理”就是今天所说的形式和内容。仲永文思敏捷、天资聪颖，其他人指什么东西，他就能写什么诗，譬如指“鹅”，他就马上写出一首：“鹅，鹅，鹅，曲项向天歌。白毛浮绿水，红掌拨清波。”又譬如指柳树，他马上又写一首：“碧玉妆成一树高，万条垂下绿丝绦。不知细叶谁裁出，二月春风似剪刀。”——当然，这些诗是不是仲永写的？

生：不是。这是骆宾王和贺知章写的。

师：对。老师只是举个例子，说明仲永确实是个“神童”，“指物作诗立就”，他确实是个奇才。此乃“四奇”。有这四奇，当时人们怎样看待仲永？

生：邑人奇之。

师：什么意思？

生：同县的人对此感到十分惊奇。

师：（板书“童年”“奇之”）“奇”是什么用法？

生：意动用法。

师：对。同学们想想，这样一个“奇才”“神童”，如果能有一个良好的学习环境，能受到很好的教育和培养，那会怎样？

生：会成为一个了不起的诗人、文学家。

师：是啊！可周围的人是怎样做的？特别是他的父亲又是怎样做的？

生：周围的人渐渐地把他的父亲当作贵宾来招待。

师：父因子贵，因为儿子是神童，父亲也受到人们的尊敬、礼遇。“宾客”是什么用法？

生：意动用法，把……当作宾客招待。

师：甚至有人肯花钱求着仲永写诗，哪个字当“有的人”和“求取”讲？

生：“或”“乞”。

师：对。你看，仲永在当地的知名度已经很高，用现在的话讲，俨然是个“小童星”，而且有不少“粉丝”。（学生笑）他父亲怎样看待这件事？

生：他父亲认为有利可图。

师：哪个字是意动用法？

生：利。

师：怎样解释“利”？

生：认为有利可图。

师：他父亲每天的工作就是拉着仲永四处拜访、炫耀，让仲永作诗谋利。这里有两个字的读音要注意，哪两个字？

生：“扳”读“pān”，拉着，领着；“谒”读“yè”，拜访。

师：是的。他的父亲俨然成了仲永的“经纪人”，每天的工作就是拉着仲永四处拜访县里的名人，目的就是让仲永作诗挣钱，把仲永当成了“摇钱树”。但这实质上反映了仲永的父亲有什么特点？

生：只贪图眼前的小利，不顾儿子长远发展。

师：是的。目光短浅的小农意识，急功近利、愚昧无知的短视行为。最终他有没有让仲永上学？

生：没有。

师：“不使学”三个字，看似平淡，其实很关键，很沉重。它为仲永以后的蜕变埋下了伏笔，为一个“神童”的夭折、消亡种下了祸根。作者写了仲永蜕变的三个阶段：五岁时童年（板书“童年”）是“神童”，邑人奇之（板书“奇之”）；十二三岁少年（板书“少年”）时怎样？

生：“令作诗，不能称前时之闻。”

师：怎样解释？

生：让他作诗，已不能和以前的传闻相当了。

师：哪个字作“相当”讲？

生：称。

师：对。“不称”（板书），已名不副实，才华大不如前。又过了七年，仲永多大了？

生：二十岁。

师：青年（板书）怎么样了？

生：“泯然众人矣。”

师：（板书“众人”）完全和普通人一样了。“泯然”是什么意思？

生：完全消失。

师：正常来讲，随着年龄的增长，他的才华应该与日俱增才对。可仲永年龄与才华却成反比关系，最后江郎才尽——这一切的根源是什么？

生：不使学。

师：对。（红色板书“不使学”）。一个“神童”就这样夭折了，一个奇才就这样消亡了，这难道不让人痛心、不让人惋惜吗？所以全文紧紧围绕哪个字展开？哪个字是全文的文眼？

生：伤！

师：对。（板书“伤”）全文字里行间流露出作者深深的哀叹、惋惜之情。全文都笼罩在哀伤的氛围中。仲永由一个“神童”变为一个普通人，主要原因是“不使学”，对此，谁应该负主要责任？

生：他的父亲。

师：对。他的父亲目光短浅，急功近利，不顾儿子的长远发展，不让仲永求学，致使仲永由一个奇才、“神童”，变为“泯然众人”，他应该负主要责任。除了他的父亲外，还有谁要负责任？

生：他的母亲也要负责任。

师：是的。古代有哪些贤母教子的故事？

生：孟母三迁、岳母刺字。

师：对啊。可见母亲在孩子的教育成长中也起着重要作用。仲永的父母不懂教育，对仲永的变化都有责任。还有哪些人应负责任？

生：他的邻居也有责任，尤其是借给仲永“书具”的那一家，一定是个读书人家，应该对仲永的父亲的做法提醒劝阻。

师：是的。如果你是仲永的邻居，你会怎样劝说仲永的父亲？

生：我会说：“老方啊，你这样做可要毁了孩子，你应该让仲永上学，好好学习，这样他才能成长、成才。”（学生笑）

师：是啊，就是到我们学校来学习一下也很好啊！（学生笑）可他的父亲可能不会听。周围同乡同县的那些“粉丝”也有责任。他们过分追捧、渲染，对仲永的成长也是不利的。天才有的是被“棒杀”，有的是被“捧杀”。仲永就是被“捧杀”的。现在很多“神童”也是被媒体过分地渲染追捧“捧杀”的。仲永本人有没有责任？

生：也有责任。他主观上不努力学习，对父亲的荒唐做法没有反对抗争，而是逆来顺受。

师：是的。古今中外，自学成才的人也不少。即便仲永不能上学，如果他努力自学，也不至于“泯然众人”。但仲永毕竟是个懵懂孩童，不懂这些道理，不能决定自己的命运。我们可以想象，仲永很可能提出过上学的要求，他的父亲会怎样回答他呢？

生：他父亲可能会说：“孩子，你现在诗写得这么好，还用上学吗？再说上学要花钱、耽误时间，会影响我们挣钱，还是不用上学了吧。”

师：通过仲永的故事，我们得到怎样的启示、教训？

生：再聪明也要努力学习。

师：是啊！天赋超常的人，尚且需要努力学习；天赋一般的人，就更需要努力学习了。对此，王安石发表了自己的看法，大家齐读。

（学生齐读最后一段。）

师：这一段理解难度比前两段大一些，大意是说：“像仲永这样有天赋的人，由于后天教育学习跟不上，尚且变成普通人；如果没有很好的天赋，后天又不努力地学习，想成为普通人都很难。”作者暗示社会上存在三种人：神人、众人、庸人。不努力学习的人，连成为“众人”的资格都没有，只能沦为最可怜无用的“庸人”。仲永的故事启示我们：“天赋不可待，勤学可成才。”（板书）

“伤”作为全文的核心和文眼，有几层含义？或者说作者通过仲永的案例，流露出哪些层面的哀伤和感叹呢？谁来总结一下？

生：一是哀伤和感叹仲永由神童变为普通人；二是哀伤和感叹仲永的家长不让他学习。

师：对。我觉得至少有三层哀伤和感叹：第一，哀伤和感叹仲永由一个“神童”沦落为一个“众人”；第二，哀伤和感叹把仲永变为“众人”的各种主客因素，特别是家庭和社会因素；第三，由此及彼，哀伤和感叹那些天赋一般，又有着很好的学习条件，却不努力学习提高的人，以致连成为“众人”都不可能的悲哀——这是不是更深刻了？

仲永是一个反面案例，古今中外也有儿童勤学成才的正面事例，谁能举出这样的案例？

（学生纷纷列举。）

师：我们学过的《口技》，作者林嗣环，也曾是一位“神童”。因家里贫穷，供不起他上学，五六岁时，他一边放牛，一边在窗外偷听老师讲课。老师发现后，请他进来写篇作文。这个从未踏进过学堂的放牛娃，竟然妙语连珠，令老师大为惊奇。老师努力说服他的父母，免收学费，让林嗣环跟班旁读。七岁那年，有位大学士也为林嗣环的聪慧天资所折服，破例收他为“伴读”。林嗣环珍惜机遇，刻苦学习，学业突飞猛进。后来他考中举人和进士，成为文学家和政治家。

古今中外还有很多正面劝导人们努力学习的名言警句，同学们都知道哪些？

生 1：孔子曰：“学而时习之，不亦说乎？”“学而不厌，诲人不倦。”

生 2：“书山有路勤为径，学海无涯苦作舟。”

生 3：“黑发不知勤学早，白首方悔读书迟。”“少壮不努力，老大徒伤悲。”

生 4：“宝剑锋从磨砺出，梅花香自苦寒来。”

生 5：华罗庚说：“勤能补拙是良训，一分辛苦一分才。”“天才出于积累，聪明源于勤奋。”

生 6：“天才是百分之一的灵感加上百分之九十九的汗水。”

…………

师：同学们说得太精彩了。还有很多劝学名言，如当下流行的：“终身学习，与时俱进。”希望同学们铭记仲永的教训，用这些名言激励自己努力学习。最后大家齐读课文。

（学生齐读全文。）

六、板书设计

伤仲永

王安石

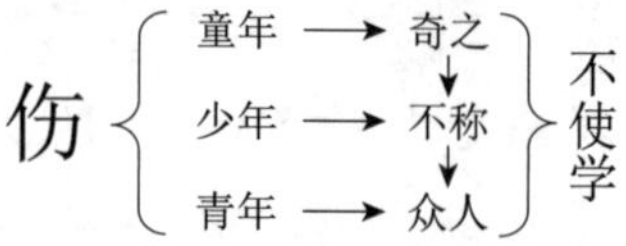

启示：天赋不可待，勤学可成才！

七、拓展训练

请给下面这段教师续写的文言文《仲永父子》加上标点，再解读大意。

仲永父子

一日仲永读乐羊子妻告其父曰古有乐羊子者远寻师学以怀思中道而归其妻方织乃引刀趋机以断其织学亦如机杼之织不可中道而止也今父日扳儿环谒邑人已有年矣儿欲寻师而学抑或有成父笑曰汝尝言卖油翁自钱孔沥油入葫芦而钱不湿皆以手熟耳今儿日指物作诗不亦熟乎何以学为况人宾客吾父子或贻吾以钱币利莫大焉安可止之耶卒不使学

参考答案

一日，仲永读《乐羊子妻》，告其父曰："古有乐羊子者，远寻师学，以怀思，中道而归。其妻方织，乃引刀趋机以断其织。学亦如机杼之织，不可中道而止也。今父日扳儿环谒邑人，已有年矣。儿欲寻师而学，抑或有成。"父笑曰："汝尝言卖油翁，自钱孔沥油入葫芦而钱不湿，皆以手熟耳。今儿日指物作诗，不亦熟乎，何以学为？况人宾客吾父子，或贻吾以钱币，利莫大焉，安可止之耶？"卒不使学。

刘鹗的《老残游记·明湖居听书》教学实录

一、导入新课

师：喜欢唱歌的同学举手（不少学生举手）。嗬，这么多同学喜欢唱歌。(问一学生）你喜欢唱什么歌?

生：我喜欢唱流行歌曲。

师：你是新潮派。流行通俗歌曲是新兴艺术，受到许多当代青年的喜爱。其实在中华民族文化中还有不少宝贵的东西，今天我们要学习的《明湖居听书》中艺人们演唱的“梨花大鼓”，就是一种深受人们喜爱的传统说唱艺术（板书课题，其中“听”字用红色行书大字号）。课文选自刘鹗的《老残游记》第二回“明湖湖边美人绝调”。

二、整体感知

师：课前看过课文的同学举手（学生全部举手）。你们都看过了，很好。文中描写最精彩、给你们印象最深的是哪一部分内容?

生：白妞说书。

师：那我们就从最精彩的地方入手。

三、学习目标

（1）鉴赏品味生动传神的语言文字。

（2）想象体味歌乐的美妙动听、一波三折。

（3）学习使抽象难摹的歌声如闻其声的比喻、通感手法。

四、品读鉴赏

师：白妞的出场和演唱是全文的重头戏，请大家看这一部分。白妞在众人的期盼之中，“千呼万唤始出来”。一亮相，作者首先对其作肖像描写，请一位同学读一下。

（学生读其肖像描写。）

师：白妞多大了？

生：“十八九岁。”

师：白妞长得漂亮吗？（学生有“漂亮派”和“不漂亮派”之争,“不漂亮派”发言。）

生：不是很漂亮。文中说她“相貌不过中人以上之姿”。

师：对。文中说她：“秀而不媚，清而不寒。”（追问）那回目中为何说是“美人绝调”呢？“美人”如何理解？是那种“闭月羞花、沉鱼落雁”的美貌吗？

生：不是。白妞的美是一种气质神韵美。

师：对。这种“气质神韵”最能从哪里表现出来？

生：眼睛。

师：文中是如何描写白妞的眼睛的？

生：“那双眼睛，如秋水，如寒星，如宝珠，如白水银里头养着两丸黑水银。”

师：这一连串的比喻写出了白妞眼睛的什么特点？

生：明亮有神。

师：不是很具体。两个事物构成比喻的基本条件是什么？

生：本体和喻体之间有相似点。

师：秋水与眼睛的相似点是什么？

生：（顿悟）清澈纯净。

师：那么“寒星”呢？

生：明亮。

师：“宝珠”呢？

生：闪耀着美丽的光彩，熠熠生辉。

师：“白水银里头养着两丸黑水银”呢？

生：黑白分明。

师：仅仅是“黑白分明”吗？那为什么用“养”字，而不用“放”“嵌”？谁能用生活中见过的现象，具体说明一下“养”字所表现的情态？

生：把生鸡蛋打开，蛋黄在蛋清里的状态很像“养”在里面。

师：很形象。这里用“养”字表现白妞眼睛的什么特点？

生：圆润灵动，水汪汪的。

师：悟性很好。“嵌”字，给人的感觉是固态的、僵硬的。“养”字，给人的感觉是液态的、灵动的，眼睛水汪汪的。尤其是那夺魂摄魄的“一盼”，像磁石一样吸引着人们，观众立即着魔入定。古人赞叹美女有“巧笑倩兮。美目盼兮”的名句。这极富魅力的“一盼”，不应是敷衍了事的一瞅、一瞥，更不是“一轮”（《祝福》中写垂死的祥林嫂的眼睛，用的是“间或一轮”，状其沉重呆滞），而应是溢彩流光地深情扫视。同学们都学过《简笔和繁笔》，有时“非繁不足以达其妙处”。作者不惜笔墨地重点描写白妞明眸善睐的“眼睛”，用意何在？

生：表现白妞的聪明伶俐。

师：是的。俗话说："心明眼亮""眼睛是心灵的窗户。"作者通过对白妞眼睛的描绘，表现出白妞聪慧、富有灵气，为她后面精湛的演唱做了很好的铺垫。正因为白妞秀外慧中、聪明好学，她的歌唱才能有如此高的造诣。所以写"美人"是为后面写"绝调"做铺垫，是"绝调"的有机组成部分。

白妞几个简单而精彩的动作："梨花简丁当了几声""又将鼓捶子轻轻的点了两下"，极简单的乐器在白妞手中一摆弄，"便有五音十二律似的"，十分和谐悦耳，真是"未成曲调先有情"。这种以简单的乐器"反衬"白妞精彩纷呈歌唱的手法，与大家学过的林嗣环的《口技》里的哪些描写很相似？

生：与《口技》里用一人、一桌、一扇很简单的道具，"反衬"口技的繁杂很相似。

师：是的。你能举一反三、触类旁通，值得点赞。《口技》里繁乱逼真的口技表演结束后，"撤屏视之，一人、一桌、一椅、一扇、一抚尺而已"。

师：下面是本文最精彩、最值得学习的部分。我们进入攻坚阶段——借助语言文字想象感受美妙的歌声。请一位同学把描写白妞演唱的这段精彩文字读一下，要求声情并茂，读出歌声的起伏变化。大家同时思考两个问题：（1）整个演唱过程根据起伏变化可分为几个环节？最好能用图表示。（2）作者是用什么方法化抽象为形象，描摹空灵飘忽的歌乐的？

（学生读描写白妞演唱的文字。）

师：（教师正音正字）谁来回答第一个问题，整个演唱过程根据起伏变化可分为几个环节？

生：白妞的演唱可分为五个环节，第一个环节从"声音初不甚大"到"无一个毛孔不畅快"。

师：这是音乐的"起始"。

生：接下来到"节节高起""愈翻愈险，愈险愈奇"是第二个环节。

师：这是音乐的"发展"。

生：接下来到"声音渐渐的就听不见了""满园子的人都屏气凝神，不敢少动"是第三个环节。

师：这是音乐的"跌宕"。

生：接下来到"不晓得听那一声的为是"是第四个环节。

师：这是音乐的"高潮"。

生：最后"霍然一声，人弦俱寂"是第五个环节。

师：高潮处戛然而止，令人拍案叫绝，是音乐的"结束"。现在我们根据歌声的起伏变化来展示一下（板书或多媒体展示）。

师：白妞整个歌唱过程，呈现了歌声一波三折的变化之美，具体表现为歌声运动中的两次"波峰"、一次"波谷"，以及"高潮"中戛然而止，即"起始、发展、跌宕、高潮、结束"五个环节。白妞为什么要这样演唱？作者为什么要这样描写呢？哪位同学能说明一下？

（学生深思不语。）

师：哪位同学能举出另一篇描写声音变化的相似的文章？

生：初中学过林嗣环的《口技》，好像声音变化过程也是这样的。

师：这位同学能触类旁通，联系学过的林嗣环的《口技》，很好。我们看看《口技》中描写的声音变化过程（多媒体展示）："遥闻深巷中犬吠"，这是"起始"阶段。既而众音繁杂，儿啼声，叱儿声，欠伸声，呓语声……这是"发展"阶段。到各种声音"一时齐发，众妙毕备，满坐宾客无不伸颈……以为妙绝"。这是第一次"波峰"。"未几，夫齁声起，妇拍儿渐拍渐止。微闻有鼠作作索索……宾客意少舒，稍稍正坐。"渐入"波谷"，这是"跌宕"。"忽一人大呼'火起'，"巨声突变，声音的强度、力度增大，哭叫声、呼救声、犬吠声、崩倒声、火爆声、抢夺声、泼水声……"百千齐作""无所不有"，声音达到"高潮"。"忽然抚尺一下，群响毕绝"，高潮中戛然终止。《口技》中的声音变化过程与《明湖居听书》相似吗？

生：相似，《口技》中也是"起始、发展、跌宕、高潮、结束"五个环节。

师：我们再来看看白居易的《琵琶行》中描写音乐的诗句（多媒体显示"转轴拨弦三两声……唯见江心秋月白"。）自"转轴拨弦三两声""起始"；至"嘈嘈切切错杂弹，大珠小珠落玉盘"，乐曲发展到第一次"波峰"；继而"冰泉冷涩弦凝绝，凝绝不通声暂歇"，乐声跌宕形成"波谷"；"银瓶乍破水浆迸，铁骑突出刀枪鸣"，乐曲达到"高潮"，形成第二次更大的"波峰"；"曲终收拨当心画，四弦一声如裂帛"，高潮中戛然而止。《琵琶行》也是"起始、发展、跌宕、高潮、结束"五个环节，也是两次波峰、一次波谷，一波三折。

三篇文章虽时代不同（唐代、明代、清代），作者不同（白居易、林嗣环、刘鹗），体裁不同（诗歌、散文、小说），可在描摹声音变化过程上都是一波三折、不谋而合、惊人地相似。为什么会这样呢？谁能说一说其中的道理？

生：只有一波三折的声音变化，才能体现出旋律和声音的丰富多彩。

师：有一定道理。可为什么非要如此变化才好呢？有道是"文似看山不喜平"，歌乐也不例外，只有曲折变化，才合乎人们的欣赏心理。两次"波峰"、一次"波谷"及"高潮"中的戛然而止，是合乎人们欣赏心理的基本而完整的声音变化形式。声音从轻徐悠长开始，逐渐发展为众音繁会，形成第一次"波峰"，倘就此上去而无变化，便觉单薄浅直，缺少回环顿挫的韵味。而跌宕后的"波谷"，体现"虚实相生"的辩证法则，诱发审美联想。跌宕不是终结，须再扬起，但不应成为第一次"波峰"的简单重复，须更强烈、更昂扬，这就形成"高潮"。在人们陶醉其中时，以短促刚劲的音响结束，借助欣赏心理的"惯性"，引发联想，以显示"余音绕梁，三日不绝""曲有尽而意无穷"之妙。这种"一波三折"的声音运动形式，足以充分地显示声音的丰富多变，打动人心。作为一种艺术规律和表现技巧，"一波三折"被古今中外艺术家所共同认识和掌握，并在作品中不谋而合地表现出来。

歌声是听觉艺术，抽象无形，飘忽不定，很难描摹。刘鹗将之转化为语言文字的视觉艺术，能使人如闻其声、如见其人。除了"一波三折"的过程变化外，还需要作者出色的语言文字表现能力。刘鹗把难以描摹的歌声听觉，成功地转化为文字视觉。现在我们读刘鹗的文章，要将语言文字的视觉艺术，再还原成听觉艺术，想象、感受歌声。

我们先看“起始”阶段：“王小玉便启朱唇，发皓齿，唱了几句书儿。声音初不甚大，只觉入耳有说不出来的妙境”，这种“妙境”说不出，应该说一般人说不出，可刘鹗能“说出”，他是怎样说的？

生：“五脏六腑里，像熨斗熨过，无一处不伏贴，三万六千个毛孔，像吃了人参果，无一个毛孔不畅快。”

师：“熨斗熨过”是什么感觉？

生：热乎乎的舒服。

师：吃“人参果”什么感觉？

生：没吃过啊。（笑）

师：是啊，既然如此，刘鹗为什么用吃“人参果”来比喻听歌声的感觉呢？

生：人们虽然没有吃过人参果，可以用吃其他好东西的感觉来想象体验。

师：你能举个例子具体说明一下吗？

生：大热天口渴极了，喝一瓶可乐或吃块大西瓜，舒服极了。

师：那肯定是一种无比美妙的感觉，“飘飘乎羽化而登仙”。作者的目的就是要调动我们生活中的美好的饮食体验，帮助我们间接地体会这种妙不可言的感受。这是从什么角度来写听觉？

生：从味觉感受写听觉。

师：这是什么修辞手法？

生：通感。

师：对。通感也是一种特殊的比喻，就是把其他感觉比喻为另一种感觉。运用比喻、通感这些手法有什么作用？

生：调动人们的各种感觉，把不易感知的事物变得容易感知。

师：把听觉转换成触觉、味觉，就容易感受得多了。通过这种手法，我们体会到“起始”阶段的歌声的基本特点是什么？

生：歌声不大，温和悦耳，听起来通体舒畅。

师：是的，令人身心俱泰。我们齐读一下这几句。

（学生齐读。）

师：我们再来看“发展”阶段。请一位学生读一下。（学生读。）在这一节里，同学们觉得哪些句子特别生动形象？

生：“忽然拔了一个尖儿，像一线钢丝抛入天际。”

师：这写出了歌声的什么特点？

生：尖细、高亢、强劲有力。

师：把听觉转为视觉，我们仿佛看到了那细细的钢丝弹向天空，发出尖细、响亮的声音。在这一节里还有哪些形象生动的语言？

生：用层层登泰山，比喻节节高起的歌声。

师：谁登过泰山？请举手（学生举手）。你亲历了这种“山外青山，层层而上”的景象，应该更能想象得出此时歌声的特点。

生：激越昂扬，一声比一声高。

师：刘鹗创造了一个“山重水复步步上，柳暗花明处处新”的音乐境界。再看第三阶段“跌宕”：“那王小玉唱到极高的三四叠后，陡然一落，又极力骋其千回百折的精神。”作者如何表现这种“千回百折”的歌声？

生：“如一条飞蛇在黄山三十六峰半中腰里盘旋穿插。顷刻之间，周匝数遍。”

师：这种歌声的基本特点是什么？

生：婉转流畅，圆润多变。

师：同学们注意到没有，刘鹗在比喻中多涉及一些名山，这说明什么？

生：说明刘鹗对三山五岳非常熟悉。

师：对，刘鹗还是一位遍历名山大川、见多识广的旅行家，所谓“三句话不离本行”。“从此以后，愈唱愈低，愈低愈细，那声音渐渐的就听不见了。满园子的人都屏气凝神，不敢少动。”观众正听得过瘾，白妞为什么此时要让歌声低下去，停下来有两三分钟之久？是不是没的唱了？

生：“此时无声胜有声”，停顿使歌声富于变化，引发联想、想象。

师：说得好。你用了“此时无声胜有声”，太好了，从哪里学到的？

生：白居易的《琵琶行》。

师：是的。这种暂时的“休止”，绝不是苍白，而是有意制造的“空白”，它营造了一种含蓄空灵的氛围，撩人情思，唤起想象，让人在无限的遐思中获得丰足的回味。其他艺术，如中国画中，有没有这种“空白”？

生：中国画中的“计白当黑，无画处皆成妙境”的手法。

师：你的知识面也很广，能触类旁通解说这种“空白”现象。各种艺术形式中都有这种现象：雕塑中的“残缺”、戏剧中的“静场”、电影中的“定格”、书法中的“飞白”等。古人说：“诗在有字句处，诗之妙在无字处。”“空白”“休止”是一切艺术所追求的高层次品位。高明的艺术家都善于运用这种“空白”的艺术，追求一种“大音希声，大象无形”的艺术境界。所谓“弦外之音，韵外之致”。所以此时的跌宕、休止，绝不是可有可无的，而是整首乐曲中必不可少的精彩部分。我们把这一节齐读一下。

（学生齐读。）

师：第四阶段“高潮”：“约有两三分钟之久，仿佛有一点声音从地底下发出。这一出之后，忽又扬起”，作者又用“像放那东洋烟火……纵横散乱”来比喻形容。国庆节或奥运会燃放烟火礼花的情境，同学们还记得吧？那种壮观绚丽的景象你能想象得出吗？

生：想象得出。

师：谁能描述一下？

生：烟花像一朵朵绚丽的鲜花在天空中绽放，五颜六色，形态各异，好看极了。

师：此时歌声的特点是什么？

生：五彩绚烂，美不胜收。

师：这样表述不仅把歌声绘出形，而且着上色。“这一声飞起，即有无限声音俱来并发……不晓得听那一声的为是。”这就把整首歌曲推向了“高潮”，同学们能想象出此时歌声的特点吗？（大声）

生：热闹纷繁，多姿多彩。

师：是呀，各种声音交织在一起，众音繁汇；但又繁而不乱，和谐悦耳。美妙的歌声，能使人的灵魂得到净化，使其晶莹剔透、澄静明澈，让人在杳杳冥冥中悟得灵性的奥义。正在耳花“撩乱之际，忽听霍然一声，人弦俱寂”，“高潮”处戛然而止，令人拍案叫绝。刘鹗把听众引入“绝唱”的化境——真是“形骸脱而神思飞”“曲有尽而意无穷”啊！为了使读者如临其境、如闻其声，刘鹗大量运用什么修辞手法描写音乐？

生：比喻、通感等手法。

师：对。刘鹗用比喻、通感等手法，把抽象难摹的歌声描绘成触之有体、咂之有味、视之见形、听之有声的具象实体，使人如临其境、如闻其声。这种成功的正面描绘歌声的作品，在文学史上是不多见的。

现在，让我们再把这两段描写歌声的“妙文”齐读一遍，再一次感受歌声的“一波三折”的变化之美和比喻通感的魅力。

（学生齐读。）

师：通过刘鹗的生花妙笔，大家是不是如同聆听了一段美妙动人的“梨花大鼓”呀？

生：是——

师：比喻、通感是文章中一道亮丽的风景。如果我们把这些比喻、通感句去掉来读一下，感觉会怎么样呢？（教师读。）

生：虽然文脉尚通，但歌声的表现力就逊色多了。

师：是的。刘鹗把白妞的说唱描摹得如此淋漓尽致、绘声绘色，读罢文字，如同聆听了一段荡气回肠的“梨花大鼓”，真可谓“梨花妙曲纸上听”。除了高超的文字表达和丰富的想象外，更需要作者精于音乐歌唱之道。据载，刘鹗不但有很高的文学修养，而且有很高的音乐修养。他出身于音乐世家，刘鹗的母亲“精音律”，刘鹗的姐姐能弹古琴，刘鹗的妻子“能度曲”，刘鹗本人更是精通乐律、善弹奏，是广陵琴派的传人。他能弹奏《平沙落雁》《高山流水》《山中忆故人》《良宵引》《耕莘钓渭》等名曲（多媒体显示）。一个夏夜，他弹奏《平沙落雁》，他的侄子刘大钧在旁，只感到“一会儿风声、一会儿水音，一会儿更听见飞鸟落地、两翅扑拂之声……”以至“竟忘却身在园中，仿佛初秋天气清晨在江边闲步，看见许多飞雁在空中盘旋……”由此可见刘鹗琴技高超之一斑。刘鹗喜欢收藏古琴，庚子年间曾以三千金购唐名琴“九霄佩环”，琴面有黄庭坚题记，后来此琴由北京故宫博物院收藏，为“近世四大名琴”之一，这些对我们的写作有哪些启发？

生 1：要很好地表现一样东西，必须熟悉它、理解它。

生 2：要有多方面的爱好、修养，才能写好文章，有所成就。

…………

师：是的。“你要欣赏音乐，必须有一双音乐的耳朵。”这就是我们常说的要努力提高自己的素质。老师提一个问题供大家思考：文中除了写白妞，还写了琴师、黑妞，以及开篇、结尾用大量的笔墨写听众的热情和评价，这些对表现白妞的歌声有何作用呢？（烘云托月，侧面烘托白妞演出的成功。除了她自身技艺高超外，琴师、黑妞的表演和观众的热情所形成的浓烈的氛围也不可忽视。）

另外，拓展一个比较高深有趣的问题：声音之美，抽象无形、飘忽不定、转瞬即逝，很难正面真切细腻地描摹传达。所以文学史上描写音乐的诗文，多是侧面描写，很少正面描写。如《论语》中写孔子“闻韶乐，三月不知肉味”。《列子》中写韩娥歌声美妙：“余音绕梁，三日不绝。”李贺的《李凭箜篌引》，美妙的音乐竟使“空山疑云颓不流”“江娥啼竹素女愁”，又使“老鱼跳波瘦蛟舞”“吴质不眠倚桂树，露脚斜飞湿寒兔”。李白的《听蜀僧濬弹琴》中写高妙的琴声：“客心洗流水，馀响入霜钟。不觉碧山暮，秋云暗几重。”杜甫的《赠花卿》中写音乐：“锦城丝管日纷纷，半入江风半入云。此曲只应天上有，人间能得几回闻。”还有苏轼的《赤壁赋》中写音乐：“客有吹洞箫者，倚歌而和之。其声呜呜然，如怨如慕，如泣如诉；余音袅袅，不绝如缕。舞幽壑之潜蛟，泣孤舟之嫠妇。”这些描写音乐的诗文，多用侧面烘托的手法，极力渲染音乐的动听迷人。但具体是怎样一种音乐，其演唱过程怎样动听迷人，则语焉不详，少见正面描写。侧面渲染固然可以唤起想象，但毕竟缺乏正面描写如临其境、如闻其声的具体可感。所以刘鹗的《明湖居听书》和白居易的《琵琶行》，是文学史上少有的正面描写音乐成功的范例，很精彩、很难得。

五、板书设计

[板书一]

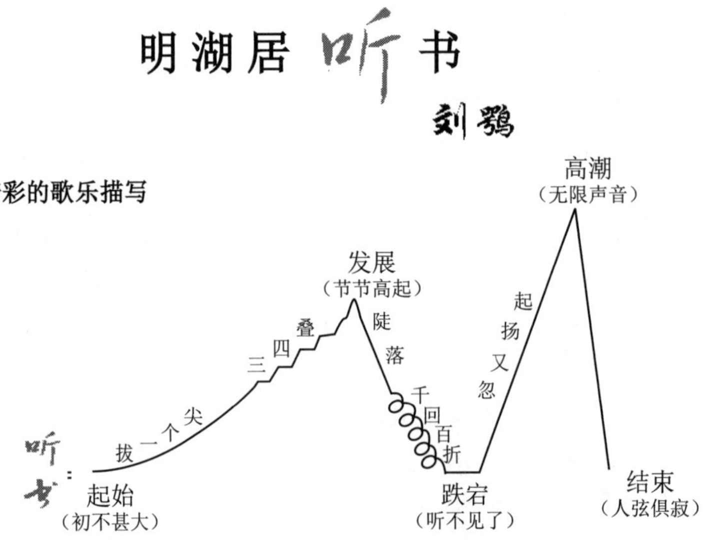

［板书二］

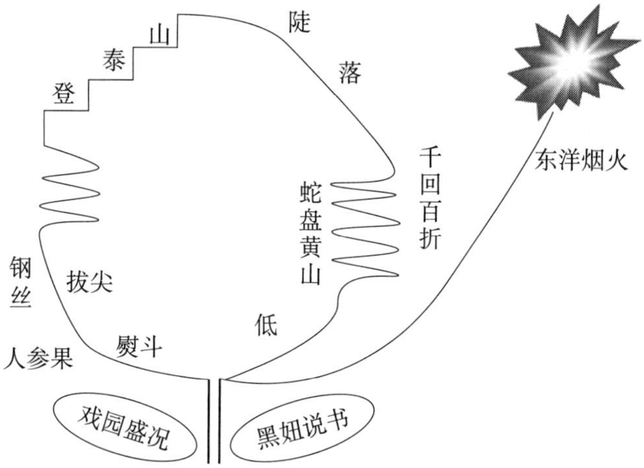

（本文原载《河南教育》2001 年第 1 期。赏析文章《梨花妙曲纸上听——〈明湖居听书〉歌乐描写探赏》，发表于《名作欣赏》2003 年第 12 期。）

刘向等的《战国策·邹忌讽齐王纳谏》教学实录

一、导入新课

师：生活中同学们都有过劝导别人或被人劝导的经历吧？你们认为，要取得好的劝导结果，除了要有良好的目的、动机外，还应该注意什么？

生：方式方法。

师：是的。因为劝导不是强迫命令，它有一个接受与否的问题。方法巧妙，事遂人愿；方法蹩脚，事与愿违。封建时代，臣下向国君进谏，方法技巧尤为关键。今天我们就来学习一篇用巧妙的方法向国君进谏、获得良好效果的历史名篇——《邹忌讽齐王纳谏》。

二、倒书课题

师：纳谏（板书）何意？

生：采纳别人的建议。

师：纳谏也就是广开言路，听取民意。谁纳谏？

生：齐王（板书）。

师：齐王在谁的劝导下纳谏？

生：邹忌。（板书“邹忌劝”，有意将“讽”误写为“劝”，学生指出。）

师：“讽”与“劝”有什么区别？

生：讽，用委婉含蓄的方法进谏，而“劝”没有这层意思。

师：这样看来，全文的文眼应是哪个字？

生：讽。（教师用红笔将“劝”改为醒目的“讽”。）

三、整体感知

学生诵读全文，教师正音正字。

四、学习目标

（1）掌握文言文重点实词、虚词和句式。

（2）认识“讽”中“类比”和“比喻”的区别。

（3）了解作文“三叠法”及数字“三”的意义。

五、品读鉴赏

师：大家看标题，标题点出了本文两个主要人物——邹忌和齐王（板书）。这个标题有几层意思？

生：两层：一是“邹忌讽齐王”，二是“齐王纳谏”。

师：标题是个兼语词组。文章是如何照应标题这两层意思来写的？哪些文字写邹忌讽齐王？哪些文字写齐王纳谏？

生：一、二段写“邹忌讽齐王”，三、四段写“齐王纳谏”。

师：这样看来文章可分为两部分。在这两部分中又以哪一部分为主？

生：第一部分。

师：对。以“邹忌讽齐王”为主，至于“齐王纳谏”，仅是对“讽”的结果的交代。在第一部分中，哪一段又集中体现了文章的主旨、写作意图？

生：第二段。

师：是的。从全文看，主旨是谈邹忌劝齐王广开言路、兴利除弊这个“大道理”。而这个“大道理”在第二段才集中体现出来，因此第二段应是全文的中心和主干。可作者为什么花大量的笔墨在第一段写“与徐公比美”这个“闺房小事”？有人认为这是作者布局谋篇的失误，详略失当，同学们怎么看这个问题？

生：这种说法不妥。因为第一段是第二段的基础和铺垫，邹忌正是通过与徐公比美、受蒙蔽这个“闺房小事”，悟出国君治国也可能受蒙蔽这个“国家大事”的。

师：是的。没有第一段也就没有第二段，也就体现不出本文以小悟大、由己推人、以生活琐事推比国家大事的“讽”的特点（板书），也就无法获得使齐王茅塞顿开的良好效果。既然第一段是全文的重要组成部分，我们先来看第一段。第一段主要写什么？

生：邹忌与徐公比美。

师：邹忌长得怎样？

生：“修八尺有余，而形貌昳丽。”

师：“修”即身长，“八尺有余”，如果按现在的长度单位换算，1 米 =3 尺，邹忌的身高是多少？

生：比 2.66 米还多。

师：比姚明的身高还高，好像太高了点吧？一个人太矮了固然不好，太高了也不见得好看。再说有没有这么高的人，还是个问题。是不是古人比今人高呢？

生：不是。古代尺度比现在尺度短。

师：短多少？文中没注释，谁知道？（学生议论）考古资料表明，战国时期的一尺相当于现在的23厘米。这样算来，邹忌的实际身高是多少？

生：大约1.85米。

师：就是现在也是高个子。身材高大健硕是男性美的标志。难怪邹忌自我感觉良好，要与徐公比美。第二句赞其“形貌昳丽”，“昳丽”，光彩照人，是说其身材，还是容貌？

（学生分“容貌派”与“身材派”进行争辩。）

师：无论哪一派都要从文中找出依据。

生：“形”指身材，“貌”指容貌——两者兼而有之。

师：对。从身材到容貌都可谓“大帅哥”。邹忌与徐公比美都找了哪些人做裁判，听取他们的评价意见？

生：妻、妾、客。

师：邹忌分别是怎样问的？

生：问妻：“我孰与城北徐公美？”问妾：“吾孰与徐公美？”问客：“吾与徐公孰美？”

师：“三问”的意思差不多吧？

生：差不多，都是讲“我和徐公相比哪一个更漂亮？”

师：问妻用了典型的文言问句“孰与……？”即“和……相比谁更……？”（将“孰与”的“孰”，与后文“孰视之”的“孰”比较鉴别）邹忌“朝服衣冠”，看到镜子里的自己俊美飘逸的形象，是以一种什么心情、口吻问妻？

生：应该是一种自我陶醉的心情和扬扬自得的口吻。

师：邹忌自我感觉很好，语气平静舒缓，文绉绉地问：“我孰与城北徐公美？”得到妻子的赞美后，邹忌想：“城北徐公，齐国之美丽者也”，又有点“不自信”了。这是故事发展的关键，说明他没有被别人的赞美冲昏头脑，尚有自知之明，这是难能可贵的。故而马上“复问其妾”，进一步证实，与问妻子相比，他的问句有哪些变化？

生：少了“城北”两字。

师：这是为什么呢？

生：因为他“不自信”，急于知道妾对这个问题的看法，所以简短了。

师：是的。他带着一种急切的心情求证，得到妾的肯定后，他坚信不疑了吗？

生：不是，他还是有点疑惑。

师：所以天光大亮后（旦日），客人来访，三“问客”。这时他是怎样的心境和口吻？

生：不像问妻那样得意，也不像问妾那样急切，而是很随便地一问：“吾与徐公孰美？”

师：对。不太经意，用了通俗的口语，只是想进一步印证一下妻妾的观点而已。哪位同学能把这三次发问的不同心情、语气、表情都表现出来？（学生仿读）这里有个问题需要商榷：文中的“旦日”怎样解释？

生：明天。

师：“旦日”也就是第二天。后文又出现“明日”，解为“旦日”的后一天，即第三天，进而“暮寝而思之”，可见第三天尚未向威王反映情况。“于是入朝见威王”最快也是第四天的事——这不符合作者表现邹忌发现问题及时进谏的初衷。而且如果“旦日”解为“明天”，与“明日”在概念上也有重复之嫌。文中对“旦日”的注解不够准确，不应解作“明天”(第二天)。它是古代“十二时”纪时法之一（古十二时：夜半、鸡鸣、平旦、日出、食时、隅中、日中、日昳、晡时、日入、黄昏、人定），“平旦”也叫“旦日”“旦明”“早旦”等，是日出之后，即清晨，天光大亮。与前面的“朝服衣冠”的“朝”——日出之前，即凌晨，古代臣子上朝之时——一脉相承。“明日徐公来”的“明日”才好解为“第二天”。这样邹忌从发现问题到向齐王汇报、进谏其实用了多少天？

生：三天。

师：中间隔了两天，第三天就“入朝见威王”，时间很短，他发现问题及时进谏。邹忌的“三问”的心态、语气、措辞都不同，那么妻、妾、客的“三答”有差别吗？分别是怎样回答的？

生：“三答”也不一样。妻曰：“君美甚，徐公何能及君也？”妾曰：“徐公何能及君也？”客曰：“徐公不若君之美也。”

师：“三答”的意思差不多，但妻、妾用了什么句式？

生：反问句式。

师：客人用了什么句式？

生：陈述句。

师：为什么会有这种差异？

生：客不像妻妾那样对邹忌的问题感兴趣，不想多费口舌，只是出于礼貌敷衍一句，所以用了语气平淡的陈述句。

师：有道理。妻、妾对待这个问题的态度就不同了，她们都用了情感浓烈、加强语气的反问句，为什么？

生：她们都很重视邹忌提出的这个问题。

师：但妻与妾的用语完全相同吗？

生：不完全相同。妻在反问前，先用了赞叹句：“君美甚”，热情地赞美，妾没有。

师：是啊。妻子先热情赞美：“君美甚”——您漂亮极了。然后再用反问句：“徐公何能及君也？”——徐公怎么能赶上您呢？而妾只是鹦鹉学舌一般，学着妻子用了反问句。邹忌怎样解释这种差别？

生：妻子偏爱丈夫，妾畏惧丈夫。

师：哪个字当“偏爱”讲？

生：私。

师：古代妻子在家庭中的地位比妾要高得多，《说文解字》中说：“妻，妇与夫齐者也。”妻、齐谐音。理论上妻子与丈夫是平等的。作为妻子，一般是热爱丈夫的，俗话说“情人眼里出西施”。所以妻子由衷地赞美邹忌，深感自豪，感情浓烈。妾在家庭中的地位比妻低得多，介于妻与婢之间。妾要顾及妻的妒忌多心和丈夫的威严，情感不能太直太露，言行谨慎，所以只能模仿妻的口吻，怯怯地恭维一句。同学们，“三答”的内涵相仿，但用语、情感各异，既反映了人物的身份、地位、性格的不同，又避免了行文的单调。古人行文用语多么富有匠心，值得我们很好地揣摩学习。接着，邹忌通过“暮寝而思之”悟出了什么道理呢？

生：“吾妻之美我者，私我也：妾之美我者，畏我也；客之美我者，欲有求于我也。”

师：正是由于别人的“私、畏、求”（板书），造成邹忌不了解真相，受蒙蔽（板书“蔽”）。任何现象的形成，都由“内因”和“外因”两方面的因素促成。同学们，这三个不利因素都属于哪个方面？

生：外因。

师：常言道：“三人成虎”，三人都说邹忌比徐公美，按理说邹忌应该相信，可他最终为什么能够省悟呢？

生：是“暮寝而思之”起了作用。

师：对。是深刻反省的“内因”起了作用。具体到文中，邹忌调动了哪些内在因素？

生：“不自信”——自知之明；“孰视之”“窥镜自视”——调查比较；“暮寝思之”——研究反省。

师：看来，一个人被蒙蔽，固然有外因影响，但主要还是内因，如妄自尊大、闭目塞听、不听忠言。反之只要充分发挥内在因素，就可拨开迷雾，认清真相。（强调本段文言实词“我妻之美我者”的“美”是意动用法，与“我与徐公孰美”的“美”的区别。虚词，主谓间“之”取消句子独立性的用法，又分为两种情况：一是被取消独立性的词组作单句中的某一成分，如“我妻之美者，私我也”；二是作复句中的某一成分，如“虽我之死，有子存焉”）。下面我们看邹忌怎样讽谏齐王。

（学生齐读第二段。）

师：“由此观之”的“此”指代什么？

生：宫妇私王，朝臣畏王，四境求王。

师：最后得出的结论是什么？

生：“王之蔽甚矣。”

师：邹忌只有一妻、一妾、一客，尚受蒙蔽。而齐王妻妾成群，莫不私王；臣民百万，莫不畏王；富有四海，莫不求王——其“蔽”能不甚吗？邹忌总结了齐王受蒙蔽的原因，这些都属于哪方面的原因？

生：外因。

师：历史上有那么多国君，哪一个国君不私、不畏、不求？固然有昏君，但也有明君。这说明什么？

生：说明别人的私、畏、求，并非造成国君受蒙蔽的根本原因。

师：但邹忌为什么不同时指出齐王受蒙蔽的内因呢？有人说这是邹忌的疏忽，但也有人认为这正反映了邹忌巧于进谏的高明，同学们怎样看？

生：这反映了邹忌巧于进谏的高明，再次体现了委婉多讽的特色。

师：邹忌明知道齐王受蒙蔽有内因（也是真正原因），却不点明道破，而是归结为周围人的私、畏、求，让齐王感到他受蒙蔽是别人的责任，避免触怒齐王，以更好地获得进谏效果，达到广开言路、兴利除弊的目的。这也从侧面反映出臣下对专制、暴戾的封建君王的畏惧。君王喜怒无常，听不得逆耳忠言，即使像齐威王这样所谓的“明君”，也使得臣子小心谨慎，进谏时不敢直言犯上，不得不煞费苦心，挖空心思地讲究技巧、策略。否则，稍有不慎，就可能触碰了君王的“逆鳞”，惹得龙颜大怒，招来杀身之祸。可见，邹忌的讽谏艺术，是在专制和暴政的险恶政治背景下人性扭曲的产物，是为了君王的面子，而不得不在手法上的权变和屈就，带有鲜明的时代特色。如果是在一个可以畅所欲言、各抒己见的民主文明社会里，这种“畸变”的语言艺术，是不必过分追求的。不过，单就“劝导应讲究技巧”而言，课文还是有正面借鉴意义的。

“讽”在具体运用中又有多种方法，如比喻、类比、暗示。本文用了哪种方法？课后提示说：“体会邹忌的讽谏艺术……运用比喻的方法说一段话。”这似乎在“提示”课文用了什么方法？

生：比喻。

师：同学们考虑一下这种说法确切吗？谁来列举一句典型的比喻句。

生：《荷塘月色》中有：“叶子出水很高，像亭亭舞女的裙。”

师：同学们看这个比喻，相比的两个事物——叶子和裙——是同一类事物吗？

生：不是。

师：对。比喻的本体和喻体是不同类的事物。而本文中相比的两个事物——邹忌与齐王——却是同一类事物，因此这不能说是比喻，而是类比（板书）。何谓类比？请同学们记下：类比就是两个以上同类事物相比，由几个事物相似的前提推出相似的结论的一种逻辑推理方法，也可以说是一种艺术表现手法。文中类比的两个同类事物是什么？

生：邹忌与齐王。

师：对。两者有何相似前提？

生：都有被“私、畏、求”的特点。

师：对。推出什么相同结论？

生：受蒙蔽。（板书）

师：对。即文中所说：“由此观之，王之蔽甚矣！”直观表示为（多媒体显示）：

邹忌：私、畏、求——→蔽（结论）

齐王：私、畏、求——→蔽（结论）

以前，类比手法在逻辑学中多有涉及，在诗文读写中没有给予类比手法足够的重视和研究。其实类比在诗文中的运用相当广泛。如刘禹锡的《陋室铭》中：“山不在高，有仙则名。水不在深，有龙则灵。斯是陋室，惟吾德馨。”也运用了类比，其结论应该是：室不在陋，士雅则馨。直观表示为（多媒体显示）：

山：不在高　　有仙——→则名（结论）
水：不在深　　有龙——→则灵（结论）
室：不在陋　　士雅——→则馨（结论）

那么“讽”能否用比喻呢？当然可以，而且古代臣下讽谏君主也多用比喻，谁能举一个例子？

（学生讲“螳螂捕蝉，黄雀在后”的故事。）

师：这是典型的比喻讽谏。我再举一个与齐王有关的用“比喻”讽谏的例子。齐威王在历史上也算得上很有作为的国君，但在他继任之初，却不理朝政，整日沉溺于酒乐，致使国弱民衰，诸侯并侵。谋士淳于髡也用“讽”的方法进谏，对齐王说：“国中有大鸟，止王之庭，三年不蜚又不鸣，不知此鸟何也？”——意思是：我们齐国有一只大鸟，降落在大王的庭院里，多年不飞又不鸣叫，大王知道这只鸟是怎么回事吗？同学们看，这用的什么方法？

生：比喻。

师：“大鸟”比喻什么？

生：齐王。

师：“三年不飞不鸣”比喻什么？

生：无所作为。

师：对。“齐王”和“大鸟”是不同的事物，所以构成比喻。齐王很聪明，听出了弦外之音，也用比喻回答说：“此鸟不飞则已，一飞冲天；不鸣则已，一鸣惊人。”成语“一鸣惊人”即出自这里。此后齐王励精图治，使齐国逐渐强大起来——这用的就是比喻讽谏的方法。文章到这里，照应了标题中的哪层意思？

生：邹忌讽齐王。

师：下面写“齐王纳谏”。要取得理想的讽谏效果，仅有一张“善讽”的嘴巴还不够，还应有一双“善纳”的耳朵。从哪里看出齐王从谏如流的明君风范？

生：干脆利落地说了一个字“善”。

（学生齐读第三段。）

师：听其言，观其行。齐王都采取了哪些“行”？

生：上、中、下三种激励进谏的举措。

师：怎样受上赏？

生：当面指责君主的过失（面刺）。

师：怎样受中赏？

生：上书进谏。

师：怎样受下赏？

生：“能谤讥于市朝，闻寡人之耳者，受下赏。”

师：注意“谤讥于市朝”，不能理解为“在集市和朝廷上诽谤君王”。“市朝”是偏义词，这里偏指“市”，即公众场所；“谤讥”，不同于现在的贬义词“诽谤”，而是公开议论、批评的意思。是不是凡在公众场所议论君王的缺点的臣民都能受下赏？

生：不一定，必须使君王听到。

师：是的。闻，使动用法，使（君王）听到。“门庭若市”这个成语，就出自这里。门庭若市是什么意思？

生：大门口和庭院里像集市一样热闹。

师：可见进谏的人之多。进谏的人如此之多，说明什么？

生：一方面说明齐王治理确实存在不少问题，另一方面说明纳谏的举措很见成效。

师：数月之后情况怎样？

生：有时候偶然进谏（间进）。

师：又过了多久，臣民想说却没的说了？

生：满一年以后（期年）。

师：末一段有人认为是“蛇足”，可以去掉吗？

生：不能。末一段虽然很简略，但却反映了齐王纳谏除蔽的效果和影响很大。

师：对啊。不战而屈人之兵，这正是儒家和兵家所推崇的至高境界，邹忌可谓“一言以兴邦”。

六、拓展研读

师：下面我们探讨一个有趣的问题：这篇文章从内容到结构都很奇妙，都和一个数字“三”密切相关，如“三问”“三答”。谁能从文章中再找出几个与“三”有关的内容？

生：“妻、妾、客”三人；“私、畏、求”三个原因；“上、中、下”三种奖赏。

师：很好。还有“宫妇左右”“朝廷之臣”“四境之内”三个范围的人；“令初下”“数月之后”“期年之后”三个时间段；结构上也分为三部分……古人将这种三三成组、关联呼应的奇妙的篇章结构，称为“三叠法”（板书）。“自首至尾，俱用三叠法。”本文可谓运用“三叠法”的经典之作。这种章法有什么妙处？

生：结构严谨，易读易记。

师：不错。“三叠法”反复三次，重复而又变化，铺陈而严谨，宜讲宜记，适合大众阅读欣赏习惯，可以成为一种程式化结构，被多种艺术形式借用。

古人认为“三”是个“吉数”，也是个“大数”。道家主张“一生二，二生三，三生万物”。一、二嫌少，四又偏多，三恰到好处。凡事“始于一，成于三”。中国人对“三”特别喜爱和重视。谁能举出几个和“三”有关的成语、故事、典故？

生 1：“三思而行”“三人成虎”。

生 2：“三打白骨精”“三顾茅庐”“三气周瑜”。

…………

师：还有“一日三秋”“三生有幸”“三调芭蕉扇”“三人行，必有我师焉”“士别三日当刮目相待”。古人的“会意”造字法，凡是三个相同的字符堆在一起，都表示某个事物多，如“众”——人多；“淼”——水多；“磊”——石多；“森”——木多；“鑫”——金多……这都反映了“三”这个数字在中国人心目中有特别的意义和审美情趣。同学们在今后的写作中，不妨有意识地学习运用这种“三叠法”，一定会有好效果。

总之，这篇古文故事美、人物美、哲理美、语言美、章法更美，确是脍炙人口的千古名篇。无怪臧克家先生在《纳谏与止谤》一文中盛赞本文道：“读好文章，如饮醇酒，其味无穷，久而弥笃。”

七、课后作业

以《方法与效果》或《善讽的“嘴巴”与善纳的“耳朵”》为题写一篇读后感。

八、板书设计

邹忌讽齐王纳谏

《战国策》

三叠法

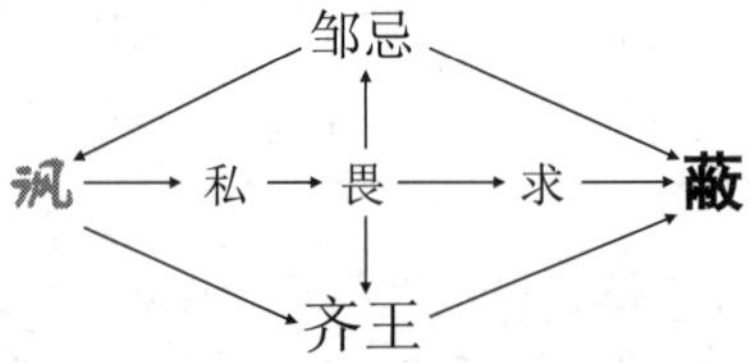

类比法

茅盾的《风景谈》教学实录

一、导入新课

人们常说“看景不如听景”，今天我们就来学一篇谈风景的文章，听一听茅盾是怎样谈风景的，他所谈风景有何特色和内涵。（板书课题）

二、整体感知

学生速读课文。（此前已预习）

三、学习目标

（1）理解六幅风景所包含的“人与自然”的关系及赞颂抗日军民的主题。
（2）理解六幅风景及各议论之间的内在联系。
（3）学习精妙的遣词造句。

四、鉴赏研读

（结合课文注释）

师：什么是“风景”？

生：好看的景色？

师：是啊。“风景”必须是美的，它包括自然风景和人文风景，这些都是能够引起人们审美与观赏的风光景象。本文写自何时、何地？

生：1940 年底、重庆。

师：1940 年是什么年代？重庆是什么地方？

生：1940 年是抗日战争年代，重庆是当时国民政府的陪都。

师：那么我们不禁疑惑：在中华民族生死存亡之秋，在白色恐怖笼罩下的国统区，作者为什么有闲情逸致去写一篇看似吟风弄月的写景散文呢？是不是与时代有点不合拍呢？注释告诉我们：1940 年 5 月到 10 月，作者曾到延安访问，在延安生活了 5 个月。他耳闻目睹了陕甘宁边区军民火热的战斗生活和崇高的精神境界，有感而发才写此文。

这就表明文中所写“风景”与表现“抗日军民的生活和精神”是有密切联系的。《白杨礼赞》也是通过赞美白杨树，歌颂北方抗日军民朴实、正直、坚强的品格。两篇文章有内在联系，堪称“姊妹篇”，同学们可以联系比较。

第一幅风景

（由学生推荐三位善于朗读的学生配合读第一段：一学生读人类活动尚未出现时的情景；一学生读人类活动出现后的情景；一学生读作者由此而发的议论。）

师：在人类活动还未出现以前，整个画面给人的总体感觉是什么？

生：广漠苍凉，死寂贫瘠。

师：“四顾只是茫茫一片”，没有一些生气，时见“驼马的枯骨”，散发着死亡气息——严格来说这能叫“风景”吗？

生：不能。

师：这不过是沙漠中常见的令人恐怖的自然现象。可是，当什么“事物”出现以后，使这一“最单调最平板”的沙漠大为改观，变得无比生动多彩了呢？

生：驼队。

师：对，驼队就是“人”的体现（板书红色大字“人”）。“山无水不灵，景无人不活。”人的出现，使这一景象产生了神奇的变化，荒凉的景象顿时变成了一幅令人赏心悦目的“风景”。当地平线上出现了第一个黑点，当更多的黑点成为线、成为队，当叮当叮当的驼铃传入耳鼓，最后雄壮的驼队、猩红的大旗映入眼帘的时候，你会有什么感觉？

生：多么庄严，多么妩媚呀！

师：作者运用电影镜头的“推移法”，把这一画面由远而近地推出：画面的色彩由淡到浓、由冷到热，声音由小到大、由弱到强，画面的主体——驼队，也由远到近，很有层次地呈现出不同形态的变化。至于人，没有正面描写，但这生机勃勃的活动的画面，不正是人的写照吗？作者面对这幅壮美的风景，产生了什么感想呢？

（学生齐读：“这里是大自然的最单调最平板的一面，然而加上了人的活动，就完全改观，难道这不是‘风景’吗？自然是伟大的，然而人类更伟大。”）

师：这是作者由风景“谈”出的感想：“人类比自然更伟大。”（红色板书）这独到的感受，是画龙点睛的一笔。我们读着这段话，似乎觉得它不是书面文字，而是看艺术纪录片时耳边响起的“画外音”。作者善于借用电影表现手法，如镜头“推移法”“旁白”“画外音”等形式，把议论抒情融入画面，成为风景的有机组成部分。作者用激情的话语引导“观众”理解画面的含义，充分体现标题“风景谈”的内涵——既写风景，又谈感慨。

我们给这幅风景取个什么名字呢？

生：“沙漠风光”。

师：“沙漠风光”，沙漠中的一切景象，不管有无人类活动，都可以叫“沙漠风光”，如“大漠孤烟直，长河落日圆”，“大漠风尘日色昏”，“平沙莽莽黄入天”。可是什么标题能体现“人类活动”是风景的核心这一主题呢？

生 1：“沙漠驼铃”。

生 2：“沙漠驼队”。

沙漠驼铃

沙漠驼队

师：“沙漠驼铃”“沙漠驼队”都不错（绿色板书），都能体现人类活动构成伟大“风景”的主题。作者描绘第一幅风景时，为什么不从驼队出现时写起，而要先描绘一幅空旷沉寂、没有人迹的沙漠景观呢？

生：这样前后形成强烈的对比，形象地告诉人们：无论是多么单调沉寂的地方，只要有了人类的活动，就可以产生奇迹，变成一幅动人的“风景”。

师：这样描绘衬托出人类的伟大，人类对自然的主宰和改造。这让我们想起了著名诗人卞之琳的《断章》一诗，谁会背？

生：“你站在桥上看风景，看风景人在楼上看你。明月装饰了你的窗子，你装饰了别人的梦。”

师：你看的、记的都很多，给你点赞！看风景的“人”本身又成了别人观赏的“风景”，而且是更美的风景。正是因为有人类的“点缀”，才使自然生色、增辉，人类比自然更伟大、更迷人，其本身就是大自然的“杰作”。莎士比亚的名剧《哈姆雷特》中有一段著名的独白，高度赞美人类的俊美、伟大：“人类是一件多么了不起的杰作！多么高贵的理性！多么伟大的力量！多么优美的仪表！多么文雅的举动！在行动上多么像一个天使！在智慧上多么像一个天神！宇宙的精华！万物的灵长！”

第二幅风景

师：第二幅风景描绘了陕北农民生产归来时的情景，充满诗情画意，富有童话色彩。你看三五明月，离山数尺，蓝天透明，庄稼摇曳。“这时候突然从山脊上长出两支牛角来”，同学们说哪一个动词用得特别生动？

生：长。

师：好在哪里？用“出现”“伸”“冒”之类的字可以吗？

生：“长”很有动态感，写出了两支牛角从山脊上由短到长逐渐出现的过程。

师：说得好。“长”不仅形象地写出了两支牛角从山那面由短到长逐渐出现的过程，而且用拟人手法把黑魆魆、静立不动的山脊写活了、写神了。而“伸”“冒”就太一般化了，缺少灵气、不生动。记得托尔斯泰说过，在艺术语言中，最重要的是动词，要是你找准了动词，你就可以安心继续写你的句子。劳动归来的人们牵牛掮犁，在蓝天、黑山、银色月光的背景下，形成剪影，充满诗情画意。如果田园诗人看见了，必定诗兴大发。历史上谁是著名的“田园诗人”？

生：陶渊明。

师：他的田园诗也描绘了类似的意境，谁能背一首？

生：“种豆南山下，草盛豆苗稀。晨兴理荒秽，带月荷锄归。”

师：背得好。诗中所描绘的田园风光与文中的意境多么相似。“这几位晚归的种地人，还把他们粗朴的短歌，用愉快的旋律，从山顶上飘下来。”同学们说黄土高原上老农唱的“粗朴的短歌”应该是什么民歌？

生：陕北民歌。

师：谁知道陕北民歌是什么音调？谁能说出几首曲名或哼唱两句？

生：陕北民歌有《赶牲灵》《兰花花》《走西口》……

（学生试唱几句。教师把歌声引入课堂，一方面让学生形象地感知陕北民歌的“粗朴”“愉快的旋律”“飘”字的传神，领略美妙意境和民俗民风的淳朴；另一方面活跃课堂，增添情趣，体现美育特色。）

师：从山顶上“飘”下来，一个“飘”字写出了歌声的什么特点？

生：“飘”字写出了歌声缥缈悠扬、缭绕不散的特点。

师：是啊。作者不但写出了余音袅袅，而且把陕北老农在清风明月之下，一路走一路唱的轻松愉悦的神态、自然朴实的风貌都淋漓尽致地表现出来。这幅“风景”的灵魂仍然是人类。我们给它起一个什么名字呢？

生 1：“劳作晚归”。

生 2：“月夜归耕”。

劳作晚归

月夜归耕

第三幅风景

师：第三幅风景也是写生产归来的人们，但他们的身份和前一幅的一样吗？

生：不一样。前者是农民，后者是知识青年。

师：对。第三幅风景中是劳动归来的鲁迅艺术文学院（简称“鲁艺”）的学员。他们边学习边生产。“七八种不同的方音”说明什么？

生：他们来自五湖四海，为抗日救国的共同目标，一起走到了延安。

师："他们的爽朗的笑声，落到水上，使得河水也似在笑"，作者把人的感情传递给河水，用河水烘托人们愉快的心情。"他们又用同一的音调，唱起雄壮的歌曲来了。"同学们想，在那个特定的年代，这"雄壮的歌曲"应该是哪一首歌曲？

生：应该是《义勇军进行曲》或者是《黄河大合唱》。

师：对。《义勇军进行曲》是1935年由田汉作词、聂耳作曲的歌曲，原本是电影《风云儿女》的主题歌，被称为"中华民族解放的号角"，对激发中国人民的爱国精神起了巨大的作用，后来成为中华人民共和国的国歌。《黄河大合唱》是1939年由光未然作词、冼星海作曲的抗日歌曲。这两首歌曲大家都耳熟能详，我们齐唱几句《义勇军进行曲》好吗？

（学生齐唱《义勇军进行曲》，雄壮的歌声把课堂推向高潮。）

师：现在我们唱《义勇军进行曲》，依然能感受到歌曲的雄壮激烈、热血沸腾。当年知识青年们高唱《义勇军进行曲》，该是多么激情澎湃。下面作者通过一个怎样的"独特视角"，点明他们各自不同的身份？

生：通过他们的"手"。

师：作者运用电影中的"特写镜头"，将一双双手定格放大——"这是惯拿调色板的"，是指什么人？

生：画家。

师："那是昨天还拉着提琴的弓子伴奏着《生产曲》的"，是指什么人？

生：音乐家。

师："这是经常不离木刻刀的"，是指什么人？

生：雕刻家。

师："那又是洋洋洒洒下笔如有神的"，是指什么人？

生：文学家。

师：这一双双因职业不同而形态各异的手，他们有无共同特点呢？

生：有，都生满了老茧。

师：对。作者把聚光灯照在每一双手的老茧上，说明这些来自五湖四海的知识青年，有着共同的理想，他们在劳动中改造自然的同时，也在改造自己。作者为什么要通过"手"这一独特的角度，暗示他们是鲁艺的学员，而不是直接表明他们的身份呢？（学生思考）这篇文章写在何时、何地？

生：写在1940年的重庆，作者不能太直白地赞美延安的生活。

师：是的。这也是作者自我防护的一种策略，所以全文都采用了含蓄暗示的手法，但明眼人一看就知道描写的是哪里。最后的小号兵，可能就是站在宝塔山上。"人们把沾着黄土的脚伸在水里，任它冲刷，或者掬起水来，洗一把脸。""掬"是什么动作？（学生演示）以前在城市，这些知识青年是怎样洗脸的？

生：用脸盆、热水、毛巾、香皂……洗脸。

师：对，以前在城市里，他们洗脸是很仔细、很认真的，一遍不行再洗两遍，洗完以后再照照镜子、梳理头发、精心修饰……一个"掬"字，说明现在他们也像陕北老农一样，掬起河水洗一把脸，反映出鲁艺的知识青年的思想和生活发生了很大变化，作风变得简朴，没有了知识分子的矫情。这幅风景的核心仍然是“人”，而且不是一般意义的人。作者面对这幅风景“谈”了什么感想？

生（齐读议论）：“自然是伟大的，人类是伟大的，然而充满了崇高精神的人类的活动，乃是伟大中之尤其伟大者！”

师：此一段议论，与前一段议论，在逻辑上呈现了什么关系？

生：递进，阶梯式的递进。

师：对。前一段议论指明“人类比自然伟大”，而此段进一步指出“充满崇高精神的人类活动，乃是伟大中之尤其伟大者”。（红色板书）同学们为这幅“风景”起个什么名字呢？

生 1：“延河夕照”。

生 2：“学员晚归”。

延河夕照

学员晚归

第四幅风景

师：作者向我们展示了两幅截然不同的画面。一幅是谈情说爱的风俗素描："西装革履烫发旗袍高跟鞋的一对儿，在公园的角落，绿阴下长椅上，悄悄儿说话。"同学们见过这样的情景吗?

生：（笑）见过。电视剧、电影、公园里常见。

师：当你看到这样的情景时你会怎样想?

生：这里有一对恋人，没什么意思，走吧。

师：这是城市生活中司空见惯的一个镜头，它给我们的感觉是平常无奇。可是当你看到另一幅图画——延安儿女在雨天石洞中促膝读书时，你有什么感觉呢?

生：精神为之一振，感到神奇光彩，对此惊叹不已。

师：你感到这是一个"奇迹"，大自然顿时为之生色，"他们是否是恋人，落在问题之外"。两幅风景不仅在外表上，更在精神内容上都表现出了极大的不同：是两种社会、两种价值观、两种精神生活的人的不同反映。作者又"谈"了什么感想?

生（齐读议论）："人依然是'风景'的构成者，没有了人，还有什么可以称道的?再者，如果不是内心生活极其充满的人作为这里的主宰，那又有什么值得怀念?"

师：此一段议论与前一段议论还是递进关系吗?

生：好像不是。

师：这应是第二次议论的辐射和延伸，说明"内心生活极其充满的人"应该"主宰自然"。这幅风景我们为其取什么名字?

生1："石洞雨景。"

生2："雨洞促读。"

雨洞促读

第五幅风景

师：这一幅风景描写了一个“桃林茶社”。客观地说，这处风景美吗？

生：不太美，基本没有风景。

师：正像作者所说：“中国之大，比这美得多的所谓风景区，数也数不完，这个值得什么？”你看二三十棵桃树、半盘旧石磨、几尺断碑、一截旧阶石、大小石块，而这还是“奢侈品”——言外之意，这样简陋的陈设也很少，不够用。“这里坐的不舒服，吃的喝的也太粗糙简单”，连绿荫都是“简陋”的。绿荫用“简陋”来修饰，别有风味，“简陋”一般形容什么？

生：房屋、陈设等。

师：而说绿荫少一般用什么词？

生：稀疏。

师：这里用“简陋”描写绿荫，有何妙处？

生：“简陋”不单说绿荫少，而且表现各方面条件都很差。

师：对。既然这里条件差，又没有多少风景，那作者为什么偏要选择这么一个“简陋”景观作为描写对象呢？作者又发出了什么议论？“谈”了什么感慨？

生（齐读）：“人类的高贵精神的辐射，填补了自然界的贫乏，增添了景色，形式的和内容的。人创造了第二自然！”

师：对。延安的知识青年有的走过“天下最难走的路”，是指什么路？

生：两万五千里长征。

师：是的。他们见多识广，精神丰富。他们来这里学习、休息、交流……因此这里竟变得很出名了，成了一处“胜景”。这让我们想起了刘禹锡《陋室铭》中的一句名言——

生：“山不在高，有仙则名。水不在深，有龙则灵。”

师：对。延安的进步青年就是“仙”，就是“龙”，他们创造了“第二自然”。什么叫“第二自然”？有“第二自然”就有“第一自然”。什么是“第一自然”？

生：“第一自然”就是自然景物。

师：对。“第一自然”也就是那二三十棵桃树、半盘旧石磨等。但作者认为这不是构成风景的主要因素，主要因素是“人”，而且是有“高贵精神”的人。所以“第二自然”应是“第一自然”加上具有崇高精神的人类活动所构成的真正意义上的风景。同学们为这处风景取个什么名字？

生 1：“桃林小憩”。

生 2：“桃园茶社”。

桃林小憩

桃园茶社

第六幅风景

师：作者写第六幅风景，从号声落笔，从号声中回忆见过的一张照片——他为什么不直接写屋外的号兵呢？

生：因为他并没有看到屋外的号兵，仅是听到号声。

师：这种手法很巧妙，把号声的听觉形象和照片的视觉形象结合起来，二者相互弥补、相得益彰。作者听到号声，想起照片，虚实结合，让号声传照片之“音”，让照片显号声之“形”——于是，号声和照片之“神”就融为一体。作者大概觉得听号声回忆照片还不够真切吧，于是推门而出，他看到怎样一幅更加令人激动、振奋的壮美景象？

生（齐读）：“我看见山峰上的小号兵了。霞光射住他，只觉得他的额角异常发亮，然而，使我惊叹叫出声来的，是离他不远有一位荷枪的战士，面向着东方，严肃地站在那里，犹如雕像一般。晨风吹着喇叭的红绸子，只这是动的，战士枪尖的刺刀闪着寒光，在粉红的霞色中，只这是刚性的。”

师：作者以红绸衬战士、以霞光衬刺刀，成功地把画面上的动与静、色彩上的冷与暖、气质上的刚与柔，有机地统一起来。两种兵虽然职责不同，但他们身上所体现出的刚毅的精神是完全一致的。最后，作者又“谈”了什么感想？

生（齐读）：“我看得呆了，我仿佛看见了民族的精神化身而为他们两个。如果你也当它是‘风景’，那便是真的风景，是伟大中之最伟大者！”

师：作者为什么不写成排成队的士兵，而单写两个士兵呢？

生：这是以少胜多、以小见大的手法。

师：他们不只是形单影只的两个士兵，而是千千万万抗日战士的化身、缩影，是无数中华儿女的象征；他们也不只是屹立在宝塔山上，而是屹立在整个中华大地上，保卫着祖国的大好河山。所以作者说：“我仿佛看见了民族的精神化身而为他们两个。”这幅“风景”我们为其取什么名字呢？

生 1：“黎明剪影”。

生 2：“北国晨号”。

北国晨号

师：面对这幅画面，作者说：“如果你也当它是‘风景’，那便是真的风景，是伟大中之最伟大者！”“它”指什么？

生：抗日战士。

师：对。“抗日战士是伟大中最伟大者。”（红色板书）这铿锵有力的话语，是对全文的集中概括和升华，使文章达到了最高境界。它以最强有力的“画外音”，结束了这部“风景艺术片”，以最精彩之笔“点睛”，以最响亮的音符，谱就了这首献给主宰国家

命运和民族前途最伟大者的赞歌！（将课堂推向高潮）

五、总结深化

师：（强调六幅风景及议论的内在联系）六幅风景绝非随意排列，而是以揭示“人”在自然中的重要程度按照逐渐加深的顺序排列，几次议论也是层层推进。六幅画面都是以“人”为核心、为灵魂。若去掉了“人”，“风景”也就不存在了。这种伟大的风景，当时也只有在解放区、在延安才能看到。正如毛泽东在诗词《清平乐·会昌》中所写：“踏遍青山人未老，风景这边独好。”

六、板书设计

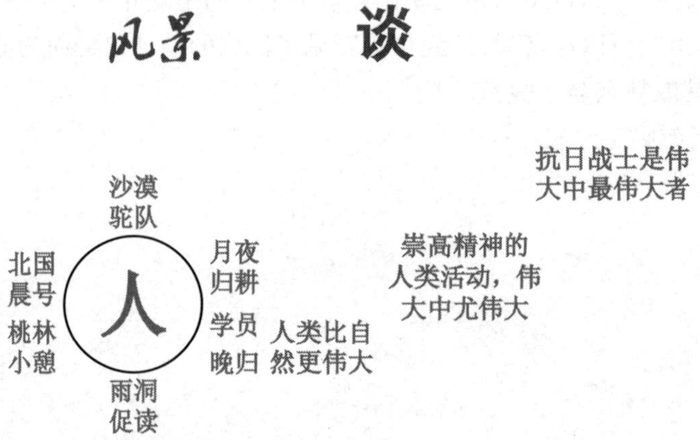

［本文原载《中学语文教学参考（教师版）》1997年第3期。］

（文中部分配图由山东省泰安市漫画家协会主席、著名连环画家孟宪民提供。）

贾祖璋的《南州六月荔枝丹》教学实录

一、导入新课

师：我们今天学第三单元的一篇课文，这一课介绍了一种美味的水果。大家猜到是哪一篇课文了吗？

生：《南州六月荔枝丹》。

师：对。吃过荔枝的同学请举手。哇，几乎所有的同学都吃过荔枝。（多媒体显示荔枝图片）对广东的同学来说，荔枝既不陌生，也不稀奇，可对北方某些地区的同学来说，尽管现在交通发达了，物流畅通了，也并非所有同学都见过、吃过荔枝。如果一位没有见过荔枝的北方同学现在就站在你面前，向你询问这种水果，你会如何向他介绍呢？（请一位学生简介荔枝）

师：这位同学用了什么性质的语言介绍荔枝？

生：说明性语言。

师：对，今天我们就来学习一篇专门介绍荔枝的说明文——《南州六月荔枝丹》。（板书课题）

二、作者简介

（多媒体展示作者像）作者贾祖璋是我国著名的科普作家，写了大量的科普作品，如《中国植物图鉴》《生物学碎锦》《动物珍话》。贾祖璋的科普作品，把科学知识、历史知识、文学知识融为一体，成为既有科学性又有文艺性的科学小品，本文就是较有代表性的一篇。

三、整体感知

师：标题“南州六月荔枝丹”，选自明代陈辉的《荔枝》的第一句，全诗是这样的。（多媒体显示全诗）作者为什么不用“荔枝”做标题，而选用一句诗呢？用“荔枝”做标题可以吗？

生：可以。

师：《辞海》中对荔枝的解说，就是以“荔枝”为题的（多媒体显示《辞海》对“荔枝”的解说）。现在大家用速读的方式，快速浏览课文和《辞海》对荔枝的解说，比较一下二者有什么相同点和不同点。

（2分钟后。）

生：二者的相同点：都是介绍荔枝的说明文；不同点：《辞海》的介绍说明比较平实简明，而课文比较详细，而且引用了许多古诗文，带有比较强的文艺色彩。

师：你很有眼力，概括得很好。是的，课文带有较强的“文艺性”，人们把这种带有较强文艺性的说明文，称为“科学小品”。科学小品具有哪些特点？首先“科学”二字说明什么？

生：说明它是以介绍科学知识为目的的。

师：是的。“小品”为何不叫“大品”？

生：因为这种文体短小精悍，通俗易懂。

师：是的。另外，它是写给专家、学者、教授看的吗？

生：不是，它是写给一般人看的。

师：对，它是写给具有一般文化水平的读者看的。（板书“科学小品就是一种……文艺性说明文。”）请同学们把以上我们给“科学小品”总结的几个要点串联起来、填空，给“科学小品”下一个完整的定义。

生：科学小品就是一种以介绍传播科学知识为目的，给具有一般文化水平的读者看的，短小精悍、通俗易懂的文艺性说明文。

师：概括得很好。作者用一句诗做标题，首先体现了“科学小品”的哪个特点？

生：文艺性。

师：是的。其次，“南州六月荔枝丹”这个标题和“荔枝”标题作比较，除了都点明了说明对象——荔枝外，还包含了哪些信息？

生：还包含了荔枝生产地域——南州；荔枝成熟的时间——六月；荔枝成熟时的颜色——丹（红色）。

师：分析概括得很好。

四、学习目标

师：对广东的同学来说，荔枝一点也不陌生，你们对荔枝的相关知识了解得也比较多。那么我们今天学习这篇课文还有什么价值和意义呢？不学可以吗？

生：不可以。

师：学还是要学的，那么学什么呢？这真有点让老师为难了。请每位同学给老师提一至两点学习建议，帮助老师解决这个问题好吗？

生：好。

（学生提出了很多学习建议，如说明条理、说明方法、科学小品的文艺性、观察的准确细致、严谨的科学态度……）

师：同学们提了很多学习建议，各有道理。但我们一节课不可能学这么多，只能选择其中的一两点学习。首先这毕竟是一篇说明文，说明事物能不能杂乱无章、没有条理呢？

生：不能。

师：所以，首先我们把说明文的“条理性”作为一个学习要点；其次，这又是一篇科学小品，我们把“文艺性”作为另一个学习要点。

（1）学习说明文的条理性。

（2）学习科学小品的文艺性。

五、重点学习

（一）说明文的条理性

师：（多媒体显示荔枝的果实及其解剖图片）现在请大家不要看课文，看着图片，说一段话来介绍荔枝的果实，注意说明的条理性、方法以及说明的准确细致（请一位学生说明，要求其他学生注意听，找出其在条理性、方法、内容方面的不足）。这位学生对荔枝的果实作了说明介绍，尚不够准确、细致。那么，怎样说明荔枝的果实才更科学合理呢？现在我们看课文，看作者是如何介绍说明荔枝的果实的。

（学生齐读第二段。）

师：这一段主要介绍了什么？

生：荔枝壳。

师：对。“壳”是这一段的关键字，请同学们将其圈画出来。在介绍荔枝壳的时候，作者除了说荔枝壳“粗糙”外，还细致地介绍了“龟裂片”及中央突起部分——“片峰”，这种科学细致的观察值得我们学习。第三段又介绍了什么？

生：荔枝的颜色。

师：对，请同学们将这一段的关键字“色”圈画出来。色与壳有密切关系，作者介绍完壳，介绍色，逻辑严密。（请一位学生读第四段）这一段介绍了什么？

生：荔枝的形。

师：对。将关键字“形”圈画出来。在介绍果形的时候，作者不仅说荔枝的形“呈心脏形、卵圆形或圆形”，而且说明得非常细致、准确，他使用了哪些科学专业术语？

生：蒂部、果肩、果顶、缝合线等。

师：说“果肩”的时候连“一边高、一边低”都注意到了，作者这种观察的细致入微、治学态度的严谨科学，都值得我们在写说明文的时候学习。第五段介绍了什么？

生：荔枝的大小和重量。

师：对。把“大小”“重量”这两个关键词圈画出来。你看，作者把壳、色、形、大小、重量放在一起介绍，这些都属于荔枝的哪一部分？

生：外部。

师：是的。请同学们在这几段的旁边写上“外部”两个字。（板书）介绍完外部，接下来应该介绍什么？

生：内部。

师：（板书）内部首先介绍什么？

生：荔枝膜。

师：对。把“膜”这个关键字圈画出来。荔枝膜不能吃，一般扔掉。下一段介绍了什么？

生：荔枝肉

（学生齐读此段。）

师：圈画出“肉”这个关键字。俗称荔枝的“肉”，它的学名应叫什么？

生：假种皮。

师：对。真正的植物学上的“肉”，倒是前面扔掉的“膜”。这有点类似地瓜或土豆的果实，它们其实是“茎”发育而成的，学名“块茎”。作者介绍完肉又介绍了什么？

生：荔枝的储藏。

师：对。把“储藏”这两个字圈画出来。荔枝难以储藏保鲜。最后介绍荔枝的核。把“核”这个关键字圈画出来。膜、肉、储藏、核，这些都属于荔枝的哪一部分？

生：内部。

师：对。请同学们在这几段文字的旁边写上“内部”两个字。现在请两位同学在黑板上板书作者对荔枝“外部”和“内部”的说明条理。

（学生在黑板上板书，教师略作补证，形成完整板书。）

师：荔枝的“储藏”为什么放在“肉”之后介绍，放在“核”之后介绍可以吗？

生：不行。因为“储藏”与“肉”密切相关。荔枝难以储藏保鲜，主要也是指荔枝的“肉”。在“肉”之后介绍“储藏”，合情合理。

师：说得好。作者介绍完“核”，又紧接着介绍“花”，花不属于荔枝的内部。按照自然生长规律——先开花后结果，可为什么作者最后才介绍花呢？先介绍花再介绍果可以吗？

生：也可以。

师：是的，《辞海》对“荔枝”的解说就采用了先花后果的说明顺序。但本文作者为什么采用先果后花的说明顺序呢？（学生沉思，教师启发）这篇文章的写作目的是什么？是写给谁看的？

生：写给没见过荔枝或不太了解荔枝而又想了解荔枝的人看的。

师：对。你想，对一般想了解荔枝的人来说，是更想了解荔枝的果，还是更想了解荔枝的花？

生：荔枝的果。

师：对。荔枝的果是读者想了解的主要内容，而花是他们想了解的次要内容。这样看来，本文的说明顺序除了由外到内之外，还体现了什么顺序？

生：由主到次的顺序。

师：是的。（多媒体显示荔枝的果的说明）

（二）科学小品的文艺性

师：科学小品具有三个要点：科学性、知识性、文艺性。前两个要点就不细谈了，前面也有所涉及。这里重点谈其“文艺性”。本文的“文艺性”主要体现在哪几方面？

生：引用古诗文，如在介绍荔枝“储藏”的时候，引用了杜牧的《过华清宫绝句》：“一骑红尘妃子笑，无人知是荔枝来。”

师：不错，传说杨贵妃喜爱吃鲜荔枝——岂止杨贵妃爱吃荔枝，许多人都爱吃荔枝——但杨贵妃却有条件和特权让专人专马，日夜兼程从南方向长安送荔枝。但这也正说明荔枝珍稀美味，但难储藏和运输的特点，否则也不至于如此兴师动众，劳民伤财。还有哪里引用了古诗文？

生：在结尾谈到荔枝的发展前景时，又引用了苏轼的诗。

师：古代被贬到岭南，是很重的惩罚。但苏轼却说：“日啖荔枝三百颗，不辞长作岭南人。”你们看，当吃荔枝与进京做官，鱼与熊掌不可兼得时，苏轼宁可舍官取荔枝，可见荔枝的美味诱人。这也是诗人的一种艺术表现手法，通过比较、衬托，突出荔枝的魅力。除了文中引用诗文外，还有什么体现了文章的文艺性？

生：标题。

师：对。还有呢？

生：文中用了很多比喻，如“绛囊”“红星”“飞焰欲横天”。

师：是的。另外，大家看课文具体介绍荔枝是从第几段开始的？

生：第二段。

师：第一段有何作用？

（学生齐读第一段。）

生：这一段是个引子，引出说明对象——荔枝。

师：不错。本文是说明文，而第一段却运用记叙、描写的笔调，写到“幼年”“上小学”“现在”几个时间段，文笔生动亲切，设置悬念，引起读者的阅读兴趣，也体现了文章的文艺性。总之，这篇文章的文艺性体现在：诗文、标题、比喻、首段等。

六、小结作业

师：本课我们主要学习了写说明文的条理性和科学小品的文艺性。课下同学们学习课文的写法，写一篇科学小品，介绍你们家乡出产的或者你感兴趣的某种水果。

七、板书设计

南州六月荔枝丹

说明顺序

外部 果壳 → 果色 → 果形 → 大小 → 重量

内部 果膜 → 果肉 → 储藏 → 果核

外 —— 内

主 —— 次

把说明文教出味道，学出光彩

——《南州六月荔枝丹》教学说明

《南州六月荔枝丹》是高中《语文》中的传统篇目（以下简称《荔枝》）。旧篇目如何教出新意、学出光彩，是此课关注的要点。所谓“课不在教什么，而在怎么教”。“教什么”是教材规定的，教师施展拳脚的余地不大，而“怎么教”却最能体现教师的能动性和艺术性，体现教师的教学功力和教学个性。所以《荔枝》一课的设计思路，我主要在怎么“教”、怎样指导学生“学”上下功夫，做了如下设计：

一、取舍教材，突出重点

在处理教材时，并非平均用力、面面俱到，而是将学习重点放在对“荔枝果实”的说明介绍上（即课文 2～10 自然段），对课文最后四段的有关荔枝的产地、记载、移植、前景等扩展材料的介绍，从略从轻。教师合理取舍，巧妙剪裁，突出重点。

二、巧妙导入，比较感知

教师巧设情境，以广东学生向北方学生介绍荔枝的方式“导入新课”，自然活泼，既引发了学生的学习兴趣，又活跃了课堂气氛。教师引导学生，在比较课文与《辞海》对“荔枝”的说明手法的“异同”中，整体感知课文，一举多得。

三、教学民主，确立目标

现在的学生特别是广东学生，对荔枝比较熟悉，因此对荔枝果实的介绍学习已不是重点。于是教师引导学生把学习重点放在说明文的条理性和科学小品的文艺性上。而且学习目标的确立，不是“开宗明义”，由教师“强加”给学生，而是在引导学生向教师提出“教学建议”的基础上，归纳整理产生的。这样可以增强学生的主体意识和学习主动性，体现教学民主。特别是教师引导学生给“科学小品”下定义，既加深了学生对“科学小品”的科学性和文艺性的认识，又训练了学生的思维整合能力——而“下定义”本身，就是一种学生需要掌握的、很好的说明方法。

四、先用后学，以用促学

教师在具体指导学生学习说明文的条理性时，打破“先学后用”的传统，而是“先用后学，以用促学”。教师先让学生看着荔枝图片，尝试说明荔枝果实，学生在说明条理、方法、内容等方面出现困惑、欠缺时，再学习课文。这时学生通过将自己的说明与课文相比较，自然会发现自己的不足和课文的高明可学之处，使课文更好地起到“范例”作用，给学生以深刻的印象。学生围绕“学习目标”从课文的第二段入手学习，“中间开花”，不枝不蔓，突出重点。

五、师生合作，完成板书

说明“荔枝”条理性的板书，并非由教师包办完成，而是教师先让学生在黑板上，根据对课文的学习理解板书，再由教师修改、完善而成。这样既调动学生积极参与课堂，体现“主体性”，又能反映学生学习课文的情况，查缺补正，一举多得。

总之，《荔枝》一课的设计思路，力图体现“学课”而非“讲课”的教育思想。“学课”与“讲课”虽只一字之差，其背后蕴含的教育理念大相径庭：“讲课”者，言下之意，课堂以教师的“讲”为主，教师是“主体”，学生是“客体”，学生只管“听”就行了；而“学课”却不然，它暗示课堂以学生“学”为主，“主体”是学生，学生不仅要听，还要想、说、写……

唐弢的《琐忆》教学实录

一、导入新课

提起“鲁迅”这个响亮的名字，大多数中国人都会肃然起敬。今天，鲁迅先生离开我们半个多世纪了，但正像诗人臧克家在纪念鲁迅的诗中所写：“有的人活着，他已经死了；有的人死了，他还活着！”鲁迅那深邃的思想、高尚的人格将永垂不朽，光照后人。今天我们学习唐弢写的《琐忆》一文，重温鲁迅那伟大的人格和深邃的思想。

二、教学目标

（1）认识并学习鲁迅平易近人而又爱憎分明的伟大人格。

（2）学习课文以线穿珠、琐而有序，以小见大、叙议结合的写法。

三、整体感知

学生散读课文一遍，了解有关背景，画出生字词及疑难语句。

四、学习课文

师：标题的“琐”有什么含义？

生：琐碎。

师：是的。说明所忆之事小而多。另外，所忆之事，多为作者耳闻目睹、亲身经历，题为“琐忆”给人以亲切之感。纪念鲁迅的文章可谓汗牛充栋，本文既没有记叙鲁迅在重大场合的活动，也没有反映鲁迅对重大社会事件的看法，更没表现鲁迅某一重要思想的产生、发展，而仅是摄取鲁迅生活中的一些细琐镜头，这是为什么？

生：这是“以小见大”的手法。

师：对。这些零星、琐细的材料却蕴含着深刻的政治思想和生活哲理，表现出鲁迅的伟大人格，揭示了20世纪30年代中国的本质。这种“从一粒砂子中见世界”的写法，值得我们借鉴学习。唐弢认为：“要表现鲁迅先生‘横眉冷对千夫指，俯首甘为孺子牛’的伟大人格，空发议论并不好。当时，我的想法是要通过几个故事具体写，重点放在我自己和鲁迅先生接触的几件事情上。”这样写比较真实、形象，能让读者更深刻地领会到鲁迅先生的精神品质。开头引用鲁迅“横眉冷对千夫指，俯首甘为孺子牛”（板书），这两句诗有何作用？

生：开头两句诗起“总领全文”的作用，将文中有关鲁迅的材料串联组合起来。

师：是的。这两句诗出自鲁迅的《自嘲》：“运交华盖欲何求，未敢翻身已碰头。破帽遮颜过闹市，漏船载酒泛中流。横眉冷对千夫指，俯首甘为孺子牛。躲进小楼成一统，管他冬夏与春秋。”“千夫指”（被很多人指斥的人）和“孺子”，毛泽东解释为“反动派”和“人民大众”。唐弢本人认为，在当时的历史条件下，“孺子”也可以认为是特指青年。文中共写了鲁迅的几件小事？标出序号，分别用四字句起一个小标题。这些事件与开头的两句诗如何照应？

生：写了七个事件：代人挨骂、批评自大、莫惧浅薄、替人补靴、攀附阔佬、禁止同泳、官批文章。（命题不强求一致，达到使学生了解课文、锻炼概括能力的目的即可。）前四个事件照应“俯首甘为孺子牛”，用以印证鲁迅对青年的“爱”；后三个材料照应“横眉冷对千夫指”，用以说明鲁迅对敌人的“憎”。

师：很好。（板书七个标题）课文以此分为两大部分。

（请一学生诵读第一则材料“代人挨骂”。）

师：初出茅庐、血气方刚的唐弢，20 世纪 30 年代在《自由谈》发表的杂文，常常与鲁迅不谋而合地涉及同一个题材与主题，批评同一社会和文化现象。这就容易引起敌人的注意，疑心“唐弢”是鲁迅的化名。鲁迅先生曾说：“一些看文字不用视觉，专靠嗅觉的‘文学家’疑神疑鬼，而他们的嗅觉又没有和全体一同进化，至于看见一个新的作家的名字，就疑心是我的化名，对我呜呜不已，有时简直连读者都被他们闹得莫名其妙了。”（《准风月谈·前记》）又说：“但这回嗅得不对，误以为唐弢先生就是我了。”课文中：“一切都在意料之中，一切又都出于意料之外”一句，怎样理解？

生：鲁迅先生果然提及“代人挨骂”一事，这在唐弢意料之中；一见面就提此事，如此直截了当，快人快语，毫不拐弯抹角，似乎比传言更有过之，这出乎意料。

师：再者，接下来鲁迅并未像传说的那样睚眦必报、大发脾气，这也出乎唐弢的意料。与鲁迅首次见面，作者只选录了鲁迅哪几句话？各说明什么？

生：三句话。第一句直说代人挨骂、不绕弯子、不端架子，本是含有亲切之意的调侃；第二句是看出“我”的窘态立即调转话题，反映出鲁迅的机敏和对青年朋友的尊重；第三句“也姓过一回唐的”，玩笑之意甚明，根本不曾以代人挨骂为念！

师：对。至此，作者的“疑云”烟消云散，鲁迅“平易近人”的精神凸现出来。其实这次晤面，鲁迅还讲了许多精辟的话。作者的目的已经达到，于是下面的话便只字不言了。为表现鲁迅的平易近人，作者此处采用了什么艺术手法？

生：欲扬先抑之法。

师：抑到极处，也就扬到极处。误会一朝冰释，先前的种种传闻便不攻自破，作者消散了长久聚集在心头的疑云，文章也就顺利地完成了由抑到扬的转换。

（学生齐读第一则材料后的议论文字。）

师：作者运用鲁迅推崇的“白描”手法对鲁迅进行“肖像描写”。鲁迅说：“要极省俭地画一个人的特点，最好是画他的眼睛。”“眼睛”也可以理解为一个人的“特点”。对鲁迅而言，“满头倔强得一簇簇直竖起来的头发”，就是最能显示鲁迅个性的“眼睛”。“告白”一词能否改为“告诉”？

生：不行。“告白”强调对公众的公开声明、表白，不是针对个体的“告诉”。

（学生诵读“批评自大”“莫惧浅薄”两则材料，并谈谈自己的理解。教师适当点拨，使学生领会并学习鲁迅善用比喻、深入浅出的说理方法。）

师：在“替人补靴”一则材料中，鲁迅提到一个术语“进化论”，什么是“进化论”？

生：“进化论”是英国生物学家达尔文的生物学说，是对“神创论”的否定和革命，包括生物的起源进化、遗传变异等。

师：是的。鲁迅早年信奉“进化论”并用于人类社会，主要是取其“发展观”，这有一定进步意义，即“它使我相信进步，相信未来，要求变革和战斗，这一点终归是好的”。他认为“青年必胜于老年，将来必胜于过去”。又说：“所以新的应该欢天喜地向前走，这便是壮；旧的也应欢天喜地向前走，这便是死。个个如此，便是进化的路。”但把“进化论”用于人类社会有其局限性，笼统地认为青年都是好的，缺乏阶级分析。直到 1927 年，鲁迅“目睹了同是青年，而分成两大阵营，或者投书告密或者助官捕人的事实”，“懂得青年也会变猴子，变虫豸”。又说：“青年又何能一概而论？有醒着的，有睡着的，有昏着的，有躺着的，有玩着的，此外还多。但是，自然也有要前进的。”“在行进时，也时时有人退伍，有人落荒，有人颓唐，有人叛变。”鲁迅后来放弃“进化论”，改用更科学的“阶级论”看待社会和青年。瞿秋白概括鲁迅的思想进程为：“从进化论到阶级论，从绅士阶级的逆子贰臣进到无产阶级和劳动群众的真正的友人，以至于战士。”鲁迅为什么说“可怕的进化论”？又说“进化论牵制过我”？

生：鲁迅此时已认识到把“进化论”用于人类社会的局限与危害，所以说：“可怕的进化论。”

师：“牵制”一词能否改为“影响”？

生：不能。“影响”是中性词，“牵制”是贬义词，“牵制”强调“进化论”对自己有束缚、阻碍的消极影响。

师：是的。第一部分结束时，说“鲁迅先生沉默了，眼睛望着远方”，表现了鲁迅的什么情感？

生：表现了鲁迅的“忧患意识”和对青年、对未来的深切期望。

师：对，这是传神的细节描写。鲁迅的“俯首甘为孺子牛”的精神不仅表现在对待“知识青年”，更表现在对待下层劳动人民。一位叫俞芳的老人回忆：鲁迅住在北京砖塔胡同的时候，与俞芳姐妹是邻居。小俞芳对鲁迅的第一印象是神情严肃，让人望而生畏。然而，这一印象到第二天就改变了。鲁迅送给俞芳姐妹每人一盒积木。那时，积木还不多见，这可把小姐妹乐坏了，马上就在院子里比着搭起来。鲁迅也兴致勃勃地参加进来。他们之间无拘无束，鲁迅叫俞芳“野猪”（因为俞芳属猪），而叫她的妹妹“野牛”

（妹妹属牛）。于是，姐妹俩群起而攻之，叫鲁迅“野蛇”（鲁迅属蛇）。鲁迅迷惑不解地说：“蛇也有野的么？”姐妹俩仔细一想，都哈哈大笑起来，是啊，蛇本来就是“野”的！俞芳姐妹还经常敲鲁迅的“竹杠”，要鲁迅买点心、水果给她们吃。那时，北京街上有一种挑担卖桂花元宵的，这种点心比较贵，俞芳姐妹不仅没有吃过，而且连想也没有想过。有一次，大姐异想天开，竟然要鲁迅请大家吃桂花元宵。三个小女孩你一言我一语：“大先生，元宵多甜哪，可香呢，热腾腾的，多好吃啊，吃一碗文章都写得出来，觉都睡得香些……”鲁迅看她们垂涎欲滴的样子，就给俞芳三姐妹以及几个帮工，每人买一碗，一共要了九碗……

每天上下班，鲁迅都要坐人力车。当时，富豪们尽管在吃喝玩乐的时候挥金如土，但在给人力车夫车钱的时候却锱铢必较、十分苛刻，常常为了一两个铜板，让车夫“两眼泪汪汪”。鲁迅却恰恰相反，每次他给的车钱都是很多的，而且下车时还和蔼地向车夫道谢。他经常说，人家是要养家糊口的，一个人平时用钱不可浪费，能节省的地方，应该尽量节省，但克扣劳力钱是不应该的。

（学生齐读第二部分开头的议论文字。）

师：第二部分开始，又一次引用鲁迅的两句诗，此处引用与开篇的作用一样吗？

生：不一样。开篇是总领全文，此处是承上启下的过渡。

师：对。由写鲁迅对青年的“爱”，转入写对“敌人”的“憎”。文章为什么分两方面来写？单写“爱”或“憎”不可以吗？

生：不可以。两方面都写，才能全面地表现鲁迅。

师：是的。鲁迅说：“能憎，才能爱。”对敌人“憎”得深，对人民才“爱”得切，两者是对立统一、互为前提的。有人说：“不能仅谈鲁迅伟大的爱，也要谈鲁迅伟大的憎。”郭沫若说：“鲁迅的冷，应该解释为不见火焰的白热。他是压抑着他的极高度的热情，而不使它流露出表面。他的冷是可以炙手的冷，是‘横眉冷对千夫指’的冷。”唐弢说：“这两种不同的表现形式，辩证地统一在他的身上，统一在他的性格里。事情可以分为两面：没有恨就没有爱，一个人如果疾恶如仇，才会对真理怀着如饥如渴的心情；反过来，对真理没有一点要求，遇到邪恶当然也就视若无睹了。”

（学生模仿鲁迅，对“攀附阔佬”“禁止同泳”“官批文章”三则材料，或讲述，或演示，或独白，然后谈谈对各则材料寓意的认识。）

师：“禁止同泳”一则材料，用“归谬反驳法”——先假设错误的观点正确，由此推导出极为荒谬的结论，从而昭示错误观点的荒谬性，使其不攻自破。（可以再举几个“归谬反驳”的实例。）

（学生集体诵读课文最后两段议论文字，体会鲁迅精辟的见解及作者的感受。）

师：“吟味”一词能否改为“体会”？

生：不能。“吟味”是仔细沉吟、体味、揣摩的意思，不是一般的“体会”。

师：是的。文章最后说：“站在鲁迅先生面前，我有好几次都想呼喊，我想大声呼喊：我爱生活，我爱一切正义和真理！”作者为什么不说“我热爱鲁迅”之类的话？又为什么要抑制感情，没有喊出声？

生：鲁迅是正义、真理的化身，“爱生活及正义、真理”就是表达对鲁迅精神的敬仰与热爱。

师：是的。这种含蓄的表达比直白地说出来，情感更丰富深沉，更有感染力。几次抑制自己的感情没有喊出，正说明感情真挚强烈，“无声胜有声”——好比情感的潮水在闸门前更显汹涌澎湃。文章中的议论文字，起何作用？

生：“叙议结合”——把散乱的事件黏合起来，并揭示材料的含义。

师：对。鲁迅的诗句：“横眉冷对千夫指，俯首甘为孺子牛。”是先说“横眉”，再说“俯首”，而唐弢的《琐忆》却先写“俯首”，再写“横眉”。为什么顺序不同？

（学生沉思。）

师：鲁迅曾说：“能憎才能爱，能杀才能生。”诗句先说“横眉”，正表明了鲁迅认为“憎”是“爱”的前提这一观点。而唐弢的《琐忆》反其序而写之，是因为传统上，人们总是强调鲁迅“横眉冷对”的一面，只看到了鲁迅的揭露与批判，简单地把鲁迅写成怒目金刚式的战士，而忽视了他还有“俯首”柔情的一面，忘记了他本质上是一个平易近人的作家。唐弢意在改变人们对鲁迅的传统看法，帮助人们更全面地认识鲁迅。另外，作为鲁迅的学生和战友，作者更多地感受到的是亲切和关怀，因而将重点放在“俯首”上，“想从这方面多说一些”。即使是写“横眉”，也是从“我”受教育的角度来写，这样使文章感情真挚，更能激起读者对鲁迅先生的缅怀，激发人们学习鲁迅先生“爱”的精神。

五、深化扩展

1936年10月19日，鲁迅在上海逝世，万众同悲。郁达夫沉痛地写下警世之语：没有伟大的人物出现的民族，是世界上最可怜的生物之群；有了伟大的人物，而不知拥护、爱戴、崇仰的国家，是没有希望的奴隶之邦。振聋发聩，令人深思。

可是有一段时期文艺界掀起了一股“否鲁”“剿鲁”的逆流，妄图否定鲁迅的伟大和不朽，这是每个正义、有良知的中国人所不允许的。《贬损鲁迅，竟欲何为？》一文中写道：“对待历史人物，尤其是文化伟人，我们需要保持明智的心态，宗师、奠基人、开先河者，有其不完美是难免的，但他们的历史地位永远是不可动摇的。想以对巨人的轻侮衬托自己的高明，或以为巨人已长眠地下，不可能辩诬和抗争而显得猖狂，只能证明自己的愚蠢、浅薄和卑劣。”（2000年6月6日《齐鲁晚报》）。鲁迅不是“神”而是人，是一个伟人，是人就难免有不足和缺点，但瑕不掩瑜。正像当年鲁迅反击反动文人攻讦革命家孙中山所写的《苍蝇与战士》一文：“战士战死了的时候，苍蝇们所首先发现的是他的缺点和伤痕，嘬着，营营地叫着，以为得意，以为比死了的战士更英雄。但是战士已经战死了，不再挥去它们。于是乎苍蝇们即更其营营地叫，自以为倒是不朽的声音，因为它们的完全，远在战士之上。的确的，谁也没有发现过苍蝇们的缺点和创伤。然而，有缺点的战士终竟是战士，完美的苍蝇也终竟不过是苍蝇。”北大教授何满子在《未来史家对鲁迅的评价将比今人高》一文中写道：“鲁迅死了那么久，仍然有那么多人咒骂，证明他威灵犹在，仍同活着时那样使某些人不舒服，也证明鲁迅不朽。忘了是布瓦洛还是拉辛说过：‘世上没有被捧成的伟人，更没有伟人会因咒骂而变得渺小。’鲁迅正验证着这句话。”（2000 年第 4 期《新华文摘》）

六、课后作业

（1）课外阅读鲁迅的散文集《朝花夕拾》中的《琐记》，与唐弢的《琐忆》进行比较，看看有什么相同和不同之处。

（2）学习本文以线穿珠、叙议结合的写法，回忆你所熟悉的一个人的几件事，表现其某种精神品质。

七、板书设计

琐忆

唐弢

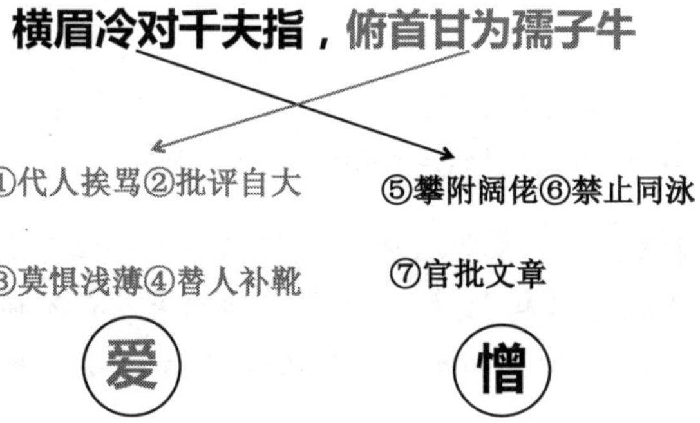

李白的《将进酒》教学设计

一、教学建议

《将进酒》是李白的咏酒名篇，意蕴深厚，风格鲜明，传诵千古。为能更好地理解诗篇，教师应让学生大致了解李白的生平思想，理解李白因怀才不遇，而在诗中流露出的貌似主张及时行乐、实则渴望用世上进的矛盾心态。特别是不能简单地就诗学诗，教师应以此为契机，让学生学习了解相关咏酒诗篇及酒文化，对学生进行“诗化”熏陶，培养其诗人气质，一举多得。同时，教师应注重诗篇的背诵、诵读及比较阅读。

二、导入新课

中国是诗的国度，诗与酒天生结缘，相伴而留香千古。酒给诗人们带来灵感和激情，创作出无数美文诗篇。同学们都熟悉哪些咏酒的诗句?

曹操有：“对酒当歌，人生几何？”“何以解忧？唯有杜康。”李白有：“兰陵美酒郁金香，玉碗盛来琥珀光。”王翰有：“葡萄美酒夜光杯，欲饮琵琶马上催。”王维有：“劝君更尽一杯酒，西出阳关无故人。”苏轼有：“明月几时有？把酒问青天。”……

“李白斗酒诗百篇”，李白的名字总是和“诗与酒”联系在一起。李白一生诗酒相依，写下了大量的咏酒诗篇。在众多的咏酒诗篇中，李白的《将进酒》写得最畅快淋漓，为人称道，最能代表李白的诗风。此诗感情充沛，思想深沉，风格鲜明，传诵千古。有人把《将进酒》列为“中国历史上八首最高水平的诗词”之首。

三、学习目标

（1）感情饱满地朗诵并背诵全诗。
（2）把握全诗情感基调，厘清情感变化线索。
（3）理解李白貌似消极行乐、实则渴望用世的复杂情感。
（4）了解相关的咏酒诗篇及酒文化。

四、赏读探究

（一）解题

《将进酒》原是古体诗的汉乐府曲调，“将”读 qiāng，意为“请”，“将进酒”即“请喝酒”，是古时的“劝酒歌”“祝酒辞”。

这首诗是李白离开长安后，大约在他 52 岁时，好友岑勋和元丹丘在嵩山宴请他时所作，此时距李白 42 岁奉召赴京已有 10 年之久。全诗借“酒”发挥，尽情宣泄，以强烈的感情变化为线索展开。

（二）简介李白生平和思想

李白青少年时期即立下“申管、晏之谈，谋帝王之术。奋其智能，愿为辅弼，使寰区大定，海县清一”的远大政治抱负。他对自己的才华充满信心，把人生目标定得很高，说白了就是想做能“济苍生，安社稷”的宰相重臣。公元 742 年，42 岁的李白因朋友推荐，被唐玄宗李隆基召赴长安，他以为这是其人生理想实现的转机，兴奋异常，踌躇满志地高唱道：“仰天大笑出门去，我辈岂是蓬蒿人。”可到了长安，唐玄宗并不重用他，只把他当作宫廷供养的御用文人，这与李白的人生追求相去甚远，令他失望苦恼。加之他天生傲骨和出众的才华引起众权贵的忌恨馋毁。李白哀叹：“君王虽爱蛾眉好，无奈宫中妒杀人。”唐玄宗也开始疏远他，认为他“非廊庙器”，所以李白仅在长安待了三年，就被排挤出朝廷，“赐金放还”。

（三）整体感知

教师充满激情地诵读全诗（提醒学生注意字音、重读、轻读、节奏、语调、情感等）。李白的诗与其他人（如王维、杜甫）的诗最大的不同是，其他人的诗可以默读或低吟，而李白的诗非高声诵读不可。不这样，就不能很好地体悟蕴含其中的情感；不这样，就无法传达诗人的思想情感。王安石说李白的诗“词语迅快”，一语道出李白酣畅淋漓的诗风。宋代诗评家严羽认为，别人写诗是用笔一句句写，李白则是把心中那股气“一张口喷出来”就行了。清人沈德潜在《唐诗别裁集》说：“读李诗者，于雄快之中，得其深远宕逸之神，才是谪仙人面目。”所以读李白的诗，要放声读，纵情读，在痛快淋漓的诵读中感受李白的狂放激情。

（四）诵读指导

（1）重点字词读音和含义：将（qiāng）：请；金樽（zūn）：金杯；会须：应当；钟鼓馔（zhuàn）玉：荣华富贵；恣（zì）：纵情；欢谑（xuè）：玩笑；径须沽取：就应当买来。

（2）高亢重读：天上来，尽欢，必有用，还复来，三百杯，圣贤，饮者，恣欢谑，对君酌，换美酒，万古愁等。最后一句“与尔同销万古愁”用高亢夸张语调，可重复诵读此句。其中“与尔同销”，两字一顿，放慢、拖长语调。“万——古——愁——”三字，提高音量，一字一顿，特别是最后“愁”字，更加高亢，拖长读音。

（3）低沉缓读：不复回，悲白发，青丝，暮成雪，空对月，歌一曲，钟鼓馔玉，不复醒，皆寂寞，留其名，与尔同销等。

（4）狂放快读：烹羊宰牛且为乐，岑夫子，丹丘生，将进酒，杯莫停，宴平乐，斗酒十千，径须沽取，五花马，千金裘，呼儿将出等。

（5）特意轻读：倾耳听，不足贵，主人何为言少钱等。

（6）多形式诵读背诵：齐读，单读，男女轮读，领读，合读，分角色读等。要求感情充沛，高低错落，轻重缓急，抑扬顿挫，忘情读，畅快读。

（五）问题探究

1. 开篇两句“君不见”连用有何作用？

提示：这是李白的独创，别人多是在诗的开头或结尾偶用一句，“君不见”，如岑参《走马川行奉送封大夫出师西征》的开头：“君不见走马川行雪海边，平沙莽莽黄入天……”；杜甫《兵车行》的结尾：“君不见，青海头，古来白骨无人收……”。而李白连用两句“君不见”是一种创新，后人评价：“此种格调，太白从心化出。”这就增强了诗的情感和气势，扩大了境界，先声夺人，令人震撼。

2. 两句“君不见”的语义重心在哪一句？

提示：语义重心在第二句：“君不见，高堂明镜悲白发，朝如青丝暮成雪。”而其中的“悲”又是全诗的“诗眼”，给全诗奠定了悲怆苍凉的基调。如果说写黄河的前两句，是正向空间的夸大，把壮阔的说得更壮阔；那么写明镜白发的后两句，就是反向时间的缩小，把短暂的说得更短暂——诗人在大堂明镜前顾影搔首，满头青丝恍如一日之间苍白如雪，令人慨然生悲。李白用语夸张，极言人生短促，如“朝暮间事”——“白发三千丈，缘愁似个长。不知明镜里，何处得秋霜？”

3. 第一句为何要从黄河写起？这样写好在哪里？你能否说出更多的李白写黄河的诗句？

提示：第一句从黄河写起，这是古诗词中常用的“比兴”手法，韶华如奔腾的黄河，一去不返。古人常以流水比易逝年华，如李煜词：“流水落花春去也，天上人间。”又以黄河的伟大、永恒，兴起对人生渺小、短暂的喟叹，抒发“巨人式的感伤”。李白“天命之年”，尚未实现早年的“申管、晏之谈，谋帝王之术……使寰区大定，海县清一”的人生目标，而今已是五十多岁，满头白发，生命留给他为理想奋斗的时间无多——“对酒当歌，人生几何！譬如朝露，去日苦多”。抚今追昔，怎能不悲从中来，徒唤奈何！与伟大而永恒的黄河相比，生命是多么的渺小而短暂啊！恰似“寄蜉蝣于天地，渺沧海之一粟”，使人骤生“哀吾生之须臾，羡长江之无穷”之叹。

黄河是中华民族的母亲河，源远流长，自高原奔泻而下，似从九天而落。其浩大的声势，令古今多少文人震撼激动。李白写黄河的诗句还有："黄河西来决昆仑，咆哮万里触龙门。"（《公无渡河》）"黄河落天走东海，万里写入胸怀间。"（《赠裴十四》）"西岳峥嵘何壮哉！黄河如丝天际来。黄河万里触山动，盘涡毂转秦地雷……巨灵咆哮擘两山，洪波喷箭射东海。"（《西岳云台歌送丹丘子》）……这其中尤以"黄河之水天上来"最为脍炙人口，是赞美黄河的千古名句。

4. 诗人从哪一句开始点酒入题？

提示：自第三句"人生得意须尽欢，莫使金樽空对月"点酒入题，句中虽没有用一"酒"字，但诗人用"金樽""对月"这样的形象语言，更把饮酒行乐诗意化了。诗中的李白"悲感"但并不"悲观"，他认为人生只要能开怀畅饮，便无所遗憾。情绪由"悲伤"转为"乐观"。他说："人生达命岂暇愁，且饮美酒登高楼。"（《梁园吟》）

5. 酒是古典诗词中经常出现的一个意象，李白就特别喜欢写酒，他还有哪些写酒的诗句？李白笔下的"酒"为什么总是和"月"联系在一起？"酒"和"月"在李白笔下各象征代表什么？

提示：李白写"酒"的诗句除了《将进酒》中"莫使金樽空对月"外，还有："举杯邀明月，对影成三人。"（《月下独酌》）"青天有月来几时？我今停杯一问之……唯愿当歌对酒时，月光长照金樽里。"（《把酒问月》）"且就洞庭赊月色，将船买酒白云边。"（《游洞庭五首》）"巴陵无限酒，醉杀洞庭秋。"（《陪侍郎叔游洞庭醉后三首》）"俱怀逸兴壮思飞，欲上青天揽明月。抽刀断水水更流，举杯销愁愁更愁。"（《陪侍御叔华登楼歌》）……李白一生爱酒，故而与善酿的村民也结下了诚挚的友谊，《赠汪伦》中的"汪伦"就是一位善酿的村民。他在《哭宣城善酿纪叟》中写道："纪叟黄泉里，还应酿老春。夜台无李白，沽酒与何人？"寥寥数语，情真意切，令人动容。

李白笔下的"酒"往往和"月"联系在一起，浪漫而富有诗情与深意，这是李白写"酒"的一大特点。"月"在李白笔下象征理想、希望和寄托，代表他向往、追求的境界；"酒"是理想不能实现后的自我解脱和宣泄，代表现实。李白把代表"理想与现实"两个看似矛盾的"意象"，巧妙有机地融合在他的诗中，反映了李白的人生观和价值观——在失望中又充满希望，于挫折中保持乐观。

"酒""月"是李白诗中出现频率最高的字眼，有人说"酒""月""诗"是李白生命中的"三要素"，须臾不可缺。民间传说，李白是醉后"投水捉月"而亡，或曰"跨鲸捉月"而终——连死都与酒、月有关——多么浪漫传奇而富有诗意的人生。著名诗人余光中在《寻李白》一诗中写道："樽中月影，或许那才是你故乡，常得你一生痴痴地仰望。"

6. 李白自称："我本楚狂人。"杜甫说他"痛饮狂歌空度日"。《将进酒》怎样表现李白的"狂放不羁"？怎样理解李白这种"狂放"？

提示：故友相逢，李白尽情畅饮，"一杯一杯复一杯"，情绪由欢乐渐趋"狂放"，眼花耳热，得意忘形："岑夫子，丹丘生，将进酒，杯莫停。"语句短促有力，逼肖席上声口，使人仿佛看到李白醉眼朦胧、摇头晃脑的醉态；听到他口齿不清、语无伦次地劝酒。盛宴浮现眼前，醉态跃然纸上。诗人兴高采烈，吆三喝四，手舞足蹈尚觉不足，还要“放歌纵酒”，以助酒兴：“与君歌一曲，请君为我倾耳听。”这“歌中之歌”是寂寞天才激愤的宣泄，是酒后吐露的心曲。

更狂放的是，李白不过是元丹丘、岑勋招饮的客人，而他却高踞一席，反客为主，颐指气使，责怪主人少钱缺酒，缺乏“千金散尽”的豪气。他提议“典裘当马”换取美酒，一醉方休；而且“忘形至尔汝”，“呼儿”“与尔”口气甚大，简直搞不清谁是主人。

李白的“狂放”其实是一种假象，是李白借酒来消释自己怀才不遇的苦闷。李白的骨子里是希望积极用世、建功立业的，但苦于奸臣当道、报国无门。他在《行路难》中哀叹：“大道如青天，我独不得出”“欲渡黄河冰塞川，将登太行雪满山……行路难……”他的人生理想是像范蠡、张良那样“功成拂衣去，归入武陵源”。李白貌似狂放不羁，消极行乐，实则渴望用世，建功立业，情感复杂。

“狂放”一方面是李白追求人格独立、精神自由的本性使然；更主要的是，李白用这种让世俗之人难以理解和接受的“狂放不羁”，表达他对现实的不满和对不合理秩序的蔑视、挑战。他在长安时即以“戏万乘如僚友，视俦列如草芥”“天子呼来不上船，自称臣是酒中仙”等玩世不恭的狂态，来表达对不被重用的不满。杜甫在怀念李白的《不见》一诗中写道：“不见李生久，佯狂真可哀。世人皆欲杀，吾意独怜才。敏捷诗千首，飘零酒一杯……”，只有像杜甫这样伟大的诗人，才能对另一个伟大的诗人有如此深厚的理解和怜惜。

7. 如何评价李白在失意的暮年还唱出“天生我材必有用，千金散尽还复来”这高度自信、豪迈的诗句？对后世有何影响？

提示：说“必有用”，可见“此材”未被用。但李白从没有真正悲观消沉过，他的心中始终燃烧着建功立业的希望和热情。他说：“我本不弃世，世人自弃我”，每每自勉“才力犹可倚，不惭世上雄”。在《行路难》的最后他也坚信：“长风破浪会有时，直挂云帆济沧海。”这才是真正的李白，从貌似消沉中透露出的是坚定向上的信念、渴望用世的乐观精神。61 岁的李白，听说李光弼率军讨伐安史余孽，仍不顾年高体衰，请求从军。后因病中道折回，他悲叹“大鹏飞兮振八裔，中天摧兮力不济”（《临终歌》），第二年便病逝。李白的一生是为其理想奋斗的一生，所以读李白的诗篇，不会让人萎靡不振，而是在激愤中涌动着奋进的豪情。“有用”且“必”，这是何等的自信、何等的乐观，肯定人生、肯定自我。这既是李白愈挫愈奋的性格写照，更是其人生价值的宣言与呐喊，是全诗中最精彩夺目的诗句，传诵千古，影响深远，已化为民族的宝贵精神财富，给古今多少挫折中人以不懈奋斗的勇气和力量。

李白是重事业而视金钱如粪土的人，他对待金钱的态度是挥之即去，招之即来——“千金散尽还复来”。李白曾“游维扬，不逾一年，散金三十馀万”。如此超凡脱俗、豪爽洒脱之人，在会客宴饮上自然也与众不同，不是菜一碟、酒一壶地浅酌小饮，而是“烹羊宰牛”地大快朵颐，“三百杯”地畅快狂饮。他在《襄阳歌》中也说：“百年三万六千日，一日须倾三百杯。”何等豪放！

8. 李白痛饮狂歌，对朋友愤言“钟鼓馔玉不足贵”是由衷之言吗？为何“但愿长醉不复醒”？

提示：“钟鼓馔玉不足贵，但愿长醉不复醒。”既是唱词的核心，也是统摄全诗的中心句，情感矛盾而复杂。“钟鼓馔玉”指“荣华富贵”（贵族之家进餐时鸣钟列鼎，食物精美如玉。《红楼梦》中将贾府称为“钟鸣鼎食之家”），若他指“权贵”，那与《梦游天姥吟留别》中的“安能摧眉折腰事权贵，使我不得开心颜”，所表达的思想情感是一致的，都表达了对“权贵”的蔑视与否定，所谓“一醉累月轻王侯”，可看作李白真实思想的流露。若“钟鼓馔玉”是指自己的“荣华富贵”，那就不尽是李白的由衷之言了，是他仕途的失意、志不得抒的愤慨之词。李白怀用世之才，本当位列卿相，治国安邦，但却英雄无用武之地，“抱利器而无所施”，而碌碌之辈反窃居高位，安享富贵——“骅骝拳跼不能食，蹇驴得志鸣春风”，他的心理怎能平衡？“群沙秽明珠，众草凌孤芳”，岂有此理！说“富贵不足贵”，绝不是李白的由衷之言，而是他失望、忧愤至极的反语。他在《江上吟》中说：“功名富贵若长在，江水亦应西北流。”也是这种愤愤不平心理的反映。只是“安能”句直白显昂扬，“钟鼓”句委婉略消沉。

正因为李白的人生目标不能实现，厌见良莠不分、是非颠倒的污浊的现实，所以他才“但愿长醉不复醒”，借酒麻醉自我，减轻苦痛。闻一多在其长篇叙事诗《李白之死》中写道：

> 手指着酒壶，若不是你们的爱护，
> 我这生活可不还要百倍地痛苦？
> 啊！可爱的酒！自然赐给伊的骄子——
> 诗人底恩俸！啊，神奇的射愁底弓矢！……

9. 李白为什么说“古来圣贤皆寂寞，唯有饮者留其名”？

提示：做济世有为的“圣贤”还不如当颓唐堕落的“酒徒”更能“留名”，多么荒唐、不可思议的社会现实，这是李白由自身的境遇，联想古今，对荒唐社会的愤怒嘲讽和痛彻总结。历史上“圣贤寂寞，饮者留名”的人物，首推辞官归隐的陶渊明，他在《五柳先生传》中说：“性嗜酒，家贫不能常得。……不戚戚于贫贱，不汲汲于富贵。”他经常是“杯尽壶自倾”“悠悠迷所留”，深感“酒中有深味”，著有《饮酒》诗二十首。晋代的“竹林七贤”大多是隐居山林的好饮名士。其中刘伶更为典型，著有《酒德颂》。据说他外出，常带把铁锹，告诉别人：“如果我醉死，就挖坑埋掉。”《世说新语》中有《刘伶病酒》的记载：“刘伶病酒，渴甚，从妇求酒。妇捐酒毁器，涕泣谏曰：‘君饮太过，非摄生之道，必宜断之！’伶曰：‘甚善。我不能自禁，唯当祝鬼神，自誓断之耳！便可具酒肉。’妇曰：‘敬闻命。’供酒肉于神前，请伶祝誓。伶跪而祝曰：‘天生刘伶，以酒为名，一饮一斛，五斗解酲。妇人之言，慎不可听！’便引酒进肉，隗然已醉矣。”晋代名士郑泉和毕卓谈其人生理想是：“乘楼船，携知友，浪迹江湖，船中装满陈年美酒，船不停地走，酒不停地喝，酒稍有减少，立即加满。”“右手持酒杯，左手拿蟹螯，乘船饮酒，了此一生。”杜甫的《饮中八仙歌》就是为“饮者”留名的最好明证。

10. 历史上有那么多寂寞的“圣贤”、留名的“饮者”，李白为何单说曹植呢？

提示：因为李白与曹植有诸多相似之处：同样才思敏捷，才华横溢；同样遭受排挤、打压而怀才不遇；同样壮志难酬而沉溺酒乡。历代圣贤之所以“甘做”酒徒，正是其怀才不遇、不满现实的一种极端的表现。曹植的《名都篇》中有“归来宴平乐，美酒斗十千”的诗句，正所谓“物以类聚，人以群分”。

11. 诗的最后一句“与尔同销万古愁”，与开篇的“高堂明镜悲白发”首尾照应，有何作用？

提示：诗的最后一句“与尔同销万古愁”，与开篇的“高堂明镜悲白发”：一“悲”一“愁”遥相呼应，余韵深远，强化了整首诗的悲愁激愤的氛围。李白本欲借酒浇愁，正像他自己所说：“抽刀断水水更流，举杯销愁愁更愁”，无奈之下，只得“人生在世不称意，明朝散发弄扁舟”！

当代著名诗人余光中在《寻李白》一诗中写道：

用一只中了魔咒的小酒壶
把自己藏起来，连太太也寻不到你
怨长安城小而壶中天长
……
酒入豪肠，七分酿成了月光
剩下的三分啸成剑气
绣口一吐就半个盛唐
从开元到天宝，从洛阳到咸阳
冠盖满途车骑的嚣闹
不及千年后你的一首
水晶绝句轻叩我额头
当地一弹挑起的回音

12. 李白为什么说他的愁是“万古愁”？

提示：“万古愁”有时间和空间两层含义：时间上，古往今来，天地悠悠，很多圣贤都有这种怀才不遇之愁，比李白早的如孔子、孟子、屈原、贾谊、曹植，与李白同时期的如杜甫、柳宗元、刘禹锡，比李白晚的如苏轼、唐寅、蒲松龄。无论过去、现在还是未来，很多仁人志士都存有无用武之地的悲愤心结，这不是李白一己之愁，而是具有“万古”的长远性、广泛性。空间上，“万古愁”极言这种万古集聚而来的愁，沉重高压，难以消解摆脱。

（六）梳理诵读

纵观《将进酒》全诗，表面围绕一个“酒”字，内容紧扣一个“愁”字，借酒发挥，抒发“激愤不平”之气。全诗感情跌宕起伏，一波三折：悲感（第 1～4 句）→欢乐（第 5～14 句）→激愤（第 15～20 句）→狂放（第 21～27 句）→愁苦（第 28 句）。（板书）

今天我们重读此诗，依然能强烈地感受到那潜藏在酒话底下的郁怒不平之气，如黄河之水，奔流翻腾，不可阻遏。

最后，请同学们全体起立，感情饱满地朗诵或背诵全诗，体味“诗仙和酒仙”——李白悲愤狂放的情感。

五、拓展比较

《将进酒》和《陪侍御叔华登楼歌》都是李白饮酒诗名篇，诵读并比较两首诗，在情感发展变化上有何相似之处？

陪侍御叔华登楼歌

李白

弃我去者，昨日之日不可留；
乱我心者，今日之日多烦忧。
长风万里送秋雁，对此可以酣高楼。
蓬莱文章建安骨，中间小谢又清发。
俱怀逸兴壮思飞，欲上青天揽明月。
抽刀断水水更流，举杯销愁愁更愁。
人生在世不称意，明朝散发弄扁舟。

注释

1. 侍御，官职侍御史。叔华，唐代著名古文家李华，又名李云，李白称他为叔。此诗题也作《宣州谢朓楼饯别校书叔云》。

2. 酣（hān）：畅饮。

3. 蓬莱文章建安骨：称许李华的文章风格刚健。

4. 小谢：指谢朓，南朝齐诗人。后人将谢灵运和谢朓并称为大谢、小谢。这里用以自比。

5. 清发（fā）：指清新秀发的诗风。

6. 俱怀：两人都怀有。逸兴（xìng）：飘逸豪放的兴致。壮思：雄心壮志。

7. 散发（fà）：不束冠，不做官，狂放不羁的生活。

8. 扁（piān）舟：小船。

提示：这首诗的感情基调和变化与《将进酒》有相似之处。开头4句显示诗人忧愤郁积的心情。第5～6句笔锋一转，由“烦忧”转为洒脱豪兴，放眼万里长空，在高楼上尽情畅饮。第7～10句以前朝著名诗人谢朓自比，怀着飘逸豪放的兴致和雄心壮志，欲上青天揽月，显示非凡的自信和远大志向。最后4句，以“不称意”的愁苦和狂放不羁结束全诗。全诗情感跌宕起伏，一波三折，也是诗人在苦闷激愤中显露自信豪迈气概。

六、板书设计

将进酒

李白（唐）

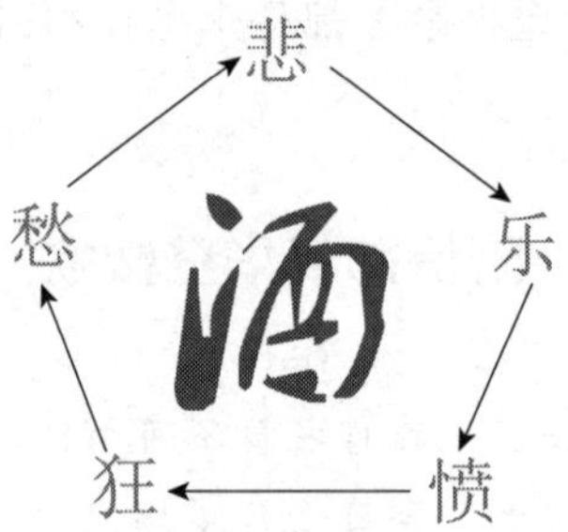

（板书状若酒坛）

（本文原载《中学语文教学》2002年第10期；
粤港澳大湾区教材高中《中国语文》篇目教学设计。）

巴金的《灯》教学设计

一、教学说明

设计《灯》这一课，首先要弄清《灯》的脉络思路。我对《灯》的结构、脉络的理解，不同于传统，特别是有别于《高级中学语文第一册（必修）教学参考书》（以下简称《教参》）中“眼前的灯—回忆的灯—联想的灯—眼前的灯”这种“四步平面循环式”的结构分析，我觉得这种分析并不能真正反映《灯》的脉络思路。

首先，“四步平面循环式”线索模式，不符合《灯》的实际表达顺序：第1～4段可以说是写“眼前的灯”，第5段是写“回忆的灯”，但第6～8段又回到了“眼前”——有过渡句“这已经是许多年前的事了”作标志，并且明白地写道：“现在我站在廊上望山脚的灯光”，《教参》怎能对此视而不见，一下跳到第9～12段的“联想的灯”呢？（其实，“回忆”也是一种“联想”，二者是包容关系，并非并列关系。）可《教参》既然将“回忆”与“联想”视为互不包容的两类，第12段“我想起了另一位友人的故事……”，明显又是“回忆的灯”，《教参》却又与上文第9～11段放在一起合称为“联想的灯”，自相矛盾，难圆其说。退一步讲，即便是将《教参》“忽略、合并”的段落所写之“灯”再现出来，形成：“眼前的灯（第1～4段）—回忆的灯（第5段）—眼前的灯（第6～8段）—联想的灯（第9～11段）—回忆的灯（第12段）—眼前的灯（第13段）”，这种“六步式”的线索模式，除了把“表象”的东西表现得更加无意义、更加杂乱外，不能说明任何问题，与“四步平面循环式”并无质的分别，同样不能真正反映《灯》的实质脉络思路。

其次，《教参》说最后又回到“眼前的灯”，这种“四步平面循环式”的结构分析，给人的感觉是，作者的思维经过一番活动，绕了一个圈后，又回到了“原始出发点”，踏步走，不能很好地反映作者思想的发展、境界的提升。果真如此，那么作者在抗战背景下写《灯》还有什么启人心智、鼓舞民族斗志的积极意义呢？

《教参》仅从“表象”上看到作者写了许多“不同的灯”，而没能深入地从实质上真正把握文章内在的脉络思路，不利于人们对教材的理解、分析。

《灯》的整体脉络思路其实是呈“纵式递进”的，环环相扣，层层深入，实现了两次由“具象物质的灯”到“抽象精神的灯”的象征性升华，并且从“两个角度”（受惠与施惠）逐层深入地写了“三类灯”，以此表现作者思想情感的发展变化。其中被《教参》忽视的第6～8段和第12段，恰是作者脉络思路中两次极为重要的升华部分，是集中体现文章主旨的关键所在。

基于以上认识，我对《灯》做了如下教学设计：

二、导入新课

巴金是一位享誉国内外的伟大作家，他不仅创作了大量的小说，也写了许多优秀的散文。他认为《灯》确实是他比较喜爱的一篇散文。《灯》不但是人教版高中语文教材中的传统基本篇目，而且也被选入《中国语文》《华文》等书中。今天我们就来学习这篇作家本人情有独钟、影响海内外的优秀散文——《灯》。（大字红色板书课题）

三、整体感知

学生默读课文一遍。

四、学习要点

（1）理解作者两次由灯光的具象物质的作用，升华为抽象精神的作用的象征性思路。

（2）理解作者从两个角度，逐层深入地写了三类灯所体现出的情感发展变化。

（3）理解掌握象征手法。

五、解读赏析

（明确写作的时间、地点、背景。让一位学生朗读预习提示和课文注释。）

当时巴金像许多中国人一样，面对严酷的现实曾一度对国家民族的前途感到迷茫、困惑、忧虑，但他经过思想的洗礼、升华，最后还是坚定了抗战必胜的信念，坚信光明必将战胜黑暗，善美终究战胜丑恶。他说，此时中国人民正蒙受着灾难，但希望之火点燃在人民心中，这是一个光明与黑暗决战的年代。他又说，“我可以坦白地告诉你，就在炸弹和机关枪的不断威胁下，我还看见未来的曙光。我相信这黎明的新时代是一定会到来的。”全文由“窒闷”到“微笑”，反映这种情感的发展变化。

（请学生推荐一位同学朗读第1～3段。）

1. 本文虽题为“灯”，但巴金笔下的第一缕灯光，却从第3段才照射出来，那么第1、2段有何作用?

提示：铺垫、衬托。寒夜越是“浓重”，心情越是“窒闷”，则越是衬托灯光的“明亮”，心上的“温暖”。作者特别强调灯光来自“平房”而非“楼房”，似乎在暗示，光明、希望在人民之中。“扫淡”一词强劲有力，它突出了灯光主动与黑暗搏击、较量，迫使黑暗退却的情态；同时也表现出作者对黑暗的憎恶、对光明的向往，扫淡了眼前的

黑暗，也扫淡了作者胸中的窒闷。而“照淡”“减弱”等词，就缺乏这种丰富的内蕴。（让学生辨析）

2. 接下来，作者写出灯光能使哪“三种人”受益？

提示：“我”“寒夜里不能睡眠的人”“黑暗中摸索的行路人”。

3. 在“三种人”中，作者意在突出哪一种人最需要灯光的指引？

提示：“黑暗中摸索的行路人”最需要灯光的指引。为强调这一点，作者特意写了眼前一个“急忙赶回家去”的“夜行者”，说灯光使“这个人眼里、心上”感到“更明亮、更温暖”，给他指路。作者似乎觉得“灯光给夜行者指路”这层意思表达得尚不够充分，又另起一段增写了自己的一段经历：风雪之夜，在泥泞中跋涉，迷失了方向。但只要有“灯光，不管是哪个人家的灯光，都可以给行人——甚至像我这样的一个异乡人——指路”。至此，作者主要写灯光的第一个“具象物质的作用”——“给身体指路”（板书“身体具象指路”）。

（学生用 3 分钟默读第 6 段。）

4. 第 5 段和第 6 段，作者身体的“处境”不同：第 5 段是“回忆”风雪中摸夜路的“过去”，第 6 段是写作者“安安静静地站在自己的楼房前面”的“眼前”，时间、地点都不相同，但看到灯光后的感觉为什么“看不出一点分别”——同样“感到安慰，得到鼓舞”。为什么“处境”不同“感觉”相似呢？

提示：这是因为“楼房前”的“身体”虽未在风雪中迷路，但“心（灵魂）在黑夜里徘徊，它被噩梦引入了迷阵……”，一度迷失了方向，感到茫然、困惑。迷途的“身体”尚需要灯光的“指路”，迷途的“灵魂”不是更需要灯光的“指引”，才能够从迷阵中“找到归路”吗？作者看到灯光后的感觉当然没有“一点分别”。

5. 第 5、6 段呈现什么关系？第 6 段还是写物质的灯给“身体”指路吗？

提示：第 5 段对第 6 段起铺垫、衬托作用，第 5、6 段呈现出文意的层进性：使灯光由“具象物质的作用——给身体指路”升华为“抽象精神的作用——给灵魂指路”。（板书“灵魂、抽象、升华”）能给“灵魂”指路的灯已非一般意义的普通灯，而是成为具有象征意义的理想信念之灯。诗人流沙河在《理想》一诗中写道：“理想是石，敲出星星之火；理想是火，点燃熄灭的灯；理想是灯，照亮夜行的路……”

至此，文章完成了第一次由“物质的灯”到“精神的灯”的象征性升华，是情感涌流的第一道波澜。

接下来第 7、8 两段通过抒情议论，酣畅淋漓地抒发了升华后的感受——“我的心渐渐地安定了，呼吸也畅快了许多”，“几盏灯甚或一盏灯的微光固然不能照彻黑暗，可是它也会给寒夜里一些不眠的人带来一点勇气，一点温暖。”“甚或”“固然”“照彻”等词语准确而精彩。

（学生齐读第 7、8 两段，背诵重点语段，品味重点词语。）

6. 文章至此似乎应该结束了，由“眼前的灯”到“回忆的灯”再到“眼前的灯”，由“具象”到“抽象”，完成了对灯光的象征意义的揭示和赞美，可作者为什么没有就此止笔呢？

提示：第1～8段是从使人“无意受惠”的角度（板书“无意受惠”）揭示灯光的作用，点灯人的目的是自家照明，客观上起到了为他人指路的作用，是不自觉地恩泽于人。所以作者觉得文意尚不够深入，文气尚不够充沛，意犹未尽。于是又展开联想，拓展开去，由中国写到外国，由现代写到古代，从“有意施惠”角度增写了“海上灯塔”及外国的两个有关灯的传说故事。其行文脉络同样表现出由具象到抽象的象征性升华。

（请一位学生读课文注释，了解第一个故事。）

故事的结局是悲惨的，但作者引用此材料时，却用点睛之笔，化平庸为神奇，以崭新的角度、高昂的格调，赋予故事以积极乐观的意义——“哈里希岛上的……长夜孤灯，虽然不曾唤回那个航海远去的弟弟，可是不少捕鱼归来的邻人都得到了它的帮助。”（此故事在作者的前期散文《爱尔克的灯光》中也曾写到，基调凄婉消沉，与《灯》的选材角度和格调不同）。作者意识到，先前仅为弟弟点亮的灯是狭隘自私的，也是浅淡的，只有照亮所有渔人的眼睛、为其导航的灯，才是伟大光明的。至此，作者写出了“灯光”的第二个“具象物质的作用”——“给渔人导航”（板书“渔人”“具象”“导航”）。不过给“渔人”导航的灯，较之前文给“身体”指路的灯，其意义更上一层：因为海上灯塔的有无和明灭，直接关系到渔人生命的安危，它不仅是导航的灯，更是生命的灯。接下来作者另起一段写了另一个灯的故事。

（学生看注释1分钟，口述第二个故事，培养学生速读、速记和口头表达的能力。）

7. 既然希洛的火炬早已熄灭，一对情人也已死去，可作者为什么说“熊熊的火光至今还隐约地亮在我们眼前”？

提示：这里的“火光”已经不是实指，而是虚化，它是爱的象征，是真善美的标志。“至今亮在眼前”是说这种精神千秋万代照耀鼓舞人们，感召引导人们去勇敢地追求美好人生。这是文章的第二次象征性升华，是情感的第二道波澜，使“灯”由给渔人导航的“具象物质的作用”，升华为给人生导航的“抽象精神的作用”（板书“人生抽象升华”）。正因为文意上呈现这种象征性升华，所以“海上灯塔”与“哈里希岛上的长夜孤灯”共处一段，而“希洛的火炬”则另为一段，一前一后，虚实相映，铺垫衬托。

“第二次升华”比“第一次升华”更有意义，对灯的描写角度由“无意受惠”转为“有意施惠”（板书），点灯人不是为自己照明而是为他人导航，是自觉地恩泽于人。

紧接着作者又一次抒发感慨，与第一次升华后的抒情议论相呼应。

（学生齐读第11段，做练习。）

8. 此段中的灯是实指还是虚指？

提示：都是象征性地虚指精神之灯。

9. 文中的“它们”和“它”各指什么？

提示：“光”和“心”。

10. “促成”能否改为“加快”？

提示：不能。“促成”强调外部因素——光与热的作用，而“加快”突出内部因素。

11. “永沉海底”是何意？

提示：比喻如果没有精神之灯的导航，人们会迷失人生航向，绝望毁灭。

12. 全文的“文眼”——“我们不是单靠吃米活着。”哪个词最关键？其潜台词是什么？

提示：“单”。潜台词是：人更要靠精神的“食粮”才能更好地活着。

13. 文章至此该收笔了。第二次升华已经实现，而且对“灯”的象征意义作了更深一步的揭示——导航人生，作用巨大。可作者为什么还要往下写呢？

提示：两个外国的关于“灯”的传说，固然在一定程度上可以显示“精神之灯”对人生的指引导航作用，但毕竟有些遥远和虚幻，距中国的现实太久远，而且在主观施惠对象上也有局限性——仅是为亲人和情人点灯，还不足以充分显示现实生活中伟大无私的“灯”对人生征途的导航作用。于是就列举了一个发生在作者身上的、完全是为一个素不相识的陌生人燃起人生道路的明灯、照亮一双绝望的眼睛的活生生事实。较之两个传说中的仅为亲人、情人点的灯，不但真实可信，而且将象征意义推向了前所未有的至高境界——人世间的温暖真情和团结友爱的奉献精神。

（课上或课下让学生发挥想象，扩写这个故事：如友人投河的原因；在河边徘徊时的情境和心情；怎样被人救起，醒来后看到、听到些什么以及心理活动；最后怎样重新鼓起生活的勇气等。）

这象征人世间温暖真情、团结友爱的灯，对人生迷途的导航作用何等巨大，“居然鼓舞一个出门求死的人多活了这许多年”，“成了一个热爱生命的积极的人”。这种由“灯”所表现的精神，不正是中华民族抵御外侮、争取抗战胜利的根本保证吗？

14. 半个多世纪后的今天，我们学习《灯》，对每个在人生道路上跋涉的人来说都有深刻的启迪。同学们有没有过迷失人生方向，别人为你拨开迷雾、指明航向的时候？（学生思考、回答）文章要结尾了，作者将怎样高举“人生”之灯，照亮前进的道路呢？

（学生齐读最后一段。）

提示：这是整首抒情乐章的最强音，也是全文点睛之笔，卒章显志。“灯光是不会灭的”，这当然不是指具象的灯，而是整体意义的灯及由此而象征的社会前途与人类希望——作者坚信光明终将驱散黑暗，正义必定战胜邪恶，“希望之灯永照人间”。（板书）

正因为作者在黑暗中看到黎明的曙光、美好的前景，所以他最后发出必胜的“微笑”，与开篇的“窒闷”照应，反映作者由空虚到充实、由压抑到振奋、由迷茫到坚定的灵魂燃烧升华的轨迹。巴金在《灯》的《后记》中写道：“在零下四度的寒夜里，我的心热得像一块烧红的炭……我的心反抗着，我的信念坚执着，我怀疑过‘将来’吗？我相信恶势力的胜利么？我愿意在侵略者下面低头么？不，这不可能。我的心始终反抗着。”

六、梳理总结

纵观全文，在就灯的作用实现了两次由“具象物质的灯”到“抽象精神的灯”的象征性升华的前提下，作者又从两个角度——无意受惠与有意施惠——逐层深入地写了“三类灯”：无意中使人受惠的灯；虽是有意施惠，但仅是为亲人、情人而点的灯；不仅有意施惠，而且完全是为救护一个陌生人而点的灯——如同“三级跳或三个里程碑”，将作者的思路与情感逐步推进，完成了认识的发展与深化。

本文最突出的艺术特色就是“象征”。（板书）

七、比较拓展

课后阅读巴金的《日》或《火》，试说明其象征意义（见《巴金选集·第八卷》）。

附：

日

巴金

为着追求光和热，将身子扑向灯火，终于死在灯下，或者浸在油中，飞蛾是值得赞美的。在最后的一瞬间它得到光，也得到热了。我怀念上古的夸父，他追赶日影，渴死在旸谷。为着追求光和热，人宁愿舍弃自己的生命。生命是可爱的。但寒冷的、寂寞的生，却不如轰轰烈烈的死。没有了光和热，这人间不是会成为黑暗的寒冷世界吗？倘使有一双翅膀，我甘愿做人间的飞蛾。我要飞向火热的日球，让我在眼前一阵光、身内一阵热的当儿，失去知觉，而化作一阵烟，一撮灰。（1941 年）

八、板书设计

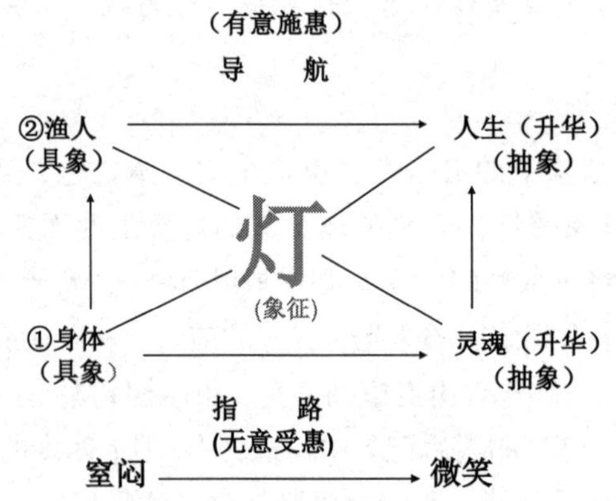

(板书状若灯笼)

（本文原载《中学语文教学参考》1997 年 8—9 期合刊。人教版新教材高中《语文第三册教师教学用书》中巴金《灯》一课的“整体感知”“思路分析”“鉴赏要点”“解题指导”“教学建议”“过程要点”“导语设计”“板书设计”等，均采用了作者的研究成果。文学鉴赏《〈灯〉的三次情感升华》发表于《语文学习》2004 年第 4 期。）

《诗经·蒹葭》教学设计

一、导入新课

历来人们对于《蒹葭》这首唯美诗歌的理解均有所不同，有人认为《蒹葭》描写了美好的爱情，表现了对心上人的不懈追寻和期盼；有人则认为“在水一方”、若隐若现、似近实远的“伊人”，象征了可望而不可即的理想……

今天我们就来学习《诗经》名篇《蒹葭》，试着探寻一下诗人苦苦寻觅的“伊人”到底是什么。（板书课题）

二、学习目标

（1）听读、朗读、品读并背诵全诗。

（2）体会重章叠句的艺术形式和效果，理解赋、比、兴在课文中的运用和作用。

（3）培养感知诗歌意象和意境的能力。

三、常识介绍

让学生先尝试介绍《诗经》，然后教师投影补充。

《诗经》是我国第一部诗歌总集，也是我国现实主义诗歌的源头，收录西周至春秋中期约五百年间的作品，共 305 篇，大部分是采集的民歌，没有具体作者。秦以前，《诗经》被称为《诗》或《诗三百》，汉代以后，儒家把它奉为经典，才尊称《诗经》，是“五经”之首。《诗经》内容分为“风、雅、颂”三部分，表现手法是“赋、比、兴”，诗句以四言为主。

四、诵读背诵

➢ 感知诗情

多媒体创设情境：清晨残月，秋风萧瑟，露重霜浓，芦苇苍茫，水波荡漾。以此背景衬托，展现《蒹葭》诗歌。配以古琴或琵琶抒情乐曲，教师声情并茂地范读全诗。学生认真听读、看书，在生僻的字词下标记注音。

➢ 你认为哪些字的读音应该特别注意？

提示：蒹葭 jiān jiā，溯洄 sùhuí，晞 xī，湄 méi，跻 jī，坻 chí，涘 sì，沚 zhǐ 等。

➢ 这首诗用现代汉语普通话来读，哪些字是押韵的韵脚？

提示：苍、霜、方、长、央；凄、晞、湄、跻、坻；采、已、涘、右、沚等。押韵，就是不同诗句的最后一个字，韵母相同或相似。读起来朗朗上口，富有音乐美。如《蒹葭》第一章押“ang”韵，第二、三章押“i”韵。

古体诗押韵比较灵活，不像后来唐朝出现的“近体诗”（律诗、绝句）押韵那样严格。需要注意的是，有些韵脚，今天读来不太押韵了（韵母不太相同、相似了），这说明古今语言有变化，甚至变化很大，古时候可能是押韵的。

➢ 你认为哪些字词、句子的意思不好理解，应该特别注意？

提示：苍苍、凄凄、采采、所谓伊人、溯洄、溯游、未晞、之湄、且跻、坻、涘、右、沚等，师生共同探究难字词、句子，尽量多让学生研读探究，解决问题。

➢ 这首诗讲了一个什么故事，请学生用自己的语言来描述一下。

➢ 学生齐读全诗。

提示：读准字音，把读得不通顺、不准确的地方多读几遍。注意节奏韵律，《蒹葭》多是四字一句，两字一顿；有的三字一顿，如“水中央”。

➢ 个别学生诵读。

提示：语速舒缓悠长，期盼怅惘。注意重音，如“蒹葭”“白露”“伊人”“在水”“溯”“从”“阻”“宛”；注意韵脚的饱满和延长，如“苍苍”“为霜”“一方”“且长”“中央”。指导学生读出轻重音、节奏感和蕴含的意境。

➢ 男女生轮读、分组读、接力读等形式多样地读。

➢ 逐段背诵；全诗背诵。

➢ 检查背诵情况，看谁背得最快、最好，评选最佳背诵生。

五、研读品析

➢ 全诗共分三章（段），大家发现这三章在语言表达上有什么特点？这样有什么作用？

提示：《诗经》里的一“段”，叫一“章”。《蒹葭》全诗共三章（段），每章八句。

“三章只一意。”就是说，三章（段）表达的是一个意思：寻觅、追求。三章其实就是一章，后两章与第一章，诗意和语句都大体相同，只是个别字词变换、角度变换——这叫“重章”。

三章中的诗句有的完全重复，如“所谓伊人”“溯洄从之”“溯游从之”；有的仅调换一两个字，如“蒹葭苍苍”“凄凄”“采采”,“在水一方”“在水之湄”“在水之涘”,“宛在水中央”“宛在水中坻”“宛在水中沚”——这叫“叠句”。

人们把《诗经》这种章节重复、字句叠沓的手法叫“重章叠句”。“重章叠句”是《诗经》的一大特色，很多诗篇都是如此。

“重章叠句”在内容上使诗意步步推进，情感逐层加深，突出主题，强化倾慕、寻觅、怅惘之情。时间推移、地点转换，象征主人公凝望追寻时间之久，伊人飘渺不定，追寻过程之艰难，以凸现主人公矢志不渝的精神。如“白露为霜”“白露未晞”“白露未已”——夜间的露水凝成霜花，霜花因气温升高融为露水，露水在阳光下蒸发未尽——表明了时间的延续、情感的加深。形式上，反复吟咏，一唱三叹，增强节奏韵律，朗朗上口，富有音乐美，增强感染力。

➢ 阅读《诗经》中的《木瓜》一诗，与《蒹葭》比较在内容和形式上有什么相同点？

木瓜

投我以木瓜，报之以琼琚。匪报也，永以为好也！

投我以木桃，报之以琼瑶。匪报也，永以为好也！

投我以木李，报之以琼玖。匪报也，永以为好也！

“琼琚”（jū）“琼瑶”（yáo）“琼玖”（jiū）：皆美玉。匪：非。

提示：都采用了“重章叠句”的反复修辞，都表达了男女相爱的主题。

➢ 本诗主要内容是写对“伊人”的思念、追寻，为什么开篇不直接写“伊人”，而先写“蒹葭苍苍，白露为霜”？这是什么手法？所写景物和后面的“伊人”有什么关系？

提示：简介《诗经》“赋、比、兴”手法。朱熹在《诗集传》中解释：“赋者，敷也，敷陈其事而直言之者也。”就是开门见山，直接描述铺叙。“比者，以彼物比此物也。”就是比喻，打比方。“兴者，先言他物以引起所咏之辞也。”就是先描写其他事物，来引起所要描写的事物，也即先用象征手法渲染烘托，引发联想。

“蒹葭苍苍，白露为霜”是赋，也是兴，赋中见兴，借景抒情，引起后文。对“伊人”烘托渲染，引发联想。每章开头都采用了赋中见兴的笔法。以描写真实的蒹葭秋景起兴，营造一个缥缈空寂的意境氛围，笼罩全篇。它既点明了季节、地点，又渲染了蒹葭萧瑟、凄清孤寂的气氛，烘托了诗人热烈追寻而又怅然若失的心境。寓情于景，情景交融。而且“白露”由“为霜”到“未晞”再到“未已”的变化，显示出时间从清晨到日出的逐渐推移过程，体现出诗人伫立水边，思念、眺望、寻觅“伊人”时间之久，情感之深。全诗反复起兴渲染，把怀人情境表现得更加浓烈深永。

这种以萧瑟秋景，渲染烘托孤寂忧伤心情的手法风格，对后代诗歌影响很大。如后代的宋玉《九辩》：“悲哉，秋之为气也！萧瑟兮草木摇落而变衰。”曹丕《燕歌行》：“秋风萧瑟天气凉，草木摇落露为霜。”杜甫《登高》：“无边落木萧萧下，不尽长江滚滚来。”欧阳修《秋声赋》：“噫嘻悲哉！此秋声也。”李清照《声声慢》：“满地黄花堆积……梧桐更兼细雨。”马致远《天净沙·秋思》：“枯藤老树昏鸦。”《红楼梦·秋窗风雨夕》：“秋花惨淡秋草黄，耿耿秋灯秋夜长。”秋瑾：“秋风秋雨愁煞人。”等，都多少受到《蒹葭》的影响，可见《蒹葭》对后代诗歌的影响之大、之深远。

➢ 诗中描写“伊人”，没有作一笔正面描写，“伊人”是男是女、高矮胖瘦、妍媸美丑，都不清楚，只是通过诗人矢志不渝地追寻来表现。这是什么描写手法？有何作用？

提示：通过他人反映的侧面描写手法。作用：可以唤起读者的联想和想象，使人物形象丰满，呈现一种朦胧美、含蓄美。后面自读课文《陌上桑》，描写罗敷的美貌，也采用了这种通过他人反映的侧面描写手法：作者通过描写行者、少年、耕者、锄者、使君等见到罗敷时的欣赏、迷恋、忘情、误事、怨怒、踯躅、探询等各种反应，侧面表现罗敷惊世骇俗的美貌。这种“不写之写”的侧面描写法，能充分调动读者的联想和想象。

➢ 整首诗的意境给人的感觉是怎样的？请描述一下，用四字句概括一下。

提示：整首诗笼罩朦胧美、含蓄美、幽怨美。诗人追寻“伊人”不见而产生距离，“距离产生美”。主人公和伊人的身份、面貌、位置都因距离变得朦胧悠远，空灵飘缈，给人以雾里看花、水中望月、若隐若现、如梦似幻之感。蒹葭、白露、伊人、秋水，越发显得难以捉摸，恍惚迷离，构成了一幅朦胧凄美、婉约淡雅的水墨画。四字句概括：朦胧缥缈，空灵悠远，如梦似幻，凄清孤寂等。

➢ 诗中的“伊人”仅仅指恋人、心上人吗？还可以象征什么？

提示：“伊人”到底是谁，一千个读者心中有一千个伊人。诗中的“伊人”没有具体所指，甚至连姓名、性别都不明——是她？是他？是恋人？是知音？是友人？是贤才？是隐士？是功业？是理想？是境界？……总之“伊人”应该象征追求的美好事物和理想。而“河水”象征实现理想的阻隔、障碍。追求美好事物、实现理想，需要克服障碍，勇往直前，不屈不挠。

由此看来，不妨把《蒹葭》的诗意理解为一种象征，把“伊人”看作社会、人生中体现美好理想的一个艺术典型。《蒹葭》不仅是一首爱情恋曲，更是一阕不懈追求者的颂歌。

六、训练拓展

➢ **在理解全诗的基础上，展开想象，把《蒹葭》改写成一首白话诗，最好能押韵。**

学生分组，五分钟后推荐一位学生朗读翻译诗作。评选最佳译作。

展示教师改写的《蒹葭》白话诗：

芦苇青茫茫，白露变成霜。心上人在哪？在水那一方。
逆流去寻她，道路险又长。顺流去寻她，像在水中央。
芦苇密繁繁，白露还没干。心上人在哪？在水那一岸。
逆流去寻她，道路高又险。顺流去寻她，像在水中滩。
芦苇茂绵绵，白露还没完。心上人在哪？在水那一边。
逆流去寻她，道路险又弯。心上人在哪？像在水中天。

展示台湾作家琼瑶由《蒹葭》改写的歌词《在水一方》，学生齐读。

绿草苍苍　白雾茫茫
有位佳人　在水一方
我愿逆流而上　依偎在她身旁
无奈前有险滩　道路又远又长
我愿顺流而下　找寻她的方向
却见依稀仿佛　她在水的中央
绿草萋萋　白雾迷离
有位佳人　靠水而居
我愿逆流而上　与她轻言细语
无奈前有险滩　道路曲折无已
我愿顺流而下　找寻她的踪迹
却见仿佛依稀　她在水中伫立
绿草苍苍　白雾茫茫
有位佳人　在水一方

➢ **你认为《蒹葭》和琼瑶改写的歌词《在水一方》有哪些相同和不同？你更喜欢哪一首？说说理由。**

提示：相同点：琼瑶歌词的第一段基本仿照《蒹葭》第一章进行改写，歌词总体上保留《蒹葭》"重章叠句"反复咏唱的形式特色，内容上也体现原诗的邈远迷茫、含蓄朦胧、缠绵忧伤的意境美。

不同点：《蒹葭》分三章，歌词《在水一方》分两段，第二段是把《蒹葭》二三章融合；《蒹葭》四言为主、五言为辅，歌词六言为主、四言为辅，增加了一些细节描写，首尾四句反复呼应。

《蒹葭》是经典名篇，影响深远，传诵千古；歌词《在水一方》也是大家手笔，改写得很成功。可谓各有千秋，各具特色。学生更喜欢哪首都可以，只要言之成理。

➢ 集体背诵《蒹葭》

提示： 语速舒缓悠长，读出期盼怅惘之情，有点吟诵的味道，注意轻重音、节奏感和蕴含的意境。

七、课后作业

在理解全诗的基础上，展开想象，把《蒹葭》扩写成一篇300字左右的散文。

《蒹葭》扩写散文参考答案

深秋的早上，天刚蒙蒙亮。我独自来到河边，四周静悄悄的。放眼望去，满眼是望不到边的青青的芦苇。芦苇叶上莹莹的露珠凝成了晶晶的白霜。让我日思夜想的心上人啊，被密密的芦苇和朦胧的雾气遮挡了，看不真切。我想她可能就在前方河水的那一边吧！太阳升起了，晶莹的白霜化成了汪汪的露水。我划着小船，逆流而上，去追寻她，不怕道路险阻、漫长、高峻又曲折，可是没有找到。我又顺流而下，去寻找她，还是没找到。朦胧迷惘中，她好像一会儿在河上游，一会儿在河下游，一会儿在水中央，一会儿在水草边，一会儿在沙洲……飘忽不定，渺茫莫测，真是“翩若惊鸿，婉若游龙”“髣髴兮若轻云之蔽月，飘飖兮若流风之回雪”——可望而不可即啊！尽管我寻寻觅觅，几乎“上穷碧落下黄泉”，可还是“两处茫茫皆不见”，只能徒叹“隔花阴人远天涯近”了。心爱的人儿啊，你到底在哪里？我在继续寻觅你……

八、板书设计

蒹葭

《诗经》

水一方
水中央

追　寻　　**伊人**　　水之湄
怅　惘　　（偶像、理想）　　水中坻

水之涘
水中沚

九、《蒹葭》意境图

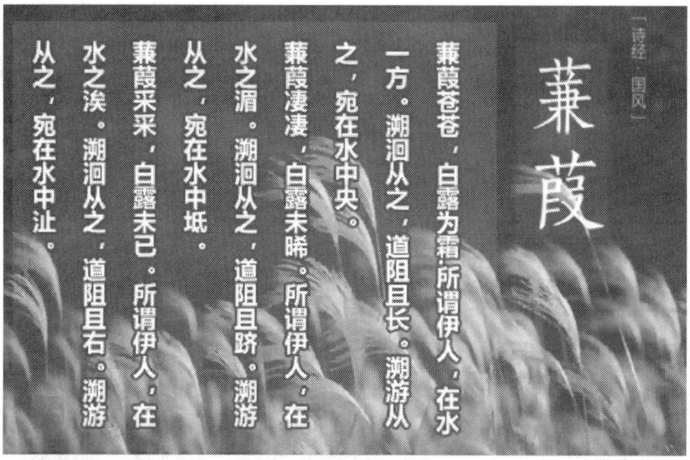

（粤港澳大湾区教材高中《中国语文》篇目教学设计。）

班固的《汉书·苏武传》教学设计

一、教学建议

（1）“言”“文”结合学习文言文。文言文首先是“文”，而且是千百年流传下来的优秀的“文”，而不是“言”的简单堆砌。因此，应当把文言文当作“文”来教学，同时又把“言”的学习落到实处，使文言文教学既扎实，又灵活；既实用，又生动。

（2）建议用“问题探究”方式组织教学，师生相互提问，探究问题。教师组织引导学生讨论，点拨其中，归纳总结。

二、导入新课

欣赏歌曲《苏武牧羊》：

苏武留胡节不辱。雪地又冰天，苦忍十九年。渴饮雪，饥吞毡，牧羊北海边。心存汉社稷，旄落犹未归，历尽难中难，心如铁石坚。夜在塞上时听笳，声入耳心痛酸。转眼北风吹，雁群汉关飞。白发娘，望儿归，红妆守空帏。三更同入梦，两地谁梦谁；任海枯石烂，大节永不亏。终教匈奴惊心碎胆拱服汉德威。

这是一首广为流传的民歌。汉武帝时，苏武奉命出使匈奴，被匈奴扣留十九年，正如歌曲所唱，苏武历尽艰辛，持节不屈，成为中华民族历史上光耀千古的英雄。现在，就让我们走近苏武，走进他历尽坎坷又辉煌无比的人生。

三、学习重点

（1）积累掌握通假字、古今异义、词类活用、特殊句式等文言知识，培养归纳整理文言字词、句式等能力和习惯。

（2）学习课文通过衬托、类比等手法和生动入微的细节描写，塑造人物形象、突出主题的方法。

（3）学习苏武强烈的爱国精神和高尚的节操品格。

四、整体感知

（1）学生课前预习课文，疏通文义，要求参照注释、借助《古汉语字典》等工具书，逐段、逐句对应原文，笔译在课文上，并画出重要字词、句式等“得分点”。

（2）让学生按情节发展，用四字句给课文主要事件命小标题。

五、课文研学

出使修好

（一）重点字句

1. 汉亦留之以**相当**。相当，古义：相抵偿；今义：程度高。
2. 我**丈人**行也。丈人，古义：长辈；今义：岳父。
3. 武帝**嘉**其义：嘉，以……为嘉，认为……好，赞许，意动用法。
4. 送匈奴使**留在汉者**。定语后置，正常语序“送留在汉者匈奴使”。

（二）问题探究

苏武是在什么背景环境下出使匈奴的？匈奴主动示好、归返汉使，是真心想与汉和好吗？从课文第一段中找出证据说明。

（三）问题解析

提示：文章开始写道：“时汉连伐胡，数通使相窥观。匈奴留汉使郭吉、路充国等前后十余辈。匈奴使来，汉亦留之以相当。”苏武出使匈奴的这一背景，表明他出使匈奴时严酷的历史环境，同时交代了匈奴尽管“尽归汉使路充国等”，却只是因为“且鞮侯单于初立，恐汉袭之”的缓兵之计，并非真心和好。所以当苏武护送匈奴使者回归，并“厚赂单于”时，“单于益骄”，并敢于再次扣留汉使苏武一行。

谋反受累

重点字句

1. 会缑王与长水虞常等谋反（**于**）匈奴中。省略介词“于”。
2. 后随浞野侯没（**于**）胡中。省略介词“于”。
3. 缑王者，昆（hún）邪（yé）王姊子也。判断句。
4. 私**候**胜曰。候，古义：拜访；今义：等候。
5. 其一人**夜**亡。夜：在夜里，名词作状语。
6. 虞常**生得**。生得：被活捉，被动句。

殉国获救

（一）重点字句

1. 张胜闻之，恐前语发。发：被揭发，被动句。
2. 以状语武。语：告诉，名词动用。
3. 见犯乃死，重负国。见：被，被动句。
4. 何以复加？正常语序“以何复加”，宾语前置。
5. 虞常果引张胜。引，古义：招供；今义：牵引。
6. 宜皆降之。降：使……投降，使动用法。
7. 蹈其背以出血。蹈，古义：轻敲；今义：舞蹈。
8. 舆归营。舆：抬着，用车拉，名词动用。
9. 单于壮其节。壮：以……为壮，认为……壮烈，意动用法。
10. 朝夕遣人候问武。朝夕：在早晚，名词作状语。

（二）问题探究

文章中有很多生动入微的细节描写，表现苏武坚强不屈的民族气节，请找出几处加以分析。

（三）问题解析

提示：细节有两层含义，一是指对人物具体细微的描写（语言、动作、心理、表情等）；二是指一个细小情节。细节是记叙类文章的生命细胞，记叙类文章要力求写得细腻生动，不能仅是粗略概述。好的细节描写有三个特征：一是真实。细节失真会动摇整个作品“大厦”的根基，造成致命伤害，所谓“细节决定成败”。二是典型。细节要有代表性，以小见大，以一当十，窥一斑而知全豹，以一目尽传精神。三是新颖。细节要有创造性，不能邯郸学步、机械模仿。同学们在读写记叙类文章时，要留意发现和学习生动的细节描写。

写苏武两次自杀，第一次“胜、惠共止之”；第二次通过周围人的反应：“卫律惊，自抱持武”“置煴火，覆武其上”“惠等哭，舆归营”“单于壮其节”等，“惊、抱、置、哭、舆、壮”等动词细节描写，充满悲壮色彩，从侧面表现苏武舍生取义的壮举感天动地，连敌人都为之感佩动容。后文写苏武被幽禁在大窖中，“卧啮雪，与旃毛并咽之”；流放北海时，“掘野鼠去草实而食之。杖汉节牧羊，卧起操持，节旄尽落”。如此等等细节描写，充分表现了苏武的铮铮铁骨及高尚情操。

卫律逼降

（一）重点字句

1. 欲因此时降武。降：使……投降，使动用法。

2. 副有罪，当**相坐**。相坐，古义：连你定罪，相，偏指一方，你；今义：相互坐下。

3. 又非亲属，**何谓**相坐？谓何，宾语前置。相，偏指一方，我。

4. 空以身**膏**草野。膏：使……肥沃，使动用法。

5. **女**为人臣子，不顾恩义，**畔**主背亲。女：通“汝”，你。畔：通“叛”，背叛。

6. **何以汝为见**？以何见汝为？宾语前置。

7. 反欲**斗**两主。斗：使……争斗，使动用法。

8. 头**县**北阙。县：通“悬”，悬挂。

（二）问题探究

“南越杀汉使者，屠为九郡；宛王杀汉使者，头县北阙；朝鲜杀汉使者，即时诛灭。独匈奴未耳。若知我不降明，欲令两国相攻，匈奴之祸，从我始矣！”苏武对卫律说的这段话采用了“类比”手法，类比是两个以上同类事物相比，根据几个事物相似的前提，推出相似的结论。试分析：苏武是把哪几个同类事物进行类比？它们有什么相似前提？推出怎样相似的结论？在学过的课文中，再举出一两个运用类比手法的例子比较分析。

（三）问题解析

提示：类比是一种逻辑推理方式，也是一种常见的艺术表现手法，其内涵是：两个以上同类事物相比，根据几个事物相似的前提，推出相似的结论。过去类比多限于逻辑学范畴，在诗文读写中，没有给予足够的重视和研究。其实类比在诗文中的运用相当广泛，应该更多地关注类比在读写中的运用和作用。此处通过类比，表现了苏武面对卫律的威胁，展现出使臣凛然不可犯的浩然之气。

苏武把“南越、宛王、朝鲜、匈奴”四个同类事物（国家）类比。南越、宛王、朝鲜三个国家的相同点都是“杀汉使”，其结果都是被汉朝消灭。苏武以类比让卫律明白：匈奴如果“杀汉使”，其结果也将被汉朝消灭，表现出“明犯强汉者，虽远必诛！”的凛然与震慑。

直观表示为：

南越：杀汉使——→屠为九郡（结论）

宛王：杀汉使——→头县北阙（结论）

朝鲜：杀汉使——→即时诛灭（结论）

匈奴：若杀汉使——→**祸从我始**（结论）

《邹忌讽齐王纳谏》中邹忌将自己与齐王类比，含蓄地讽谏齐王像自己一样，由于别人的“私（偏爱）、畏（畏惧）、求（有求）”而导致“受蒙蔽”的结果。

直观表示为：

邹忌：私、畏、求——→蔽（结论）

齐王：私、畏、求——→**蔽**（结论）

刘禹锡的《陋室铭》中："山不在高，有仙则名；水不在深，有龙则灵；斯是陋室，唯吾德馨。"其结论应该是：室不在陋，士雅则馨。

直观表示为：

山：不在高　有仙——>则名（结论）

水：不在深　有龙——>则灵（结论）

室：不在陋　士雅——>**则馨**（结论）

类比有时并不把事物全部罗列，而是让读者自己联想类比，如"南阳诸葛庐，西蜀子云亭。孔子云：何陋之有？"作者意在将"南阳诸葛庐，西蜀子云亭"与"和州禹锡之陋室"类比，结论文中已有：何陋之有？

直观表示为：

南阳诸葛庐：简陋　主人雅——>何陋之有？（结论）

西蜀子云亭：简陋　主人雅——>何陋之有？（结论）

刘禹锡陋室：简陋　主人雅——>**何陋之有？**（结论）

古诗词中类比也常见。有时类比的两个事物表面上只出现一个，另一个类比事物需要读者心领神会地联想，才能领悟其真意，含蓄蕴藉，别有韵味。如张籍的《节妇吟》，又如朱庆馀的《闺意献张水部》："洞房昨夜停红烛，待晓堂前拜舅姑。妆罢低声问夫婿，画眉深浅入时无。"这本是一首干谒行卷诗，诗人朱庆馀临近进士科举，不便明言请托权贵名人张籍奖掖提拔之语，便用类比暗示手法，把自己和新妇类比，以夫婿比张籍，以公婆比考官，借以征求张籍的意见。通过新妇"问夫婿"："画眉深浅入时无"——装扮是否合乎时尚？能否讨得公婆的欢心？含蓄请教张籍对自己作品的看法——诗文是否合乎时尚？能否赢得考官的青睐？

直观表示为：

新　妇：问夫婿　画眉——>舅姑态度？（结论）

朱庆馀：问张籍　诗文——>**考官态度**？（结论）

苏武牧羊

（一）重点字句

1. 单于愈益欲**降**之。降：使……投降，使动用法。
2. 乃幽武置（**之于**）大窖中。省略"之于"。
3. 天**雨**（yù）雪。雨，下雨，名词动用。
4. 匈奴以（**之**）为神。省略"之"。
5. 羝**乳**乃得归。乳，生育，生子，名词动用。
6. 武**既**至海上。既，古义：已经，……以后；今义：既然。
7. 与**旃**毛并咽之。旃：通"毡"，毛织品。
8. 掘野鼠**去**草实而食之。去：通"弆"（jǔ），收藏。
9. **杖**汉节牧羊。杖，拄着，名词动用。

10. 武能**网**纺缴（zhuó）。网，结网，名词动用。

11. **檠**弓弩。檠（qíng），校正，名词动用。

（二）问题探究

1. “苏武牧羊”已成为人们耳熟能详的成语，也是经久不衰的传统剧目和曲目。下面是另一首《苏武牧羊》的歌词，与第一首歌词不尽相同。人们歌颂苏武牧羊为何经久不衰？

苏武牧羊北海边，雪地又冰天，拘留十九年，渴饮雪，饥吞毡，野幕夜孤。心存汉社稷，梦想旧家山，历尽难中难，节旄落尽未还，兀坐绝寒时听，胡笳入耳心痛酸。

苏武牧羊久不归，群雁却南飞，家书欲寄谁，白发娘倚柴扉，红妆守空帏，三更徒入梦，未卜安与危，心酸百念灰，大节仍不少亏，羚羊未乳不道，终得乘随汉使归。

2. 苏武被囚禁流放前曾两度自杀，后来又为何历尽艰难困苦顽强地活下去？这前后表现是否矛盾？

（三）问题解析

提示：1. 人们被苏武强烈的爱国精神和高尚的节操品格所感动。苏武的民族精神、人格魅力、坚强意志，让每一个中国人感佩、敬仰、传唱。

2. 不矛盾。苏武在匈奴始终以维护国家尊严作为崇高使命和行为准则。匈奴对苏武的招降关乎国家尊严、民族气节。苏武意识到，一旦被匈奴审讯，就会给国家带来羞辱，所以要以死明志，表明坚决不降受辱的决心。当匈奴知道“威武不能屈”之，“富贵不能淫”之，最后企图以“贫贱移”之——要用摧残苏武肉体的方式征服其意志。所以苏武的反抗方式，也由“求死”变成“求生”——他要在各种艰难困苦中坚强地活下去，以证明自己的顽强与不屈。苏武早已将生死置之度外，无论“求死”还是“求生”，都是以维护国家尊严、不辱使命为前提和核心。所以他“杖汉节牧羊，卧起操持”，一心维护国家尊严与利益，在情势变化下，他的抗争方式也相应变化。

李陵劝降

（一）重点字句

1. 武使匈奴**明年**。明年，古义：第二年；今义：下一年。

2. 虚心欲**相**待。相，古义：偏指一方，你；今义：相互。

3. 空自苦**亡**人之地。亡：通“无”，没有。

4. 信义**安**所**见**乎？见：通“现”，显现。正常语序“信义所见安乎”，宾语前置。

5. 扶辇下**除**。除，古义：台阶；今义：除去。

6. 推堕驸马（**于**）河中。省略“于”。

7. 独有**女弟**二人。女弟，古义：妹妹；今义：姐妹和弟弟。

8. **何以**过陵？正常语序“以何过陵”，宾语前置。

9. 且陛下**春秋**高。春秋，古义：年纪；今义：春秋时代或季节。

10. 大臣**亡**罪**夷灭**者数十家。亡：通“无”。夷灭：全家被杀，被动句。

11. 兄弟**亲近**。古义：亲近之臣；今义：亲热靠近。

12. 诚**甘乐**之。甘乐：以……为甘乐，把……当作甘甜快乐，意动用法。

13. 王必欲**降**武。降：使……投降，使动用法。

14. 因泣下沾**衿**，与武**决**去。衿：通“襟”，衣襟。决：通“诀”，诀别。

（二）问题探究

匈奴招降苏武共三次：第一次是卫律逼降；第二次是匈奴折磨诱降；第三次是故友李陵劝降。其中卫律和李陵的招降，在方式和语言上有何不同？为什么不同？卫律和李陵的招降，对表现苏武的不屈精神有何作用？

（三）问题解析

提示：史传文学要求作者将史学性与文学性很好地结合起来，本文的特点之一就是通过个性化言行、对比、衬托等手法塑造人物形象，展现人物的身份、修养、关系等深刻内涵，使人物形象更鲜明丰满。

卫律原是匈奴后裔的汉将，后投降匈奴，没有多少文化修养。他招降的方式和语言是威逼利诱，软硬兼施，态度傲慢，拙劣粗鄙。他先以“副有罪，当相坐”，来胁迫苏武，遭驳斥后，又“复举剑拟之”来恐吓，然“武不动”。见“威武不能屈”之，他又以“富贵淫”之，以“赐号称王，拥众数万，马畜弥山，富贵如此”来利诱。最后还恬不知耻地说：“今不听吾计，后虽欲复见我，尚可得乎？”被苏武怒斥：“为降虏于蛮夷，何以女为见？”

李陵劝降主要是以老朋友和老同事的身份，在饮酒叙谈中，从个人利害、得失角度，推心置腹，晓之以理，动之以情。他主要从三个方面劝降：一是挑拨苏武和汉武帝的情感，指出汉朝刻薄寡恩，法令亡常，滥杀无辜，不值得效忠；二是披露苏武家庭悲剧，母亲去世，妻子改嫁，家破人亡，断绝苏武对亲人家室的挂念；三是宣扬叛徒哲学，“人生如朝露，何久自苦如此？”娓娓动听，情感浓烈，极易从内心摧毁一个人的意志。

卫律和李陵招降方式之所以不同，一是两人与苏武的关系不同；二是两人的性格、修养不同。卫律本是无节操的小人，卖国求荣，唯利是图，所以丑态百出，拙劣不堪，遭到苏武唾弃和怒斥。李陵是一代名将李广的长孙，文武兼备，修养较高，因寡不敌众，战败而降，被汉武帝诛灭家族。所以李陵在劝降时试图用“朋友叙旧”“攻心法”感化。尽管手段高明，富有感召力，但最后还是无功而返。面对苏武矢志不渝、历久弥坚的爱国意志，李陵“泣下沾襟”，可见羞恶之心尚存。

卫律和李陵的招降是用叛国者对比、反衬苏武的民族气节。胆怯懦弱的张胜、为虎作伥的卫律、私交素厚的李陵，他们都在匈奴的恩威下丧失了民族气节，拜倒在敌人脚下。唯独苏武大义凛然，为了民族尊严和汉朝利益，宁死不屈。强烈的爱国热情和气节，是苏武战胜敌人和各种困难的力量源泉。作者为我们塑造了一个丰满、动人、高大的民族英雄形象。

白发归汉，名垂青史

重点字句

1. 南乡号哭，欧血。乡：通“向”。欧：通“呕”。

2. 如惠语以让单于。让，古义：责备；今义：谦让。

3. 谢汉使曰：“武等实在。”谢，古义：谢罪，道歉；今义：感谢。实在，古义：确实存在；今义：诚实，老实。

4. 虽欲报恩将安归。安归，“归安”，宾语前置。

5. 公田二顷，宅一区。“二顷田”“一区宅”，定语后置。

6. 武留匈奴凡十九岁。凡，古义：总共；今义：平凡。

六、板书设计

苏武传

班固

开端：出使修好、谋反受累

发展：殉国获救、卫律逼降

高潮：苏武牧羊、李陵劝降

结局：白发归汉、名垂青史

七、拓展比较

阅读《汉书·李陵传》节选（有改动），谈谈对李陵和苏武的看法。

陵将其步卒五千出居延，至浚稽山，与单于相直，骑可三万围陵军。陵搏战攻之，千弩俱发，应弦而倒。虏还走上山，汉军追击，杀数千人。单于召八万余骑攻陵。明日复战，斩首三千余级。单于使其子将骑击陵，陵军步斗树木间，复杀数千人，因发连弩射单于，单于下走，陵军战一日数十合，复杀虏二千余人。虏不利，欲去。会陵军侯管敢为校尉所辱，亡降匈奴，具言陵军无后救，矢且尽。单于大喜，四面射，矢如雨下。汉军南行，士尚三千余人，单于遮其后，乘隅下垒石，士卒多死，不得行。昏后，陵叹曰：“吾不死，非壮士也。复得数十矢，足以脱矣。今无兵复战，各鸟兽散，犹有得脱归报天子者。”夜半时，陵与韩延年俱上马，壮士从者十余人。虏骑数千追之，韩延年战死。陵曰：“无面目报陛下。”遂降。军人分散，脱至塞者四百余人。

（粤港澳大湾区教材高中《中国语文》篇目教学设计。）

归有光的《项脊轩志》教学设计

一、导入新课

猜谜语：衣锦还乡（打一位明代作家）——归有光。

亲情，是个温馨而永恒的主题。古今中外，描写亲情的诗文不胜枚举，然而其中真正打动人心、脍炙人口的优秀诗文也属凤毛麟角。今天，我们就一起来学习明代著名散文家归有光的名篇《项脊轩志》。（板书课题）通过他笔下的破旧书斋“项脊轩”和一草一木，去感受他笔下悲喜交织的动人亲情。

二、整体感知

学生课前预习课文。参照注释和借助《古汉语字典》等工具书，逐段、逐句对应原文，笔译在课文上，并画出重要字词、句式等“得分点”。

教师范读课文（提醒学生注意字词读音）。

学生齐读课文。

三、学习重点

（1）掌握重点文言字词、词类活用、特殊句式等。

（2）学习本文从日常生活中选材的方法。

（3）学习本文细节描写、正侧面结合、虚实结合等表现手法。

四、疏通文字

➢ **指出下列各句中的名词动用，并解释。**

1. 乳二世。乳，喂养，抚养。
2. 客逾庖而宴。宴，用饭。
3. 执此以朝。朝，上朝。
4. 吾家读书久不效。效，取得效果，考取功名。

5. 垣墙周庭。垣墙，砌墙、筑墙。周，围绕。
6. 雨泽下注。雨，下雨。

➢ **指出下列各句中的动词“谓语”和后置的“介宾状语”，并解释。**

1. 杂植兰桂竹木于庭。在庭院里种上兰桂竹木。
2. 家有老妪，尝居于此。在这里居住。
3. 室西连于中闺。与中闺相连。
4. 鸡栖于厅。在厅里栖息。
5. 其制稍异于前。与以前不同。

“介宾状语”，在古汉语中一般置于动词谓语之后，翻译时一般把“介宾状语”移到动词谓语之前。

五、问题探究

➢ **“项脊轩”为何叫“南阁子”？方位是怎样的？作者“前辟四窗，垣墙周庭，以当南日，日影反照，室始洞然”是怎样一种修葺？**

提示：建房子最好的方位是坐北朝南，俗称“北屋”“正房”“堂屋”等，门窗都向南开（古代建筑，一般都只在有门的一面墙上开窗，无门的背面墙上一般不开窗，或只开一个很高的小窗。现在北方一些农村依然保留这一建房习俗）。“北屋”易于采纳从南面照射来的阳光和流通空气，明亮通透，冬暖夏凉。而“项脊轩”是坐南朝北，方位与“北屋”正好相反，俗称“南屋”“偏房”等，所以叫“南阁子”，门窗都朝北，采光不好，即文中所说“又北向，不能得日”，阴暗寒冷。

作者为了改善南屋“项脊轩”不易采光的弊端，先在向北有门的一面墙上开了四个窗，又围着“项脊轩”修建了一圈墙，利用物理“镜面反射”原理，“以当南日”，把从南面照射到北墙上的阳光反射到北向的门窗里，于是“室始洞然”。

➢ **文章写了一个书斋、两种情感、三位亲人。认真阅读课文，回答下列问题：**

1. 请用简洁的语言概括一个书斋修葺前后的特点。

提示：

修葺前：狭小、破漏、阴暗。

修葺后：不漏、明亮、雅静。

2. 请用文章中的一句话概括作者表达的两种情感，这句话在文章中起什么作用？概括两种情感在文章中的具体表现，以哪种情感为主？

提示：一句话：“然余居于此，多可喜，亦多可悲。”写了“喜”“悲”两种情感。这句话承上启下，统领全文，是全文的总纲。“喜”和“悲”具体表现：“喜”主要体现在项脊轩修葺后幽雅的美景和作者在轩中惬意的读书生活。“悲”主要体现在四个方面：一是项脊轩和大家庭的衰败离析；二是对母亲的回忆；三是对祖母的回忆；四是对妻子的回忆。以写“悲”为主：作者开篇写“喜”，但用意并不在此，写喜是为了映带下文，更好地写悲，以喜衬悲，更显悲伤。

3.“东犬西吠，客逾庖而宴，鸡栖于厅。”作者写这句话有何用意？

提示：这句话具体形象地表现了原本是同住一个宅院的叔伯们分家后杂乱的生活和疏远的关系，以及作者由此产生的悲凉之情。叔伯们分家后，渐渐疏远，很少往来，连狗都生分了，听到其他院里传来嘈杂声音，就当作陌生人大声吠叫。正常的庭院中各种用途的房间设计都比较合理，一般客厅和餐厅相近，客人从客厅到餐厅就餐很方便。而油腻、凌乱的厨房一般在偏僻处，客人通常不会涉足。现在客人需要穿过厨房才能到餐厅就餐。可见分家后，由于叔伯们在院内和室内修建了许多隔离墙，设置了许多小门，破坏了宅院原本设计美观合理的格局，造成生活的不便。厅堂本是待客之地，应该是家庭最体面、清洁的门脸，闲人都很少涉足。现在鸡鸭等不该登大雅之堂的家禽，竟然在厅堂堂而皇之闲庭信步和栖息，家庭的无心打理和脏乱可见一斑——字里行间流露出作者对家族分崩离析、家道衰落的悲凉之情。

4. 文章写了哪三位亲人？举例说明文章用了哪些描写手法表现三位亲人的哪些事迹。对我们写作有什么启发？

提示：描写了母亲、祖母、妻子三位亲人。运用了语言描写、动作描写、正侧面结合、虚实结合、白描手法等细节描写手法。

（1）语言和动作描写。写母亲的语言和动作：“娘以指叩门扉曰：‘儿寒乎？欲食乎？’”写祖母语言和动作：“大母过余曰：‘吾儿，久不见若影，何竟日默默在此，大类女郎也？’比去，以手阖门，自语曰：‘吾家读书久不效，儿之成，则可待乎！’”“顷之，持一象笏至，曰：‘此吾祖太常公宣德间执此以朝，他日汝当用之！’”写妻子的语言和动作：“吾妻来归，时至轩中，从余问古事，或凭几学书。吾妻归宁，述诸小妹语曰：‘闻姊家有阁子，且何谓阁子也？’”

（2）正侧面结合。写母亲的事迹，是通过“老妪”的回忆转述，这是侧面描写。一是因为归有光幼年丧母，对母亲的音容笑貌记忆不深；二是通过老妪转述，更真切感人。写“庭有枇杷树，吾妻死之年所手植也，今已亭亭如盖矣”。这是通过写景怀妻，也是侧面描写。物是人非，睹树思人，树犹如此，人何以堪？

（3）虚实结合。一般回忆、想象、梦境、醉态等都属于虚写。本文对于项脊轩的描写，多采用实写，而对三位亲人的描述，多采用回忆，即虚写。

（4）白描手法。本文对人物的语言、动作描写，多用白描手法。白描，原是中国画技法之一，又称“单线平涂法”，指纯粹用墨线勾勒物象，不分浓淡层次，也不用色彩烘染。借用于文章写作，白描有两大特色：一是抓住事物的特点；二是用笔简练传神。白描是中国文学的传统技法，中国古典小说如《三国演义》《水浒传》及鲁迅的作品中多用白描。

（5）细节描写。对三位亲人的语言、动作、正面、侧面、白描等描写，都体现了“细节描写”，细腻入微，真切感人。细节有两层含义：一是指有关人物的语言、动作、心理、表情等，具体细微地进行描写；二是指一个细小情节。细节是记叙类文章的生命细胞，记叙类文章要力求写得细腻生动，不能仅是粗略概述。好的“细节”有三个特征：一是真实。细节失真会动摇整个作品大厦的根基，造成致命伤害，所谓“细节决定成败”。二是典型。要有代表性，以小见大，以一当十，窥一斑而知全豹，以一目尽传精神。三是新颖。要有创造性，不能邯郸学步，机械模仿。

（6）写作启发。生动的细节来源于对生活的观察、体悟和选材。对一些生活中的平凡小事，只要用心感悟，善于撷取组织，就能组成真情感人的好文章。因为好文源自真情，真情源自生活，只有先感动了自己，才能感动别人——平平淡淡才是真，细微之处见真情。

六、欣赏品味

（一）读出欣喜

“多可喜”说明“有许多可喜的事”，阅读文章第一段，有哪些可喜之事呢？请模仿例句，仿写几句。

例句：我读出了“杂植兰桂竹木于庭”的景观增胜之喜。

提示：

我读出了“借书满架，偃仰啸歌”的读书陶然之喜。

我读出了“冥然兀坐，万籁有声”的幽静冥想之喜。

我读出了“小鸟时来啄食，人至不去”的万物和谐之喜。

我读出了“三五之夜，明月半墙”的月朗风清之喜。

我读出了“桂影斑驳，风移影动，珊珊可爱”的诗情画意之喜。

…………

（二）读出悲伤

作者在回忆母亲、祖母和妻子这些逝去的亲人时，你认为最令人心痛、最感人的生动细节有哪些？

提示：

1. 娘以指叩门扉曰：“儿寒乎？欲食乎？”

2. 吾儿，久不见若影，何竟日默默在此，大类女郎也？

3. 比去，以手阖门。

4. 自语曰：“吾家读书久不效，儿之成，则可待乎！”

5. 顷之，持一象笏至，曰：“此吾祖太常公宣德间执此以朝，他日汝当用之！”

6. 吾妻来归，时至轩中，从余问古事，或凭几学书。
7. 述诸小妹语曰：“闻姊家有阁子，且何谓阁子也？”
8. 吾妻死，室坏不修。
9. 庭有枇杷树，吾妻死之年所手植也，今已亭亭如盖矣。

（三）读出想象

“庭有枇杷树，吾妻死之年所手植也，今已亭亭如盖矣。”有人说这是最美的三行抒情诗。既然可以写成诗，就请同学们结合枇杷树，展开联想与想象，以“寄托哀思”为主题，运用精练、优美的语言和修辞，将其改写成一首诗歌。

枇杷思

爱妻手植枇杷，
今已亭亭如盖，
人却仙逝数载。
昔年移树，
历历眼前，
今看摇落，
凄怆满怀，
睹树思人，
魂兮归来！
一庭春光浓绿的枇杷啊，
无数个日出日落的守望，
你玉立如我爱妻的倩影
你花开似那娇美的容颜
常在我梦中绽放翩翩
……

七、比较拓展

比较苏轼的《江城子·乙卯正月二十日夜记梦》与《项脊轩志》在思想内容和表现手法上有哪些相同之处和不同之处。

江城子

苏轼

十年生死两茫茫。不思量，自难忘。千里孤坟，无处话凄凉。纵使相逢应不识，尘满面，鬓如霜。

夜来幽梦忽还乡。小轩窗，正梳妆。相顾无言，惟有泪千行。料得年年肠断处，明月夜，短松冈。

提示：

相同点：（1）题材、主题相似，都有怀念亡妻之痛。（2）手法相似，都有动作描写、细节描写、虚实结合、正侧面结合、白描手法等。动作、细节描写，如："小轩窗，正梳妆。相顾无言，惟有泪千行。"虚实结合、白描手法，如：上阕先实写思念："十年生死两茫茫。不思量，自难忘。千里孤坟，无处话凄凉。纵使相逢应不识，尘满面，鬓如霜。"下阕借助梦境虚写与妻子相见的情境："夜来幽梦忽还乡。小轩窗，正梳妆。相顾无言，惟有泪千行。"虚实结合，充分表达了苏轼对亡妻的思念之深、之苦。金圣叹说："文到入妙处，纯是虚中有实，实中有虚。"

不同点：《项脊轩志》是散文，写了三位去世的亲人（祖母、母亲、妻子），描述较丰厚细腻；《江城子》是词，只写了亡妻一人，描述简洁、概括。

八、板书设计

项脊轩志

归有光

一个书斋：**项脊轩**
两种情感：**喜和悲**
三位亲人：**祖母、母亲、妻子**
（以上三项以大括号归为：**细节描写**）

（粤港澳大湾区教材高中《中国语文》篇目教学设计。）

刘心武的《等待散场》教学设计

教学设想

本课重在体现“引导学生探究阅读”的教学思想。学生提出问题，教师组织讨论、引导解答，这是“探究阅读”教学的一个重要环节。过去人们较多地关注“教师提问”，而对“学生提问”研究关注较少。其实高效的现代课堂更应该提倡学生提问，使学生树立“提出问题比解决问题更重要”和“没有问题的学生就是学习存在问题的学生”的学习理念。一堂教读课应鼓励学生先根据自己的阅读体验、理解和困惑提出问题，原则上什么问题都可以提，但鼓励学生提出有独到发现、有一定深度和更大思维价值的问题。然后教师根据学生所提问题，组织、引导学生讨论，教师点拨引导。继而在“学生提问”的基础上，再以“教师提问”，组织探讨补充。

鼓励学生提问比仅是教师提问，对学生提出了更高的要求，它可以促使学生更加充分地预习，积极地学习，培养学生自主阅读、研究阅读并在阅读中发现问题、提出问题的习惯和能力；更能突出学生的主体地位，使课堂更富有针对性、探讨性、生成性和灵活性。鼓励学生提问，无论是教学气氛还是效率和效果都要更好，是实现高效课堂的重要手段。当然，学生所提问题五花八门，有些问题可能超出教师的预设范畴，这就要求教师具备较广博的知识和更充分地备课，这对教师的业务素养和应变机智也都提出了更高的要求。

教学时数：两课时。

第一课时

一、导入新课

人们说：“爱情，是文学作品三大永恒主题之一。”可以说，自从文学诞生的那一天起，爱情就是文学艺术表现的重要内容——《诗经》的第一篇《关雎》就是描写爱情的。古今中外，无数作家描写过爱情，今后还将继续写下去。可以肯定地说，只要人类不消亡，描写爱情的作品就不会消亡。但每个人描写爱情的题材、角度和手法又各不相同，所以才常写常新，百读不厌。今天我们看刘心武的微型小说《等待散场》是通过什么题材、角度和手法来表现爱情的。（板书课题）

二、整体感知

推荐一位女生朗读课文。

三、学习目标

（1）学习铺垫照应手法。
（2）体会精巧的构思。
（3）理解“实用价值”和“情感价值”的反比关系。

四、教学步骤

第一，请学生概述《天鹅湖》的故事。

提示：有一位美丽的公主和她的侍女们被一个魔鬼施展魔法变成了一群天鹅，她们只有在夜间的湖边才能暂时恢复人形。解除魔法的唯一办法，就是公主得到一位年轻人忠贞不渝的爱情。最后，一位王子深深爱上了公主，并奋力杀死了魔鬼，解除了魔法。公主恢复了人形，并与王子幸福地生活在一起……

第二，欣赏芭蕾舞《天鹅湖》第二幕音像片段。

第三，学生探究阅读，提出问题，师生研讨。

第四，教师引导探究阅读。

五、问题探究

（一）谁等待散场（板书）

1. 谁在等待散场？

提示：“小伙子”和“妙龄女郎”都在等待散场。

2. 文中哪些描写暗示“妙龄女郎”就是“小伙子”等待的女友？

提示：“我”在前廊里遇到一位女士，先误以为她是收票员，后来补充说：“那位女士，不，应该说是一位妙龄女郎。”暗示了小伙子等待的不是妻子或母亲，而是未婚的妙龄女郎。从文末对“妙龄女郎”的描写，她那么深情地望着雨丝掩映的“小伙子”，也暗示她就是“小伙子”等待的女友。

（二）怎样等待散场（板书）

1. 小伙子为什么等待散场？

提示：因为他和女友只等到一张退票。这张票来之不易，不能浪费。在只有一张票的情况下，只能是一人看戏、一人等待。而通常情况是女士优先，男士要表现绅士风度，何况现在是打动女友的绝佳机会，不能错过。

2. 为什么“我”把票无偿让给小伙子时他不要？既然不要，又为何问我：“有票吗？”同时还接过票仔细看一下票号？他到底想不想看戏？

提示：小伙子其实是很想看戏的，特别是和女友坐在一起看。他身在场外，心却在场内，所以当“我”经过时才不由自主地问：“有票吗？”当他接过“我”的票看了后，可能发现座位与女友的不在一起，担心散场后女友一时找不到自己会心急、失望，所以又拒绝了。他爱戏，更爱女友——他这种“矛盾心理”表现了他对女友的眷恋和忠贞，恪守承诺的品质。

3. 小伙子在等待散场时是怎样的心情？他都想到了些什么？想象着分析一下。

提示：应该是幸福甜蜜的心情。小伙子可能想象女友在观看《天鹅湖》时沉醉的神情，甜美的笑容；想象散场后他和女友相会后“执手相看”的幸福时刻，女友那明亮迷人的眼神；想象女友嘘寒问暖、软语温存；想象女友对他敞开心扉，吐露心迹，憧憬爱情……

4. 妙龄女郎为什么等待散场？她既已进场，为什么不看演出？而要站在走廊里，隔着玻璃观望雨中的小伙子？她为什么不干脆出来与小伙子会合？

提示：妙龄女郎身在场内，心却在场外。她在走廊里观望，一是挂念、惦记小伙子；二是她不愿辜负小伙子的一片痴情，而是守望；三是她想借此观察、考验一下小伙子对爱情的忠贞度，能否坚持到最后；四是她不想破坏这温馨浪漫的情境，而是精心维护这浪漫的氛围，所以她也要等待散场。如果出来与小伙子会合，两人就只能回去，就大煞风景了——表现妙龄女郎的聪明温婉，善解人意。

5. 文章的结尾是怎样描写妙龄女郎的？表现了她的什么心理？这里的“异样”是怎样一种眼神？想象着用几个词描述一下。

（学生齐读最后一段。）

提示：“忽然咬紧嘴唇，眼里闪出异样的光……”，表明在小伙子的痴情打动下，在《天鹅湖》剧情和旋律的感染下，妙龄女郎被深深感动了，决心冲破阻力，发展爱情，并对未来充满信心和憧憬。“异样”的眼神应是“深情的”“激动的”“含情脉脉的”“闪着幸福光芒的”……她多么希望能马上跑出去向小伙子表露心迹，表达对小伙子的爱恋和牵挂，对爱情的憧憬。省略号包含了她丰富细腻的心理活动和情感。

6. 小说为什么把环境设计为雨天？却又不是如注大雨而是霏霏细雨？

提示：雨天促进情节的发展，铺垫后文——正因为下雨，“我”才会绕道雨棚与躲雨的小伙子相撞，才引出后面一系列的情节。霏霏小雨渲染一种缠绵、朦胧、浪漫的气氛，烘托人物的柔情蜜意，更有利于表现爱情主题。如果是如注大雨，就失去了浪漫和缠绵，有的只是狼狈和困苦，与主题不符。

（三）等待散场的结果（板书）

1. 等待散场的结果是什么？表达了什么主题？

提示：小伙子和妙龄女郎相互等待、守候的结果，是等待来了他们纯真甜美的爱情。（板书“爱”）歌颂祝福伟大纯美的“爱情”，是这篇小说要表达的主题。

2. 结尾“永恒的旋律”有几层含义？

提示：“永恒的旋律”一语双关，既指《天鹅湖》舞蹈中为大家耳熟能详、永远喜爱的美妙旋律，又指伟大永恒的爱情的旋律，这种爱本身已化为一种艺术，演奏出人世间最动人的爱情乐章。

3. 小说首尾都提到《天鹅湖》剧曲，有什么作用？能否换成别的剧曲？

提示：《天鹅湖》和《等待散场》的主题是一致的，都是表现纯美感人的爱情。舞剧《天鹅湖》及其剧曲，是作者精心构思、选择的经典剧曲，有渲染气氛、烘托背景、突出主题的道具作用，不能轻易调换。小说开头和结尾都提到了《天鹅湖》，这样首尾呼应，不仅使文章结构完整，而且烘托了氛围，点染升华了“爱”的主题。《天鹅湖》中王子与公主最终冲破恶魔的阻挠而圆满结合，暗示小伙子和妙龄女郎的爱情也可能遇到了阻力，但他们的爱情也将冲破阻力得到圆满，最终走向幸福生活。

4. 小说写因为只有一张票，小伙子在雨中等待看戏散场的女友；而女友也没有专心看戏，而是在剧院大厅的一角，透过玻璃暗中观察等待的男友。有人说他们的初衷（等待和看戏）都没能实现，他们的付出都失去了实际意义。如果情节改为小伙子等待散场，而女郎专心看戏，遗憾是否会少一些？

提示：虽然两人的初衷都没有达到，但他们却收获了比初衷更甜美的爱情，这就是“得与失”的辩证关系。他们的行为虽都失去了“实用价值”，但却获得了丰富的“情感价值”，他们的爱情因此而更深厚、更牢固。

有人说：“爱情是平等的互动。”这样的爱情才恒久、感人，而不是“剃头挑子一头热”。如果改为仅是小伙子等待散场，而妙龄女郎陶醉戏中，从表面看，遗憾似乎少了些，但只能表现小伙子对妙龄女郎爱得炽热、执着，妙龄女郎对小伙子的情感却显得淡漠，爱情变为单向主动。缺少双向互动的爱情不可能持久，更不感人——“情感价值”就降低了。“情感价值”和“实用价值”成反比，“实用价值”越低，“情感价值”越高，反差越大，艺术感染力就越强。

5. 请再举出几个“实用价值”和“情感价值”成反比的课例。

提示：莫泊桑的《项链》中的“项链”是赝品，其“实用价值”是很低的，所以主人公为此付出的十年辛劳和青春代价的“情感价值”才显得那么高——苦有应得还不算苦，苦得冤枉才苦不堪言。如果“项链”是真货，实用价值提升了，情感价值就降低了。同样，小说最后不写把真项链讨回换钱，弥补损失，而是戛然而止，再写下去就完全是“实用价值”了，对读者的“情感价值”就会降低，在艺术上就大煞风景了。

契诃夫的小说《万卡》，由于万卡信的地址写得太笼统——乡下爷爷收——信是不可能被爷爷收到的。可是万卡却做着爷爷一定能收到信并救他出苦海的美梦。寄希望于一封完全不可能有回音的信，希望越大，失望越大。信的“实用价值”等于零，而“情感价值”却非常高，对读者的心灵触动非常大。如果信被爷爷顺利地收到了，“实用价值”虽然提高了，“情感价值”却降低了。

茹志鹃的小说《百合花》中，小通讯员生前向新媳妇借被子遭到拒绝。而当小通讯员牺牲后，新媳妇却不顾“我”的劝阻，执意把被子铺入小通讯员的棺材底。这时的被子对小通讯员已没有“实用价值”，但却富有极浓厚的“情感价值”，在读者心中掀起巨大的情感波澜。

6. 你觉得这篇小说在构思谋篇上有何特色？

提示：《等待散场》构思精巧，没有正面描写小伙子和妙龄女郎的爱情故事，更没有谈及他们在现实中所遇到的阻力，而是选择一个独特的视角——写小伙子和妙龄女郎在剧场内外相互守候的一个场面，从侧面表现出他们双方心的归属，对爱情的忠贞。结尾虚实结合，出人意料，借用《天鹅湖》的故事暗示，启发联想，耐人寻味。

7. 以《散场以后》为题，想象散场以后，妙龄女郎和小伙子相见后的情境，写一段 200 字左右的文字。

提示：学生写作，教师点评。

六、板书设计

[板书一]

等待散场

刘心武

谁等待散场
怎样等待散场　}　爱
等待散场结果

［板书二］

等待散场

刘心武

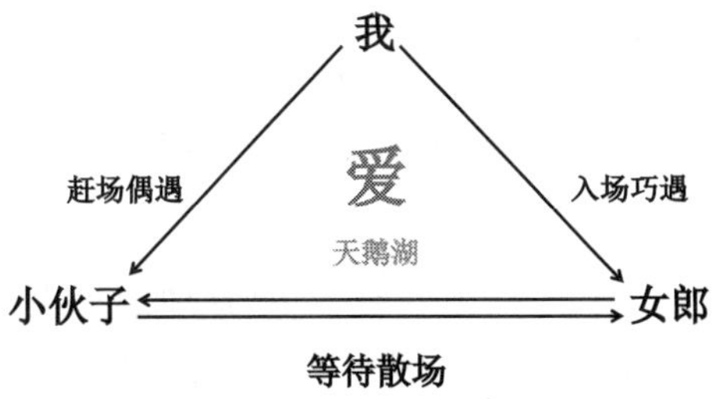

第二课时

教学拓展，联系比较。展示美国作家欧·亨利的《麦琪的礼物》小说内容。

1.《麦琪的礼物》讲述了一个什么故事？请概述情节。

提示：欧·亨利的小说《麦琪的礼物》，写了彼此深爱着的一对小夫妻，都牺牲自己的最爱去换取对方的最爱——妻子卖掉了引以为傲的长长的秀发，为丈夫买了白金表链；丈夫卖掉了珍爱的祖传金表，为妻子买了心仪已久的装饰发梳。虽然两人的珍贵礼物都失去了“实用价值”，无用武之地，却因此拥有了更感人无价的“情感价值”——双方的行为都深深感动了对方，他们获得了比“礼物”更珍贵、更美好的“爱情”。

2. 欧·亨利的《麦琪的礼物》与刘心武的《等待散场》有哪些相似之处？

两篇小说的主题和表现手法都有相似之处，主题都是赞美真挚的爱情，表现手法都是男女双方的初衷虽都没有实现，失去了“实用价值”，但却意外地获得了丰厚的“情感价值”，他们的爱情因此更牢固、更深化、更动人。夫妻双方因互爱而造成的遗憾，使他们的感情更深厚，更牢不可破——“得”远大于“失”。越是不强调“实用价值”，就越富有“情感价值”。如果夫妻任何一方没有牺牲自己的最爱，所买礼物的“实用价值”虽然提高了，而“情感价值”却会降低。

3.《麦琪的礼物》中通过一些细节表现女主人公对自己“秀发”的珍视和自豪，如果再增添一些丈夫对妻子的秀发也无比珍爱的细节，是否会更有助于突出主题？

提示：如果再增添一些丈夫也极为珍爱妻子秀发的细节，如经常充满爱意地抚弄妻子的秀发，或时常向他人夸耀妻子的秀发等细节，将更有助于表现妻子和丈夫为对方牺牲的无私和伟大。

4. 妻子意料中丈夫的表情应该是怎样的？现在“既不是愤怒，也不是惊讶，又不是不满，更不是嫌恶”，那是怎样一种表情？你能描述一下或模仿一下吗？

提示：妻子意料中丈夫的表情应该是惊愕、气恼之类的，但现在却是一种意外、困惑、懊丧、无奈、啼笑皆非、难以名状的复杂表情。

5. 作者一方面称他们是“傻孩子”，“极不明智地为了对方而牺牲了他们家最最宝贵的东西”，另一方面又说：“在一切馈赠又接收礼品的人当中，像他们两个这样的人也是最聪明的。”这不矛盾吗？

提示：不矛盾。作者说他们“极不明智”，是指他们都想给对方一个惊喜而没有事先通气商量，致使双方付出了如此大的牺牲却失去了“实用价值”，替他们惋惜。作者说他们是“馈赠又接收礼品的人当中”最聪明的，是说他们对待爱情的诚恳态度和方式“最聪明”。两人都深爱对方，一心为对方着想，买对方最心爱的礼物，面对意外结局又坦然接受，因此他们获得了比“礼物”更宝贵的“爱情”。

6. 作者为什么要同时表现丈夫和妻子的礼物都失去了“实用价值”？这样不是太遗憾了吗？如果仅写一方为另一方买礼物，不是少些遗憾吗？

提示：“爱情是平等的互动。”爱情是双向互动的，这样的爱情才感人至深。仅表现一方为另一方买礼物，遗憾是少了些，但缺少双向互动的爱情，“情感价值”就降低了。

7. 你觉得“意料之外，情理之中”的结尾方式有何好处？能否再举出几个这种结尾的作品？

提示：“意料之外，情理之中”的结尾方式，是构思精巧的主要体现和魅力所在，被称为“欧·亨利结构”。欧·亨利是美国杰出的短篇小说家，其小说特色是构思精巧，善于伏笔和照应，特别是“意料之外，情理之中”的结尾方式，蜚声世界，为人称道。

这种结尾符合“艺术的打击力量要放在最后”的艺术规律，常给人心灵的震颤，引发丰富的联想和回味，给人较高的艺术享受。其他如莫泊桑的《项链》，欧·亨利的《最后一片叶子》《二十年后》等，都是这种结尾方式。

8. 如何理解和做到小说结尾的“意料之外，情理之中”？

提示：单纯追求结尾的“意料之外”并不难，难在必须在“情理之中”，这就需要前面巧妙的伏笔铺垫：伏笔不能太显露，否则容易被提前识破，过早暴露作者意图；又不能太隐晦，否则无法与后文照应。要恰到好处，无过无不及——这考验作者对艺术把握的分寸和功力。

9. 课下多阅读些微型小说，特别是“世界三大短篇小说巨匠”之一的欧·亨利以及日本作家星新一的作品。总结微型小说的特点，并尝试写一篇微型小说。

提示：微型小说具有篇幅短小（千字左右），构思精巧，以小见大，结尾在“意料之外，情理之中”等特点。

曹雪芹的《红楼梦·抄检大观园》教学设计

一、教学设想

教学方法：因课文较长，所以必须先给学生充分的“自主阅读”的时间，然后采用“批读评点式”教学，将课文化解为若干问题，以问题带动教学。又由于《红楼梦》的“网状结构”，前后关联，交错贯通，严密有机，没有哪一章节可以完全从书中独立出来而不牵连四周筋络（从这个意义上讲，《红楼梦》是难以节选的），因此学习本课（即第七十四回）应适当联系第七十三回、第七十五回、第七十七回、第九十二回等与课文前后有关的情节内容，辅以精要评点分析，帮助学生更好地理解人物形象及课文在全书中的作用。

媒体设计：课前、课中、课尾可以适当播放电视剧《红楼梦》的片头曲、片尾曲、插曲等音乐，把学生带入《红楼梦》那特有的缠绵惆怅、如泣如诉的抒情氛围之中。结课时再播放电视剧中的相关情节、画面和音乐，与课文比较学习，加深理解，给学生强烈的感染。

教学时数：两课时。

二、学习目标

（1）分析“抄检”中不同人物的不同表现及性格特点，学习在比较中塑造人物的方法。

（2）理解“抄检”这一大事件在整部小说中的作用和意义，它是大观园、贾府及四大家族由盛而衰的转折点。

（3）认识封建统治者的罪恶和封建社会的腐朽黑暗及它们必然走向崩溃的历史趋势。

第一课时

一、导语设计

《红楼梦》是中国文学史上空前的，迄今也是绝后的文学奇迹。《红楼梦》问世二百多年来，人们对它的阅读、探究的热情经久不衰，甚至形成了一门专门的学问——“红学”。今天我们来学习在全书中起重要作用的一个章节，也是情节发展中的一个大事件、大波澜——《抄检大观园》。（板书课题）

（导语意在引起学生对课文的学习兴趣和重视，以及对《红楼梦》全书的阅读兴趣。）

二、抄检背景

课文选自第七十四回《惑奸谗抄检大观园》。“抄检”，即搜查并没收，是课文“文眼”所在，包含“抄检的起因”“谁抄检谁”“抄检什么”“抄检过程”“抄检结果”等问题。

“大观园”是作者曹雪芹融中国南北园林艺术之大成，在书中设计创造出的一座精美绝伦的园林艺术形象，是《红楼梦》里众多人物活动的典型环境，是一片寄寓作家美好理想、封建礼教较少束缚浸染的净土，是女孩子们和宝玉栖息、成长的一方绿洲和乐园，是人间桃源仙境（对“大观园”内涵及在全书中的作用、意义作必要的说明，以更好地帮助学生理解课文深意）。

大观园遭抄检的起因要从第七十三回《痴丫头误拾绣春囊》说起：贾母房中的丫头傻大姐在大观园的山石背后拾得一个五彩“绣香囊”，华丽精致地绣着“两个人赤条条地盘踞相抱”，傻大姐误认为是“两个妖精打架”。邢夫人恰巧遇上，“接来一看，吓得连忙死紧攥住”，“揣摩此物从何而至”。贾府内部，矛盾重重，错综复杂，正像探春所说：“一个个不象乌眼鸡，恨不得你吃了我，我吃了你！”以贾赦、邢夫人为代表的不当家的“在野派”，对王夫人、王熙凤为代表的“当权派”，久怀不满。邢夫人认为“绣春囊”极有可能是贾琏、王熙凤之物，正好借此机会杀一杀王氏一党的威风，出一出她们的“洋相”——让大家瞧瞧他们把家管成了什么样！很快“绣春囊”转到王夫人手中，王夫人立时“气色变更”，心急火燎地责问王熙凤。课文从这里开始。

三、整体感知

学生自主阅读课文。

理解下列词语在文中的含义：越性（干脆、更加）；作耗（捣乱）；封诰（被皇帝封“诰命夫人”，是封建社会中妇女一种很高的荣誉和地位）；没成算（没头脑，少思谋）；庶出（非正妻所生，与“嫡出”相对）；现世现报（马上遭报应）。

第二课时

一、研读评析

1. 当王夫人认为“绣春囊”是王熙凤之物时，王熙凤是如何辩白的？继而王熙凤又提出了什么处理措施？由此反映出王熙凤的什么性格特点？

提示：在王夫人盛怒之际，她并不立即否认反驳，而是先说：“太太说的自然有理，我也不敢辩我并无这样的东西”，先让一步以顺其气，继而话锋一转“求太太细详其理”，不慌不乱，侃侃而谈，一口气说出“五条”理由，证明不是自己的东西。冠冕堂皇，“大近情理”（王熙凤是何等人物，无理尚能争三分）。她不但洗清了自己，而且变被动为主动，提出了不扩大影响、不伤及无辜、不有损贾府和她这管家奶奶脸面的暗中查访举措（五六条），稳妥可行（只可惜王夫人并未采纳）。这反映出王熙凤能言善辩、心思缜密、讲究策略、杀伐决断、精明干练的性格特点。

2. 抄检大军由哪些人组成？遭殃的是哪些人？抄检的真正原因和实质是什么？

提示：由邢夫人幕后鼓动，王夫人坐镇指挥，王熙凤挂帅出征，“狗腿子”王善保家的献策推波助澜并任急先锋的抄检大军，气势汹汹兵发大观园，展开了空前的大扫荡、大清剿。原本是统治集团内部的相互争斗，演变为一场对丫环、下人的残酷镇压和清洗。特别是那些平时不驯服、不献媚讨好者，更是首当其冲，在劫难逃。

“绣春囊事件”仅是“抄检”的导火索，看似与“男女私情”有关，其真正原因和实质，是封建卫道反动势力与叛逆进步力量之间不可调和的矛盾冲突。封建宗法势力，不能容忍大观园中的青年们不合礼法的个性自由，更不允许有这样一片花好月圆的乐土长期存在，他们在感到封建大家族积弊太多、中兴无望、日暮穷途之后，以最后的疯狂清除异己，摧毁青春生命之灵秀，是一次血腥的政治斗争。

3. 在抄检中，随着事件的进展、地点的转换，人物形象逐一鲜明地展现出来，其中晴雯、探春有何表现？反映出各自的什么性格特点？

提示：怡红院中的晴雯，是大观园中第一美丽的丫环，王夫人据此妄断：“好好的宝玉，叫这蹄子勾引坏了。”又因晴雯全无媚骨，最反奴性，从不献媚讨好谁，遂成为恶奴王善保家的之流的眼中钉、肉中刺，必欲除之而后快，暗下谗言，诋毁中伤。正像晴雯判词中所言：“风流灵巧招人怨，寿夭多因毁谤生。”因此，她成为抄检的首要目标。尽管在这之前，她已受到王夫人的训诫、警告，明知自己已身处危境，但面对无理抄检、凭空诬陷，依然表现出毫不妥协的反抗和蔑视：“只见晴雯挽着头发闯进来，豁啷一声将箱子掀开，两手捉着底子，朝天往地下尽情一倒，将所有之物尽都倒出”，给王善保家的一个大“没趣”。一个凌然傲骨、敢怒难犯的勇晴雯形象活现眼前。

抄检的结果表明晴雯清白无辜，正像她在生离死别之际对宝玉所说：“我虽生的比别人略好些，并没有私情密意勾引你怎样。”以晴雯的高洁自尊，她是不屑于那些鬼祟下流勾当的。在第七十七回《俏丫环抱屈夭风流》中，王夫人又亲临大观园，将连遭迫害、重病在身、“四五日水米不曾沾牙，恹恹弱息”的晴雯，残忍地命人“从炕上拖下来”“架出去”，片刻不许停留，逐出大观园。孤苦无依的晴雯，不久即抱屈病死在外。宝玉愤恨不解地说：“我究竟不知道晴雯犯了何等滔天大罪！”晴雯是抄检一役的主要牺牲者之一。“晴雯之死”是我们有幸看到的曹雪芹亲笔写下的一个悲剧高潮（仅次于“黛玉之死”，但后者似乎非曹雪芹亲笔），预示着宝黛爱情的必然失败。岂有如此憎恶晴雯而能容忍黛玉之理？晴雯是寄寓了曹雪芹丰富情感的一个人物，“晴雯者，情文也”。可能在把“晴雯之死”写完不久，心力交瘁、悲愤欲绝的曹雪芹，感到悲剧的艺术再难往更高处表现了，就丢下笔来，“泪尽而亡”了。

在抄检中，写得最热闹精彩的当数三姑娘探春处。探春是一位严正清醒、目光深远、心怀忧患、颇有政治才干的女子。探春判词说她：“才自精明志自高。”在黛玉进贾府时写其肖像：“俊眼修眉，顾盼神飞，文彩精华，见之忘俗。”当抄检大军来临时，唯有探春毫无畏惧惊慌，“秉烛开门而待”。她对抄检冷言讥讽，针锋相对，只许抄检自己，不许抄检下人：“我就是头一个窝主……我原比众人歹毒……只说我违背了太太，该怎么处治，我去自领。”关键时刻，她挺身而出，保护下人。她对贾府的黑暗腐朽、危机四伏之趋于败亡，洞见先机，怀有特别的敏感和深重的忧患意识，发出了严重警告和预言：“你们别忙，自然连你们抄的日子有呢！……自己家里好好的抄家……可知这样的大族人家，若从外头杀来，一时是杀不死的……必须先从家里自杀自灭起来，才能一败涂地！”探春声泪俱下地道出了“木先自腐然后虫生”的道理，表明她已极度悲愤。不料看不出眉眼高低、“心内没成算”又不自量力的王善保家的，欺探春是“庶出，不敢怎样”——这恰是探春内心深处一个敏感的痛点，这“先天不足”使她时时有一种说不出的烦难，承受一种无名的压抑，也使她更敏感自尊。当狐假虎威的王善保家的自恃是邢夫人陪房，上前戏弄地掀了探春衣襟，这下可惹恼了探春，立即遭到探春的猛烈回击——先是一记响亮的耳光，接着又是一顿痛快淋漓的大骂，义正词严，鞭辟入里。这是伸张正义、大快人心的一掌，是除暴安良、为人欲为而不敢为的一掌，不但打在为虎作伥的王善保家的脸上，也间接打在那些摧残少女的上层统治者脸上，替惨遭蹂躏、万马齐喑的大观园出了口恶气。尽管探春没能阻止继续抄检，也不能挽救少女惨遭厄运，更不能在封建家族崩溃之际，挽狂澜于既倒，扶大厦之将倾——探春者，叹春一去不再返也！但这足以使那些助纣为虐、猖狂行恶者“杀了威风”。探春确是一朵红香带刺、令人敬畏的“玫瑰花”。

4. 抄检的最大“收获”是什么？如何评析奴隶的恋爱追求？

提示：抄检的最大“收获”是从二小姐迎春的丫环司棋箱子里搜出了爱情证据——小厮潘又安写给她的情书。男女间相爱本是件很正常的事情，联系第七十一回《鸳鸯女无意遇鸳鸯》中，贾母的丫环鸳鸯夜里在山石背后无意间遇到司棋、潘又安约会的情节，“绣春囊”极有可能是他们遗失的。奴婢群中的青年男女，被剥夺了受教育的权利，没有文化，不会像“才子佳人”那样“吟风弄月，托咏传情”，只能私赠低级象征的“绣春囊”。但他们也有恋爱的要求和权利，他们决不允许别人摧毁自己的恋爱自由。当秘密被发现后，司棋显得异常冷静，“低头不语，也并无畏惧惭愧之意”，光明磊落，早已做好用生命捍卫爱情和“人”之尊严的思想准备，最后与潘又安双双殉情。司棋是“抄检”的另一主要牺牲者。

汉乐府中有《上邪》一诗：“上邪！我欲与君相知，长命无绝衰。山无陵，江水为竭，冬雷震震，夏雨雪，天地合，乃敢与君绝。”曹雪芹把这爱情的海誓山盟，化为一对感人的形象，在《红楼梦》中再现出来，令古今多少读者为之动容。原来贞烈的恋爱并不仅限于“才子佳人”，奴婢群中并不缺少真挚可贵的情操。许多可歌可泣的事迹，也并未写在“节烈牌坊”上，倒是存在于不被人重视的底层社会中。

贾府的主子们可以三妻四妾，偷鸡摸狗，淫乱无度，却被视为合法，不是“什么要紧的事”（贾母语）。而奴隶们正当纯洁的爱情，却被视为“有伤风化”，大逆不道，严加阻禁，公理何在！（晴雯、探春、司棋是“抄检”一节中写得最详细的主角，是重头戏，应作重点批读评析。特别是晴雯、司棋，都是抄检的主要牺牲者，评析不能仅局限于课文所选内容，应联系她们的结局，以完整地理解人物形象，深刻地认识封建制度的罪恶。）

5. 对于抄检，同是反抗或顺从，因身份、地位、性格的不同，人物表现又有微妙差异，简要评析。

提示：晴雯身为奴婢，不可能像探春那样义正词严、敢打敢骂，更不可能具备探春那样非凡的洞察力；司棋是外柔内刚，矢志不渝——她们都是反抗者。袭人，奴性十足，俯首帖耳；迎春，懦弱麻木，听之任之；惜春，怕受牵累，孤介无情；李纨，古井无波，恬淡不惊；黛玉，对与宝玉的特殊关系毫不掩饰，孤傲泰然，冷眼旁观——她们都貌似“顺从”，但“从”中有异（此题意在使学生学习同中有异的表现手法）。

6. 在抄检中，王熙凤有怎样的表现和态度？为什么？

提示：王熙凤虽名为挂帅，但在整个过程中始终是消极被动的。她一反常态，辣味全失，让王善保家的唱主角，自己隐在侧面唱配角、看笑话，不时居间调停，做“好好先生”。因为王熙凤不主张明火执仗地抄检，她明知这是一种招惹众怒的轻举妄动，易伤及无辜，且有损她大管家的脸面。但在王夫人盛怒之下，“也只好低头应着”。待到王善保家的出乖露丑，搬起石头砸了自己的脚之后，她才打起精神，神气活现地将之尽情嘲笑拿捏了一番。虽然她每天都在为维持贾府的正常秩序而奔忙，实际上她也像其他统治者一样，并不真正关心贾府这座摇摇欲倾的百年老屋能支撑多久，她关心的只是自己能在权力中心维持多久。

7. 抄检的后果是什么？课文在全书中起何作用？

提示：抄检的直接后果是逼死了晴雯、司棋，赶走了四儿、入画和所有唱戏的女孩子，促使惜春、芳官、蕊官、藕官一班少女选择了葬送青春的出家之路，宝钗也避嫌搬出了大观园……大观园中欢乐美好的生活从此结束了。

遭此浩劫，人间仙境大观园由盛转衰，情节急转急下。悲剧气氛越来越浓，贾府及四大家族也日渐衰败，灾难一个个接踵而至：异兆悲音，迎春误嫁，宝玉疯癫，元妃薨逝，黛玉魂归，直至贾府被抄……风雨飘摇，群芳凋残，“悲凉之雾，遍被华林”，最后“好一似食尽鸟投林，落了片白茫茫大地真干净”。这是一个人人都不配有好命运的没落社会，更何况是生活在社会最底层、连身家性命都不能自主的婢女，她们的悲惨命运几乎是生来就注定了。但凡在意识和情感上稍微流露出一点非奴性的“人性”，她们必将遭受戕害。所以“抄检大观园”是牵动全书的一个大转折、大波澜，预示封建家族及封建大厦无可挽回的崩溃结局。

二、总结梳理

本课主要评析了几个主要人物的言行性格；理解“抄检”一节在全书中的地位、作用；认识封建社会的腐朽罪恶及必然死亡的趋势；激发阅读《红楼梦》的兴趣。

三、扩展联系

多媒体播放电视剧中的有关情节、画面。

课后阅读《红楼梦》第七十三回、第七十五回、第七十七回、第九十二回，最好能阅读全书。

四、板书设计

抄检大观园

曹雪芹

[本文原载《语文教学通讯（高中版）》2002年第12期。]